新结构经济学丛书
思想·前沿·争鸣

The Logic of Economic Growth
A Perspective of New Structural Economics

经济增长的逻辑

基于新结构经济学视角

朱富强 著

北京大学出版社

图书在版编目(CIP)数据

经济增长的逻辑:基于新结构经济学视角/朱富强著.—北京:北京大学出版社,2018.1

(新结构经济学丛书)

ISBN 978-7-301-28875-7

Ⅰ. ①经… Ⅱ. ①朱… Ⅲ. ①经济增长理论—结构经济学 Ⅳ. ①F061.2

中国版本图书馆 CIP 数据核字(2017)第 252530 号

书　　　名	经济增长的逻辑:基于新结构经济学视角 JINGJI ZENGZHANG DE LUOJI: JIYU XIN JIEGOU JINGJIXUE SHIJIAO
著作责任者	朱富强　著
责 任 编 辑	郝小楠
标 准 书 号	ISBN 978-7-301-28875-7
出 版 发 行	北京大学出版社
地　　　址	北京市海淀区成府路 205 号　100871
网　　　址	http://www.pup.cn
电 子 信 箱	em@pup.cn　　　QQ:552063295
新 浪 微 博	@北京大学出版社　@北京大学出版社经管图书
电　　　话	邮购部 62752015　发行部 62750672　编辑部 62752926
印 　刷 　者	北京大学印刷厂
经 销 者	新华书店
	730 毫米×1020 毫米　16 开本　26.5 印张　429 千字 2018 年 1 月第 1 版　2018 年 1 月第 1 次印刷
印　　　数	0001—3000 册
定　　　价	69.00 元

未经许可,不得以任何方式复制或抄袭本书之部分或全部内容。

版权所有,侵权必究

举报电话: 010-62752024　电子信箱: fd@pup.pku.edu.cn

图书如有印装质量问题,请与出版部联系,电话: 010-62756370

根据新现象提出新理论不容易被学术界接受的情形并不是研究中国问题时所特有。多数人在学习理论时总是先入为主的,即使在国外,一个经济学家也很难说服另外一个已经接受不同理论的经济学家。一个经济学家提出新的理论时,通常不是通过说服已经接受现有理论的经济学家,而是通过说服刚入门的学生而产生影响。

——林毅夫

在社会科学中,我们所创立的理论与我们所收集到的有关人类日常交往的证据之间,总存在着一种紧张关系。这一点在经济学中表现得尤其明显。

——诺思

与研发投入或物质及人力资本积累相比,制度是决定经济增长更基本的因素。

——赫尔普曼

如果一个人希望很快就有收获,他就必须去种胡萝卜与生菜;如果一个人雄心勃勃地想种橡树,他就必须理性地告诉自己:我的孙子将把这片阴凉归功于我。

——瓦尔拉斯

目　　录

绪论 …………………………………………………………………（1）
　　一、新结构经济学的主要学说介绍 …………………………（2）
　　二、新结构经济学引发争论的缘由 …………………………（7）
　　三、真正的学者如何参与学术争论 …………………………（12）
　　四、回到产业政策和政府职能之争 …………………………（16）

第1篇　经济增长的理论探究

1　经济增长的根源：投资推动抑或消费拉动 …………………（21）
　　一、引言 ………………………………………………………（21）
　　二、奢侈性消费的思想史审视 ………………………………（22）
　　三、如何看待奢侈性消费：破窗理论的审视 ………………（25）
　　四、古典经济学重视资本积累的理论基础 …………………（32）
　　五、基于投资推动说的重大经济现象解析 …………………（42）
　　六、经济增长政策的"现代性"审视 …………………………（54）
　　七、引申：特朗普主义的危险 ………………………………（64）

2　"中等收入陷阱"与经济增长方式的转变 ……………………（66）
　　一、引言 ………………………………………………………（66）
　　二、经济高速增长的基础与发展战略选择 …………………（67）
　　三、"中等收入陷阱"的成因和发展模式转换 ………………（72）
　　四、重视生产力而非交换价值的战略选择 …………………（76）
　　五、引入权力与结构而非抽象的分析思维 …………………（87）
　　六、尾论：重审"中等收入陷阱"及其战略选择 ……………（93）

3 全球化下的资本流动与"高收入陷阱" ……………………（98）
　　一、引言 …………………………………………………………（98）
　　二、"中等收入陷阱"实质是个伪命题 ……………………（99）
　　三、"高收入陷阱"具有普遍必然性 ………………………（101）
　　四、资本输出与"高收入陷阱" ……………………………（108）
　　五、如何理解美国经济的持续增长 …………………………（112）
　　六、尾论：理解当前世界的政策选择 ………………………（120）

4 "供给侧改革"的理论基础和政策导向 …………………（129）
　　一、引言 …………………………………………………………（129）
　　二、"供给侧改革"的现实和理论基础 ……………………（130）
　　三、防止"供给侧改革"的理论偏至化 ……………………（133）
　　四、防止"供给侧改革"的政策简单化 ……………………（137）
　　五、尾论："供给侧改革"防偏 ……………………………（144）

第2篇　新结构经济学的解析

5 认识GIFF框架的两大重要价值 …………………………（151）
　　一、引言 …………………………………………………………（151）
　　二、如何确定目标产业：林毅夫的GIFF框架 ……………（153）
　　三、GIFF细化了有为政府说：经济转型的角色审视 ……（157）
　　四、GIFF框架嵌入的方法论意义：应用政策研究的审视 …（166）
　　五、尾论：理解林毅夫新结构经济学的意义 ………………（172）

6 如何构造有为政府的社会基础 ……………………………（176）
　　一、引言 …………………………………………………………（176）
　　二、后发优势还是后发劣势：有为政府的条件依赖 ………（177）
　　三、有为政府的社会基础：责任伦理还是信念伦理 ………（183）
　　四、有为政府与企业家精神的关系：替代还是共进 ………（190）
　　五、尾论：夯实有为政府的社会基础 ………………………（196）

7 追赶型产业如何实行市场开放 (198)
一、引言 (198)
二、国际竞争的绝对优势原则 (200)
三、市场开放中的规模经济原则 (205)
四、市场开放中的技术差异原则 (209)
五、市场开放的边际或双头原则 (212)
六、尾论:细化追赶型产业的市场开放顺序 (220)

8 如何推动比较优势转换和产业升级 (223)
一、引言 (224)
二、步入"中等收入陷阱"的成因 (225)
三、逃脱"中等收入陷阱"的情境 (226)
四、传统产业的优势维护机制 (228)
五、产业升级的比较优势转换 (230)
六、产业升级的两种方式比较 (233)
七、不同经济体的产业升级差异 (238)
八、跨越式产业升级的关键在技术 (243)
九、尾论:全面认识新结构经济学 (248)

9 探索现代发展经济学的新发展 (253)
一、引言:发展经济学走向何方 (253)
二、林毅夫"比较优势战略"的逻辑 (256)
三、"比较优势战略"的问题审视 (261)
四、现代发展经济学的反思 (271)
五、尾论:发展经济学的走向 (278)

第3篇 产业之争的思维审视

10 现代社会为何需要产业政策 ······················· (287)
　一、引言 ·· (287)
　二、为什么需要产业政策：基本理论依据 ··············· (288)
　三、理解产业政策的现实可行性：张维迎的认知剖析 ··· (298)
　四、理解林毅夫的新结构经济学：张维迎的批判逻辑审视 ··· (308)
　五、尾论：囿于奥地利学派分析产业政策的局限 ······ (316)

11 现代社会为何需要有为政府 ······················· (322)
　一、引言 ·· (323)
　二、为何需要有为政府：基本理论依据 ··············· (324)
　三、有为政府的概念是否自洽：田国强的逻辑审视 ··· (337)
　四、有为政府的政策是否有效：田国强的论断剖析 ··· (348)
　五、如何推进市场化改革：深化现实市场机制的探究 ··· (365)
　六、尾论：有为政府说为何遭到普遍反对 ··············· (380)

12 现代主流经济学中的逻辑吊诡 ······················· (386)
　一、引言 ·· (386)
　二、现代主流经济学的内在紧张概述 ··············· (388)
　三、实用主义、唯理主义和社会主义之传承 ··············· (390)
　四、从唯理主义思维到市场至上主义政策的转变 ······ (397)
　五、尾论：现代主流经济学何以偏向市场 ··············· (410)

绪 论

本书主要阐述笔者在长期的文献梳理和理论思索过程中所形成的有关经济增长的观点和理论，它可以追溯到2015年春，当时的财政部部长楼继伟提出中国可能会滑入"中等收入陷阱"的担忧，这引起了社会广泛的关注和讨论；到了2015年10月，中央政府又进一步提出了"供给侧结构性改革"，以期解决日益凸显的产能过剩和经济低迷问题，这实质上是"中等收入陷阱"说的继续和政策实践。当然，长期以来，笔者沉寂于经典文献的爬梳和系统理论的提炼，默默地归纳、整理和撰写此过程中的所学、所思和所悟，致力于提升自身认知的"为己之学"，只希求能够为后人留下一些具有启发性的文字；相应地，也就甚少参与时下的学术会议和讨论，更不关注媒体炒作的、不断变动的应用政策和热点论争。不过，在课堂上也曾有学生询问"中等收入陷阱"等热点议题，为了给予学生更好的解答，笔者随后就对长期以来的思考作了梳理并撰写了系列文章以飨学生。到了2016年下半年，一次偶然的机会旁观了林毅夫与张维迎、田国强等人的争论，而这些争论话题与笔者长期探究的市场和政府这两大机制的内在缺陷有关，从而又勾起了在一些共鸣；于是，就决定针对论战者的主要观点撰写几篇评述文章，进而在个人原有的理论和现实认知的基础上又对林毅夫的新结构经济学做了解析和拓展。这样，由长期的文献梳理和理论思考，进而衍生到近期对林毅夫的新结构经济学以及由此衍生出的学术之争的评述，这些文章结合在一起就形成了笔者对经济增长理论和产业政策的系统认知。

纵观本书，很大篇幅都是围绕着林毅夫的新结构经济学及其相关论点而展开，林毅夫提出的新结构经济学也是当前学术界以及实务界非常关注的大事件。不过，本书并不是对新结构经济学及其相关学说的简单评述，而是深深地嵌入在笔者对经济增长理论和制度改革的认知系统中，从而采取了"六经注我"而不是"我注六经"的治学方式。事实上，任何一个新的学说体系，要取得认同和传播，都不能仅仅依靠一部孤立的著作或几篇有影响的论文,而必须拓展到包括方法论在内的整个哲学思维的考虑,并将此方法论运用到不同领域和议题的深入探究进而形成整体性的学说框架,否则往往只会是昙花一现。譬如,奥地利学派之所以影响如此深远,就远远不是凭借开创者门格尔的一部或两部著作,而更依赖于后人的不断拓展和宣传,第二代的维塞尔、庞巴维克以及第三代的米塞斯、哈耶克、熊彼特乃至第四代的罗斯巴德、柯兹纳、拉赫曼等学者都在不同领域和议题运用和发展了门格尔的思维和思想,最终构造出影响深远的整体性学说,从而才得以形成独树一帜的流派。基于同样的认知,本书也至少试图在逻辑和学理上优化林毅夫的学说体系,在研究领域上拓展新结构经济学以及有为政府说的分析范围,如提出了公共企业家精神、市场边际开放原则以及小步跑和大跨步式产业升级的最优结合点,等等。

当然,对经济增长以及相应产业政策的扩展研究远远不能局限于本书所涉及的内容,因为任何社会经济现象都涉及众多因素,任何社会经济问题的解决也不能单凭某一单一手段。实际上,在笔者长期的思考和探索中,与产业政策有关的思考至少涉及市场如何运行、国家如何运行、法律如何运作、企业如何运作、人类如何行为、文化有何特征以及现代经济学的思维特质和中国经济学的范式要求诸方面,并且在所有这些方面都撰下了系统性书稿。究其原因,笔者致力于理论尤其是基础理论的探索,因而对任何事物的分析都不会仅仅停留在表面,不满足于就事论事,而是要上升到系统认知和理论的高度,进而试图挖掘整个运作机理以及背后的认知哲学;相应地,在经济增长和产业政策方面,本书的研究也不会仅仅停留在"标"的层次上,而是致力于探究"本",致力于理论层面的阐述和提炼,进而强化学说的学理性和思辨性。笔者希望,本书的研究将有助于为读者提供清晰而系统的思维,进而启迪和提升读者对社会经济现象的认知和思考。

一、新结构经济学的主要学说介绍

本书的第一部分基于对历史经验的考察和经济思想史的梳理来探究经济增长的根本动力,进而为时下的供给侧改革和产业政策找到理论依据和政策思维;第二部分则以更大篇幅来解读和拓展林毅夫的新结构经济学及其相关学说,进而对新结构经济学作进一步的学理化和系统化,并由此审视发展经济学的现代发展路向;第三部分则从思辨逻辑上对有关林毅夫的新结构经济学引起的争论作一评述,进而挖掘不同主张背后的哲学思维,从而有助于更深刻地认识现代主流经济学的思维缺陷。正是由于本书的很大篇幅都与林毅夫的新结构经济学有关,因而,为了便于读者更好地理解本书的探讨议题、思想认识和理论发展,就有必要在绪论中对本书论述中所涉及的新结构经济学的相关学说作一简要介绍。

首先,新结构经济学何以谓"新"?

新结构经济学所针对的对象主要是发展中国家的产业升级和经济增长,因而,理解新结构经济学的"新",就需要从发展经济学的发展轨迹中去寻找。迄今为止,发展经济学大体经历了这样三阶段的演变:首先,第二次世界大战后基于特定时期的经济增长需要而兴起了发展经济学,罗森斯坦-罗丹、缪尔达尔、赫希曼、普雷维什、辛格、纳克斯以及刘易斯等开创者都强调,由于各种市场失灵的存在,欠发达国家往往不能自然而然进入经济起飞,从而需要政府制定特定的产业政策来促进工业化,如通过市场保护来培育出有国际竞争力的工业部门;其次,随着20世纪80年代后一些激进产业政策相继遭遇了挫败,尤其是拉美国家政府为庞大的利益集团所俘获而扭曲了经济发展,安妮·克鲁格、拉尔等人就发起了对传统发展经济学的挑战,他们否定产业政策或者其他任何政府干预政策的有用性和必要性,而强调创建自由市场和"守夜人"性质政府的必要性;最后,随着20世纪末"华盛顿共识"在全球各国推行所引发的困境以及21世纪初全球经济危机的爆发,一些学者开始再次反思主流的新古典经济学思维和论断,再次重视产业政策并积极探寻发展经济学的理论变革。正是在此背景下,林毅夫倡导一种基于传统结构主义发展经济学与新古典经济学分析思维相结合的新结构经济学。相应地,新结构经济学就具有这样的双重特性:一方面,不同于新古典经济学把发达国家和发展中国家的结构同质化,新结构经济学致力于剖析发达国家和发展中国家在产业、技术以及市场特性上的差异,试图通过政府的作用将发展中国家的产业和企业治理提升到发达国家的同等水平;另一方面,不同于传统结构主义将不同发达程度国家的结构差异视为外生的,新结构经济学认为这内生于要素禀赋结构的差异。事实上,传统结构经济学的政策就以发达国家为参照系,或者通过政府行政手段和价格扭曲措施来构建发展中国家所缺乏的资本密集型产业,或者依靠保护政策以及实行进口替代等发展起完善的现代工业体系,或者采用发达国家的各种制度安排;但是,新结构经济学强调,在经济一体化的世界市场中,发展中国家的产业结构应该根基于其要素禀赋结构所内生决定的比较优势,政府的作用主要是解决企业在产业升级过程中所面临的产权保护、信息供给、外部性协调等问题,并同时承认市场对于配置资源的中心作用。

其次,发展中国家如何确定目标产业?

新结构经济学主张,在每一时点的经济结构内生决定于该时点给定的要素禀赋结构,并以企业自生能力(即一个正常管理的企业在开放竞争的市场中获取社会上可接受的利润率的能力,其前提是企业所在行业符合要素禀赋结构所决定的比较优势)为微观分析基础而把不同发展程度的国家经济结构和相关的生产活动特性的差异引进现代经济学的理论分析中。相应地,林毅夫倡导因势利导地促进比较优势转换和生产结构升级的产业政策,其中的关键在于确定发展的目标产业;进而,为了指导各国产业政策的制定,林毅夫还构建了一套两轨六步法的"增长甄别与因势利导框架"(GIFF)。其中的两步是:(1)确定一国可能具有潜在比较优势的新产业;(2)消除那些可能阻止这些产业兴起的约束,并创造条件使这些产业成为该国的实际比较优势。其中,第一步又是关键。为此,林毅夫提出了"增长甄别"的六个步骤。(1)发展中国家的政府确定一份满足如下条件的贸易商品和服务的清单:在具有与本国相似的要素禀赋结构且人均收入高于本国约100%—200%的高速增长国家中,这些商品和服务的生产已超过20年。(2)在该清单的产业中,政府优先考虑那些国内私人企业已自发地进入的产业,并设法确定:这些企业提升其产品质量的障碍;以及阻止其他私人企业进入该产业的障碍。(3)对清单上那些全新的产业或是很少从事出口的企业,政府可以采取特定措施,鼓励第一步所确定的高收入国家企业来本国投资以利用本国劳动力成本低的优势,同时通过设立孵化计划等扶持国内私人企业进入这些行业。(4)除在第一步中贸易商品和服务清单上确定的产业外,政府还应密切关注本国成功实现自我发现的其他私人企业,并为这些产业扩大规模提供帮助。(5)在基础设施落后、商业环境欠佳的发展中国家,政府可投资于工业园区和出口加工区,并做出必要改进以吸引愿意投资于目标产业的国内私人企业或者外国企业。(6)政府也可以为在第一步确定的产业清单中的国内先驱企业或国外投资者提供激励,以补偿它们的投资所创造的非竞争性公共知识。

再次,有为政府在产业升级中如何作用?

新结构经济学强调政府应该在产业升级中扮演积极角色,由此倡导了一种积极性的有为政府说;进而,林毅夫还根据现有产业和国际技术前沿的差距而将产业分成五种类型,从而进一步细化了在不同类型的产业发展和升级中有为政府因势利导的功能承担。(1) 追赶型产业,是指技术和附加值水平比发达国家同类产业低的现有产业,如汽车、高端装备业、高端材料等。政府可以在资金融通和外汇获取上支持本国企业并购拥有先进技术的海外企业以作为技术创新和产业升级的来源,可以支持本国企业设立海外研发中心以直接利用国外的高端人才来推动技术创新,也可以通过招商引资而把那些高端制造业产品的生产企业吸引到国内来设厂生产。(2) 领先型产业,是指产品和技术已经处于国际领先或已接近国际最高水平的产业,如白色家电、高铁、造船等。政府可以设立科研基金来支持新技术和新产品开发所需的大投入、高风险的基础科研,可以通过采购帮助取得新技术和新产品的企业较快地形成规模化生产以提高产品的国际竞争力,可以在人才培训、资金、法律、领事保护、投资保护上支持企业拓展海外市场,从而维持该产业的国际领先地位。(3) 退出型产业,是指丧失了比较优势或者还有比较优势但产能富余的产业,如钢筋、水泥、平板玻璃、电解铝等建材行业以及劳动密集型的出口加工业等。政府可以通过提供人才培训、展销平台等鼓励产业集群中部分有能力的企业在品牌、研发、管理、市场渠道管理等方面升级到高附加值链上,可以通过提供信息、人才培训、资金支持以及合作创办园区等方式协助多数企业转移到低工资的国家或地区,也可以支持产能富余产业中一些企业以直接投资方式将产能转移到"一带一路"沿线、基建投资需求大的国家。(4) "弯道超车型"产业,是指人力资本需求高、研发周期短的新兴产业,如信息、通信产业的软件、手机等。政府可以通过提供孵化基地、加强知识产权保护、鼓励风险投资、制定人才和税收优惠政策等以鼓励创新性人才创业,并利用巨大的国内市场、数量众多的科技人才以及完备的生产加工能力而能迅速将概念变成产品等优势推动相关产业的发展。(5) 战略型产业,是指资本非常密集、研发周期长、投入巨大,并且我国尚不具比较优势但关系国防安全的产业,如大飞机、航天、超级计算机产业等。政府可以通过中央财政直接拨款来支持新产品新技术开发,并以政府采购和推广到其他国家来支持其产品的生产,也可以通过改善基础设施、子女教育、生活环境等软硬条件来争取战略型产业落户当地,以实现战略型产业和当地产业转型升级的双赢。

最后，如何认识不同产业政策的成败？

林毅夫之所以倡导新结构经济学以及由此衍生出的GIFF框架和有为政府说，根本上源于对世界各国大量实践的观察、总结和提炼。事实上，在任何国家的经济起飞和迅猛发展过程中，几乎都离不开特定的产业政策；即使在号称全面推行自由市场的现代发达国家，各国在2008年经济危机以来也都制定了发展制造业的各种产业政策，如美国的"先进制造伙伴计划"和"先进制造业国家战略计划"以及"重振美国制造业框架"、德国的"高技术战略2020"、日本的"以3D造型技术为核心的产品制造革命"等。产业政策之所以如此普遍，自然有其经济的、政治的、文化的和社会的等各方面的原因；同时，正是由于每个国家在文化、社会、经济、制度和政治等方面存在不同的国情，从而具体产业政策在目标、内容和措施等方面也有不同的选择，进而也影响或导致了产业政策的成功和失败。譬如，基于对二战后世界各国产业政策中成功和失败案例的观察，罗宾逊认为政治因素对产业政策成败产生了巨大影响，并由此提出了五个主要论点：(1)理论上有充分理由相信产业政策可以在促进发展方面发挥重要作用；(2)有大量案例能够证明产业政策确实发挥了积极作用；(3)也有大量反例表明产业政策的失败及其对经济发展的阻碍；(4)成功案例与失败案例之间的区别在于政策的政治角力上，产业政策的成功往往在于当政者希望工业化能顺利完成，或者是政治体制的激励迫使他们这样行动；(5)经济学家和国际组织必须改变他们对产业政策的思考方式。① 当然，各种因素在产业政策制定和执行中所起的作用大小往往随着社会发展而变动。一般地，政治权力和意识形态等因素在产业政策制定和执行中的赤裸裸的支配和影响典型地出现在二战后，这是由当时国际政治对立的社会形势和新兴发展中国家壮大经济力量的迫切需要所决定的；同时，也会出现在迄今还未走出未开化状态的传统社会中，因为政治权力是此类社会中资源配置的主要乃至根本性机制。但是，当社会经济发展进入以市场经济为基础的"新常态"，尤其是对已经融入现代文明并将经济增长和国民生活提高作为基本国策的那些国家而言，影响产业政策的根本因素，与其说还是停留在政治和意识形态层面上，不如说更主要是基于对经济环境和资源配置机制的不同理解和认识；正是基于这一理解，林毅夫强调思想理念在经济发展和转型成

---

① 詹姆斯·罗宾逊："从政治经济学视角看产业政策与经济发展"，《比较》2016年第1辑。

败上的决定作用,深入剖析了各国制定产业政策的经济环境和社会意识,指出了那些失败的产业政策所存在的方向性错误,进而发展了根基于由要素禀赋决定的比较优势的产业政策。

二、新结构经济学引发争论的缘由

自林毅夫提出新结构经济学以及 GIFF 框架和有为政府说以来,中国媒体界和经济学界就围绕政府功能和产业政策展开了一场大争论,参与这场产业之争的主要学者有张维迎、田国强、文贯中、黄益平、韦森、许小年、李稻葵、吴敬琏、毛寿龙、冯兴元等人。那么,我们应该如何认识这些争论? 这就涉及不同学者在产业政策和政府功能上所持立场和观点的差异。那么,不同经济学人的立场和观点为何存在如此不同呢? 很大程度上,这就涉及不同学者所接受的学说和思维上的差异。

按照马克思经济学的阶级分析观,无论一个人的理性如何坚实、缜密,他们的阶级背景或其他社会因素将决定他们思考的方式和结果。但实际上,真正的学者很少会囿于个人利益,却往往会为其所接受的特定理论或信念所遮蔽。从学术史就可以发现,学者们很少会有意识地为其阶级、集团利益辩护,他们的价值判断和立场甚至与其所隶属的阶层往往相差很大。例如,在启蒙运动时期,很多思想家都具有社会特权背景(是贵族或高等法官的子弟),但他们基本上都能够跳出当时教会或贵族精英的圈子,积极推动社会的改革而不是维护社会等级和现状;而且,为了坚持和推广自己对人类社会所持的理念,他们的活动往往冒着很大的风险,小到被罚款、丧失经济保障,大到被流放、投入监狱,甚至被处以死刑,如马克思和恩格斯就是典型。与此形成强烈对比的是,随着边际革命的兴起和新自由主义的流行,很多出身于社会底层的学者却坚持自由放任的市场经济,并热衷于为资本主义制度和现实市场经济辩护,如弗里德曼、罗斯巴德就是典型。更为直观的对比是李嘉图和马尔萨斯:李嘉图致富后买了大量的土地而成为一个大乡绅地主,马尔萨斯却一直是一个清教徒和教师而不是地主阶级的成员;但是,李嘉图却极力主张废除当时有利于传统地主阶级的谷物法而倡导自由放任政策,而马尔萨斯却极力维护谷物法且最多是一个冷淡的自由贸易者。

也就是说,真正学者的学术取向和价值立场,与其说取决于他的出身背景和个人利益,不如说与他的知识结构及其相应的社会理念更相关。韦伯就指出:"利益(物质的和理念的),而不是理念,直接控制着人的行动。但是,'理念'创造的'世界观'常常以扳道工的身份规定着轨道,在这些轨道上,利益的动力驱动着行动。"①凯恩斯则进一步强调:"和思想的逐渐侵蚀相比,既得利益的力量是被过分扩大了……不论早晚,不论好坏,危险的东西不是既得利益,而是思想。"②更进一步地,哈耶克高度评价了凯恩斯这段话,并指出:"如果一个自由社会要得到维续或得到恢复,那么我们必须传播的就是信念,而不是那种在眼下看似可行的东西。"③事实上,面对20世纪70年代之前知识分子普遍反对资本主义的思潮,哈耶克就认为,这主要是西方社会日益为建构理性渗透的文化所赋予的第二禀性所决定的。哈耶克写道:"理性主义的影响既广且深,因此一般而言一个人越是聪明和有教养,他或她就不仅越有可能是理性主义者,而且还会持有社会主义观点。我们在智力阶梯上攀登得越高,我们越是与知识分子谈话,我们就越有可能遇到社会主义信念。理想主义者大多数可能既聪明又很有学识,而聪明的知识分子大多倾向于成为社会主义者。"④但显然,当前经济学界所面临的情形恰恰相反,随着新古典自由主义从20世纪80年代后的日益隆盛以及新古典经济学的传播,越来越多的知识分子尤其是大部分经济学人开始信奉自由市场,开始迷信企业家在市场经济中的作用,从而也就热衷于为现实市场的一切现象以及市场下的收入分配辩护。

当然,这并不是说,阶级地位、家庭出身和既得利益等对学者的学术观点和立场没有影响,相反,正如马克思等看到的,这种影响往往还非常显著。不过,这种影响并不是直接的,也不是决定性的,而是要借助于一系列的社会机制。我们可以思考一下,既然一个学者的学术主张和立场主要取决于他所接受的理论和知识,那么,他的理论和知识又是如何获得的呢?一般地,这无非有三大基本途径:一是在家庭中的感同身受,二是社会上的耳濡目染,三是学校中的教育学习。具体说明如下:(1)家庭中,统治阶级的父母往往为现有的文化伦理、社会秩序、政治制度、经济结构、分配体制

---

① 韦伯:《儒教和道教》,王容芬译,商务印书馆1995年版,第19页。
② 凯恩斯:《就业、利息和货币通论》,高鸿业译,商务印书馆1999年版,第397页。
③ 哈耶克:《"自由"企业与竞争秩序》,载《个人主义与经济秩序》,生活·读书·新知三联书店2003年版,第159页。
④ 哈耶克:《致命的自负》,冯克利等译,中国社会科学出版社2000年版,第57页。

以及政府政策进行阐述和辩护,子女的思想洞识和学术立场自然地也就会受到影响;(2) 在社会上,统治阶级父母的朋友圈和社会交往往往是具有相同价值观的显贵达人,他们的主张和行为方式也会影响到子女今后的学术倾向;(3) 在学校中,统治阶级父母往往会送子女去那些相似阶层孩子的学校接受正统思想的教育,漫长的学校生涯也会形塑此后一生的思考方式。尤其是,正如马克思指出的,控制物质生产资料的统治阶级往往会通过控制媒体、学术机构等精神生产资料而宣传和塑造反映其意志的社会思想,甚至一个社会占统治地位的思想往往就是统治阶级的思想,这种社会思想也就成为所有成员都认可和接受的传统智慧,上层阶级更倾向于维护这种传统智慧。

不过,真正的学者也会跳出这种传统智慧的束缚。其动力主要在于:(1) 具有强烈的学术理念和批判精神,这会促使那些真正的学者致力于剖析隐藏在流行观点和政策背后的缺陷;(2) 盛行强大的社会革新和反思思潮,这使得文艺复兴、启蒙运动以及社会变革时期往往会出现能够与社会传统、家庭身份决裂的真正学者。尽管如此,真正的学者毕竟只是少数,大多数学者都是在遵从前人的足迹或者既定的范式,从而往往会深陷于传统智慧之中;尤其是,在学术大众化时代以及市场堕落效应显著时期,无论哪个阶级或家庭出身的学者往往都倾向于接受和传播传统智慧,都热衷于迎合流行的学说和信条。譬如,在当前中国经济学界,只有接受现代主流经济学训练并撰写符合主流经济学范式的文章才可以在"一流"专业刊物上发表,才能获得学术岗位和晋升机会,因而绝大多数经济学人也必然倾向于传播主流经济学的信条。正是基于学术和理念的视角,我们就可以更好地理解现代经济学人为何如此相信市场和推崇企业家。他们的政策主张与其说是出自个人利益不如说是囿于学术信条。究其原因,在流行的新古典自由主义经济学教材中,经济分析框架和相应理论都根基于自然主义思维和肯定性理性传统,进而将"物竞天择、优胜劣汰"生物学信条运用到人类社会而形成社会达尔文主义观,进而发展出了所谓"存在即合理"的伦理自然主义。

更为甚者,一些经济学人为了寻求支持,还想当然地将这种思潮与存在主义哲学联系在一起。但实际上,这是对存在主义的严重误解。究其原因,存在主义的根本特质就在于区分了自在存在和自为存在;其中,自在存在仅仅是自然存在的,并有其存在的现实条件;但是,它并不是人类的有意识选择，缺少符合人的意向性，从而也就不具有社会性的价值判断。相反，人类社会要实现自身的理想，就要通过自身的努力、通过改变条件而使自在存在朝满足我们要求的方向发展，这就是自为存在。显然，要认识这一点，又有赖于自身的知识结构和批判性学术思维。哈耶克在批判当时的社会主义者时写道："凡是不抱这种偏见的人应当坦率面对的第一点是，决定着知识分子观点的，既不是自私的利益，更不是罪恶的动机，而是一些最为真诚的信念和良好的意图。事实上，必须承认，大体而言，今天一个典型的知识分子越是受着良好的愿望和理智的引导，他就越有可能成为社会主义者，站在纯粹的知识分子论证的立场上，他总是能够使自己处在比他那个阶层中他的大多数反对者更为优越的地位上。如果我们仍然认为他是错误的，我们就必须承认，可能存在着一个真正的错误，才使我们生活中这些占据着关键位置的心地善良而又聪明的人，四处传播那种我们认为威胁着我们文明的观点。最重要的事情就是努力理解这种错误的根源，使我们能够去对付它。"[1]尽管哈耶克所针对的是当时的社会主义者，但这句话实际上适用于所有学者，尤其是适用于那种信守传统智慧的"经院主义学者"，因而也值得现代经济学人深思。

那么，时下的众多经济学人为何又如此接受和盲信现代主流经济学的传统智慧呢？很大程度上，这又在于他们的狭隘知识结构：主要只是接受了主流经济学教材中思维和原理的训练。其实，很多经济学大家在学术研究中往往都能正视现实问题，从而具有相对较广的价值谱系；但是，主流经济学教材却集中主流经济学大致持有的共同价值体系，而撇开那些引起争议的议题。结果，大多数标准经济学教材就将世界描绘成一种完美的市场，坚信它的完全竞争模型最接近于真实世界里的市场运行方式，从而就形成了市场原教旨主义。普拉什说："市场原教旨主义其实就是死抱着经济学入门课本上的每一条定律"，结果，"最低工资法、高利贷法、诚实广告法、欺诈管制法、健康保险条例、反歧视法、建造监察条例、环境保护法、投资者保护法以及其他种种法律和规章，实际上无一幸免地受到市场原教旨主义者或轻率或粗鲁的摒弃，许多专事煽风点火、挑动纷争的专栏作家和

---

[1] 哈耶克：《经济、科学与政治：哈耶克思想精粹》，冯克利译，江苏人民出版社2000年版，第239—240页。

政客更是不管那一套"。① 这意味着,要成为一个真正的学者,就不只是接受流行的学说和分析思维,更是要以批判性思维审视这些流行的学说和分析思维。哈耶克就告诫说:"尽管我们必须把自己从政治家所受制于的那些当下盛行的偏见中解放出来,但是与此同时,我们也必须明智地认识到劝说和教育所可能起到的作用。"②很大程度上,审视和剖析现代主流经济学所潜含的思维谬误,应该成为现代经济学人的基本学术取向。

最后,回到这场产业政策和政府职能之争中,张维迎、田国强以及文贯中等人都强烈否定林毅夫倡导的有为政府概念以及相应的产业政策主张,甚至将之视为向统制经济和计划经济学的回归,是市场化改革的倒退。很大程度上,这些观念也正囿于他们所持的新古典自由主义的经济学思维:政府既没有制定出合理产业政策的认知能力和执行能力,更没有制定出合理产业政策的欲望和意愿。同时,网络上的众多评论尤其是媒体经济学人的点评文章似乎都表达了对张维迎等人反对产业政策的支持。很大程度上,都是因为长期接受新古典自由主义经济学思维和理论的熏陶和训练。事实上,新结构经济学提出的"有为政府""因势利导"等概念与新古典自由主义经济学的"有限政府""自由竞争"等概念发生了激烈碰撞,倡导的积极产业政策与自发的市场机制产生了明显冲突,依据的"政府动机"似乎与"企业家精神"也极不相容,从而就必然引发不同知识结构的学者的不同态度。进一步地,从更大视角上讲,当前围绕有为政府和产业政策的争论也是现代经济学不同流派之争在中国社会的延伸,甚至也是 20 世纪 30 年代计划与市场之争在当今中国社会的延续。至于不同经济学流派的争论在当今中国社会为何会集中爆发并导致异常尖锐的矛盾,一个重要原因就是,"知行合一"传统使得经济理论与政策实践在中国社会结合得更紧密,而当前中国社会也正面临着改革方向的重大抉择。正因如此,要真正理解当前的产业政策之争,就必须跳出狭隘的产业政策范畴,致力于剖析市场机制与政府机制的运行特性,比较市场失灵和政府失灵的原因,进而界定市场和政府作用的强度和边界。

---

① 希尔、迈亚特:《你最应该知道的主流经济学教科书的荒谬》,夏愉译,金城出版社 2011 年版,第 6 页。
② 哈耶克:《个人主义与经济秩序》,邓正来译,生活·读书·新知三联书店 2003 年版,第 160 页。

三、真正的学者如何参与学术争论

既然政策主张上的立场差异主要体现了不同学者的学说认知,那么,我们又如何有效参与真正的学术争论呢?譬如,在这种产业政策和政府功能的争论中,我们在现实生活中可以看到政府及其官僚的各种"乱为"现象:一方面滋生出大量的寻租和腐化行为,另一方面则出现了"好心办坏事"现象;同时,也可以看到网络上的大量留言和评论对产业政策的反对,对有为政府的讥讽。那么,我们能由此来评价一个学说的价值和优劣吗?要知道,构成任何社会的大多数都只是乌合之众,而开创性的学术洞识往往是少数先驱矢志探索的结果。显然,这根本上就涉及一个学者的学术态度问题。因此,绪论最后阐述一下本书对待学术争论的基本态度以及本书写作的基本旨趣,希望有助于读者更深刻而全面地理解现代经济学的现状,进而有助于经济学科以及理论的良性发展。

一般地,学术本来就是少数人的事业,新的学术要想得到广泛认同和接受往往非常困难,即使存在激烈的争论也很难说服他人接受。究其原因:(1)任何学术都没有完全洞悉真理而必然存在某种不足,这受他的知识结构和领悟能力所限;(2)流行的学术也有其自圆其说的逻辑体系,而受之影响的人在 25 岁或 30 岁后就很难接受新的理论;(3)新学说的价值也未必完全能够为他人所理解,因为每个人的知识结构和关注重点是不同的。但同时,任何具有社会关怀的学者,又都很希望其学说得到他人或社会的认同和接受,进而可以对社会发展产生影响。既然在有限时空下无法做到这一点,我们就只能留待后人的检验。而且,笔者相信,只要本着"古仁人的为己之学",只要考虑到我们的学说和写作是为后人看的,这种研究就一定会有意义。根本上说,新学说和新理论的价值往往要留待后人的检验,所谓的"传世之作"往往有赖于后人的评说,后人也根本不在乎你的生前地位和荣光。

新学术难以为人所接受,并不意味就不需要思想交流和争鸣。简单的理由是:(1)在争辩过程中,为了说服对方,每一方都会努力寻找证据或弥补逻辑漏洞,这反过来又有助于双方完善各自理论;(2)只有通过争辩,才更容易发现他人在关注什么问题,采用何种视角,进而才可以更有针对性地进行理论批判和发展。有鉴于此,对理论探索和思想深化来说,自由开放的学术和社会环境是重要的。同时,尽管学术讨论可能会产生共识,但这往往并非短期就能形成的;而且,学术讨论也并非一定要达成共识,真正的学者自然会从争论中补充和完善自身的学说。尤其是,学术争论的根本目的并不是要说服别人,而是为了进一步完善自己的理论和学说;进而,真正的学者也不会倾力将自身观点强加给别人,而是努力从他人的不同意见中吸取为己所用的东西。一般地,在参与某个学术讨论或者阅读某篇学术文章时,真正的学者往往也不是去评判其观点是否完全正确或者能不能够完全被自己认可,而是看其中是否有某些启发自己的闪光点并努力去发掘它而充实自己的认识或逻辑。实际上,如果一个学者希望能留下传世的学说或作品,就必须通过各种途径来汲取人类社会积累的知识,通过梳理和提炼而成为自身学说的一部分,从而留下尽可能全面的知识以供后人评价。

不幸的是,说服别人乃至努力让别人接受已经成为现代经济学研究、写作和讨论的流行目的,否则也就不会有麦克洛斯基对措辞学的研究。进而,之所以流行这种学术取向,正体现了学问本身的蜕化。究其原因,学术研究不是体育竞赛,不是一方压倒另一方而取得胜利,并由此赢得旁观者的喝彩和欢呼,获得个人的利益和荣誉;相反,学术的真正价值在于传承人类思想并为之添砖加瓦,并由此增进全人类的认知,提高全人类的理性,进而推动人类社会的健康发展。一般地,如果抱着说服别人并要别人接受自身学说的态度参与争论,往往就会偏重于那些支持自身学说的观点和论据;相反,如果抱着发展和完善自身学说的态度参与争论,则更愿意去留意和倾听反方的观点和证据。尤其是,抱着说服别人并要别人接受的态度参与学说争论,还会对学说发展造成很多看不见的不良影响:它或者可能导向学术霸权,进而形成一元主义学术取向;或者会衍生为学术对立或人身攻击,从而严重败坏学术风气。

因此,任何学术和政策的论战都既可能带来积极意义,也可能潜含消极因素。从积极意义方面讲,如果论战被很好地限制在学术层面,尤其是参与论战的学者能够本着增进认知和完善理论的目的,那么,这种学术交流和争论就会是自由和开放的,从而就有助于深化对政府和市场之关系的认识,进而也有助于推动经济学理论的探究和发展。很大程度上,这也就如 20 世纪 30 年代的计划和市场之争最终带来的结果。从消极因素方面讲,如果论战被人为地提升到政治和道德层面,尤其是参与论战的学者为了说服他人而展开相互之间的人身攻击和政治批判,那么,就会扼杀和抑制学术的交流和发展,最终可能使得各自的原有立场更为强化,学说也将更加分化进而日趋极端。这方面,经济学说史已经提供了不少的经验和教训。当前,经济学界围绕政府功能及其相应的产业政策所展开的激烈论战也是如此,笔者希望这次学术和政策之争的结果是前者,从而也就愿意参与讨论以提升自身的"为己之学"。

同时,真正的学者往往能够跳出个人利益关系的束缚而承担起对人类社会发展的道德责任,努力通过知识探究来启蒙社会大众和促进社会进步。这意味着,作为一个真正学者,他的学术取向和价值立场与其说取决于他的个人利益,不如说与其知识结构及其相应的社会理念更相关。由此,我们就可以理解当前经济学界为何对诸如政府功能这样一些最基本的议题都存在巨大的分歧和尖锐的对立,并引起激烈而广泛的争论,根本上就在于他们所接受不同的思维、理论和学说。相应地,要能够全面和客观地认识其他学人的不同观点和主张,进而提高自身的学术和社会认知,那么,我们就应该抱着真诚的学术态度和求真的学术精神去面对这些争论。有鉴于此,笔者在梳理和审视不同学者的观点时都努力根基于思辨的和学理的逻辑,努力剖析他们所持观点的逻辑及其缺陷,揭示他们所依证据的基础及其不足。

进而,时下经济学人之所以在学术观点和政策主张上存在如此争论,根本症结就在于,对一些最为明显的经验现象都没有形成基本共识,对最为基础的理论和原理都充满争论。事实上,很多经济学人在如何看待社会现象的社会观和哲学思维、如何研究社会经济现象的基本路线、如何为认识和改造现实问题设定的参照标准等方面都缺乏最为基本的思考和理解,就开始在特定的分析框架和研究范式下研究具体而复杂的现实应用问题了,所得出的结论自然也就会浮于表面。尽管如此,由于这些经济学人往往倾向于不加批判地接受流行教材中的思维和原理,从而就会非常固执地信守自己所得出的结论,这是"科学"分析的结果;自然地,在学术论争中,几乎就都是在各说自话,各自在管中窥象。试想,这又如何推动社会认知的真正提升和经济学科的实质发展呢?

其实,思想是内省性的,是一个长期观察、听解、沉思、体悟、酝酿和整理的结果。儒家就强调"学"和"思"的结合,所谓"学而不思则罔,思而不学则殆"(《论语·为政》),只有思考消化才能真正将学习所获得的东西转化成自己的认知,才能促进思想的形成和发展。这个过程是漫长的也是孤独的。为此,佛家把人的修炼分为"闻思修悟"这四个循序渐进的过程,没有前几个过程做基础和铺垫就不可能真正求得"慧"和"悟"。其中的关键在"修","修"行过程最为关键的是"静"和"定",修行者需要放下其他工作而在独处中静坐思索,尤其是摒除其他杂念的息虑静缘。如果没有这样的"修"过程,那么,就很可能会陷入歧途甚至走火入魔。相应地,真正的学者往往是孤独的,也能够享受其孤独,因为只有他本人才能真正理解自己思想的真谛和价值;同时,真正的学者也必须坚守这种孤独,因为只有孤寂的心境才能静下心来做深邃的思考。为此,爱默生说,真正的学者"必须要像拥抱新嫁娘一样拥抱孤独,独乐其乐,独忧其忧。他自己的评价足以成为衡量的尺度,他自己的赞美足以成为丰盛的奖赏",相反,如果他"心劳日拙、向往人群、渴望炫耀……心系闹市……便目不明、耳不聪"。[①] 有鉴于此,笔者长期游离于各种杂务之外,甚至也几乎不参与任何学术会议,而乐于浸淫在基础理论和分析思维的思考之中,长期沉寂于对社会科学各分支以及经济学各流派的思维和知识的契合,并以此来形成对真实世界的更为全面和系统的认知。

由此,我们来反观当前情形,现代经济学界之所以连最基础的理论和现象认知都缺乏基本共识,根本原因就在于,很少有学人愿意花很大精力在"学"和"闻"上打下坚实基础,更没有花漫长时间在"思"和"修"上付出努力,而是试图借助某种技巧而直接求"得"和"慧"。明显的事实是,现代经济学人往往在学习流行的新古典自由主义经济学教材中讲授的一些概念、理论和原理后,就开始运用数学和计量工具开始进行个人"创见式"研究了;在此过程中,他们将大量时间用于阅读一篇篇孤立的所谓前沿论文而不是思考经典著作的洞识和逻辑,随后又将大量精力用于模型的构建、数据的收集和处理。在整个过程中根本就没有"思"和"悟"的地位,甚至也没有理解各种学说和理论背后的逻辑思维,认知又如何深入得下去呢?同时,这些学人往往基于特定的研究范式和方法而得出之前甚至根本没有任何系统思考的命题,却美其名曰是基于"科学"方法得出的"科学"结论。但是,只要听讲者提出文章中使用的方法、数据、变量或现实因素等方面中的任何一个小问题,演讲者马上就会就会说由于种种原因还没有进一步考

[①] 爱默生:"真正的学者必须拥抱孤独",http://cul.sohu.com/20161224/n476841840.shtml。

虑,也是文章未来的完善方向,云云,甚至直接设定新的"保护带"来为其论断辩护。试问,如果果真存在如此的问题,这样的文章即使发表在"一流"刊物上又有什么实质价值呢?

四、回到产业政策和政府职能之争

上面讲了很多学术争论的一般缘由和态度,这里回到林毅夫新结构经济学引发的产业政策和政府之争。笔者有一个长期持守的观点:任何信奉强烈人本主义和现实主义的真正学者,都应该先于普通社会大众去洞识社会存在的问题并积极探寻改进的途径,"先天下之忧而忧,后天下之乐而乐"所指的正是此类人。相应地,在计划经济为主体的社会中,好的经济学家则应该更多地关注政府失灵问题,进而积极探究政府运行机制及其缺陷;正是基于这一意义,顾准、陈寅恪等一直就是笔者倾心追慕的楷模。相反,在市场经济为主体的社会中,好的经济学家就应该更多地关注市场失灵问题,进而积极探寻真实市场机制及其缺陷。在笔者看来,经过三十余年的改革,市场经济已经在当前社会经济中确立了基础性地位,并且也相信未来的基础性社会经济一定是市场经济;有鉴于此,笔者长期致力于对市场机制内在缺陷的挖掘,希望警示世人避免从政府之恶转向市场之恶,进而建构出更为成熟和完善的市场机制。

事实上,笔者的学术旨趣与大多数现实主义和人文主义学者是一致的。例如,托克维尔清楚地看到民主时代已经来临并且必将扩展到整个人类世界,但他不是致力于为民主体制唱赞歌,而是深入地剖析了民主体制中可能存在的问题;正因如此,托克维尔的宏著《论美国的民主》也成为欧美社会公民必读的经典著作,对民主缺陷的提防起到了重要作用。所以,哲学家施特劳斯说:"正是由于我们是民主的朋友和同盟,我们才不能对它阿谀奉承。"[①]再如,马克思率先认识到了公司朝有限责任制发展的趋势,认识到它将促进资本主义进入高速发展阶段;但是,马克思也不是为这种趋势唱赞歌,而是清楚地洞悉这种制度创新背后的副作用,告诫人们其中潜含的道德风险以及由此造成的经济动荡。但遗憾的是,新古典自由主义

---

① 施特劳斯:《古今自由主义》,马志娟译,凤凰出版传媒集团/江苏人民出版社2010年版,第24页。

主导的新古典经济学却仅仅关注有限责任制对解决资金需求的作用,却无视和嘲笑马克思的告诫。同样,斯蒂格利茨、林毅夫等人也都是既看到市场失灵也看到政府失灵,但鉴于西方社会中市场的无节制以及发展中国家中市场的不健全,他们也都寻求来自政府的抗衡力量。

因此,我们关注市场机制的失灵,并不否定可能会产生更为严重的政府失灵,这集中体现在计划经济的重大失败上。不过,政府失灵的内在机制已经为以哈耶克为代表的奥地利学派所深刻揭示,政府失败甚至也已经成为现代主流经济学教材的一般性结论。这意味着,政府失灵已经不是理论上有待解决的课题,而主要是社会制度的安排问题,而这又涉及政治学、法学以及其他社会科学领域。与此不同,现代经济学教材中对市场失灵往往要么只字不提,要么轻描淡写,或者将之视为"两害相较取其轻"的结果。进而,很多经济学人往往都会一味地宣扬市场机制相对于政府行为的好处,却甚少关注市场机制中潜伏的弊端,能够从理论上加以系统阐述的则更是少之又少。之所以如此,很大程度上就在于经济学家似乎不知道如何规定政府行为,从而就试图引入市场来制约政府的"恶"。殊不知,这种做法往往会造成市场失灵和政府失灵的相互强化,从而滋生出恶恶相加的乱局。试问:这种"唯市场化"改革倾向对中国发展真的好吗?根本上,一个有序社会必然是政府机制和市场机制互补共进的社会,至于如何有机结合则有待于学者们的潜心探索。

在这场产业政策和有为政府之争中,当支持者通过剖析市场失灵而引入政府功能时,一些市场原教旨主义者往往就会批评他不懂市场,不了解市场机制的精妙,也忽视了更严重政府的失灵。但实际上,这些只懂市场的经济学家所提出的政策往往更可怕,因为他们遇到什么问题都诉诸市场,将所有的市场失灵都归咎于政府或其他因素。究其原因,现代社会总是需要政府呀!试问:无政府时期的"野蛮丛林"会比现代社会更好吗?进而,即使经济运行市场化的方向和目标是确定的,但如何选择达到这一目标的途径也是一个重要议题。现代经济学人似乎往往只关注目标而忽视了途径,甚至根本不关注此过程可能造成的破坏。实际上,卡尔·波兰尼很早就指出,"脱嵌"的市场为追求经济和效率而往往会忽视社会正义,进而造成社会和组织的解体。卡尔·波兰尼通过对工业革命的历史考察写道:"英国经得起圈地运动的灾难而没有受到严重的伤害是因为都铎王室及其早期斯图亚特王室运用皇室的权力来阻缓经济进步的速度,直到进步的速度变成社会所能忍受的程度——使用这样政府的力量来救助这个变迁过程中的受害者,并且试图把变迁的过程引导到比较不具破坏性的方向。"①由此,卡尔·波兰尼得出结论说:"变迁速度的重要性并不亚于变迁本身的方向;虽然后者经常并不由我们的主观意愿来决定,而我们所能忍受的变迁速度却允许由我们来决定。"②显然,在正处于如火如荼进行的市场化进程中的当前中国,波兰尼的先驱性洞识同样值得我们重视。

最后,回到本书的根本性主旨:经济增长的逻辑和秘密。一个落后国家如何才能获得经济的起飞并维系经济的持续发展呢?本书强调,这根本上就需要夯实经济增长的各类基础,这包括物质基础——充足的资本积累,能力基础——持续的技术创新,分工基础——协作性的制度安排,长远发展基础——前瞻性的产业政策,等等。这一点并不难以理解,因为正如一个贫困家庭(或家族)要获得壮大和兴旺,往往就必须牺牲某种暂时的享受,需要培育高超的生产技能,需要成员间的团结合作,并在此基础上进行长远发展的合理规划,一国的经济发展也是如此。同时,一个家庭要能够制定和实施长期发展的合理规划,往往就依赖一个具有相当权威并尽心尽力的家长。国家也是如此,要能够制定和实施一个合理的长期规划,就需要有一个能尽其职的有为政府和恪尽职守的官僚队伍,而其中的首要条件在于政府的稳定和政策的连续。不幸的是,随着庸俗民主化的推行,国家发展规划和政策转而由代表不同选民利益的集团或政党轮流来制定和实施,从而就使得社会发展规划日益短视化,导致经济持续增长的基础被破坏。这里,实际上也反映出家庭(或家族)与国家在发展中存在的动力和动机差异:一方面,就家庭(或家族)的发展而言,家族成员在年老后往往可以享受家庭兴旺带来的收益,至少他非常爱护的子女能够享受这种收益,从而也就愿意在年轻时期为了家族的发展而做出牺牲;另一方面,就国家的发展而言,国家的发展和兴盛往往需要经历一两代人的时间,当代人往往享受不到这种发展所带来的物质红利,从而也就失去了牺牲暂时享受的内在动机。正是从这个角度上说,一国在推动经济发展上往往要比一家困难得多,民粹主义和享乐主义的偏盛往往会阻碍长期规划的制定和实施,这也正是民主社会的困境。

---

① 波兰尼:《巨变:当代政治与经济的起源》,黄树民译,社会科学文献出版社 2013 年版,第 103 页。
② 同上书,第 101 页。

第1篇　经济增长的理论探究

　　经济增长是发展中国家也是当前中国社会面临的核心议题和主要困境,但以新古典经济学为代表的现代主流经济学似乎无法提供有效的理论指导。究其原因,现代经济增长模型几乎都是在一系列非现实的假设下探究一种增长均衡状态,而现实世界中的经济增长恰恰不是均衡的,经济增长的困境更是对这种理论的挑战。所以,连卢卡斯的学生保罗·罗默也开始起来批判:目前宏观经济学研究中滥用数学工具而罔顾现实的做法已经促使"宏观经济研究"陷入倒退的境地;保罗·克鲁格曼则更早就宣称,过去的40年是宏观经济学的黑暗时代。然而,随着"供给侧"改革的提出,国内一些经济学人又想当然地回到新(古典)自由主义的供给学派政策去寻找解决产能过剩和促进经济增长的方法,这行得通吗?人类历史实践表明,西方经济快速增长出现在古典主义时期,而反映此时社会经济现实的古典经济学与现代经济学存在根本性差异。有鉴于此,本篇就致力于对经济增长史和经济学说史作一系统的观察和梳理,由此剖析经济增长的根本动因,并从劳动分工和生产率角度为经济增长确立基本理论依据,进而挖掘"中等收入陷阱"产生的根本成因。

1

经济增长的根源:投资推动抑或消费拉动

本章导读:现代主流经济学不区分投资支出和消费支出,更不区分消费的类型,而是将所有支出都视为经济发展的动力,甚至将消费乃至奢侈性消费当作拉动经济增长的主要动力。与此不同,古典经济学将投资支出视为经济发展的根本,从而对奢侈性消费持强烈的批判态度。究其原因,古典经济学的研究对象是国家组织,核心议题是国民财富的增长;显然,组织运行的有效性和劳动生产率的提高都取决于社会分工水平和生产迂回程度,而这都以不断积累和投入的资本为基础。相反,现代主流经济学仅仅关注当下的个人福利或效用,仅仅关注已经存在的有效需求不足问题,从而看不到奢侈性消费和破坏性支出本质上的浪费性和损坏性。同时,古典经济学的投资支出不同于凯恩斯经济学,它依赖于没有消费掉的剩余产品及其在生产中的投入,而不是从民众转移的税收或从未来转移的国债;因此,古典经济学的投资推动增长观有助于认识现代主流经济学无法解释的一系列社会经济现象。

一、引 言

在经济增长的动力根源上,包括马克思经济学在内的古典经济学与以新古典经济学为主的现代主流经济学存在根本性差异:前者致力于解决物质财富的匮乏,不仅从劳动投入角度来建立价值理论,而且基于劳动分工角度构建了经济增长的供给推动论;后者主要关注个体需求的满足,不仅从效用最大化角度来建立福利理论,而且从当下的有效需求不足来构建经济增长的需求拉动理论。正是基于这一视角,注重产品结构的"供给侧"改革的理论基础与其说是新古典经济学(包括凯恩斯经济学),不如说是古典经济学(以及马克思经济学),因为它根本上侧重于通过促进分工深化来提升全要素生产率进而提高潜在产出水平。为了清楚地认识到这一点,本章率先对相关议题作一思想史的梳理,集中剖析古典经济学注重资本积累的理论基础,并以此来审视一些为大多数人熟视无睹的重大社会经济现象。

二、奢侈性消费的思想史审视

随着市场经济的发展和商业主义的膨胀,消费乃至奢侈性消费逐渐成为大众文化的一部分;尤其是,一些富豪热衷于各种炫耀性消费,导致各种奢华产品不断出新。针对此种现象,根植于肯定性理性和伦理自然主义的现代主流经济学也致力于提供合理化解释,不仅将消费尤其是奢侈性消费视为社会经济发展的引擎,而且视为促进技术创新和社会进步的源泉。果真如此吗?实际上,只要翻开经济学说史,我们就可以发现不同学者对待奢侈性消费的认知和态度显然很不一样,而且,这种差异还呈现出明显的历史阶段性:边际革命之前的古典经济学家大多对奢侈性消费行为持批判态度,边际革命以后的主流经济学家则越来越重视需求并高度肯定奢侈性消费的社会发展作用。那么,为何会出现这种认知差异呢?我们究竟该如何正确认识奢侈性消费对经济发展的作用和意义呢?重新审视这一问题有助于我们更清楚地认知现代主流经济学的思维缺陷,更深刻地认识周边熟视无睹的现象,进而也有助于我们更深刻地审视各种流行的"现代性"问题。

(一) 现代主流经济学的消费观

现代主流经济学的核心是价格和消费理论:(1) 边际效用学派认为,消费体现了个人的自由选择以及对个人福祉的追求,消费水平也成为社会繁荣的标志,从而致力于寻找使既定生产要素得到最佳配置并使消费者满足最大化的途径,研究既定目的和手段选择之间的关系;(2) 凯恩斯经济学认为,消费支出构成了社会总需求的主体,是决定社会就业量的基础,也是经济增长的引擎,从而研究如何激发个人消费以防止经济萧条,必要时以公共支出来加以弥补。正是受到这些理论的鼓吹和影响,就促生了各种刺激消费的政策和制度安排,以致追求享乐的消费之风逐渐主导了现代商业社会,乃至萌生出追求炫耀性消费的有闲阶级。

那么,现代主流经济学为何如此重视消费呢?一般地,这既有社会环境的因素,也有经济思想史的渊源。就社会环境因素而言,(1)西方社会不断推出的技术革新所创造的产品已经超越了在目前社会分配结构下人之欲望的上升幅度和速度,先有产品的生产再引导相应的消费已成常态,因而如何借助广告等媒体来刺激个体的消费欲望之上升就成为工商业关注的重要课题;(2)现代消费已经脱离了简单的生理需求而成了社会性需求,而社会性需求则与知识、信息、趣味以及社会风气有关,因而通过研究消费的变化也就成了促进有效生产的关键。就经济思想史渊源而言,(1)为了提高国家竞争力和促进财富创造,重商主义就大肆鼓吹进行公共工程项目的投资以及奢侈性消费以减少"过多的人员",这启蒙了凯恩斯,并成为现代各国经济政策的重要特色;(2)重商主义后期的孟德维尔更是以讽喻诗形式为当时的奢侈风气辩护,将奢侈行为视为推动社会繁荣昌盛的力量,而将俭朴行为视为导致社会衰退的原因;(3)桑巴特则分析了奢侈性消费对资本主义成长的影响,发现大规模的工业主义首先发生在奢侈品业,从而认定资本主义正是由奢侈行为所推动。

(二)早期经济学者的消费观

在经济思想史上,对奢侈性消费持赞美和鼓吹的学者毕竟只是少数,而且大多是早期资本主义发展情形的观察家和肯定者,主要有孟德维尔、马尔萨斯、劳德代尔以及桑巴特等人。相应地,这些学者的认知来源有二:(1)从伴随资本主义崛起而盛行的奢侈性消费等现象中总结;(2)对早期基督教禁欲伦理观的反动。例如,针对当时受到严重贬斥的个人逐利行为和奢侈消费行为,孟德维尔写道:"奢侈驱使着百万穷汉劳作,可憎的傲慢又养活了一百万穷汉","在这种情况下,穷人也过着好日子";而一旦"随着傲慢和奢侈的减少,一切艺术和技巧都相继消失",整个社会将一片萧条。① 同样,有感于 17 世纪末在欧洲广泛出现的不断增长的财富带动的奢侈品需求,桑巴特强调:"奢侈促进了当时将要形成的经济形式,即资本主义经济的发展。正因为如此,所有经济'进步'的支持者,同时也是奢侈的大力倡导者。它们唯一担心的是害怕奢侈品的过度消费会损害资本积累。"② 甚至奥地利学派的米塞斯也承认:"奢侈品鼓励了消费水平的提高,刺激了工业的发展,促进工业新产品的发明创造并投入大批量生产。它是我们经济生活的动力源之一。工业的革新与进步、所有居民生活水平的逐步提高,都应当归功于奢侈。"③

与此同时,从古典经济学兴起直到边际效用学派崛起之前的学者大多对奢侈之风持反对态度,代表性人物有魁奈、莎夫兹伯里、哈奇森、斯密、李嘉图、穆勒父子、巴斯夏、西斯蒙第、李斯特以及马克思等。他们的认知来源也主要有二:(1) 社会经济发展从商业流通到工业制造转向使得学者们察觉到了奢侈性消费带来的严重后果;(2) 经济学的理论发展使得学者们得以从价值创造和分工拓展的角度剖析资本积累的作用。例如,被马克思称为政治经济学真正鼻祖的重农学派创立者魁奈强调农业的生产性以及其他行业对农业的破坏,并将在一个极其贫困的国家中为贵族服务的奢侈物品生产视为非生产性的。再如,古典经济学开创者斯密就主张对奢侈品课以重税,要求在高速公路对奢侈品运输征收比普通货运更高的费用,对"富人的懒惰和虚荣"征税,对酿酒厂课以重税以抑制烈性酒的消费以引导人们饮用有益于健康和保持充沛精力的啤酒和麦芽酒。④ 同样,古典经济学集大成者约翰·穆勒对资本主义社会中的生产资料集中以及资产阶级的奢侈生活进行了严厉谴责,认为他们的收入和消费与生产活动并没有必然联系。

(三) 两类消费观的意义比较

在对待奢侈性消费的认知和态度上,不同时期的经济学者之所以存在如此明显的差异,根本上与特定历史时期的社会经济任务以及与此相适应

---

① 参见杨春学:《经济人与社会秩序分析》,上海三联书店/上海人民出版社 1988 年版,第 55—56 页。
② 桑巴特:《奢侈与资本主义》,王燕平、侯小河译,上海人民出版社 2000 年版,第 150 页。
③ 米塞斯:《自由与繁荣的国度》,韩光明等译,中国社会科学出版社 1995 年版,第 73 页。
④ 斯密:《国民财富的性质和原因的研究》(下卷),郭大力、王亚南译,商务印书馆 1974 年版,第 453 页。

的经济学理论体系有关。早期资本主义面临的根本课题是：投资不足对财富创造和经济增长的障碍。基于这一课题，古典经济学认为，社会经济的发展根本上依赖于投资支出，生产性劳动和剩余产品的投入则是经济增长的根本要素，一个经济快速增长的社会需要大量的剩余产品积累，并且配置到有利于扩大再生产的地方。相反，后期资本主义面临的根本课题则是：社会需求不足对财富创造和经济增长的制约。基于这一课题，现代主流经济学不再区分投资支出和消费支出，更不区分消费的具体内容，而是将所有支出一视同仁地作为经济发展的动力；尤其是，受周而复始的经济萧条的影响，它将消费乃至奢侈性消费当作拉动经济增长的主要动力，只有当私人消费需求不足时，才由政府施加替代性的公共投资需求。

问题是，究竟是投资支出还是消费支出是经济增长的动力根源呢？事实上，根据皮凯蒂的资本主义第二定律：$\beta = s/g$；其中，β 是长期资本与国民收入之比，s 是储蓄率，g 是增长率。① 一般地，如果 β 是稳定的，那么，较低的储蓄率必然伴随着较低的增长率。例如，目前欧美发达国家的储蓄率 s 几乎都在 6% 以下，那么在皮凯蒂设定的 β 大约为 6 的情形下，相应的增长率 g 就不会超过 1%；相反，东亚国家的储蓄率 s 往往在 20% 左右，相应的增长率 g 就可以超过 3%；进一步地，目前中国社会的储蓄率 s 甚至高达 50%，从而往往可以实现超过 8% 的增长率 g。如果考虑到 β 在不同社会的差异，那么，由于储蓄率 s 的差异将会伴随着更为显著的增长率 g。例如，由于存在充足的劳动力资源，发展中国家的 β 往往要比发达国家小；相应地，假设当前中国社会的 β 是 4，那么，50% 的储蓄率 s 就可以实现 12.5% 的增长率。显然，储蓄促进经济增长的一个基本机制就是转化为投资，从这点上看，是投资支出而非消费支出成为经济增长的动力根源。正是基于财富生产和创造的角度，古典经济学家才极为重视资本积累而贬斥奢侈性消费。

三、如何看待奢侈性消费：破窗理论的审视

巴斯夏虚构了一个场景：一个店主的儿子不小心打碎了一扇窗户玻璃，此时引来了一群围观者，他们对打破玻璃而造成的财产损失表示惋惜，

---

① 皮凯蒂：《21世纪资本论》，巴曙松等译，中信出版社 2014 年版，第 169 页。

对店主不得不花钱来修复窗户表示同情。但是,一群老练的经济分析家却异口同声地说:"不论发生什么不幸的事,天下总有人会得到好处;人人都得过日子呀,如果玻璃老是不破,要玻璃工干什么呀";而且,他们还"说打破玻璃是件好事,说这能使资金周转,说由此可以导致整个工业的发展"。① 因为店主不得不重新购买一块玻璃,而玻璃商又可用这笔钱去支付给另外的人,如此循环。因此,在这些经济学家看来,这个看起来是有害的破坏行为,创造了需求,引发了资金周转,从而刺激了经济发展增长。而且,当时还有学者宣称:"如果烧毁巴黎,那将有那么多房子要重建,会带来多少生意啊。"② 那么,我们如何正确认知这种破坏性消费呢?

(一) 从破窗寓言到破窗谬误

事实上,这些老练经济学家对破窗的分析正体现了现代主流经济学思维和观点,这在很大程度上也可以看成是原初凯恩斯经济学,破坏性消费通过乘数效应而成为刺激经济增长的发动机。同时,正是基于这种鼓吹奢侈性消费的经济增长观,现代社会就流行了这样两种错误观念,也就是破窗谬误。

首先,正是受这种流行观点和凯恩斯学说的影响,人们才津津乐道于所谓的"破坏创造财富"说,并进而推广到洪灾、地震、战争等。例如,国内有学者就大肆宣扬,"洪水有利于经济建设","1998 年特大水灾刺激了需求,拉动增长,光水毁房屋就几百万间,所以水灾拉动中国经济增长 1.35%"。③ 相应地,在"9·11"事件发生后,这些经济学人同样可以说,这次恐怖袭击可以创造出大量的就业机会,从而会带来建筑业、市政建设的繁荣。实际上,这种千篇一律的安慰已经形成为一种理论,并指导着我们绝大多数的经济制度和实践。当前中国社会就存在非常多的"玻璃工",很多"窗户"造出来就是为了打破的,从而不断促进地方 GDP 的增长。同时,鉴于破坏性行为和奢侈性消费之间的极大相似性,社会上就流传开"奢侈是经济增长和社会发展基本动力"之类言论和信条,如"聚藏钱财会使民族的血脉枯竭"、"大人物的奢侈可以使小人物生活得更舒服"、"纨绔子弟毁

---

① 巴斯夏:《财产、法律与政府》,秋风译,商务印书馆 2012 年版,第 7 页。
② 同上书,第 9 页。
③ "经济学家骇人语录网上流传:房价涨得快是好事",http://news.dayoo.com/finance/200901/08/53869_5127876_2.htm。

了自己却富了国家","穷人的面包就是富人的浪费做成的",等等。① 其实,贪得无厌和奢侈在前资本主义社会中往往会受到蔑视,资本主义却将贪婪视为一种"动机"而合理化,甚至导致了一种"占有"科学——经济学科的快速发展。②

其次,这种流行观点还塑造出了这样一种道德标准,它导致人们把他们的道德利益和物质利益看成是对立的。事实上,孟德维尔的"私恶即公益"命题就将符合传统道德的节俭与符合现代社会的物质利益对立起来,并由此淡化、漠视乃至否定道德利益要求。承此思维,凯恩斯宣称:"我们越是有美德,越是致力于节俭,我们国家财政和私人财务越是坚持正统原则,我们的收入就会下降得越多";同时,"造金字塔、地震甚至战争都可能对增加财富其作用",尽管"建造房屋或类似的东西会更有意义"。③ 在这种观点支配下,奢侈而非节俭被视为现代社会的美德。但试问:这种道德观合理吗?巴斯夏就曾指出,天底下所有的父亲无不教导自己的孩子遵守秩序、持家有道、讲究实惠、力求节俭和适度消费,天底下所有的宗教无不痛斥阔气和奢侈无度。④ 同样,西斯蒙第也指出:"任何一个家庭的家长都知道,他要发家致富,就只能靠节约,把他每年所赚的一部分钱,拨入他的资本。"⑤

(二) 破窗理论的全局性分析

问题是,以奢侈消费来拉动经济增长的方式合理吗?或者,当今社会中的那些奢侈性消费和破坏性行为对经济发展果真起到了如此的积极作用吗?

极端的例子是鸦片消费,作为价格非常高的奢侈品,鸦片消费在 19 世纪上半叶的中国也创造了不少就业,以致当时不少人认为禁止鸦片几乎是不可能的,因为这将影响到太多人的经济利益;但鸦片贸易造成的更为严重的结果是,它瓦解了中国经济发展的基础,从而成为中国社会由盛转衰的重大事件。因此,尽管现代学者往往以林则徐的道德述说而非经济原因

---

① 巴斯夏:《财产、法律与政府》,秋风译,商务印书馆 2012 年版,第 84 页。
② 海尔布隆纳:《资本主义的本质与逻辑》,马林梅译,东方出版社 2013 年版,第 84 页。
③ 斯考森:《现代经济学的历程:大思想家的生平和思想》,马春文等译,长春人民出版社 2006 年版,第 347、353 页。
④ 巴斯夏:《财产、法律与政府》,秋风译,商务印书馆 2012 年版,第 57 页。
⑤ 西斯蒙第:《政治经济学研究》(第 1 卷),胡尧步等译,商务印书馆 1989 年版,第 85 页。

来解释鸦片战争,但实际上,林则徐在鸦片战争之前的六年曾主张种植鸦片以阻止白银外流,当时的清政府也主要是出于经济考虑而非健康道德考虑来讨论本土的鸦片问题。① 很大程度上,正是由于奢侈造成了财富的损失,黜奢崇俭才成为千年来人类社会的信条(现代人往往将之称为教条)。

为此,巴斯夏支持常识而批判老练经济分析家对于破坏性行为的辩护观点。巴斯夏指出,老练经济分析家的观点仅仅看到了能看到的一面,而没有考虑看不到的一面。在这个事件中,窗户打破而提供了玻璃工的生意,这是老练经济分析家所看到的;但是,如果窗户没有破,店主就可以用那笔钱购买新鞋或新书,从而增加书商或鞋商的营业额,这是老练经济分析家所看不到的。同时,就店主而言,由于窗户被打破,它花钱购买新玻璃获得的享受与以前一样;但如果窗户没有打破,他在获得原先的效用时又可以增加新鞋或新书的效用。也就是说,打破玻璃所带动的经济效用往往是以另外一部分的负效应为代价的,整个社会上的资源并没有增加。所以,巴斯夏强调,"破坏、损坏和浪费,并不能增加国民就业",相反,"有些东西被毫无意义地毁灭,社会损失了某些价值",或者更简单地说,"破坏并不是有利可图的"。②

事实上,就地震和洪水造成的影响而言,破坏后的重建必然需要花费本来可以用于其他方面建设或生产的资本。在探究西方崛起的原因时,有一种学说就认为,欧洲使用砖和石料的建筑比中国和日本的建筑更能经得起风雨侵蚀,从而使得欧洲积蓄的资产贬值较少;同时,亚洲地区更常见的地震和洪水也进一步破坏了资本,而欧洲更常见的流行病、战争和农业歉收主要破坏的是劳动力而不是资本。③ 正是由于积累的资产往往会遭受周而复始的破坏,这就严重限制了亚洲地区的经济发展。同样,奢侈性消费对经济发展的影响也是如此,因为奢侈性消费也是对资本的侵蚀。米塞斯写道:有人认为"如果富人不奢侈,穷人就会失去收入来源,就会变得无处挣钱,无钱可挣。这种说法很愚蠢……如果没有奢侈,人们照样可以找到收入来源,那些本来可用于生产奢侈品的资金就将被投放到其他的生产

---

① 林满红:《银线:19世纪的世界与中国》,江苏人民出版社2011年版,第84页。
② 巴斯夏:《财产、法律与政府》,秋风译,商务印书馆2012年版,第8页。
③ 彭慕兰:《大分流:欧洲、中国及现代世界经济的发展》,史建云译,凤凰出版传媒集团/江苏人民出版社2010年版,第49页。

领域,例如用来生产大众化的消费品,人们的生活必需品等"。① 斯密的老师哈奇森也指出:"在一种用途上不被花费的收入将要用在另一种用途上,它如果不被浪费在奢侈消费中,就必然会用于有用的、明智的目的。"② 而且,后一种消费有助于收入的分散,从而对社会发展来说更健康,但这些都被现代主流经济学忽视了。这也就是巴斯夏"破窗理论"的含义:打破玻璃使得有些东西被毫无意义地损坏和浪费,使得社会丧失了价值,从而是破坏而非建设。

(三) 破坏性增长的本质和寓意

上述分析往往会遇到一个诘难:人类社会的几次经济大危机似乎都是诉诸奢侈性消费和破坏性行为而摆脱的。确实,我们不能完全否定奢侈性消费和破坏性行为在特定时期对经济拉动的积极作用:当经济处于停滞状态,奢侈和破坏往往可以触发经济活动和启动经济运转。譬如,如果上述店主是个守财奴,在玻璃没有破损的情况下,他既不会用那笔钱去购买玻璃,也不去购买其他书籍等任何东西,而是将之储藏起来;那么,打破玻璃这一事态显然就有助于促进这些储蓄的使用,从而刺激社会经济的运行。这就好比在经济萧条时期,每个人都因对未来预期不佳而紧缩消费(就像守财奴),那么,浪费性的消费行为以及破坏性的"破窗"举动往往可以成为启动经济的动力,从而就并非不是好事。很大程度上,凯恩斯的消费刺激理论应对的也就是这种极度萧条的经济情形。不过,即使在这种情况下,巴斯夏还是强调,破坏性行为虽然通过迂回途径而启动了经济,但其直接效果却是对社会福利的损害;而且,即使没有打破玻璃这类破坏性行为,人们的正常购买也可以启动经济。

从本质上讲,破坏就是破坏,奢侈就是浪费,这不是价值创造行为。相应地,破坏性发展也就不是一个有效率的途径,更不是可持续发展的途径。在很大程度上,依靠破坏来启动社会经济的发展正反映出,人类社会的相关制度出了问题,如知识结构、生产结构以及分配结构出了问题,从而昭示我们去改良这些问题。究其原因,人类社会还没有富裕到可以随意浪费的程度,每一次浪费都必然与其他人的穷困同时存在。譬如,每当经济大危

---

① 米塞斯:《自由与繁荣的国度》,韩光明等译,中国社会科学出版社1995年版,第72页。
② 罗斯巴德:《亚当·斯密以前的经济思想:奥地利学派视角下的经济思想史(第一卷)》,张凤林译,商务印书馆2012年版,第659页。

机到来时期,大量的牛奶和面粉倒入大海固然成为摆脱包袱而推动经济新一轮发展的现实手段,但在大危机时期往往有更多的人得不到最基本的食物,这正是森发现贫困和饥荒之所以爆发的真正根源,也是马克思等古典经济学家极力批判的社会现象。而且,即使人类社会的物产已经到达了绝对充裕的阶段,一个良好的社会制度也应该保障人们减少在生产和劳动上的时间投入,从而得以将大量的时间用于提升个人的全面自由发展。

显然,维持社会持续平稳发展的关键在于,要建立保障社会正常的生产和消费机制以防止大起大落的经济波动,这包括改善收入分配、促进技术创新和产品升级的制度安排,这也是现代经济学的根本议题。不幸的是,囿于既定的新古典经济学框架,绝大多数经济学人却看不到这一点,无法深入剖析经济波动背后的社会因素,反而将各种市场行为都视为理性的,将市场波动乃至经济危机都视为帮助经济"破坏性重建"的强制性市场出清。正是由于思维为成见所禁锢,这些经济学人的政策主张往往在两个极端之间跳动:当市场繁荣时,往往相信新古典经济学,认为市场是有效的,一切个体行为都是理性的;当市场衰退时,转而信奉凯恩斯经济学,主张用国家干预来纠正市场失灵,甚至采取破坏性政府支出和奢侈性个人消费的激励政策来推动经济的复苏。结果,人类社会经济体系中内在的问题就永远不可能真正解决,社会经济也就会不断地陷入周期性循环之中。

(四) 如何理解奢侈性消费等同浪费

上述分析还会引发一个质疑:我们为何将奢侈性消费视为浪费呢?要知道,奢侈性消费也满足了那些富人的需求,提高了富人的效用呀!我们之所以将奢侈性消费称为浪费,主要是从社会发展以及社会整体福利和效用的角度而言的。凡勃伦就曾指出:"是因为这种消费从整体说来,并无益于人类生活或人类幸福,而不是因为从实行这种消费的各个消费者的立场来说这是浪费或精力的误用。就各个消费者说来,如果他愿意这样消费,这种消费与其他可能不会受到浪费的非难的那类形式的消费相比时对他的相对效用问题就算解决了。不论消费者所选择的是哪一形式的消费,也不论他做出选择时所追求的目的何在,由于他的偏爱,那种消费对他就有效用了。从各个消费者的观点来看,在纯粹经济潜能范围内是不会发生浪费问题的。"① 问题是，现代主流经济学恰恰从个体理性角度来看待问题，乃至将社会效用等于个体效用之和，将经济增长等同于各种消费支出之和，从而就混同了不同消费支出的性质差异。

例如，针对中国社会潜在的粮食危机，袁隆平建议政府将浪费当成犯罪行为来限制，但该建议马上遭到一些所谓的主流经济学人以及青年经济学子的大肆抨击。这里摘抄一些网络话语："袁隆平吃错药了，求设'浪费罪'。请问有没有一点市场经济的常识？如果生产出来的商品不被消耗掉，不就是导致经济危机的源头？""你点了好些菜，……你自己觉得吃几口就不想吃了，就倒掉，这是你在理性地处理你自己的私产，这不是浪费。是你自己的财产，你怎么处置都是你自己的事，不存在浪费这回事。……（所谓浪费），就是你没有按照你认为最有利于你自己的方式处置你的财产。只有你自己才知道有没有浪费，也只有你才最关心你有没有浪费。……所以你都没法想象会有你自己故意浪费自己的财产这样的事。只有违背自己意愿地处置自己的财产，才是浪费"；"只要不是抢农民的粮、偷农民的粮，或者像统购统销年代那样，强行低价收购农民的粮食，而是用市场价让农民自愿把粮食卖给你，你就对得起他的汗水。买来了不吃，最后扔掉，也不是对他劳动的浪费，相反是让他的劳动发挥出他自己都没料到的价值。他本以为他生产的粮食只能用来吃，结果发现你还能拿来炫耀，吃饱了还买，农民要高兴还来不及。规定农民只能卖粮给只把粮食用来吃的人，那才是对他辛勤劳动的浪费"。② 实际上，不是袁隆平错了，而是这些学子们根本就没有真正理解经济学，他们学习了一种错误的经济学理论就自以为是了。

总之，破窗理论告诉我们，经济决策只有在考虑到"全盘结果"时才会产生良好的结果，亦即，对于经济决策的评估应该观察其长远的影响而非短期的成果。这包括两点：(1)检验经济决策的效果不要局限于直接带来的利益或缺点，而是应该检验其长期的影响；(2)检验经济决策的影响时不能只观察特定的群体（例如蜡烛制造工匠）或产业（例如蜡烛制造业），而是应该考虑到其对所有人和整个社会的影响。显然，破窗理论对学术研究和政策制定都具有显著的意义。例如，通过节俭和奢侈行为对社会经济发

---

① 凡勃伦：《有闲阶级论》，蔡受百译，商务印书馆1964年版，第73—74页。
② "财知道：袁隆平错了 设立浪费粮食罪或损害农民利益"，http://finance.ifeng.com/news/special/caizhidao97/。

展长期和深层效应的比较,巴斯夏就指出,节俭不仅在道德上优越于奢侈,而且在经济上同样优越于奢侈。同样,根据破窗理论这一中心思想,巴斯夏还强调:"坏经济学家总是为了追求一些当下的好处而不管随之而来的巨大的坏处,好经济学家却宁愿冒当下小小的不幸而追求未来的较大收益。"① 显然,一个好的经济学家,只能是那些不仅看到直接结果,而且也能看到经济政治行为的后续结果的人。巴斯夏这一见解深深影响了奥地利学派,哈耶克将之称为天才的思想,破窗理论也成为一些有识之士用以批评凯恩斯消费经济学的譬喻。如维塞尔就强调:"现实经济在没有干扰因素的影响时,能够把关心和收入分派到未来各期。在预见到特殊的风险、追求更快的经济发展、计划到或者预期到常规收入和支出发生变化时,有必要考虑超出当前时期的经济措施。"②

四、古典经济学重视资本积累的理论基础

与现代主流经济学鼓吹消费支出并推出需求拉动增长论不同,古典经济学家大多抨击奢侈性消费行为,并将资本积累作为提高劳动效率和促进经济增长的动力根源。为此,古典经济学家大多主张对奢侈品征收高额税收。为什么会存在这种差异呢?根本原因在于这样两方面:(1)古典经济学的研究对象是组织(民族国家),从而关注组织的有效运行,而这根本上关涉社会分工问题;(2)古典经济学的研究核心是国民财富的增长,社会财富的创造不仅依赖于生产性劳动的投入,而且依赖于社会劳动的生产率提高。进而,从社会角度看,社会劳动效率不仅取决于组织内部的劳动分工,还取决于组织之间的产业分工,涉及资本分工、产业独立以及迂回生产等问题,这些方面为奥地利学派所发展。很大程度上,组织运行的有效性和劳动生产率都取决于社会分工水平和生产迂回程度,而这都以不断积累并投入生产的资本为基础。这里就此作一说明。

(一)劳动分工论

对储蓄和资本积累的重视可以追溯到经济学之父斯密,他实际上是以

---

① 巴斯夏:《财产、法律与政府》,秋风译,商务印书馆2012年版,第5页。
② 维塞尔:《社会经济学》,张旭昆等译,浙江大学出版社2012年版,第87页。

高储蓄、高投资为基础的资本主义发展模型的先驱。① 事实上,斯密的《国富论》就是研究国民财富尤其是人均国民收入增长的学问,集中剖析了影响人均国民收入的两大因素:劳动生产率和生产性劳动与非生产性劳动的比例。其中,斯密将生产性劳动定义为直接的物质生产劳动,而所有从事服务业的劳动则被解释为非生产性劳动;劳动生产率则与分工有关,分工是有助于生产力提高的最重要条件。斯密构筑的三位一体理论体系就是分工、劳动价值和自由竞争;其中,劳动价值是社会发展的基础,劳动分工则通过提高劳动效率而促进价值创造,自由竞争则通过促进劳动分工而扩大市场范围。正如熊彼特指出的:"无论在斯密以前还是在斯密以后,都没有人想到要如此重视分工。在斯密看来,分工是导致经济进步的唯一原因。"②

既然分工是促进经济增长的根源,现实世界中的分工水平又如何决定呢?在这里,斯密提出了后来为斯蒂格勒所命名的著名的"斯密定理":市场的需求规模限制了劳动分工,相应地,新的劳动分工取决于交换范围(市场)的扩大。斯密写道:"分工起因于交换能力,分工的程度总是要受交换能力大小的限制;换言之,要受市场广狭的限制。"③事实上,只有当对某一产品或者服务的需求随着市场范围的扩大增长到一定程度时,专业化的生产者才能实际出现和存在;相反,如果市场范围没有扩大到一定程度,即需求没有多到使专业生产者的剩余产品能够全部卖掉时,专业生产者不会实际存在。正是由于斯密把分工和市场结合起来,从而形成了凭借持续引进新的分工而自我维持的增长理论。因此,斯密定理后来也被西方主流经济学视为"在全部经济学文献中是最有阐述力并富有成果的基本原理之一"。④

进一步的问题是,人类社会的分工又如何得以不断拓展和深化?这就需要以不断积累的资本为基础。事实上,只有拥有足够数量的资本,企业主才可以购买工厂、工具、机器设备、原材料和劳动工人,才能将这些生产要素结合在进行社会化生产;只有存在一定数量的剩余产品,才可以从社

---

① 速水佑次郎:《发展经济学:从贫困到富裕》,李周译,社会科学文献出版社2003年版,第118页。
② 熊彼特:《经济分析史》(第1卷),朱泱等译,商务印书馆1991年版,第285页。
③ 斯密:《国民财富的性质和原因的研究》(上卷),郭大力、王亚南译,商务印书馆1972年版,第16页。
④ 杨格:"报酬递增与经济进步",《经济社会体制比较》1996年第2期。

会劳动中分离出一部分来从事知识生产和技术创造等活动,进而形成知识生产和知识应用之间的分工;同时,只有以这些剩余产品转化的资本为媒介,才能沟通生产者之间的联系,从而深化生产者之间的分工。从人类社会发展看,在劳力社会中,由于社会没有剩余产品,从而就无法形成有效分工,也就只能重复自给自足的简单再生产;相应地,随着地理大发现、经济殖民等带来的剩余产品,才使得社会化分工和大规模生产成为可能,才促进资本主义的崛起和发展。在很大程度上,剩余产品的多少就决定了社会生产形态以及经济发展速度,并最终决定了社会经济所处阶段,这反映在科恩所列的简表1-1中。①

表1-1 不同社会发展阶段的剩余产品

经济结构形态	生产发展阶段
1. 前阶段社会	没有剩余产品
2. 前资本主义阶级社会	有些剩余产品,但少于
3. 资本主义社会	有相当多的剩余产品,但少于
4. 后阶级社会	有大量的剩余产品

最后的问题是,资本又如何而来呢？斯密指出,资本是先前的储蓄行为积累起来的结果,是节制花钱的结果;而没有事前积累的资财,分工就无法进行,就无法提高生产率。为此,斯密反对奢侈性消费,并把私人储蓄或节俭视为增加资本的唯一途径;相应地,斯密高度评价储蓄行为,把节俭的人称为公共捐助人。这一观点为大多数古典经济学家所继承。例如,穆勒认为,资本是劳动生产的积累,资本家减少在奢侈品上的消费支出就会增加投资支出,从而能够促进就业和经济增长;为此,社会必须从每年的产出中留出一部分来维持劳动,生产性劳动人数的多少则取决于这部分的大小。进而,基于能否直接或间接地维持生产性劳动,穆勒还将消费区分为生产性消费和非生产性消费。穆勒写道:"只有用于保持和提高社会生产力的消费,才是生产性消费。"②究其原因,在一个经济中所生产的一定数量的消费品必定会反馈给家庭部门的人力本身的生产,这种生产性消费正是维持人力资本完整无损的必要投入。穆勒还指出,只有生产性消费者才

---

① 科恩:《卡尔·马克思的历史理论:一种辩护》,段忠桥译,高等教育出版社2008年版,第229页。
② 穆勒:《政治经济学原理:及其在社会哲学上的若干应用》(上册),赵荣潜等译,商务印书馆1991年版,第69页。

是生产性劳动者,但并非所有生产性劳动者的消费都是生产性消费。

同时,斯密认为,储蓄行为和投资行为之间不存在时滞,因为储蓄转化为投资,而投资产生支出,反过来又用于消费;因此,储蓄并不会损害购买力,而是意味着消费,不是被储蓄者而是被不同类型的其他人消费。究其原因,在斯密时代,资本和消费品都非常匮乏,资本很容易找到投资机会;相应地,货币也主要被视为一种媒介,人们借助它只是为了方便地获得商品。承袭这一思维,萨伊进一步提出了萨伊定律:供给可以创造需求。当然,萨伊定律也遭受了种种批判,如忽视商品和物物交换的区别、不变的现金余额、储蓄和投资相等、没有货币幻觉、忽视经济体制的不确定性、忽视坎铁隆效应和真实余额效应,等等;而且,社会经济越是向前发展,萨伊定律遭受的批判也就越强烈。但是,正如罗斯巴德指出的:"本质上,萨伊定律是对各种经济学上的不学无知者以及利己主义者所做出的严厉而适当的回应。这些不学无术的人以及利己主义者在每次经济衰退或危机时就大声地抱怨普遍'生产过剩'的严重问题,或者用萨伊时代的常用语言,市场上商品的'普遍饱和'问题。'生产过剩'意味着生产超过了消费:即产量从总体上与消费量相比太大了,因此产品无法在市场上售出。"① 显然,现实世界的供给并没有满足所有人或者绝大多数人的需求,因而经济危机的原因也绝不能单单用生产太多了去解释,而应该从供给结构上去分析,是供求结构的失衡造成了"生产过剩",这才是萨伊定律的真正含义。事实上,穆勒也接受了萨伊定律而强调,对财富的限制永远不是缺乏消费者,而是缺乏生产者和生产能力。究其原因,节省下来的资本总会要给消费掉,或者用于投资,或者用于是非生产性消费,而"富人的非生产性开支对穷人的就业来说是非常重要的"。② 在这里,穆勒特别指出,对增加生产构成障碍的重要因素是资本,而储蓄依赖积累的动机,储蓄倾向则在于如何诱导储蓄。

(二) 生产迂回说

分工之所以能够提高效率,还有另一个理论基础:生产迂回说。事实

---

① 罗斯巴德:《古典经济学:奥地利学派视角下的经济思想史(第二卷)》,张凤林译,商务印书馆2012年版,第43页。
② 穆勒:《政治经济学原理:及其在社会哲学上的若干应用》(上册),赵荣潜等译,商务印书馆1991年版,第86页。

上,重农主义的杜尔哥就指出,土地的产物需要经历长久而艰难的准备工作才能适合人类的需要,期间形成了劳动力与土地和资本的结合进而又通过诸多的中间"工序"而最终对物品做出了改变。同样,古典主义的李嘉图则把资本看作"间接的"或"物化的"劳动,并认为完全依靠直接劳动生产和利用机器劳动生产的效率和成本是不同的;而且,李嘉图认为,时间因素妨碍了那些周转较慢的资本的产品供给,其产品需要较长时间到达市场的人必须为此而得到补偿。承袭这一思维,西尼尔最早提出了资本积累原理,社会生产力随劳动能力和产品不断被当作生产手段使用而增进。例如,相同数量的劳动连续两年投入赚取的利润不止二倍于两个一年的投入赚取的利润,第一年的产品可以用来作为第二年生产的工具,如每隔一年赚取100元利润在经济上并不等于每年赚取50元利润。这意味着,劳动以及生产财富的其他工具的力量可以因把它们的产品作为进一步生产的工具而无限增加,因而周转较慢的资本产品也因实际价值在不断增加而有较高价值。

同时,萨伊和穆勒也从时间结构上对生产过程进行了分析,探究了社会化生产中直接生产劳动之外的其他生产要素的报酬。例如,萨伊就强调,创造价值的不仅包括有形物品的生产者,而且也包括为之提供服务的人,进而是人的努力与自然和资本相结合而共同创造了价值;同时,提供服务的间接劳动者以及不能带来直接享受的土地或工具等,它们的价值是基于它们所创造的产品的价值。进一步地,穆勒将那些直接和间接生产出物质产品的劳动,如为获得技能或保护财产的劳动服务支出,都视为生产性劳动,并且,认为在较长生产流程中间接要素劳动力的价值来自于最终产品的价值,如无论是制犁人还是其他人都从面包的价格中获取了劳动报酬。受这些古典经济学家的影响,奥地利学派的开山者门格尔致力于考察生产的时间结构,并将边际效用原理扩展到整个生产与分配领域而提出了一种归因理论:所有财货的价值都取决于利用它所生产的最终消费品的价值;其中,高级财货的价值之所以应该从作为低级财货的最终消费品中分摊,就在于利用高级财货进行生产能够取得更高生产率。在西尼尔和门格尔的学说基础上,庞巴维克认为,最终(消费者)商品的生产需要耗费时间,而生产这些商品的迂回方式比直接生产方式具有更高效率,但也需要耗费更多时间。例如,鲁滨逊可以直接用双手捕鱼,也可先结成渔网再用渔网捕鱼,显然后者具有更高的生产力。为此,庞巴维克第一次提出了"迂回生产"说:迂回方法较直接方法的效率更高但花费时间更长,而且,方法越迂回,花费的时间越长。也即,迂回生产说包含了两大内容:(1)迂回生产往往比直接生产具有更高的生产力;(2)迂回生产往往比直接生产耗费更多的时间。相应地,要使迂回生产的时间延长,就得增添更为复杂的生产设备,即增加资本。庞巴维克强调,迂回生产说是"整个生产理论中最主要和最根本的命题"。

显然,迂回生产说预示了一种新型的资本生产力学说,它认为现在财货具有技术上的优越性,现在财货比同等数量的未来财货更有价值。但实际上,庞巴维克只承认土地和劳动力是生产的原始要素,而拒绝承认资本是与这些要素合作的生产要素。在庞巴维克看来,资本的作用在于增加了土地和劳动的生产力,它的使用是"消费时间的",需要更多的"迂回的"生产过程而延长了"生产时间"。事实上,维塞尔认为,归属于给定生产要素组合中各要素的产品总和,应该恰好等于要素组合的产出本身;但庞巴维克却认为,现代化生产的优势源于控制各种投入要素的能力,因而分配给要素的价值应该大于投入的价值。也即,归属于各个要素的价值之和应该大于投入要素组合的总价值,庞巴维克将之归属为一种剩余,从而建立起了自己的剩余价值理论。根据这一理论,当劳动被用在以前积累下来的维生基金时就会创造出剩余,这应归功于迂回生产方式。

承继迂回生产说的思维,杨格1928年将斯密定理发展为杨格定理。杨格定理主要包括三大命题:(1)递增报酬的实现依赖于劳动分工的演进;(2)不但市场的大小决定分工程度,而且市场大小又受分工程度的制约;(3)需求和供给是分工的两个侧面。[①] 其中,第二点是对斯密关于劳动分工依赖于市场范围思想的重大发展,这种发展也与特定的历史背景相适应。到了20世纪20年代,由需求引导的分工引进接近尾声,相反,垄断大公司已经开始通过供给来有意识地引导需求。在这种情况下,杨格认识到,市场规模不仅取决于人口规模,而且取决于购买力;同时,购买力又取决于生产率,生产率又依赖于劳动分工的范围。这样,劳动分工与市场规模就相互作用并在相互作用中得以不断扩大,最终推动了经济的增长。

不过,杨格认为,递增报酬并不是由企业规模产生的,而是源于专业化和分工。在杨格看来,劳动分工的增进意味着生产迂回度的增加,而这有

---

① 杨格:"报酬递增与经济进步",《经济社会体制比较》1996年第2期。

赖于整个社会市场规模的扩大,或者生产工具和技术的进步;为此,他将分工效率放在了生产的迂回度提高的基础之上,把报酬递增视为主要是生产的资本化迂回方法的经济。事实上,正是市场规模的扩张使得机器得以引入、技术得以进步,这又导致了生产迂回度的提高或分工链的加长,从而促进了分工的深化。同时,分工的深化又可以进一步促进市场的扩大:(1)专业化的链式分工使生产的迂回度加大,导致知识的积累,并使生产具有报酬递增性;(2)在报酬递增的条件下,生产者必须同其他生产者交换,从而促使了市场规模的扩张;(3)市场不断扩大的前景,又促使产业更精细的分工,产业链加长。因此,杨格定理动态地发展了斯密定理,提出了由分工到分工的累积循环的机制。

(三) 经济增长基础

上面的分析表明,资本积累对经济增长来说是基础性的。一方面,按照古典经济学的分析逻辑,经济增长依赖于劳动投入和劳动效率,劳动效率则与劳动分工有关。同时,无论是对生产劳动的需求还是技术的应用都依赖于一定的资本基础,无论是劳动分工的拓展还是市场规模的拓展也都依赖于不断积累的资本。因此,古典经济学家大多重视资本积累,将资本积累视为一国财富创造和经济增长的基础。例如,穆勒就强调:"节省会使社会与个人富裕,而花费则使之变穷;换句话说就是,整个社会会因用于供养和帮助生产性劳动的支出而变富,会因用于享乐的支出而变穷。"①另一方面,奥地利学派学者关注生产结构问题,关注生产的中间品投入,进而也关注不同产业之间的分工和协作,关注资本的运用和技术的创造。米塞斯就写道:"那些反对所谓'奥地利'观点的经济学家,在处理资本问题时通常假定:用于生产的技术总是一成不变地决定于技术知识的现状。另一方面'奥地利'的经济学家则指出,在许多已知的生产技术当中,决定采用那些技术的,乃每个时期可以利用的资本品供给量。"②

一般来说,资本积累对生产的意义主要体现在两方面:(1)原材料流的增大,这会导致资本—劳动组合的变化,从而引发劳动分工的变化,进而

---

① 穆勒:《政治经济学原理:及其在社会哲学上的若干应用》(下卷),赵荣潜等译,商务印书馆1991年版,第93页。
② 米塞斯:《人的行动:关于经济学的论文》,余晖译,上海世纪出版集团2013年版,第515页。

推动劳动分工,这是古典经济学重点关注的;(2)加工阶段数量的增加,这会导致资本结构的分解,从而引发产业链的延长,进而推动产业分工,这是奥地利学派重点发展的。很大程度上,劳动分工与产业分工就是社会分工的两大内容。正是基于这一维度,古典经济学与奥地利学派显然就具有很强的相通性:奥地利学派所着重阐发的迂回生产和生产结构实际上就是产业分工,古典经济学重视的劳动分工则是企业内部的工序分工。也即,两大学派都将资本积累视为分工深化、生产率提高、技术进步、产业结构升级以及经济增长的基础,具体分析框架如图 1-1 所示。

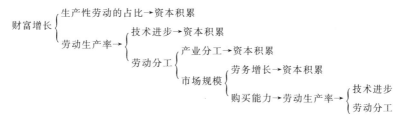

图 1-1　资本积累与经济增长

也就是说,在早期经济学看来,只有以一定量的剩余产品为基础,一个社会才能以迂回方式进行生产,分工半径才得以不断拓展,生产技术才得以不断改进,劳动有效性才得以不断提高,从而可以创造出更多的财富和价值。从根本上说,一个社会的发展必须有足够的剩余产品或资本,并且需要配置到有利于扩大再生产的地方。很大程度上,近现代社会的技术创新之所以从中国社会转移到了西方社会,主要原因就在于:通过殖民地开拓、奴隶贸易以及圈地运动,西方社会积累了大量的资本,从而开创并维系了实验室、科学机构以及大批科技人员;相反,由于长期处于自给自足的自然经济而没有足够的资本积累,中国社会就一直不存在独立的科研机构和科研人员,从而也没有专门的科技创新活动。有鉴于此,即使作为古典经济学向新古典经济学过渡的人物,如西尼尔、萨伊、巴斯夏等人,尽管他们在政府与市场间关系上的观点和政策主张与后来的边际效用学派以及现代主流经济学都具有很大的相通性,但在对奢侈性消费和破坏性行为的态度上却不同于现代主流经济学;其主要原因也正在于,他们还深受斯密和古典经济学体系的影响,其关注重点集中在生产投资对社会经济发展的推动上。

同时,相对新古典经济学的抽象化数量分析,奥地利学派更关注生产结构和市场结构的动态发展,从而也非常重视剩余产品及其在生产中的投入。事实上,不仅门格尔、维塞尔以及庞巴维克等都关注高级财货在低级财货生产上的作用,而且庞巴维克还进一步发展出迂回生产理论;进而,这种传统一直为奥地利学派学者如米塞斯、哈耶克、罗斯巴德等强调。例如,维塞尔就指出:"经济预期面对一系列难以解决的问题。然而所有这些问题都包含着一个规则,必须保持资本储备。那些遵从这一规则并且同时节约他们劳动能力的人,当然也能够在未来的所有时间里保持同样的福利状态。"① 米塞斯则写道:"财产所有者只有在以下情况下才能获得的优越的地位,即:他必须将生产资料投放到社会最需要的生产领域中去。假如他不这么做——或将财富储存起来——那么他就会蒙受损失。倘若他还不及时纠正或改变其做法,那么他就会毫不留情地被人从优越地位上挤下来,就再也不是财产所有者了。另外一些比他更适合这一位置的人就会取而代之。在资本主义社会中,只有那些最称职的人才能永远拥有生产资料。不管他们愿意与否,都必须不停地将他们的生产资料使用到能够获得最大利益的地方去。"②

正因如此,古典经济学者和奥地利学派学者大多重视储蓄和投资,而反对奢侈性消费并严厉批评破坏性行为。例如,针对孟德维尔有关高消费会刺激繁荣的论点,罗斯巴德就写道:"孟德维尔强调的是他所谓的'私人恶习与公共利益之间的'悖论,而这种'利益'是需要通过前-凯恩斯主义的消费支出机制来实现的";"孟德维尔的著作实际上不过是 19 世纪法国自由放任的经济学家弗雷德里克·巴斯夏所称的'破窗谬误'的活生生的体现。孟德维尔不仅为奢侈消费的重要性辩护,而且也为欺诈的重要性辩护,因为这会为律师提供工作机会;以及为盗贼辩护,因为这的确会为锁匠提供就业机会。"③ 更早,孟德维尔为奢侈品"恶习"辩护就引起古典经济学先驱哈奇森等人的愤怒。哈奇森宣称,"提供给公众的物品无论如何也不能归功于奢侈者、挥霍无度者和傲慢自大之人,而是源自于勤劳的人们,是他们注定要向所有的顾客供给物品";并且,嘲讽孟德维尔说:"在甚至连盗贼和劫匪都被这同一作者假定为有助于锁匠就业的情况下,谁还会对那种

---

① 维塞尔:《社会经济学》,张旭昆等译,浙江大学出版社 2012 年版,第 88 页。
② 米塞斯:《自由与繁荣的国度》,韩光明等译,中国社会科学出版社 1995 年版,第 103 页。
③ 罗斯巴德:《亚当·斯密以前的经济思想:奥地利学派视角下的经济思想史(第一卷)》,张凤林译,商务印书馆 2012 年版,第 657 页。

认为奢侈或骄奢是公共利益的必要条件的观点感到惊奇呢?"①

可见,古典经济学提出的经济增长理论是一种投资推动说,这与现代主流经济学的需求拉动经济增长论存在根本性不同。正是由于从斯密到马克思的古典经济学家都强调资本积累在推动资本主义经济增长过程中的根本性作用,而且后来的社会主义国家也采用了高储蓄、高投资为基础的经济发展方式,因而人们往往将以资本积累和投资为动力的经济发展称为马克思型增长(the Maxian Growth)。同时,由于斯密特别重视资本积累在促进劳动分工和劳动生产率方面的作用,因而人们往往将劳动分工及专业化所带来的生产率提高为动力的经济发展称为斯密型增长(the Smithian Growth)。其中,斯密型增长也为现代经济学所接受和发展,甚至导向了现代内生的平衡增长模型,其基本特点是:每个人生产其具有绝对优势的产品并通过市场交易而获得收益增进,而劳动分工又受市场规模的限制,因而自由贸易的推行将拓宽市场范围而有助于劳动分工的拓展。正是基于对资本积累的重视,发展出了哈罗德-多玛模型和索洛模型等经典增长理论。

当然,无论是马克思型增长还是斯密型增长,基本特点都体现为经济总量依赖于不断投入的资本或其他资源,而技术变化却不大,因而此类经济增长往往受制于自然资源而难以跳出马尔萨斯陷阱。有鉴于此,库兹涅茨认为,经济发展必须摆脱对资源的依赖,而需要引入科学技术来解决生产问题,因而人们又将以技术进步及其带来的社会生产率的提高为动力的经济发展称为库兹涅茨型成长(the Kuznetsian Growth)。后来,熊彼特又指出,如果现有的资源和技术没有被动员起来投入使用也不可能带来经济增长,对这些资源的使用不仅要承担风险,而且还依赖于通过应用创新而获取利润的能力;因此,人们往往又将以创新为动力的经济发展称为熊彼特型成长(the Schumpeterian Growth),这里的创新主要不是指科学发现和发明,而是指企业家利用新思想创造出的新的生产资源的组织以增加利润的过程。不过,后来的新古典经济学者如保罗·罗默、卢卡斯等人则主要将经济增长的动力归因于知识积累和创新,这就是现代内生性经济增长理论;按照这一理论,只要创新带来的利润超过研发成本就会促使企业进

---

① 罗斯巴德:《亚当·斯密以前的经济思想:奥地利学派视角下的经济思想史(第一卷)》,张凤林译,商务印书馆2012年版,第659页。

行创新投资,进而只要创新带来的溢出效应足够大就可以维系持续的经济增长。最后,张夏准指出,创新的成功主要不是取决于个人创业动力,而主要在于发达的生产技术和社会组织,一个国家能否发展根本上取决于将个体创业动力成功转变为集体创业动力的能力。① 显然,要建立有效的社会组织和机构,就需要发挥政府的积极作用。

五、基于投资推动说的重大经济现象解析

基于投资和分工的视角,古典经济学强调了剩余产品和资本积累的重要性。由此,我们就可以展开一系列层次的分析:(1) 劳动分工和迂回生产往往都以不断积累的资本为基础;(2) 资本往往来自没有消费掉的储蓄,经济快速增长依赖于较高的储蓄率和投资率;(3) 储蓄率往往与社会收入分配有关,收入差距越大,储蓄率越高;(4) 剩余产品必须投入到生产中才能对生产效率和财富创造起到积极作用,而这又与生活制度和企业家精神有关。基于这一思维逻辑,我们可以更好地理解现代主流经济学无法解释的一系列社会经济现象,进而也可以理解资本主义的市场扩张为何会导致西方世界走上军国主义和纳粹主义道路。

(一) 为何应该重视储蓄而限制奢侈消费?

古典经济学把资本视为实行劳动分工的交换经济的必要基础:没有事先积累的资本,分工就无法进行;同时,随着分工的深入,就必须有更多的资本与数量和生产率都在增加的劳动相配合。斯密就写道:"按照事物的本性,资财的蓄积,必须在分工以前。预蓄的资财愈丰裕,分工就能按比例地愈细密,而分工愈细密,同一数量工人所能加工的材料,就能按更大的比例增加。"②因此,古典经济学高度重视剩余产品,认为一定的剩余产品是财富创造和社会发展的基础,这些剩余产品也就是社会再生产中的资本。相应地,罗斯托也指出,一个经济要起飞,必须将生产性投资从5%或更低

---

① 张夏准:《资本主义的真相:自由市场经济学家的23个秘密》,孙建中译,新华出版社2011年版,第157页。
② 斯密:《国民财富的性质和原因的研究》(上卷),郭大力、王亚南译,商务印书馆1972年版,第254页。

水平提高到占国民收入或国民生产净值的10%以上。① 同时,生产方式的迂回延伸也就意味着需要生产更多的生产资料(或资本品)。承袭这一思路,马克思提出了一个生产资料生产的优先增长规律:在其他条件不变的情况下,在社会总资本的扩大再生产过程中,生产资料的生产会呈现优先增长的趋势;在资本有机构成提高的条件下,增长最快的是制造生产资料的生产资料的生产,其次是制造消费资料的生产资料的生产,最后是消费资料的生产。那么,不断积累的资本从哪儿来呢?古典经济学认为,资本是先前的储蓄,是节制花钱的结果。也就是说,剩余产品是生产出来而没有被消费掉的劳动产品,它投入到社会再生产中就转化为资本。尤其是,在早期社会,促进生产性借贷的金融中介还没有成熟,国际资本流动更没有普遍,一国的经济增长往往就有赖于国民的储蓄。为此,早期古典经济学也就高度评价储蓄和投资,而反对奢侈性消费和仪式性浪费。

事实上,尽管桑巴特等将资本主义的发展归功于奢侈性消费,因为大规模的工业主义首先发生在丝绸和其他布料等奢侈品部门;但是,大量的证据表明,奢侈品需求在中国以及其他东方国家的不同阶级中也存在像在欧洲人中类似的扩散。② 为何中国等东方国家和地区没有自发产生这类资本主义工业化呢?韦伯强调指出,资本主义发展根源于新教革命,而新教伦理的根本特征就是禁欲和苦行,这种禁欲导致了剩余产品的大量出现并投资到新的生产中去。而在宗教动力转化为经济动力后,西方主义世界所呈现的奢侈性消费对经济增长的推动,很大程度上依赖于前期的资本积累以及殖民掠夺所带来的更多资源和奴隶。基于对历史的观察,奥地利学派的维塞尔也指出:"经济预期面对一系列难以解决的问题。然而所有这些问题都包含着一个规则,必须保持资本储备。那些遵从这一规则并且同时节约它们劳动能力的人,当然也能够在未来所有时间里保持同样的福利状态。一个对未来很粗心的人,不能想象个人对未来的需求。"③更进一步地,即使在现代社会,重视储蓄的理念也不陌生。据说哈佛大学第一堂经济学课就教两个概念:(1) 花钱要区分"投资"行为或"消费"行为;(2) 每月

---

① 库兹涅茨:"评起飞",载罗斯托编:《从起飞进入持续增长的经济学》,贺立平译,四川人民出版社2000年版,第32页。
② 彭慕兰:《大分流:欧洲、中国及现代世界经济的发展》,史建云译,凤凰出版传媒集团/江苏人民出版社2010年版,第198—202页。
③ 维塞尔:《社会经济学》,张旭昆等译,浙江大学出版社2012年版,第88页。

先储蓄30%的工资,剩下来的才进行消费。结果,哈佛教导出来的青年人,把每月储蓄的钱当作是一项最重要的财务目标,只准超额完成而绝不能减少,从而在后来的生活中都很富有。① 事实上,剩余产品的大量存在意味着较高的储蓄率,每一代人所消费掉的产品要小于其所创造的财富;只有这样,人类社会的生产率和福利水平才能不断提高。维塞尔写道:"人类经济史开始于一种剩余,这种剩余不仅仅源自未开垦土地的自然力量,同时也源自所需要的蛰伏的人类力量。"② 海尔布隆纳也指出:"在所有的社会中都存在剩余,它使得原始部落向文明社会迈进。"③ 进而,格申克龙依据经济发展阶段而探究了不同类型的主导融资方式,包括私人的商业银行、政府的投资银行以及国家的直接补贴等。

(二) 经济起飞时资本积累方式有何差异?

一般地,经济越是落后,劳动力越是充足;相应地,资本与收入比 β 就越小,储蓄率 s 对经济增长率 g 的影响也就越大。事实上,任何社会为了推动经济起飞,都以获得足够的剩余产品为前提,资本主义国家的兴起就经历了一个原始资本积累时期。按照彭慕兰的分析,西欧在工业革命之前所积累的资本并不比亚洲或其他地区更多,在19世纪之前,中国的人均收入不仅高于整个欧洲,甚至也领先于西欧。④ 那么,它又是如何积累起原始资本的呢?一般地,这有两大来源,并且都与暴力相伴随:一是对内开展类似"羊吃人"的圈地运动,二是对外则进行殖民扩张和金银掠夺。一方面,西方诸国在工业革命时期实行"强制性储蓄"政策促进经济的迅猛发展,这种政策要求国家对低收入群体征收高额税费,通过榨取足够的税收投资于工业化。例如,英国政府就利用间接累退税向大金融投资商支付高额利息,而这些间接税主要来自低收入阶层。霍布森的分析表明,英国政府所支付的利息款约有80%直接给了伦敦的金融投资商,而通过累退税低收入阶层支付了50%—60%的利息款,在1715—1850年期间,大约有5%的国民收入从贫穷的工人阶层或中低消费阶层转移到了富裕的金融投

---

① 陈添富编著:《哈佛大学的第一堂理财课》,哈尔滨出版社2013年版。
② 维塞尔:《社会经济学》,张旭昆等译,浙江大学出版社2012年版,第114页。
③ 海尔布隆纳:《资本主义的本质与逻辑》,马林梅译,东方出版社2013年版,第20页。
④ 彭慕兰:《大分流:欧洲、中国及现代世界经济的发展》,史建云译,凤凰出版传媒集团/江苏人民出版社2010年版,第41页。

资商身上,在拿破仑战争期间这种再分配的资金总额几乎占到了国民收入的9%。① 另一方面,工业革命时期欧洲的最低收入往往比其他地方更高,因而西方社会的资本结余根本无法满足投资的需要;于是,西方又积极开展殖民政策,不仅从美洲以及其他地区掠夺了大量的货币以满足生产投资的需要,而且还借助奴隶贸易等在美洲生产大量的廉价产品供欧洲消费。据统计,从1500年到1800年,欧洲殖民掠夺了总值为10亿英镑金币,其中英国仅在1750年到1800年间就从印度掠夺了1亿到1.5亿英镑金币。② 货币的流入大大降低了投资成本:英国的利率在17世纪90年代是12%,到1694年英格兰银行建立时为8%,而到1732年已经下降到了3%;相应地,英国公债的利率在17世纪90年代为7%—14%,到1704—1714年间为6%—7%,到18世纪30年代为5%,到1750年则进一步下降到3%。③

与此不同,由于社会主义国家多诞生于不发达的国家,为了快速实现资本积累过程,社会主义国家主要实行价格差和利率差等政策,以促使资本从农业大量流向工业。譬如,正是通过价格差和利率差,中华人民共和国成立之后储蓄率和资本形成率都有了大幅度的提升:储蓄占国内生产总值的比重由1957年的约20%率上升到1970年的约1/3,资本形成占国内生产总值的比重则从1933年的5%提高到了1978年的约25%;相应地,1952—1975年全部工业年平均增长速度保持在10%左右。④ 同时,为了弥补工业生产中极度稀缺的资本,社会主义国家还采用科尔奈所指的三种方式——牺牲、延期和忽视消费——来最大限度地供给剩余产品(见表1-2)。所谓牺牲,即永远放弃了一种不会积累的需求的满足,以现时较少的消费代之以较多的投资,如少吃黄油以增加出口,换回外汇购买机器。延期是指,放弃了应属于现在的存货形式(通常是消费资本形成),但并没有彻底放弃,行为只是被延期,将问题留给了下一代。忽视是指,以这样的一种方式放弃现在的消费(流量)或现在消费资本的形成(存货形式),这种方式不仅意味着未来的负担,而且直接导致损失,如忽视教育。正是基于

---

① 霍布森:《西方文明的东方起源》,孙建党译,山东画报出版社2009年版,第229页。
② 弗兰克:《白银资本:重视经济全球化中的东方》,刘北成译,中央编译出版社2005年版,第395页。
③ 同上书,第396页。
④ 罗兹曼主编:《中国的现代化》,"比较现代化"课题组译,江苏人民出版社1995年版,第424、415、426页。

这三种方式,社会主义国家的生产资料产量的增长速度往往要远快于生活资料产量的增长速度,这在强调"既无外债也无内债"的五六十年代中国社会尤其明显。当然,科尔奈也同时指出,上述三种战略对经济的长远发展所造成的影响是不同的:通过牺牲(减少消费黄油),我们放弃了自己的某些要求,而下一代却在这方面安然无恙;通过延期(如推迟公共设施建设),就会给下一代造成巨大的负担,但公共设施等可以在将来不造成损失的情况下建立起来;但由于忽视,如在10年或20年内没有培养足够数量的教师,社会文化将遭受不可弥补的伤害。所以,罗兹曼等人也指出:"中国共产党政府在配置更多的资源以增加工农业生产方面,是成功的。但中国政府在做到这一点的时候,人民吃了很大的苦头,但同时也造成惊人的资源浪费。"① 格申克龙则根据发达国家的经验而提出,发展中国家必须采取更为强有力的制度手段来寻求工业融资。

表 1-2　突进增长的三种方法②

牺牲	延期	忽视
放弃现在的消费(流量)	放弃现在的消费资本(存量)	放弃现在的消费和消费资本的形成
未满足的消费没有积累起来	未满足的消费积累起来	未满足的消费积累起来
对未来既不负责,也不造成损害	对未来是负担,但不会造成损害	对未来既是负担,又会造成损害

(三) 经济快速发展与收入差距拉大为何相伴随?

一般地,经济高速发展时期,大致也就是收入差距不断拉大的时期。这已经为各国经济发展史所证实。究其原因,经济高速发展所需要的资本投入依赖于高储蓄率,而较高的储蓄率有两大基本来源:(1) 全民较高的储蓄倾向,这与社会文化和风俗有关,如注重家庭的儒家社会就有较高的储蓄倾向;(2) 收入集中在少数人手中,财富愈集中,往往使得社会储蓄率越高。显然,在储蓄率相对稳定的同一社会中,储蓄率的高低就与收入差距有关。加尔布雷思就指出,贫富不均对于资本的形成具有重要意义,"如

---

① 罗兹曼主编:《中国的现代化》,"比较现代化"课题组译,江苏人民出版社1995年版,第443页。

② 科尔奈:《突进与和谐的增长》,张晓光等译,经济科学出版社1988年版。

果收入被广泛地分配,它就有可能被消耗,但如果收入能够集中流入富人的腰包,那么其中一部分就可能作为积蓄,并作为投资"。① 譬如,在西方资本主义起飞和经济大发展时期,我们就可以看到一系列有助于劳动收入分配而提高储蓄率的制度安排和政府行为:(1) 西欧社会长期实行长子继承制,这一方面有助于财富的继承和积累,另一方面也有助于其他子孙努力开创新的事业;(2) 工业革命所推行的"圈地运动"则不仅为工业发展提供劳动力,而且还进一步造成整个社会的收入分化;(3) 西方列强为争夺殖民地和世界市场而发展的战争也会导致收入差距扩大进而有利于资本积累,因为它把财富交到了特别有可能为了最大利益而进行再投资的富人手中。同样,这种情形也在 20 世纪 90 年代以来的中国社会得到鲜明呈现:一方面是经济的迅猛增长,另一方面则是收入差距的持续拉大;很大程度上,这反映出经济快速增长的无序性,而收入分配不公则是无序性经济增长的一个重要特征。

事实上,在一个国家的收入中,资本利润(企业主所得)占有的比重越高,劳动工资份额就越低,从而就会有越高的财富积累率。为此,无论是李嘉图还是马尔萨斯都不主张工人获取国民收入的更大份额,其理由是,工人们将会花光所有的收入,从而导致投资和经济增长的下降。在实践上,从重商主义直到古典主义早期,西方诸国的劳动工资都非常低,资本积累率则相应很高,从而有力地促进了工业革命的持续推进。基于这一现实,马克思经济学也指出,随着社会财富越来越多地集中到富有的具有较高储蓄偏好的资本家手中,资本主义的储蓄率就会不断上升;相应地,这就导致了资本有机构成的提高,进而进一步引入机器设备和技术发明而进行扩大再生产。相应地,皮凯蒂写道:"工业革命初期(1800—1860 年)资本收入比重无疑是升高的。我们拥有英国的最完整数据,现有的历史研究成果,尤其是罗伯特·艾伦(他把工资的长期停滞命名为'恩格斯停顿')的研究成果,表明资本占国民收入的比重从 18 世纪末、19 世纪初的 35%—40%增加了 10 个百分点,达到 19 世纪中期的 45%—50%——当时马克思撰写了《共产党宣言》,并着手写作《资本论》。"②同样,尽管最近几年中国的储蓄

---

① 加尔布雷思:《富裕社会》,赵勇等译,江苏人民出版社 2009 年版,第 66 页。
② 皮凯蒂:《21 世纪资本论》,巴曙松等译,中信出版社 2014 年版,第 228 页。

率在50%左右,但居民储蓄率只是20%左右。① 这也意味着,中国社会的储蓄主要来自政府和企业而非居民。当然,收入差距也应该被控制在一定限度内,否则就会导致有效需求不足的扩大,最终必然会引发经济危机。②

(四) 相似收入差距下的经济发展速度何以不同?

古典经济学认为,一个社会要取得经济快速增长,关键是要有足够的剩余产品和较高的资本积累率。进一步地,剩余产品要转化为资本并对生产起到积极的推动作用,根本上还在于投入到生产和再生产之中。穆勒就写道:"无需直接对劳动者的食物做任何事情,只要有人将其一部分财产(不论是哪类财产)从非生产性用途转变为生产性用途,就会使生产性劳动者消费的食物增加。由此可见,'资本'与'非资本'之间的区别并不在于商品的种类,而是取决于资本家的意向,看他将其用于何种目的;任何一种财产,不论多么不适合于劳动者使用,但只要这种财产或得自这种财产的价值用于生产性再投资,它就是资本的一部分。由各个所有者指定用于生产性再投资的全部价值总和构成了国家的资本。"③由此,我们就可以理解这一现象:在封建时代,收入差距往往非常之大,但为何没有促进经济的快速增长呢?可行的解释就是:收入分配差距较大并不是经济增长的充分条件,因为富人可能会将大量财富用于奢侈性消费,从而也就形成不了很高的资本积累。海尔布隆纳就比较了早期朝贡社会中的剩余与资本主义社会的剩余,前者呈现出"物质财富"和"使用价值"的属性,主要被用于奢侈消费、维护和部署军队,建造宗教大厦或者仅仅用于炫耀,后者则被当作为聚积更多财富的工具。④ 就古代中国而言,尽管黜奢崇俭一直是古代中国的理论教条,但上层统治阶层却常常过着醉生梦死的浮华奢侈生活,这导致大量的财富被少数人消费掉,乃至17世纪到19世纪大量白银从世界各地流入中国也没有被用于生产领域。同样,在印度这样盛行禁欲主义的国

---

① "中国储蓄主要是政府储蓄和企业储蓄",http://www.chinairn.com/news/20140428/101713148.shtml。
② 朱富强:"马克思经济学发现经济危机的社会哲学观和研究方法论",《当代经济科学》2010年第2期。
③ 穆勒:《政治经济学原理:及其在社会哲学上的若干应用》(下卷),赵荣潜等译,商务印书馆1991年版,第74页。
④ 海尔布隆纳:《资本主义的本质与逻辑》,马林梅译,东方出版社2013年版,第21页。

度,尽管人们倾向于节制目前的享乐,甚至以极大的自我牺牲而积累出巨额款项,但是,他们将这些储蓄主要也不是用于生产领域而是婚丧之类的排场上,这类似于古代中国社会。马歇尔就曾指出:"他们只是为不久的将来做间歇的准备,而对遥远的将来,却不作任何研究的准备;巨大的公共工程使他们的生产资源有很大的增加,但这些工程主要是由克己力差得多的英国人的资本来举办的。"①由此推之,剩余产品能够在多大程度上推动社会经济的发展,关键在于这些剩余产品的投向。

事实上,在现代社会中,我们也可以看到同样存在严重的收入分配不公,但经济发展状况却出现截然不同的情形:一些国家促进了经济的高速增长,就在于它将剩余产品投放到了再生产之中;相反,另一些国家却并没有取得高速经济增长,也就在于富裕阶级将大量财富用于奢侈性消费。譬如,在中国取得高速经济增长的同时,拉美诸国和菲律宾等国的经济却停滞不前,尽管它们的收入分配也存在严重不公,特权阶层占据了大量财富。为什么会出现这种差异呢?古典经济学的简单回答就是:剩余产品的投向存在很大差异。鲍尔斯等写道:"剩余产品这个概念是一个强有力的透镜,可以帮助我们理解社会是如何运作的。比如说,为什么中国经济在20世纪的最后20年里迅速增长,极大地改善了大部分中国人的生活水平,而与此同时菲律宾的经济则停滞不前,导致大部分菲律宾人处于赤贫之中?简单的回答是中国的剩余产品投向了新工厂、新设备和更多的教育,而在菲律宾,富人则把大部分剩余产品用在了奢侈性的消费中。"②同样,我们也可以审视欧洲国家在地理大发现过程中的不同发展路径:西班牙和葡萄牙等国最早从美洲新大陆掠夺了大量财产而致富,却没有走上持续的经济增长之路。为什么呢?一个重要原因就在于,这些国家依然沿袭传统的生产、生活和消费方式:西班牙人将获得的财富用于购买消费品,用于支付军人和武器费用,而不是投资生产,以致财富的增加往往只是招致更大规模的腐化和矫饰。为此,兰德斯就强调,"财富不会比工作好,富裕莫过于劳动所得","因为西班牙有了太多的钱,它变得贫穷,或者说保持了贫穷"。③此外,在现代社会中我们也可以看到另一种情形:挪威等北欧国家的收入

---

① 马歇尔:《经济学原理》(上卷),朱志泰译,商务印书馆1964年版,第241页。
② 鲍尔斯等:《理解资本主义:竞争、统制与变革》,孟捷等译,中国人民大学出版社2010年版,第85页。
③ 兰德斯:《国富国穷》,门洪华等译,新华出版社2001年版,第232页。

分配显得非常均等,但经济增长势头也一直不错。为什么呢?就在于良好的社会关系使得这些国家同样拥有很高的资本形成率,从而就为经济增长夯实了基础。

(五) 经济快速发展的地区为何会出现大量出超?

各国经济发展史表明,经济高速发展的国家往往呈现出国际收支出超而不是入超,20世纪80年代的日本如此,目前中国也是如此。这种现象与现代主流经济学理论是相悖的,因为根据后者,经济发展需要大量的资本、机器和技术等,从而必然是收支入超。那么,如何理解这一现象呢?很大程度上,主流经济学的论断是对应于依靠国外援助进行工业化发展的情形。譬如,20世纪六七十年代拉美诸国的经济发展资金很大一部分就来源于外债:(1) 外债往往被用于进口机器设备等,从而就会造成入超;(2) 生产获取的利润往往因还债而被汇出,从而严重制约了资本的积累;(3) 大量的入超还严重制约了还债能力,甚至陷入了严重的债务危机。也就是说,尽管大量运用外援资本可以在短期内启动经济发展,但也很可能制约经济的持续发展。与此不同,如果依靠国内储蓄和内源资本来发展经济,尽管短期内可能面临艰苦挑战,包括涉及前面所讲的消费的牺牲、延期和忽视,但却可能为经济的持续发展打下坚实的基础,并且在经受消费的牺牲、延期和忽视后,在国际贸易中往往也会有较大的收支出超。我们可以从必要性和可能性两方面作一审视。第一,从必要性看。如果较高的储蓄率源于较大的收入分配差距,那么,随着剩余产品的扩大和累积性生产的持续,消费就必然会越来越跟不上生产的增速,从而产生相对生产过剩。既然内部需求不足,经济高速发展的国家就只能求助于外部需求。第二,从可能性看。与社会收入差距不断拉大相关联的就是收入分配不公:企业主的利润瓜分了大部分劳动价值,而工人只取得非常低微的工资。显然,劳动成本低使得该国商品具有较强的国际竞争力,并得以持续向国际市场倾销其廉价商品,从而就会出现大量的国际贸易盈余。这也正如当前中国社会所显示的。

同时,大量出超也意味着,经济快速增长往往依赖不断拓展的海外市场。事实上,日本和东亚"四小龙"的崛起,就是充分利用了发达国家对中国等的经济封锁以及社会主义国家的自我闭关所造成的市场空间。同样,中国经济的快速增长,很大程度上也是充分利用了海外市场:2002—2011

年十年间除2009年外,出口平均增速保持在25%以上;中国出口在全球占比从2000年的3.5%上升到2010年的9.2%,2013年超过美国成为世界最大进出口贸易国。在历史上,那些率先进入工业化的国家无论是在重商主义时期实行保护政策还是在古典主义时期推行自由贸易政策,目的都在于扩大海外市场。李斯特就写道:"任何国家,如果依靠保护关税与海运限制政策,在工业和海运事业上达到了这样的高度,因此在自由竞争下已经再没有别的国家能同它相抗,当这个时候,代它设想,最聪明的办法莫过于把它爬上高枝时所用的梯子扔掉,然后向别的国家苦口宣传自由贸易的好处。"①事实上,重商主义时期的欧洲各国,一方面授予外贸公司垄断特许权,并控制国内商业活动的自由进入以限制竞争;另一方面则施行殖民化和殖民地贸易垄断政策,限制殖民地与其他国家的贸易。此外,欧洲各国还大力发展航运事业来保障殖民地对宗主国原材料的低价供给,并严格限制原材料出口。同时,源自英国的古典政治经济学之所以致力于宣扬国际自由贸易,根本上就是与英国的经济地位相适应的:自从英国取得世界经济的领先地位之后,在国际贸易中也就处于优势地位。更为甚者,英国国际竞争力的提升源自技术进步和生产率提升,而技术进步和生产率提升又是随着海外市场的拓展而获得规模经济的结果。所以,贾根良等说:"自由贸易不是英国强大的原因而是其结果。"②

(六) 如何理解武力是西方资本主义发展的后盾?

从历史上看,经济快速增长的国家主要采取两种方式来争夺和开拓海外市场:(1) 通过武力胁迫打开外部市场,以国家力量为经济扩张服务,显然,这是霍布森所谓帝国主义的经济根源,并充分表现在重商主义时期;(2) 通过主导的自由贸易体系开拓市场,以谈判和软实力来打破贸易壁垒,显然,这有利于生产率较高的发达国家倾销其廉价商品,并主要发生在古典经济学时期和新古典经济学时期。欧美经济发展史表明,为了获得海外市场,率先发展起来的欧洲列强,都曾在经济手段之外积极发展军事力量,以武力为后盾来为商业和贸易开路。尤其是,在整个重商主义时期,西欧各国都试图争夺和控制殖民地和其他海外市场,为此,建立庞大的舰队

---

① 李斯特:《政治经济学的国民体系》,陈万煦译,商务印书馆1961年版,第307页。
② 贾根良等:《新李斯特经济学在中国》,中国人民大学出版社2015年版,第134页。

和大型商船队,并且,取得殖民地以及航运的控制权最终都是依赖战场上的胜负。譬如,很大程度上正是在建立了当时世界上最强大的海军并为其工商业发展保驾护航后,英国的工业才得以取得飞速发展,发展到 18 世纪中叶就在商业和制造业方面都居世界第一位;在这种背景下,英国的工商业也就不仅可以而且需要摆脱国家保护,政府的行为反而束缚了自身的竞争灵活性。所以,彭慕兰说:"现代欧洲早期的政治经济——特别是代价高昂的长期军事竞争——在造成欧洲独有的海外商业扩张中起的作用可能大于企业家才干,或是大于对异国商品的好奇心本身。"①

很大程度上,西欧列强开拓海外市场就是因势利导地依靠军事实力和自由贸易两种方式,而且,这两种方式就是相辅相成的,这集中体现在与中国的近代交往过程中。面对中国庞大的潜在市场,当自由贸易无法获得期望的利益时,西方列强就决意凭借武力打开市场壁垒。事实上,至少直到 19 世纪初,中国一直都是世界经济的中心,中国的生产工艺和技术水平都更先进。西方世界得以兴起的根本原因就是,通过强迫美洲人给他们开采白银,进而通过向美洲人销售欧洲制造的低质产品而获得更多白银,然后用白银来购买亚洲尤其是中国的高档制造品。有学者就写道:"对远东贸易的一般方式是,用开往中国的商船转运欧洲或墨西哥出口的白银……在中国用白银交换黄金和商品,然后再把这些东西输入到印度,用这种收入再购买运回欧洲的货物。"②同时,由于特殊的生活习惯,中国人往往更青睐传统手工业品而不需要西方的机械制造品。譬如,大多数中国底层劳动者不喜欢穿洋布而穿土布,因为土布更不容易穿破,而且在冬天更暖和。③这样,在中国与世界各地尤其是西欧的国际贸易中,中国长期处于顺差状态,而且顺差之数非常巨大,当时美洲新大陆全部白银的三分之一到一半左右最终都流入了中国。白银通过世界贸易大规模地流向中国,这对西欧的经济发展带来了双重效应:一方面,中国对白银的大量吸收,保障了欧洲各国在新大陆矿业的高额利润,进而维持西欧各国的运行;另一方面,白银通货源源不断地流向中国,也导致西方世界最终出现了白银短缺和物价高

---

① 彭慕兰:《大分流:欧洲、中国及现代世界经济的发展》,史建云译,凤凰出版传媒集团/江苏人民出版社 2010 年版,第 238 页。
② 转引自弗兰克:《白银资本:重视经济全球化中的东方》,刘北成译,中央编译出版社 2005 年版,第 189 页。
③ 费维恺:"1870—1911 年晚清帝国的经济趋势",载费正清、刘广京编:《剑桥中国晚清史(下卷)》,中国社会科学院历史研究所编译室译,中国社会科学出版社 1993 年版,第 34 页。

涨,进而严重制约了工业革命下的生产投资,乃至引起整个西方世界的紧张和不安。正在西方世界为此坐立不安之际,却发现很多中国人有吃鸦片的嗜好;于是,不顾西方原本对鸦片贸易的法律禁令和道德抨击,英国政府决定在印度大量种植鸦片,再卖到中国以换回白银通货。这样,当时的世界贸易就形成了大小层次的两个三角循环(见图1-2),其中,实线表示商品流动,虚线表示白银(货币)流动。当清政府发现鸦片对人们身心的严重危害而决定打击和禁止这种鸦片贸易时,西欧列强为了获取金银通货就致力于维护这种不道德交易,甚至不惜诉诸鸦片战争,以武力打开中国庞大的内地市场。

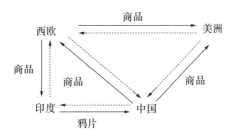

图1-2　19世纪上半叶世界贸易的商品和白银流动

可见,资本积累以及市场开拓对一国经济的快速起飞和增长具有根本性意义,而这往往有赖于一个强有力的政府。从欧美经济发展史看,那些率先工业化的国家具有两大明显的特征:(1)通过人口移民以及殖民掠夺而迅速提高资本积累尤其是人均资本,从而得以扩大生产规模;(2)采取军事和商业双重力量来开拓海外市场,从而有效吸纳本国的过剩产品。同时,这些又很大程度上依赖于先发工业国家的"有为"政府:先壮大国家实力,进而以国家力量来维护国民利益,从而很好地实现了国强和民富的统一。戈德斯通通过对欧洲各国税收史的考察就指出:"英国经济的一个重要问题不在于其税收和关税的水平,而在于他们是怎样使用这些税收收入的。在1688年以后,英国的议会以及议会为解决皇家债务而建立的银行已经可以确保这些财政收入不会被花在宫廷和皇帝、皇后的玩乐之上,而被直接用于支付政府赤字和皇家海军的开支。高税收以及税收被用于偿还支付赤字这两点保障了英国政府能够得到相当于英国经济规模而言非常巨额的借款,主要用于在战场上打败英国那些敌人。皇家海军迅速膨胀为全世界规模最大和战斗力最强的海军力量,于是又可以保护英国的船只航运,使得英国商人在全世界能够畅通无阻。其结果产生了一个不断自我增强的良性循环,从贸易活动上征收的税收被用于海军建设和军费开支,这又为商人的贸易活动开辟了更为安全和广阔的航路。"① 与此形成鲜明对比的是近代中国社会:(1) 人口的不断且迅速增加降低了人均资源,从而就缺乏扩大再生产的社会资源;(2) 整个 19 世纪战争的接连失败,使得中国社会不仅无力开拓海外市场,而且国内市场也逐渐萎缩。同样,这又与腐败无为的政府有关:一方面,中国政府根本就没有兴趣为其臣民的海外贸易和市场扩张提供直接的军事和政治援助,这导致中国的海外商人周期性地遭受"土著"的掠夺乃至屠杀,最终遭到后来的西方殖民者的征服;另一方面,近代政府的海关收入、贸易收入以及财政收入不是用于经济建设和国力提升,而是主要用于皇室的挥霍消费,乃至在甲午战争中使用的大多是填充砂土的炮弹。例如,清代的海关监督就不是由户部委任的代表而是由内务府控制,并且负责把广州每年海关税收多达 855 000 两的现银运往王室的私库。②

六、经济增长政策的"现代性"审视

从古典经济学到奥地利学派的众多学者都高度重视资本积累,都积极推动储蓄和节俭,并由此发展出了投资驱动经济增长理论。一般地,新增储蓄将会导致投资增加,这对生产带来两大效应:(1) 资本广化(capital widening),这使得原先被闲置的劳动等生产要素得到更充分使用,进而将会带来规模经济而优化资源配置;(2) 资本深化(capital deepening),这使得人均资本使用量增加,进而有助于劳动生产率的提升。同时,无论是资本广化还是资本深化都会促进劳动分工和产业链延伸,进而也会促生研发活动和技术创新,进而有助于全要素生产率的提高。正是从这个意义上说,米塞斯等人甚至认为,储蓄和投资水平甚至比技术和知识还重要得多,对发展中国家来说尤其如此。但是,随着边际效用学派从个体需求的满足以及效用最大化角度来建立福利理论,无论是新古典经济学家还是凯恩斯经济学家都反对储蓄和鼓吹消费支出,并由此发展了经济增长的需求拉动理论。

---

① 戈德斯通:《为什么是欧洲?》,关永强译,浙江大学出版社 2010 年版,第 134 页。
② 韦克曼:"广州贸易和鸦片战争",载费正清、刘广京编:《剑桥中国晚清史(上卷)》,中国社会科学历史研究所编译室译,中国社会科学出版社 1993 年版,第 176 页。

尤其是，在经济大危机的背景下，凯恩斯将储蓄和消费进而与收入对立起来而发展了一种反储蓄观，这种观点被萨缪尔森等人纳入现代凯恩斯主义的总和需求理论而成为流行学说。萨缪尔森运用 IS 图形分析表明，节俭只有在充分就业的情况下才是一种美德，而在存在就业补助的社会中，储蓄将引发投资下降，进而降低国民收入。那么，如何理解这种流行的节俭悖论呢？史库森指出："节俭悖论实际上是一种有谬误的学说，其基础是新古典理论家提出的一种过分简化的经济体总和结构模型。在宏观经济理论研究中，犯了这一致命错误的不只是凯恩斯主义者。就我所知，货币主义者从来没有尝试过直接解决凯恩斯主义的节俭悖论。他们对悖论的反对意见是基于弗里德曼的'自然失业率'假说，该假设旨在说明经济体几乎总是处于充分就业状态。因此，通过违反凯恩斯主义的充分就业情况，节俭悖论就被解决了。"①很大程度上，也正是以现代经济学中流行的俭悖论为基础，现代经济学推出了一系列非常短视的宏观经济政策，这里就此作一审视。

（一）国民收入中不同性质的两类支出何以加总

基于凯恩斯经济学的理论框架，现代主流经济学发展出了一系列以消费拉动经济增长的模型和理论，不仅积极发展出刺激消费的各种现代工具，并且积极鼓励和发展了以奢侈服务业为主的第三产业，甚至赋予这种消费结构和产业结构以现代性，似乎代表了社会发展的方向和潮流。这就带来了问题，消费支出和投资支出具有根本不同的性质：消费支出意味着物品的消失，而投资支出则可以创造出新的物品，可以促进剩余产品的不断积累，进而促进分工半径的伸长和生产迂回度的延伸。这意味着，即使在由消费支出和投资支出加总而得出相同国民收入的两个国家，仅仅因为消费支出和投资支出的比例和结构不同，经济增长的潜力和速度也将完全不同。既然如此，我们又怎可将两者混为一谈呢？很大程度上，正是由于新古典经济学和凯恩斯经济学都没有区分这些不同活动的性质，没有辨析它们与宏观加总概念的内在关系，因而奥地利学派对新古典经济学和凯恩斯经济学的宏观总量分析提出猛烈的批判。鲍尔丁也认为，最重要的不是建立有关总生产、总消费以及总积累的宏观模型，而是要搞清楚这些总值

---

① 史库森：《生产的结构》，陈露、姜昊骞译，新华出版社 2016 年版，第 273 页。

包括什么产品,要理清经济或国民收入的"组成"或"结构"。①

同时,在个人消费支出不足的情况下,凯恩斯经济学提出由政府的投资支出来弥补个人消费支出的不足,这似乎又回到了古典经济学的观点:投资支出在经济发展中起到根本性作用。但实际上,这里存在一个严重的误解:古典主义意义上的投资支出与凯恩斯主义的政府支出存在根本性的不同。一方面,古典经济学的投资支出根本上依赖于剩余产品,而这又建立在高储蓄率的基础上,从而反对奢侈消费;相反,凯恩斯经济学的投资支出则主要依赖于征税和国债,而这又依赖于信用体系的发展。另一方面,古典经济学的投资支出着眼供给结构和劳动配置,意在促进劳动分工和提高生产率;相反,凯恩斯经济学的投资支出则着眼总体需求,意在解决经济萧条下的消费不足。相应地,两类投资支出对经济发展的影响也是不同的:古典经济学促进了分工的深化和生产力的提高,凯恩斯经济学只是缓和经济萧条而最终却引发了滞胀危机。显然,凯恩斯经济学是现代宏观经济管理的基本理论依据,由此发展出了一系列的现代经济政策。有鉴于此,基于古典经济学的经济增长视角,我们就可以对基于消费和扩大内需角度引领经济增长的现代政策作一审视,这包括金融制度和信用体系的建设、第三产业和旅游市场的开拓等,进而也有助于对现代主流经济学的理论和思维作深层的反思。

事实上,随着互联网的兴起,互联网金融以及相应支付工具创新层出不穷。例如,在支付方式上有网络银行直接支付方式、第三方辅助支付方式以及第三方支付平台等;在支付工具上有电子信用卡网络支付、数字现金支付、智能卡支付、网银支付、电子支票网络支付以及电子汇票系统支付等。我们耳熟能详的网络支付包括微信红包、微信转账、QQ红包、支付宝、百度钱包等。那么,我们该如何认识这些新型金融工具和金融创新呢?就社会大众而言,往往普遍会持赞赏和推崇的态度,因为这些新型支付工具给人们的日常生活和商业交易带来了很大的便捷,进而在很大程度上也促进了资源的有效配置。但是,作为学者,我们还必须更深层次地审视它对社会经济长期发展所带来的影响。林毅夫的新结构经济学强调,金融的发展要以服务于实体经济为目的,金融安排需要内生于实体经济的产业结构,从而避免金融的异化。由此来审视这些新型金融工具:很多金融工具

---

① 史库森:《生产的结构》,陈露、姜昊骞译,新华出版社2016年版,第5页。

往往都与奢侈性消费联系在一起,有助于提高人们的消费倾向,进而刺激低层次第三产业的发展;但同时,却降低了社会整体的储蓄和资本积累,进而很可能会瓦解经济增长的基础。

(二)如何认识现代社会中不断升级的信用体系

随着工资成本的提高和生产技术的流动,依靠海外市场的经济发展途径就会遇到越来越大的阻力,从而就需要实现需求从海外市场到国内市场的转变。问题是,不断管制放松的自由市场必然导致收入差距的持续拉大,进而也就必然会造成消费倾向下降和有效需求不足,从而会造成生产和需求之间的脱节以及经济危机的爆发。那么,如何避免需求不足对经济的影响呢?在新古典经济学和凯恩斯经济学的需求拉动理论的指引下,西方发达国家大肆开发金融衍生品,积极建立和发展信用体系:一方面,信用体系使家庭储蓄不足的个人可以进行透支消费,从而在一定程度上填补了收入与消费之间的缺口;另一方面,信用体系使财政收入不足的政府可以进行举债支出,从而在一定程度上填补了社会生产与个人消费之间的缺口。正是由于有了信用体系,缺乏现金的消费者和财税不足的政府都可以超前消费。问题是,(1)尽管信用体系平缓了收入流,但它的现实发展已经大大变质了,成为驱使人们过度消费的润滑剂,使得人们有可能完全消费一生所创造的东西;(2)即使人们在经济环境较好的时期花光了所有获得的收入,棘轮效应的存在也使得他们在经济衰退时仍然无法减少消费,而是会借债消费。这样,信用体系在提供便利的同时往往会鼓励人们超额消费,从而导致储蓄率的降低。一般地,一个国家的信用体系越发达,这个国家的储蓄率也就越低。这可以从当今世界最富裕的八国集团(G8)国家中得到鲜明体现:在信用体系方面,美国最为发达,随后是英国,其他欧洲大陆大型经济体——法国、德国和意大利略微落后,再往后是日本和俄罗斯;相应地,在储蓄率方面,美国和英国排在底部,日本和俄罗斯则位于顶端。①

同时,信用体系引发的超前消费甚至还会使得现世人逐渐消费乃至花光前人所积累的财富,瓦解社会发展的物质基础,从而必然会导致社会发

---

① 加拿大是个例外:加拿大人一方面得益于美国的金融专长和产品,另一方面保留了与寒冷气候相称的节俭与谨慎。

展的停滞和内缩。马克思很早就指出:"信用的最高限度,和产业资本的最充分的就业,也就是和不顾消费限界、极度把产业资本的生产能力拉近的现象实际上是一回事。消费限界也会因再生产过程本身的紧张进行而扩大;一方面它会增加劳动者和资本家方面的收入的消费,另一方面它和市场消费的紧张进行,又本来就是一件事。"①同时,信用体系往往加剧而不是缓和经济发展的动荡,就像当前西方社会所展示的情形一样。究其原因有二:(1)"透支消费"毕竟是靠透支"未来"来支撑"今天",它并不能解决整体性的有效消费不足问题,从而可以推迟而不能从根本上解决"生产过剩"问题,而只是把当下不断潜伏的小危机累积起来而延迟到未来总爆发;(2)依靠国债发行和赤字的政府支出毕竟是要还的,它并不能解决长期的总需求不足的问题,从而也只能推迟而不能解决总社会需求不足问题,并由此掩盖了本国经济扩张与有效需求不足的矛盾。很大程度上,2008年爆发的经济危机也就直接导源于信用制度的过度发展。即使消费支出和投资支出所依靠的是外源借债,这些借债毕竟还是要还的;显然,如果借债投资所产生的收益不足以补偿利息,就会陷入债务危机,更不要说投资—储蓄缺口的扩大还会带来通货膨胀,这方面拉美诸国也都给出了惨痛的教训。不幸的是,人们往往经历多次惨痛的教训才会认识到储蓄和资本积累的意义:储蓄的增加和资本积累是增加新工厂和设备投资的基础,也是劳动分工拓展和迂回生产延伸的基础,是社会生产力提高以及社会生活水平提升的基础。

(三) 如何认识现代社会中畸形发展的第三产业

随着新古典经济学以及凯恩斯经济学将经济发展的引擎从投资推动转向需求拉动,现代主流经济学认为消费支出和投资支出在促进经济增长上的作用是无差异的,从而就不再区分消费支出和投资支出,而是将消费支出和投资支出加和而构成整个国民收入;同时,它也不再区分不同产品的性质差异,而是依据市场需求状况来评估产品的价值,将盈利最大的产品视为最有价值。正是由于现代主流经济学主张按照市场机制来配置资源,以市场供求来生产产品,而市场所追求的是个人利益(效益)而非社会福利(效用),从而就导致了奢侈品的大量生产和低层次服务业的畸形繁

---

① 马克思:《资本论》(第3卷),人民出版社1966年版,第559—560页。

荣。究其原因,奢侈品和低层次服务都是富人们所需求的,而富人强大的购买力支撑了这些产品的高需求,相应地,收入差距的拉大就推动了产业结构从第一产业到第二产业再到第三产业的变迁。同时,由于深受自然主义思维的支配,现代主流经济学就开始将这种现象视为合理,不仅卖力地鼓吹第三产业的发展,而且还将第三产业比重的提升等同于产业结构的优化。受此影响,中国各级政府近年来一直都在积极推动第一、第二产业向第三产业的转化,从而导致低层次的第三产业获得了畸形繁荣,却被美其名曰"产业结构优化"。然而,按照古典经济学观点,剩余产品没有消费掉而用于储蓄并且可以积累的劳动产品(物化劳动),它只有用于改进生产技术、投入社会再生产才能深化劳动分工和延长生产迂回度,才能促进生产力的提高以及社会经济的增长,才能产生更多的剩余产品和资本积累,从而形成社会经济发展的良性循环。

当然,剩余产品可以以物质形式进行积累,这表现为物品、设备等物质资本;也可以以非物质形式积累,这表现为技术、制度等社会资本。由此,我们需要对以劳动交换和劳动消费为主的第三产业作更深层次的具体剖析:第三产业中的部分劳务有助于非物质形式的剩余产品的积累,如教育就有助于技术创造,所获得的知识也可以储存和传承,从而也就是生产性的;但是,更多的奢侈性服务劳动并没有增加消费者的生产能力,也无法储蓄和积累,从而是非生产性的。事实上,相对于第一、第二产业,第三产业所提供的劳动服务具有更强的消耗性,那些以满足奢侈性享乐为目的而以直接体力劳动提供服务的低层次第三产业是纯粹消耗性的;因此,这种第三产业并不能促进生产力的提高以及社会经济的增长,而是剩余产品投入的严重扭曲,实质上也就是社会资源的浪费。同时,第三产业的生产率提高速度往往要远远低于工业制造业,因而第三产业的过高比例显然会影响整体生产力水平,进而也必然降低国际竞争能力,它的危害在经济危机时期就会得到充分显露;更为甚者,第三产业的偏盛还会进一步导致国内产业日益空心化,进而构成经济危机的经济结构基础,这在西方社会也得到了充分的证明。很大程度上,正是由于第三产业的偏盛,发达国家的国内产业就日益空心化,这是西方社会出现经济危机的经济结构基础。同时,在整个西方世界,之所以只有德国最终经受得住经济危机的冲击,根本原因就在于它一直注重制造业的发展和技术创新。譬如,2010年,德国的制造业雇用了22%的劳动者,对GDP的贡献是21%;与此形成鲜明对比的是,2010年,美国只有不到11%的劳动人口从事制造业,制造业对GDP的贡献率只有13%。相应地,德国制造业工人的工资和福利待遇也要比美国高出66%。① 同样,目前经济发展平稳的瑞士、瑞典、芬兰和新加坡等也都是工业极其发达的国家,如长期被误以为依靠银行和旅游致富的瑞士,实际上在机械设备和工业化学制品等方面都处于世界最高水平。尤其是,制造业的生产力增长速度远高于服务业,如果不紧紧抓住制造业的发展,整个国家的生产力水平必然下降,进而导致服务业尤其是生产性服务业也不可能得到持续稳定发展。为此,张夏准就强调:"除了极少地方之外……到目前为止世界上还没有国家可以通过依靠服务业发展能够让人民过上体面的生活(更不要说更高的生活水平了),未来也没有国家能够做到这一点。"②

(四)大力发展旅游市场能否提振时下低迷经济

随着近年来经济增长速度的下降,政府开始转向通过发展旅游业来扩大内需、提振经济,不仅将发展旅游业摆在深化服务业的首位,把旅游业打造成国民经济的战略性支柱产业;而且,发展旅游业还成为推进供给侧结构性改革的重要内容,成为培育发展新动能的生力军和"大众创业、万众创新"的大舞台,乃至掀起了大众旅游时代。初步统计,全国有30个省(区、市)将旅游业定位为战略性支柱产业、主导产业、先导产业或龙头产业加以优先发展,并出台了促进旅游业发展的一系列法律法规和政策措施,如带薪休假制度、错峰休假和弹性作息制度等。那么,通过旅游消费能够提振时下的低迷经济吗?答案是否定的。究其原因,(1)旅游消费只是国民财富从一个人(家庭)的口袋转到另一个人(家庭)的口袋,而社会总财富并没有增加。当然,GDP数字也会有相应增加,但这对一个国家的真实国力和财富是没有影响的。同时,当今世界上一些国家和地区也凭借旅游开发而获得了经济的起飞和生活水平的改善,但是,这些国家和地区所吸引的主要是境外游客,从而导致境外资本和财富的大量流入。(2)相应地,如果旅游消费主要在国内,那么,资金或财富总算还是留在国内,尽管它们没有

---

① 丹·布莱兹尼茨:"德国缘何能在技术创新上压倒美国",《哈佛商业周刊》2014年6月30日。
② 张夏准:《资本主义的真相:自由市场经济学家的23个秘密》,孙建中译,新华出版社2011年版,第96页。

用于生产领域；但是，如果目前的政策是刺激出境旅游的快速增加，这就会进一步减少国内的资本积累，从而更严重地损害经济增长的基础。显然，由于国内旅游市场的混乱，导致中国出境游客和境外消费出现井喷式增长，乃至已经成为世界最大的出境旅游消费国。有鉴于此，各级政府致力于旅游业的供给侧改革，试图通过引入"互联网＋"方式来促进旅游硬件设施建设，强化旅游市场监管，规范旅游市场秩序，以促进境外旅游消费回流，这些政策方向是正确的，尽管迄今的实际成效似乎依然不尽如人意。

当然，上述的分析也会遇到一些学人的质疑，这里也作一解释。(1)当资金从一个个旅游消费者转移并集中到少数的旅游产品供给者手中时，就会被旅游产品供给者直接或间接投入于(制造业)生产领域，从而有助于财富创造和经济增长。这里的关键在于，这些资金要被旅游产品供给者转而投资于生产领域。试问，这类资金占多大比例呢？绝大多数旅游花费不是被用于相关领域的劳务开支，就是被用于进一步扩大旅游业或衍生服务业的投资，其至还会将其他生产领域的资金也吸引到旅游或衍生服务领域。(2)旅游开发有助于一些地区充分发挥其资源(历史、地理或人文)优势，有助于地区间的经济发展更为均衡，也有助于边远地区人口就业和脱贫。从这个意义上说，旅游开发对一些地区是重要的，但不能成为全国很多地区的战略性支柱产业或主导产业，否则只会陷入囚徒困境。(3)旅游业的能耗率可能比工业、汽车业、房地产业、家电业以及其他制造业都低，并且可以吸收大量的就业人口，从而是一个清洁产业。但是，我们要知道，旅游业和其他制造业的性质不同，后者会进一步制造出更多的财富；更不要说，如果没有完善的监管体系，旅游业也会大量破坏自然环境和历史资源。(4)旅游消费有助于人们放松身心、愉悦精神、康复身体、拓展视野，有助于提升消费者的生活品质，进而有助于促进社会和谐。也正是从这些意义上说，逐渐加快旅游业市场的建设是必要的，也是社会发展的方向。尽管如此，我们还必须要明白，旅游消费的增加对社会的意义主要在于，可以促进人们生活品质和福利水平的提升，却不能成为经济发展的"加速器"；可以提高代表经济发展活力的 GDP 数字，却不能促进社会国力的根本性提高；尤其是，旅游消费本身属于一种奢侈性消费支出，在中国这样一个还面临着物质经济增长压力的国度，显然不应该耗费大量的稀缺性资本。

(五) 全面审视奢侈性消费的社会经济意义

不可否认,一些服务、旅游等"奢侈性"消费在提升人们的生活品质的同时,也会提高人的生产能力。譬如,接受专业人士的按摩和推拿,体力和生产技能都可以得到快速恢复;再如,旅游可以使人心旷神怡而提高精神活力,阅读和报告会可以拓展听讲者的视野而提升思维能力;同样,大部分的教育培训服务更是如此,它甚至可以直接提高个人的生产和管理能力;等等。但是,更多的奢侈性消费不仅不会提升人的生产能力,反而会降低人的生产能力。譬如,沉迷于赌博、吸毒、花癫和其他众多上瘾消费的人尽管在短期内会因处于亢奋状态而获得某种愉悦的满足,但在长期上,上瘾者往往会变得意志消沉和精神颓废而降低了生产能力,甚至也不会有真正的持久的幸福或快乐。有鉴于此,我们就有必要根据对社会经济发展的影响而对不同的(奢侈性)消费进行性质上的区分,这又需要重新回到古典经济学的思维。事实上,约翰·穆勒就根据能否维持生产性劳动或提升生产技能而将消费划分为生产性消费和非生产性消费,穆勒写道:"只有用于保持和提高社会生产力的消费,才是生产性消费。"①同样,西尼尔也指出,生产消费指能增加劳动者的生产能力的消费,非生产消费则不能增加劳动者的生产能力,如花边、刺绣品、珠宝、烟草、啤酒等。尽管古典经济学家对生产性消费和非生产性消费之内涵和外延的界定并不一定是合理的,还有待进一步的探究,需要随着社会发展而不断细化和精确,但是,这种做法有助于我们从社会层面对稀缺性的社会劳动或其他资源进行更好的配置,从而有助于更有效地推进社会经济的发展。不幸的是,现代经济学完全从个人的主观效用出发抹杀了不同消费和资源的不同投入在性质上的差异,乃至将吸毒、性交、阅读、医疗等都同等视之,从而也就失去了社会政策的方向。

最后,奢侈性消费引发的消费攀比效应在某种意义也会促进生产规模的扩大,进而推动技术进步和经济增长,并由此提升社会的福利水平和幸福指数。那么,我们又如何理解它的作用呢?这里从两方面作一分析。(1)就人们的福利水平和幸福感而言。如果人们在节俭的生活中照样可以获得幸福感,为何要片面地追求消费的扩大支出以及经济的快速增长

---

① 穆勒:《政治经济学原理:及其在社会哲学上的若干应用》(下卷),赵荣潜等译,商务印书馆1991年版,第69页。

呢？要知道，经济增长以及消费支出本身只是提升人们生活品质和增进生活幸福的一个手段和途径，而不是根本目的。不可否认，经济增长和物质消费是经济福利进而是社会幸福感的重要基础。但是，当人们感受到物质消费不足已经限制其福利水平和幸福感时，就会增加消费支出；同时，基于这种动机所萌生出的消费支出才构成人们的真实消费需求，以此为基础的经济增长才是坚实的。（2）就社会的生产规模和经济增长而言。如果将社会剩余产品或资本投放在其他方面可以更有效地促进经济增长，为何又要片面地强调奢侈性消费与经济增长的关系呢？要知道，教育水平和科技水平的提升往往可以更有效地提高生产力水平进而深化社会分工，社会必需品的生产规模扩大也会带来规模经济，并且将会提高更多人的福利水平。不可否认，奢侈品生产规模的扩大有助于刺激技术的革新和产品的创新。但是，片面鼓吹和推崇奢侈品的生产和消费，只会扭曲社会需求和生产结构，反而瓦解社会发展和经济增长的基础。

可见，重新回顾古典经济学的思维和理论，不仅有助于我们反思现代主流经济学的需求拉动增长理论，而且有助于我们重新审视经济发展的"现代性"问题。譬如，现代主流经济学将消费支出视为经济发展的引擎，乃至将过去半个世纪以来日益兴盛的奢侈性消费以及相应的第三产业视为代表社会经济发展的正确方向；但实际上，这只是市场经济内在的收入分配不公造成的收入差距持续拉大进而导致社会需求严重失调的结果，并会严重瓦解社会经济发展的根基。一般地，收入分配的持续扩大会产生两极化的社会需求：一方面，穷人的购买力日趋低下，因而追逐收益最大化的厂商不愿生产那些社会大众有需求却收益不高的必需品；另一方面，富人的消费力日趋增强，因而追逐收益最大化的厂商就热衷生产富人有巨大需求的奢侈品。尤其是，在中国这样的发展中国家，由于社会大众的教育水平和技术创新能力还存在明显不足，国内无法完全生产出满足富人需求的高端产品和奢侈产品，这又产生这样两大结果：一方面，大量的社会劳动被投入在低层次服务行业中，从而为一小撮富人提供直接性的劳动服务；另一方面，大量的剩余产品被富人用于购买海外的奢侈品甚至是昂贵的海外劳动服务，从而导致国内生产投资资金的不足。显然，要解决当前中国社会经济问题，就涉及收入分配、价值观念、产品结构、技术水平、教育结构等各方面，也就是必须重新审视"现代性"问题。

七、引申：特朗普主义的危险

本章对经济增长的动力根源以及不同时空下的政策选择作一系统的分析，这不仅有助于我们认识世界强国的崛起之路，也有助于我们深层审视美国新任总统特朗普可能推行的经济、政治和军事政策。从历史上看，欧洲列强为了拓展和争夺外国市场而发动了无数次战争，那么，特朗普主义会走向极端的军国主义吗？当今世界最大的黑天鹅事件是特朗普当选为美国总统，未来世界面临的最大变数是特朗普主义的走向。究其原因，(1) 特朗普在选举期间以及当选之后发表了一系列咄咄逼人的谈话，如对中国产品征收 35%—45% 的关税，以及退出 TPP、反对《巴黎协定》和《伊核协议》等；(2) 特朗普的幕僚和政治顾问也充斥了强硬的极右派人士，如国务卿蒂勒森、国防部长詹姆斯·马蒂斯、白宫幕僚长普里伯斯、总统首席战略顾问史蒂夫·班农、政治顾问叶望辉、财政部部长史蒂芬·姆钦、商务部部长威尔伯·罗斯、环保署署长斯科特·普鲁伊特、白宫国家经济委员会主任加里·科恩、白宫国家贸易委员会主席纳瓦罗、司法部部长杰夫·塞申斯。特朗普之所以能够当选总统，一个重要原因是他提出蛊惑性的三大口号："使美国再次伟大""重振美国经济"和"美国优先"。其中，要使得"使美国再次伟大"的根本途径就是振兴美国经济，而为了"重振美国经济"而采取"美国优先"策略。

有鉴于此，特朗普所有政策的重心都会落脚在经济增长上，为了经济增长就不惜实行以邻为壑的政策，这在他的保护主义纲要中得到充分的体现。事实上，特朗普一系列的言行及其智囊构成都表明，他奉行的是基于法、术、势相结合的马基雅维利主义，从而不会受制于现有国际规则和道德规范；相应地，他会充分利用"势"来获取美国个人利益，并时刻准备采取以邻为壑的政策，为达目标甚至不惜使用武力和战争手段，从而很可能会加剧国际冲突和对抗。问题是，保护主义果真能够实现这一目标吗？历史惊人地相似，特朗普主义似乎正在步入欧洲列强的老路：以强大的经济实力为基础，并依据超级军事力量来重新划分和控制世界市场；同时，历史的教训也将再次显现，依靠武力对国际市场的争夺和划分最终将以战场胜负来裁断，特朗普政府"输毒于敌"的保护主义政策也必然会引发世界冲突，进而将当今世界导向更大规模战争。也就是说，特朗普政府的"美国优先"和强烈的排外倾向很可能会走上军国主义道路,这也是特朗普政府意图缓和国内矛盾的强力选择。但显然,特朗普似乎并没有从历史中吸取教训:战争根本上无法挽救本国内在的衰退之势,战争也根本上没有真正的赢家;尤其是,现代战争的危害更大,不仅会造成人类财富积累的消失,导致整体经济的低迷,还会给全人类带来更为惨烈的灾难,因为当今世界各国间的依赖性远比19世纪到20世纪初更强。

2

"中等收入陷阱"与经济增长方式的转变

本章导读：收入提升与经济增长在理论逻辑上并不存在二律背反，而一些采取赶超战略的国家之所以陷入"中等收入陷阱"根本上源于政策失误，因而"中等收入陷阱"本质上是一个伪命题。事实上，为了经济的快速增长，落后国家往往采取收入分化政策来提升资本积累率，并努力开拓国际市场来获得需求支撑。但是，随着财富的积累和收入的提升，海外市场的拓展就逐渐接近上限甚至开始萎缩，从而经济增长方式就需要从资本投资推动转向生产力提升推动以维持经济的持续发展。相应地，当前中国经济政策也需要作两大战略转化：(1) 提振国内需求以实现经济增长引擎由外需到内需的转换，这与收入分配有关；(2) 提升竞争能力以实现产业竞争由低端市场到高端市场的转换，这与技术创新投入有关。但是，在一些新古典经济学家的指导下，一些国家对外转向李嘉图的比较优势原则而实行自由贸易政策，对内转向科斯的产权定理而实行自由交换政策，结果，就导致经济模式和需求结构无法根据形势的发展而做出相应的转变，最终陷入了"中等收入陷阱"。

一、引　言

近期，"中等收入陷阱"重新成了中国经济学界乃至新闻舆论界的热门话题，根本原因在于近年来中国经济增长速度呈明显的下降趋势，重要的促发因素则是财政部前部长楼继伟在"清华中国经济高层讲坛"上的讲话。有些人认为,中国在未来5年或10年有50%以上的可能性会滑入"中等收入陷阱",并将之归咎于2007年颁布并随后实施的《劳动合同法》:它降低了劳动力市场的流动性和灵活性,导致了工资增长开始高于劳动生产率增长,以致很多投资人选择离开中国[1];相应地,解决这一陷阱的流行思路就是,促进要素的流动和市场的开放,如放弃集体谈判的劳动关系改革,促进劳动力流动的租房落户的户籍改革,减少粮食补贴的农业改革,促进农村建设用地流转的土地改革,等等。[2] 很大程度上,这些观点和措施都是新古典主义的,并且与欧美主导的国际经济机构一脉相承。例如,更早时候,世界银行行长罗伯特·佐利克就宣称,中国已经走到了"中等收入陷阱"边缘,如果不接受世界银行开出的重大改革,将会长期停滞,乃至爆发经济危机和引发社会动荡。问题是,遵循新古典主义而推进贸易开放和要素流动的政策能否摆脱"中等收入陷阱"?进一步地,我们还要探究,"中等收入陷阱"是否是经济发展中不可避免的基本命题?这就需要分析一系列的问题:发展中国家为获得经济高速增长往往会采取何种经济政策,这些经济政策随着收入的提升将会遭遇什么问题,解决这些问题又应该采取哪些根本措施,等等。在上章对经济增长的基本动力做了深刻剖析之后,我们就可以更清楚地认识一国经济政策的选择以及错误政策下的"中等收入陷阱"等问题,也可以更好地探究跳出"中等收入陷阱"的途径。有鉴于此,在上一章的基础上,本章尝试对"中等收入陷阱"的历史事实及其成因作逻辑化的梳理,对"中等收入陷阱"的内在机理作深入的解析,并由此对发展中国家的经济发展战略作全面的审视。

二、经济高速增长的基础与发展战略选择

上一章的分析指出,经济的快速发展根本上依赖于资本等生产要素的积累及其在生产中的投入,这是分工深化和规模扩大的基础。罗斯托认

---

[1] 祁月:"关于中等收入陷阱 楼继伟到底说了啥?"2015年5月3日,http://wallstreetcn.com/node/217541。
[2] "财政部部长:中国有50%以上可能滑入中等收入陷阱",http://finance.ifeng.com/a/20150426/13664167_0.shtml。

为,一个经济要起飞必须将资金积累率从5%提高到10%以上。① 正是基于依靠资本积累以促进经济增长的需要,就预示发展中国家对发展战略的选择。

(一) 发展中国家的发展战略选择

发展中国家的战略选择具有一系列的逻辑基础,这里逐层加以剖析。

首先,如何才有较高的储蓄率以推动资本的积累呢?一般地,一个国家的储蓄率主要取决于全民的储蓄倾向和收入分配状况:前者涉及社会文化和风俗,在短期内难以改变;后者则涉及国家的收入分配政策,是短期内可改变的。显然,在消费倾向以及储蓄率相对稳定的情况下,全社会储蓄率就与收入差距密切相关:财富越是集中在少数人手中,社会储蓄率往往就越高。在理论上,这可以由李嘉图模型加以解释:占人口大多数的劳动者的消费长期被压制在最低生计水平,而具有高储蓄和高投资取向的资本家则获得超出劳动力生计的剩余产品。② 在现实中,一个国家的收入中资本利润(企业主所得)占有的比重越高,劳动工资的份额越低,往往就会有越高的财富积累率。

其次,一个社会的分配如何导致收入差距不断拉大?这主要起因于收入分配不公:企业主的利润瓜分了所创造的大部分价值或财富,工人则只能取得非常低微的工资。这充分体现在工业革命时期的西欧,也体现在当前的众多发展中国家,劳动者往往只能得到维持生存的最低工资。事实上,正是有意无意地实行收入分化的政策,这些国家中都出现了明显的"强制性储蓄"效应,从而得以形成非常高的资本积累率。例如,为了借助收入分化而获得高水平的资本积累率,很多国家都曾对低收入群体征收高额税费,然后再将榨取的税收以国家支出方式转移给私人并投资于生产,如19世纪的英国政府就利用间接累退税方式向大金融投资商支付高额利息。③

其三,巨大的收入差距又如何能够维系经济的持续发展呢?事实上,如果较高的储蓄率是源于较大的收入差距,那么,随着剩余产品的扩大和

---

① 库兹涅茨:"评起飞",载罗斯托编:《从起飞进入持续增长的经济学》,贺立平译,四川人民出版社2000年版,第32页。
② 速水佑次郎:《发展经济学:从贫困到富裕》,李周译,社会科学文献出版社2003年版,第73—76页。
③ 霍布森:《西方文明的东方起源》,孙建党译,山东画报出版社2009年版,第229页。

累积性生产的持续,国内消费就会逐渐跟不上生产的步伐,从而必然会出现相对生产过剩。正因为一个国家的经济发展必然依赖相应的需求作支撑,所以,当国内需求存在持续的严重不足时,经济高速发展的国家就只能诉诸外部需求。这为历史实践所证实,无论是在18世纪末到19世纪初实现第一代工业化的英国,还是在19世纪中叶实现第二代工业化的法国、美国和德国,抑或是在19世纪末到20世纪初实现第三代工业化的意大利、俄罗斯和日本等国,它们都采用商业和军事并行方式而致力于海外市场的开拓,从而维系了经济的高速增长。

其四,现代社会中经济快速增长国家又是如何开拓海外市场的?一般地,开拓海外市场的方式或者依赖武力征服或者依赖自由贸易,这在欧美经济快速增长时期都得到了充分的体现。例如,为了争夺白银资本,英国就分别在1839—1842年和1856—1860年通过两次鸦片战争打开了庞大的中国市场,其他国家也随后加入到以武力控制中国市场的征途上来。不过,随着工业经济和市场规模的发展,发达国家开拓海外市场所采取的主要方式就逐渐由武力转向自由贸易。其原因有二:(1)武力开拓不仅引起发达国家和殖民地的对抗,而且也引发发达国家之间的直接冲突,从而造成极大破坏;(2)随着生产技术的进步和社会生产力的发展,发达国家的大公司也逐渐摆脱对政府补贴、垄断特权及关税保护的依赖,并越来越多地依靠低价格和高质量取得竞争优势。正是由于自由贸易符合发达国家的产业发展和市场拓展需要,因而李斯特将崇尚自由贸易的古典经济学称为英国的国民经济学。

最后,在一个自由贸易的国际体系中,收入差距的扩大为何有助于该国拓展海外市场?其基本逻辑如下:(1)在经济发展水平相近的国际竞争条件下,该国的收入差距越大,往往意味着其产品的生产成本更低,从而也就具有更强的国际竞争力,更有能力争夺外海市场;(2)如果该国处于较高的经济发展水平,较大的收入差距将进一步维持和增强它的国际竞争力,通过提升其全面的竞争优势而进一步维持和巩固其海外市场;(3)如果该国处于较低的经济发展水平,较大的收入差距也有助于提升它的国际竞争力,借助比较优势而开拓海外市场。这意味着,较大的收入差距会滋生出两大效应:(1)高储蓄率造就了巨大的剩余产品和资本积累,从而得以投入再生产活动而推动经济的高速增长;(2)低成本提供了廉价的商品和劳务,从而得以持续向国际市场倾销而出现大量的国际盈余。相应地,一国经济的高速增长往往会伴随着国际收支的大量出超。这也已经为各国经济发展史所证明:20 世纪 80 年代的日本如此,目前中国也是如此。不过,这种现象显然无法用现代主流经济学理论解释,因为根据后者,经济发展需要大量的资本、机器和技术等,从而往往会是收支入超。

(二) 经济高速增长的关键在海外市场

基于上述逻辑,经济快速增长就与海外市场的不断拓展联系在一起,这不仅为先发国家的历史实践所证实,而且对实现赶超战略的发展中国家也是如此。譬如,就 20 世纪下半叶成功实现第四代工业化的日本和东亚"四小龙"等国而言,它们也是充分利用了特殊历史时期所滋生出的市场空间(如二战后的国际贸易自由化共识降低了各国的贸易壁垒、西方推行的凯恩斯主义政策提高了世界经济的总需求、冷战导致发达国家对东欧及中国等社会主义国家的经济封锁、意识形态导致社会主义国家的自我闭关、资本积累方式的改变导致西方产业结构调整等),通过采取积极的制成品出口增长策略来推动经济发展。同样,自 20 世纪 80 年代初开放后的 20 年间,中国内地也刻意地模仿日本和东亚"四小龙"的成功经验,通过出口补贴、出口退税、出口信贷、低息贷款、本币贬值以及外汇留存等方式增强出口竞争能力、开拓国外市场,通过扩大出口来带动整个经济的增长。

当然,在拓展和争夺海外市场所采取的主要方式上,后发的发展中国家不同于率先工业化的发达国家。事实上,发达国家可以灵活运用自由贸易和武力胁迫这两种方式开拓海外市场,军人和商人往往并肩作战;而且,这两种方式是相辅相成的,都以强大的经济实力为支撑。但是,发展中国家没有这样的经济实力,也没有强大的军事力量。因此,发展中国家往往需要根据自身条件而兼顾两种发展战略:(1) 利用主权来保护本国市场不被严重侵占,这就是进口替代战略;(2) 利用自身的比较优势尽可能参与国际竞争,这就是出口替代战略。这就是发展中国家为推进经济快速增长而采取的战略选择,这已经为传统发展经济学所刻画和总结。也就是说,传统发展经济学所倡导的两条工业化道路都与市场的保护和开拓密切相关。

首先,就进口替代战略而言。其核心思想是为本国的工业发展创造条件和提供市场,体现为在本国市场上以本国工业品替代原来需要进口的外国工业品。这种内向型经济发展战略的依据是李斯特倡导的生产力原则:

通过关税保护、进口配额、高估本币等措施限制某些工业品的进口以保护本国刚刚起步的幼稚产业,通过税收、投资和销售等方面的优惠待遇鼓励外国私人资本在本国设立合资或合作方式的企业;通过来"三来一补"等加工贸易方式来提高本国的工业化水平。

其次,就出口替代战略而言。其核心思想是使本国的工业生产面向世界市场,体现为用轻工业产品出口替代初级产品出口,进而用重、化工业产品的出口替代轻工业产品的出口。这种外向型经济发展战略的依据是新古典经济学倡导的比较优势原则:通过扩大有比较利益的产品的出口,以改善本国资源的配置,从中获得贸易利益、积累发展资金以推动本国经济的发展。其中,在第一阶段主要发展劳动密集型工业,在第二个阶段主要发展资本密集型和技术密集型工业,成功进入第三阶段的国家则致力于发展知识和信息密集型的高科技产业。

也就是说,无论是进口替代战略还是出口替代战略,关键都是通过积极的政府行为为本国产业的发展创造出一定的市场空间。当然,两类战略的选择也存在时空的适应性。一方面,就进口替代战略而言,采用这一战略的理由是:在初级产品和劳动密集型产品的刚性需求下,众多发展中国家进入国际市场以及生产率的提高都会明显恶化贸易条件,从而也无法获取国内生产所需要的外汇。但是,它将资源主要用于生产进口替代产品,这将减少对生产出口产品的投入,进而会导致出口随之减少;相应地,实行进口替代战略的国家经济增长所依赖的资本主要是内源性的,经济增长的速度或潜力也必然受制于国内市场的限度。另一方面,就出口替代战略而言,采用这一战略的理由是:在充分发挥自身的比较优势下,可以更快地弥补外汇缺口,进而可以更快速地为生产投资提供经济剩余。显然,它以鼓励出口作为经济动力的发展模式,是对局限于通过进口替代来推进工业发展的传统观点的反动,是一种更为主动、积极的开拓市场和工业化途径,也更容易为经济增长寻求更广泛和持续扩展的国际市场。

从需求市场的开拓来看,两类战略也与不同类型的国家相适应:很大程度上,进口替代战略主要适用于国内市场规模较大的国家,因为国内规模已足以产生世界平均的规模经济;相应地,出口替代战略主要适用于国内市场规模较小的国家或地区,因为国内规模不足以产生世界平均的规模经济。从这一角度上开,拉美国家和东亚"四小龙"分别选择进口替代战略和出口替代战略,也是有各自的合理性的。同时,由于国内市场的保护往往比海外市场的开拓要容易一些,而且发展中国家在经济起飞之初国际竞争力往往还非常弱小,因而进口替代战略也就成了大多数国家的选择。尽管如此,我们还必须注意两点:(1)随着本国产业的建设和发展,当本国产业的生产力水平与发达国家接近时,就应该继以开放政策以实现更高的规模经济,这也是李斯特的构想;(2)在进口替代战略下发展本国产业时,也应该考虑本国的要素禀赋以及相应的比较优势,从而在未来的市场开放后具有自生能力和国际竞争优势,这是林毅夫特别强调的。尤其是,在进口替代战略下,进口需求将会减少,这使得国内生产企业丧失对外汇价格和商品相对价格变化的敏感性,进而就会丧失通过技术开发来降低成本的动力;同时,具有比较优势的出口产业的利润率会减少,这阻碍其生产规模像进口替代品产业那样扩张,进而进一步降低获取外汇的能力,这是当年拉尔所揭示的。[1]

三、"中等收入陷阱"的成因和发展模式转换

尽管发展中国家的经济高速增长依赖于不断拓展的海外市场,但是,随着工业化进程的推进,这种依赖海外市场的发展战略却会遇到越来越大的挑战和困境,进而就带来了发展模式的转换压力。事实上,对外贸易在19世纪曾经被视为发达国家经济增长的发动机,但显然,20世纪的发展中国家已经无力像先发国家那样利用海外市场;即使像东亚"四小龙"这样的少数国家和地区也依凭海外市场取得了成功,但绝大多数发展中国家的主要动力还是国内需求。

(一) 海外市场受阻与"中等收入陷阱"

为了认识发展中国家面临的"中等收入陷阱",我们就要集中挖掘经济发展速度放缓乃至中断的成因,而这又需要区分不同经济体,因为不同规模的经济体对海外市场的依赖程度是不同的。

首先,尽管在和平和开放的国际环境中,充分利用比较优势可以自然地拓展海外市场,进而通过交换价值的积累而促进经济的快速增长,但是,

---

[1] 拉尔:《"发展经济学"的贫困》,葛伟明、朱菁等译,云南人民出版社1992年版,第48—49页。

海外市场的规模拓展终究会受到政治的、经济的以及社会的种种限制。具体表现为：(1) 随着经济水平的提高和生产规模的扩大，国内劳动力成本就会不断上升，从而在国际市场上逐渐丧失竞争优势；(2) 不仅整个国际市场的扩张存在一定的限度，而且遭受产品倾销和市场挤压的国家也会采用各种措施来保护它们的国内市场。事实上，到了20世纪80年代后，曾经通过出口替代和进口替代政策而获得经济快速增长的发展中国家都开始面临这些问题：如西方各国因财政赤字和通货膨胀而制约了世界总需求的扩大，发达国家逐渐将削减贸易壁垒的锋芒指向发展中国家。因此，这些发展中国家就越来越难以借助出口的持续增加来推动经济的快速增长，曾经获得极大成功的经济发展战略就会陷入危机，这就是所谓的"中等收入陷阱"。

关于这一点，可以分别对实行两类战略的国家进行分析。一方面，就实施（耐用消费品和资本品的）进口替代战略的阿根廷等拉美国家而言。它们在资本匮乏的情况下实行"举债增长"方式，从而产生了两大问题：(1) "进口替代"并没有能够有效开拓海外市场，这不仅无法获得专业化的国际分工经济，而且也缺乏维系经济持续增长的扩展的市场，从而必然无法产生足够多的剩余产品和资本积累；(2) "举债式增长"还会因巨额的还款付息而陷入严重的债务危机，[①]为还债而高估本币则会降低本国出口竞争力，在国际金融巨鳄的推波助澜下就会转变为金融危机和货币危机。另一方面，就实行出口导向战略的马来西亚等东南亚国家而言。它们的经济增长严重依赖国际市场需求，这也会产生两大问题：(1) 国内经济发展状况受到各种外部因素的冲击，不仅使得经济增长具有很强的不确定性和波动性，而且也容易受到他国金融的或政治的要挟；(2) 将生产集中在低成本的劳动密集型产业，不仅强化了国内的二元经济结构，而且还最终导致本国经济自我发展能力的降低甚至丧失。

其次，如果对小国来说，外需可以成为促进经济快速增长的强大引擎，那么，对大国来说，其功效就会大打折扣。根本上，大国经济增长所依赖的是内需而非外需。一方面，就小国的情形而言：(1) 因为地狭人少而市场

[①] 债务危机的一个重要原因是，里根政府实行控制货币发行而增加债券发行以弥补减税政策带来的日益扩大的财政赤字，这就导致美元大幅增值。相应地，拉美国家以美元为主的外债负担也就显著提高。也就是说，美国不断扩大的贸易和财政赤字最终是由拉美国家这些负债体来弥补的，因而拉美的债务很大程度是美国转嫁的结果。

容量不大,只有积极扩大外贸出口才能使其产品生产达到规模经济要求,进而取得较大的规模经济效益;(2)因为经济总量比较小,经济快速增长所需要的市场增量相对于全球市场规模而言也不大,从而也就不会对全球市场扩张以及其他国家的市场需求构成巨大压力。另一方面,就大国的情形而言:(1)大国本身所拥有的潜在的庞大国内市场足以支撑任何一种产品达到规模经济的要求,从而无须过分依赖于国外的市场需求;(2)依赖外需的大国经济快速增长将对全球市场扩展以及其他国家的需求空间构成极大压力,从而必然会引起其他国家的抵制,这可以从中国经济发展过程中遇到的西方国家各种反倾销制裁得到充分体现。也就是说,就大国而言,无论是庞大劳动力的就业问题、巨额剩余产品的积累问题还是闲置生产资源的利用问题,都无法主要乃至仅仅求诸外需的推动。

相应地,我们可以得出两点结论:(1)一个国家越大,其经济发展的内生性或内向性程度就越大。例如,英国在产业革命时期对世界市场的依赖就远高于 19 世纪末的美国,因而英国的经济外向性程度要更高。(2)在人均收入相近的水平,一个国家越小,其经济的对外贸易依存度就越高。例如,尽管德国的对外贸易占 GDP 的比例在 50% 以上,但其中一半是对欧盟国家的内部贸易;相反,如果以欧盟为计算单位,欧盟对非欧盟的对外贸易依存度只有 20% 多。同样,尽管美国是一个推行自由贸易的国家,但它仍是发达国家中对外贸易依存度最低的国家之一。由此,我们就可以审视当下的中国经济政策:近年来美国对外贸易额占 GDP 的比率在 25% 左右,而中国则接近 50%;这就反映出了两点:(1)中国的经济发展潜含了"脆弱性",(2)中国经济发展的动力从外需转向内需还有很大潜力。

(二) 摆脱"中等收入陷阱"的政策转向

上面两方面的分析表明,依赖外需的经济高速增长模式并不能持久,甚至会逐渐步入"中等收入陷阱"。尤其是,随着特朗普的上台,美国迅速走上了保护主义;而且,可以想见,欧洲很快会追随美国的步伐,从而导致保护主义在全球的盛行。在这种情况下,像中国这样的发展中国家就越来越借助于海外市场的扩展来维持经济增长,进而,这就带来了经济发展模式的转换问题,带来了需求由外到内的转换问题。一般地,为了避免"中等收入陷阱",发展中国家尤其是发展中大国的经济发展战略就需要且可以从如下两方面加以调整或转换。

第一,提振内需,这涉及收入分配的重新调整等问题。从两方面加以理解:(1) 收入分配缩小有利于提升国内需求;(2) 收入分配缩小有助于缓和社会矛盾和冲突。事实上,从世界各国的比较来看,那些陷入"中等收入陷阱"的国家,几乎都是因收入差距拉大而无法有效地实现由外需到内需的转换。例如,阿根廷和马来西亚在 20 世纪 80 年代中期基尼系数就达 0.45 左右,到 90 年代末进一步上升到接近 0.5;同时,2007 年阿根廷达到 0.51,而马来西亚则保持在接近 0.5 的水平上。相反,那些成功摆脱"中等收入陷阱"的国家,基本上都将收入差距控制在一定限度内,从而实现了增长引擎由外需到内需的转换。例如,韩国在 20 世纪 70 年代末基尼系数为 0.36,到 90 年代末下降到 0.31,至今没有明显变化。①

第二,维持市场竞争能力,这有赖于技术和产品的创新。从两方面加以理解:(1) 由于收入差距较小会导致资本积累率下降,因而就需要通过提升资本的使用效率来维持经济的快速增长;(2) 进入中等收入阶段意味着低工资成本的优势逐步丧失,出口竞争力减弱,因而就需要提升自主创新以在高端市场与高收入国家展开竞争。事实上,日本、韩国等成功摆脱"中等收入陷阱"的国家,基本上实现了经济发展模式转型,走上了自主创新的道路,从而得以继续维持海内外市场的竞争优势。相反,拉美那些陷入"中等收入陷阱"的国家,则由于研发能力和人力资本等条件的制约而无法进入中高端市场,从而失去了经济增长的动力。

第三,需要指出,为摆脱"中等收入陷阱"而维系经济持续增长的根本措施就是促进技术创新和经济转型,这实质上就是生产力的提升问题。甚至在两百年前,李斯特就强调,一个国家的发展不仅在于财富的积累和交换价值的增加,更重要的是生产力的提高和精神资本的蓄积。李斯特说:"创造财富的能力要比财富本身不知要重要多少倍。"②事实上,向别国购买廉价的商品表面上看起来要合算一些,但其后果将导致生产力处于从属的地位;相反,生产力的提高不但可以使已有的财富获得保障,还可以使已经消失的财富获得补偿。因此,一个国家的发展潜力,主要并不是决定于它所积蓄的财富(即交换价值)的多少,而是决定于它的生产力的发展程度。

---

① "陷入'中等收入陷阱'的国家具有哪些特征?"http://www.hxqs1688.com/caijingyaowenshow-21-28294.html。
② 李斯特:《政治经济学的国民体系》,陈万煦译,商务印书馆 1961 年版,第 118 页。

可见，随着以资本积累为基础的经济增长发展到一定程度后，一个国家就需要实行经济发展增长的转变，需要转到提高本国生产力的方向上来，这就是库兹涅茨增长方式。库兹涅茨认为，以资本积累或其他自然资源为基础的经济增长面临着边际收益递减问题，而技术进步则有助于克服这一问题；而且，西方世界的现代经济增长也主要是依赖技术的持续改进而不是资本积累。也就是说，古典经济学注重的资本积累式经济增长主要适用于工业化初期，而库兹涅茨增长更适合于经济进入工业化的高级阶段。尤其是，对一个后发国家来说，要摆脱国际竞争中的不利地位，更应该将其经济政策落脚在如何促进本国生产力的提升上，否则经济增长和福利提高都不会有坚实的基础。

四、重视生产力而非交换价值的战略选择

随着资本积累的日益丰富，越来越多的学者将经济增长的关注点从资本积累转移到技术进步以及生产率的提高方面来。尤其是，在经济贸易一体化的时代，一国的竞争优势以及经济发展水平越来越依据于社会整体生产力和创新能力的提升。那么，发展中国家如何促进生产力的快速提升呢？一般地，基本路径无非是两条：一是自力更生，二是从外引进。那么，究竟应该采用何种路径呢？这就需要考虑时代特征。

(一) 早期社会的生产力培育

新古典主义支配的现代发展经济学倾向于回归李嘉图的比较优势原则来确定产业结构，并实行与国际市场接轨和贸易一体化的经济政策；其理由是，这可以获得最大限度的贸易剩余，从而有助于最大效率地提高资本积累。这种做法果真是有助于后发国家实现经济起飞的最佳战略选择吗？在学说史上，李斯特等人很早就表达了反对态度，相反，他们倡导一种关税保护和市场封闭的政策，尤其是热衷于保护那些生产力暂时落后于先进国家的幼稚工业部门。李斯特写道："如果感觉到自己有能力可以发展成为一个工业强国，就必须采取保护制度，作为达到这个目的的最有效手段。在这个目标下实行这个制度有两个步骤：首先是把外国工业品逐渐从我们的市场排除出去，这样工人、才能和资本在外国将发生过剩，它们必须寻找出路；其次，在我们的保护制度下，国外工人、才能和资本流入时应受

到鼓励,获得出路,这样国外的剩余生产力才可以在这里获得出路。"①李斯特认为,尽管这种保护主义政策可能使后发国家的交换利益蒙受暂时的牺牲,但它根本上将使得"生产力有了增长,足以抵偿损失而有余"。②

落后国家为什么要实行某种程度的保护主义政策呢？这可以从两方面加以阐释。

首先,从国际市场中不同国家的竞争地位看。在现实世界中,每个国家的经济实力存在很大差异,这导致在世界市场中就处于不同的贸易地位；相应地,在抽象的国际贸易规则下,不同国家所享有的经济自由是不平等的,落后国家往往被迫卷入国际贸易之中。其逻辑就如同,处于自然不平等和社会不平等的市场主体,在纯粹市场中往往无法拥有的相等权力,从而在所谓的自由市场竞争中也不可能享有同等的自由。新古典经济学往往将市场主体抽象为同质而平等的原子个体,并由此得出有效市场假说。同样,在国际贸易中,也只有当不同国家处于相似的经济发展水平,从而具有相近的国际竞争力时,不同国家之间才可以实现实质的公平竞争,才能在自由贸易中获得真正的共赢。而在这个条件实现之前,落后国家就需要采取一定的保护制度。

其次,从现代制造业的生产特性看。在现代科技的作用下,现代制造业往往呈现出报酬递增的特性,因而自由市场竞争将导向垄断。同样,在自由贸易的国际市场上,发达国家的企业也将取得不断增长的规模报酬,获得不断增强的国际竞争优势,并滋生和强化整个世界市场的竞争不完全性,而发展中国家的企业则因为后发劣势而被排挤出国际市场,甚至失去国内市场。在这种情况下,发展中国家所收获的只能是报酬递增和不完全竞争的坏处,最终在国际竞争中被边缘化,处于产业链的低端。赖纳特就强调,制造业几乎都与技术变迁、规模递增和不完全竞争相联系,不受限制的市场开放必然会在某种程度上限制本国相应企业的成长,因而就需要通过保护来发展本国制造业。③

事实上,新古典经济学一方面基于抽象的逻辑而构造出平等公正的自由市场,另一方面则打造出虚幻的自由贸易史。但从历史实践来看,西方

---

① 李斯特:《政治经济学的国民体系》,陈万煦译,商务印书馆1961年版,第117页。
② 同上书,第128页。
③ 赖纳特:《富国为什么富 穷国为什么穷》,杨虎涛、陈国涛等译,中国人民大学出版社2010年版,第5页。

各国的制造业发展几乎都是在保护政策下实现的。一直从17世纪延续到20世纪的下半叶,西方社会实行的基本上都是贸易保护主义政策,其中实行"自由贸易"的时间仅为6%,从1870年到1914年全球实行金本位制,并开创了繁荣的"自由贸易时代"。但显然,从整个西方经济历史来看,"自由贸易时代"只不过是贸易保护主义原则的一个例外,而且此时实际上实行的是温和的贸易保护主义。①

以工业革命和自由贸易学说的发源地——英国为例,英国也被普遍视为实行自由贸易的国家。事实上,只要其他国家优质产品对英国的相关产业构成了威胁,英国就会取消对该类产品的进口,甚至还通过了《羊毛法案》和《谷物法》等。② 在19世纪初,英国的棉纺织工业远远落后于印度和中国,为此,英国通过重商主义政策禁止东方的棉纺织品进口,实行了进口替代战略来发展本国棉纺织品,进而在逐渐繁荣起来的棉纺织业生产中促生了"产业革命"。所以,古典主义末期的李斯特指出,英国事实上是第一个对幼稚产业保护技术加以完善的国家,这也正是大部分国家走向繁荣的基本道路。但是,当技术和产业取得优势后,英国出于自身利益又开始鼓吹自由贸易了。所以,李斯特说:"这本来是一个极寻常的巧妙做法,一个人当他已攀上了高峰以后,就会把他逐步攀高时所使用的那个梯子一脚踢开,免得别人跟着他上来。亚当·斯密的世界主义经济学说的秘密就在这里。"③也就是说,西方发达国家的经济发展史就是一部市场争夺史:一方面对外进行市场扩张,另一方面对内实行市场保护。为此,张夏准在"踢掉梯子:资本主义的经济和智力史如何被重写以合理化新古典自由主义的资本主义的?"一文中对新古典经济学理论与实践之间的背反现象作了深刻的揭露。④

不仅英国如此,分别在19世纪末和20世纪初赶上和超过了英国的美国和德国,也都是遵循贸易保护主义理论而采用进口替代政策。按照刘易斯的估算,在1883年以后的30年间,德国制成品进口的增长慢于制造业

---

① 霍布森:《西方文明的东方起源》,孙建党译,山东画报出版社2009年版,第254页。
② 张夏准:《富国陷阱:发达国家为何踢开梯子》,肖炼译,社会科学文献出版社2009年版,第24页。
③ 李斯特:《政治经济学的国民体系》,陈万煦译,商务印书馆1961年版,第307页。
④ Ha-Joon Chang, Kicking Away the Ladder: How the Economic and Intellectual Histories of Capitalism Have Been Re-Written to Justify Neo-Liberal Capitalism, *Post-autistic Economics Review*, 2002,15(September). http://www.btinternet.com/~pae_news/review/issue15.htm

的增长,从而在整个时期中都在搞进口替代。美国在 1873 年到 1899 年间的进口增长率一直远远低于其实际 GDP 的增长率,其总体关税率往往在 30%—40% 左右。事实上,美国自独立之后实行了 150 多年的贸易保护政策。例如,美英战争在 1828 年爆发时,美国国会将关税从 12.5% 提高到 25%,随后又进一步提高到 1816 年的 35% 和 1820 年的 40%。在随后的 30 年里,关税始终是美国政治紧张的缘由:南方的农业州一直要求降低工业品的关税,而北方的工业州坚称不能降低甚至还要求提高。不断恶化的冲突最终导致林肯采用了武力方式加以解决,从而爆发了"南北战争"。林肯重要的经济顾问之一就是美国学派的代表人物凯里,林肯当选总统后将工业品的关税提高到美国历史上的最高水平,直到第一次世界大战之前,美国工业品的进口关税一直保持在 40%—50%,是世界上关税最高的国家。从 19 世纪初到 20 世纪 20 年代,美国是全世界实施保护主义最积极的国家,同时也是经济发展最快的国家。[①] 所以,有学者将美国称作"现代贸易保护主义的发源地和堡垒"[②]。

可见,基于发展生产力的视角,我们就应该且可以对新古典经济学的自由贸易教条进行反思。希尔和迈亚特就写道:"如果一个国家的国内工业受到保护,使之免于国际竞争,那么充分大的国内市场可使其有能力扩展,利用收益递增的优势来降低平均成本。平均成本的降低还可以通过制造产出量来实现,以及通过研究和产品开发。这些,没有保护主义政策是办不到的。"[③]同时,新古典自由主义者还想当然地认为,正是欧洲各国之间的经济竞争迫使各国君主通过降低税收和关税、保护私人产权以获得精英和民众的支持,从而为经济高速增长奠定了基础;而那些税收过于苛刻或王室权力过于垄断的欧洲国家,则是通过革命而带来了自由发展。但历史实践却完全无法提供证明。戈德斯通就指出:"那种认为是低税收和自由贸易导致了英国发生工业革命的观点是完全错误的。发生工业革命并高速增长的英国,同时也正是欧洲甚至全世界税收最高,关税最高和对贸

[①] 张夏准:《富国的伪善:自由贸易的迷思与资本主义秘史》,严荣译,社会科学文献出版社 2009 年版,第 40—41 页。

[②] 张夏准:《富国陷阱:发达国家为何踢开梯子》,肖炼译,社会科学文献出版社 2009 年版,第 27 页。

[③] 希尔、迈亚特:《你最应该知道的主流经济学教科书的荒谬》,夏瑜译,金城出版社 2011 年版,第 308 页。

易、航运管制最为严格的国家。"①当然,保护主义的进口替代政策能否成功,是否会陷入"李斯特陷阱",关键在于它能否促进生产力的发展,而这与政府的合理政策和社会环境有关,如是否有一批具有创新精神的民族企业家。

(二) 全球化下的生产力提升

在早期社会的国际竞争中,经济发达国家致力于制定各种自由贸易规则,使用各种手段来拓展国际市场;经济落后国家则倾向于通过关税和补贴等措施来保护国内市场和幼稚产业,通过自主研发等自力更生措施来培育和壮大自身生产力。问题是,在经济全球化时代,传统的生产力发展方式是否依旧可行呢?这就需要考虑时代的特性,集中体现为技术特性和贸易方式的变动。

首先,就技术特性而言。在经济全球化时代,影响生产力水平的根本因素已经发生了重大改变:从平稳成熟的机器设备转变为急速发展的信息技术。一方面,在工业革命时代,生产主要以成熟化的机器设备为主,技术进步缓慢且平稳;在这种情形下,落后的发展中国家就有充裕的时间来凭借自力更生的努力实现技术创新和进步,进而提升生产力水平和劳动生产率。另一方面,在信息革命时代,生产主要以主流化的信息技术为主,技术进步迅速且变得不确定;在这种情形下,落后的发展中国家就不再拥有充裕的时间来凭借自力更生方式取得技术的进步,相反更需要时刻关注国际技术的变化,进而更好地承接这种技术的国际转移,进而力图实现弯道的技术赶超。

其次,就贸易方式而言。在经济全球化时代,发达国家的输出物也已发生根本性变化:从商品输出转变为资本输出。一方面,商品输出意味着商品生产还留在发达国家国内,此时,发达国家在获得大量交换价值的同时并没有丧失产业链,没有减少就业岗位,从而没有损害反而增强了自身的生产力。另一方面,资本输出意味着工作岗位进而产业链的向外转移,此时,尽管发达国家通过资本输出并借助于不平等的贸易规则而可以获取大量的交换价值,但同时也因就业、产业以及技术的转移而逐渐丧失了生产力。与此相对应,发展中国家则从资本输入中获得了扩散的技术,进而

---

① 戈德斯通:《为什么是欧洲》,关永强译,浙江大学出版社 2010 年版,第 134 页。

提高了普遍的生产能力。

事实上,在经济全球化时代,输出资本的发达国家和输入资本的发展中国家往往面临着两种截然相反的情形:一方面,发达国家看似获得了暂时的利益,但就业和生产能力的转移却使之丧失了生产力优势;另一方面,发展中国家则面临着暂时失去大量财富的困境,但资本、产业和技术的转移却训练了劳动者的生产技能,引入了先进的生产技术和管理知识,从而极大地提升了生产力。显然,基于生产力的考虑,以资本输出为主的经济全球化总体上有利于发展中国家的长期发展,但对发达国家的长期发展却是弊大于利,因为它坐享红利的同时却丧失了生产能力。正因如此,在当前的经济全球化浪潮中,两类国家对待自由贸易的态度就倒了过来:一方面,贸易保护主义浪潮以及反全球化示威活动更主要发生在发达国家,如美国主导订立的TPP协议在国会就困难重重,现在几乎面临被废弃的可能;另一方面,发展中国家则更倾向于积极推进与国际经济接轨,通过技术引进来迅速提升生产力水平,这从发展中国家积极加入和组建各种自由贸易协定可以看出。

同时,在经济全球化时代,资本流动还为两类国家带来了截然不同的收入分配效应:一方面,对发展中国家来说,资本输入可增加劳动相对资本的谈判力量,从而缩小收入差距;另一方面,对发达国家来说,资本输出加强了资本的力量而削弱了劳动的力量,从而使得收入差距不断扩大以及社会矛盾日益尖锐。显然,这可以从大量的历史事实和当前国际经济竞争形势中得到明显反映。赖纳特就指出,"李嘉图1817年提出的贸易理论只是英国保持它在制造业领域的实际垄断地位而采取的工具。一百年后,在第一波全球化浪潮之后,英国的农业和工业已经由于自由贸易而遭到严重损害。美国也一样,还是这种贸易理论——将自由贸易错误地描述成一种能够产生自动的经济和谐机制的理论,现在严重地削弱了美国的经济实力,与20世纪70年代初相比,美国的实际工资根本就没有增长。"[①]正因如此,发达国家的劳工阶层往往成为经济全球化的最大受害者,从而也就构成了反对经济全球化的主导力量。

可见,在当前经济全球化和贸易一体化的社会情势中,尽管发展中国

[①] 赖纳特:《富国为什么富 穷国为什么穷》,杨虎涛、陈国涛等译,中国人民大学出版社2010年版,中文版序。

家在参与国际贸易的过程中会在短期内丧失财富,而在长期内却可以获得生产力,后者对一个国家的发展是根本性的。李斯特就强调,在私人经济关系中,交换价值往往是起决定作用的力量,但在国家经济中,起决定作用的则是生产力,生产力是创造价值的力量。同时,资本输出还会衍生出差异性的收入分配效应,这具体体现在普通员工和高层管理者以及资本所有者之间的收入差距上:一方面,它将扩大资本输出国的内部收入差距,将提高少数企业高管和大企业主的收益,从而必然会遭受广大工薪阶层的反对;另一方面,它将提高资本输入国的工资水平,有助于提高穷人的生活水平和经济福利,从而也会得到社会大众的普遍欢迎。事实上,克鲁格曼曾认为,一国的经济增长或繁荣主要取决于内部生产率而非国际上其他国家的竞争。这一论断在商品输出时期是对的,但在资本输出时期就有问题了,因为资本输出本身就会降低本国的生产力水平;同时,即使经济全球化竞争的互补性,使得发达国家整体财富增加了,但这些财富的分配却越来越不平均了,从而也就必然会引起越来越大的社会矛盾,最终将发达国家引向"高收入陷阱"。

(三) 发展中国家的产业政策

上面的分析指出,作为资本输入国的发展中国家,可以从经济全球化中获取更长远的收益。问题是,这个收益究竟有多大?这就涉及生产力提升和交换价值丧失之间的权衡,而这种权重又要受各种具体社会因素的制约。这里从两方面作一推理。

首先,能够引进的生产力究竟有多大。相对于劳动力以及社会制度等要素来说,技术具有非常高的流动性,这是世界各国的生产能力以及劳动生产率水平随全球一体化的推进而迅速接近的根本原因。但同时,技术一体化趋势也会受到两方面的阻碍:(1) 为了维护自身的竞争优势,发达国家会采取各种措施来阻止其技术尤其是高端技术的外流;(2) 发达国家还将其从资本输出中所获得的大量资金投入到知识生产和技术创新之中,从而很可能会不断强化其技术优势。在当前国际情势下,西方发达国家都在采取越来越严厉的措施以防止技术外流到中国,包括限制中国企业的投资招标,禁止中国人士参与技术开发等。因此,如果考虑保护主义在全球的抬头,即使在经济全球化时代,通过引进方式来提升生产力也应该作为次要的和辅助性的手段,根本途径还在于自身的技术创新能力。进而,这又对高等教育提出了要求:高层次教育人才不仅是技术创新的基石,也是有效引进发达国家技术的基础。

其次,遭受损失的交换价值究竟有多大。上面的分析是将发展中国家在自由贸易中所损失的交换价值视为暂时性的,这个"暂时性"是以国内相关产业能够在不久的将来通过生产力提升而获得相应竞争力,进而重新占有市场为前提条件。但是,如果资本输出导致外资企业牢牢地控制了整个国内市场,以致本土企业根本上丧失了未来的发展空间,那么,发达国家就可以通过这种产业和市场控制而获得源源不断的交换价值。[①] 这意味着,即使在全球化时代,尽管资本输入往往可以提升发展中国家的生产力,甚至可以提高国人的生活水平,但是,外资进入很可能会挤占本国市场,限制国内企业的未来发展空间,从而导致该国交换价值的持久性损失,这已经为当前世界各国的情形所证明。

事实上,对发展中国家来说,经济全球化的现实效应究竟是利大还是弊大,这主要取决于,实现市场开放的具体产业特征以及相应的应对方式。如果应对不当,那么,就不仅会损失更大的财富,而且也会严重制约生产力的提升。一般地,某个产业的市场规模特性和规模经济特性不同,外资进入该产业对输入国的经济发展和福利提高的影响也就不同:(1)如果某领域或产业的市场规模具有不断拓展的潜力,且该产业主要以缺乏规模经济的小企业生产为主,那么,外资进入并不拥有多大的先占优势,国内资本和企业在生产力得到提升后就会逐渐取代外资企业;(2)如果某领域或产业的市场规模具有明显的发展上限,且该产业的生产又具有显著的规模经济特征,那么,外国资本和企业就会因先占优势而形成对该行业市场的全面控制和占有,因而不加限制的资本流入将会严重窒息本国企业的未来发展空间。"破窗理论"告诫我们,一个政策的推出不仅要看到短期利益,更要看到长期影响。

同时,正是由于不同产业具有不同的市场规模特性和规模经济特性,外资进入对本国经济所造成的影响也很不相同,为此,在制定对外交易的产业政策时,就不应采取"一刀切"的做法。一般地,只有在产业的市场规模足够大,可以支持无数理想规模的企业时,实行充分的开放政策才是可行的;相反,如果产业具有典型的规模经济,有限的市场规模将会产生一个

---

① 朱富强:"中国反垄断的政治经济学解读",《产经评论》2014年第6期。

垄断性的产业结构,此时该产业的国内市场就需要获得某种保护。譬如,IT产业或"互联网+"就具有非常显著的规模经济特性,中国互联网企业之所以能够在起步落后的情况下获得迅猛发展,很大程度上就应归功于中国政府对IT行业实施了一系列的保护政策;相反,除美国之外,其他国家的互联网产业几乎都消失了,也就在于它们实行了完全开放市场的政策。① 同样,汽车业不仅具有明显的规模经济性,而且也具有明显上限的市场规模,因而后起的本国汽车企业只有在保护中才能得到发展;而且,纵观各国汽车业发展史,无一不是首先依靠国内市场起步的,领先国家固不待说,后起之国也需要一定的市场保护。

  我们可以回顾一下日本的汽车发展史。直到20世纪20年代初,日本还没有汽车制造业,但日本军部从一战中认识到汽车的重要性而开始筹建军用卡车制造厂,当时的三井、三菱以及住友等财阀都没有兴趣,因而日本军部就只好找较小的厂家;与此同时,美国福特公司和通用公司分别在1925年和1927年在日本建汽车装配厂,因而日本制造的汽车根本无法与这些美国装配厂和进口车的竞争。在这种情况下,日本人看到的不是消费者得到的好处而是汽车业所面临的威胁,因而日本通商产业省在1929年制定《建立汽车工业的政策》来劝说大企业集团发展汽车工业,而且还设计并于1931年制造出小型汽车来鼓励私营汽车企业。但是,当时日本的汽车业还是没有竞争力,两家美国公司占有日本国内汽车产量的3/4;在这种情况下,日本政府不仅向日本汽车生产厂商提供巨额补贴,对整车和装配零部件的进口征收重税,而且还在1939年直接借战争名义驱逐了通用公司和福特公司。② 事实上,丰田公司在1933年才进军汽车业,也正是利用这一时机而获得迅速发展。所以,剑桥大学的张夏准说:"如果日本在1960年代初接受了自由贸易经济学家的教导,肯定就没有凌志车,今天的丰田公司最多也不过是西方某个汽车制造商的小伙伴;更糟的情形可能是,它已经被淘汰出局了。"③同样,二战后,面对已成废墟的厂房和设备,日本通商产业省依然没有放弃发展汽车产业的雄心,制定了一整套的刺激措施(如低息贷款、减免税优惠以及防范外国竞争等);受此激励,以丰田和

---

  ① 朱富强:"中国反垄断的政治经济学解读",《产经评论》2014年第6期。
  ② 兰德斯:《国富国穷》,门洪华等译,新华出版社2001年版,第685页。
  ③ 张夏准:《富国的伪善:自由贸易的迷思与资本主义秘史》,严荣译,社会科学文献出版社2009年版,第9页。

日产为首的日本汽车公司积极投资生产,并充分利用朝鲜战争带来的订单而迅速扩大,在1952年美军占领结束后则出现了更大的发展浪潮。

与此形成鲜明对比的是当前中国的汽车业。为了获得急需的发展资金,中国自20世纪80年代起开始实行"以市场换技术"的无限制开放政策,结果不仅通过合资的方式摧毁了原来已经逐渐建立起来的自有技术和自主品牌,而且导致迄今为止无法造就一个能同世界名车比肩的民族品牌。事实上,在30年后的今天,中国新兴的本土汽车业几乎失去了所有的发展空间,国内汽车市场几乎全为各类外资品牌所占有。例如,2014年中国汽车销量前五名分别为一汽大众、上海大众、上海通用、北京现代和东风日产。究其原因,主要有二:(1)汽车业具有明显的规模经济特征。一般认为,汽车生产最小有效规模在年产30万辆以上。显然,先前进入的外资汽车企业已经在其"最佳规模"处生产,而本土汽车则根本无法获得规模经济,从而无论在技术创新还是成本竞争上都处于明显劣势。(2)汽车业是一个由整车制造业、零部件制造业和汽车改装业构成的有机生产系统,从而形成了一个依托式集群。一般地,一辆汽车的零件约2万件,这为产品的分解和协作提供了空间。显然,外资汽车公司往往都有自己的配套企业,而本土汽车还没有形成这样的配套系统。例如,2014年《全球汽车零部件供应商百强排名》所列100个上榜品牌中,总部位于欧洲的供应商有35家上榜(德国企业占据19席),日本与美国分别有29家和23家,韩国零部件供应商则有5家。①

最后,发展中国家之所以需要对国内市场和产业进行一定程度的保护,还在于跨国公司和资本对本国产业的投资根本上都不是为了提高本国企业和产业的竞争力。张夏准区分了两类外国投资而对此作了深刻解析:第一类"褐地投资",即外国公司购买本国现有公司;第二类"绿地投资",即外国公司在本国建立新的工厂。显然,"褐地投资"是直接投资和国际并购的主要形式,但它却意味着大部分外国直接投资的目的都是控制现有公司而非创造新的生产力和工作机会:(1)即使并购将会注入新的管理和技术,但并购的基本目的都在于利用被收购公司的现有能力而不是创造新的能力;(2)外国公司往往都具有本土情结,从而还会根据母国的优先原则

---

① "全球汽车零部件供应商百强分析:欧美日占比近九成",http://www.askci.com/news/chanye/2015/02/09/93064yp4.shtml。

对被收购企业的长远发展限定一个最高标准;(3)尤其是,在公司收购中扮演越来越重要角色的私人股本基金自身并不拥有任何具体产业的专业技术,通常也无意为了被收购公司的成员利益而提高该公司的能力,相反,收购的主要目的在于通过公司重组而使之变得有利可图后再行出售,这反而会进一步削弱公司维持生产力增长的能力。同时,"绿地投资"尽管可以创造新的生产力和工作机会,但也可能对本国经济的未来发展造成影响,而且不同类型的投资对本国技术革新和生产力增长的影响是不同的,因而就必须做通盘考虑。所以,张夏准说:当发展中国家的"民族企业尚处于欠发达阶段,最好对外国直接投资进行一定的限制,至少一些产业领域要有所限制,同时要努力提高本国民族产业的水平,这样才可以使它们成为可以取代外国公司的可靠投资商。当然,这样做会在短期内使本国丧失一些投资机会,但从长远看,它可以使本国从事越来越多的更加高端的商业活动"。①

可见,在当前经济全球化和贸易一体化的社会情势中,发展中国家的一些领域在短期内会丧失财富,而在长期内获得生产力;另一些领域则会在短期内提高技术,但在长期内丧失市场和发展机会。因此,我们不应笼统地争辩全球化和自由贸易的利弊,而是要针对具体领域和行业提出针对性政策;不应该简单地在出口替代战略和进口替代战略之间进行"二择其一",而是要兼用两大策略来发展和提升生产力。事实上,在经济全球化时代,我们究竟是采取自力更生方式还是从外引进途径来培育和发展生产力,也应该考虑国内、国际的具体形势。一方面,如果采取依赖保护政策下的自力更生方式,就要考虑两个问题:(1)是否存在一批具有创新精神的企业家?如果企业家不是致力于创新而是寻求保护政策下的租金,就会导致社会经济陷入"李斯特陷阱"。显然,在20世纪六七十年代的拉美诸国,保护政策或产生的超额利润中的大部分都被诸如寻求保护和极强贸易管制以及外汇控制的政治游说之类的寻租活动而消耗掉了。②(2)依靠自力更生所取得的创新能否赶得上全球生产力迅猛发展的步伐?封闭的创新很可能因没有分享全世界的信息和知识而为世界潮流所淘汰。显然,在东

---

① 张夏准:《资本主义的真相:自由市场经济学家的23个秘密》,孙建中译,新华出版社2011年版,第82页。
② 参见速水佑次郎:《发展经济学:从贫困到富裕》,李周译,社会科学文献出版社2003年版,第248页。

西方对抗的冷战时代,社会主义国家的创新就面临此种困境,当前朝鲜等国也面临这种困境。另一方面,如果采取基于开放政策下的从外引进途径,也需要考虑两个问题:(1)由此损失的具体交换价值究竟有多大?过大的财富损失将会危害一国经济发展的物质基础。(2)由此造成国内产业被挤占的市场空间有多大?过大的市场空间挤占将导致整个产业的萎缩。正是由于经济全球化所带来的效应是双刃的,因而就出现截然对立的政策主张,这些主张往往犯了"破窗理论"的错误,没有全面审视对外经济交往和自由贸易在长期和短期、全面和局部的社会经济影响。

五、引入权力与结构而非抽象的分析思维

对经济一体化和自由贸易的分析不能仅仅停留在交换价值上,而需要系统剖析其潜含的财富效应、分配效应以及生产力效应等。显然,这种分析就不再是遵循新古典经济学的抽象还原思维,而是引入了权力和结构的具体考察。事实上,只有考虑到国家间相异性以及国际市场上的权力不平等,我们才能更好地理解国际贸易中的交换价值在国家之间的具体分配,才能更清楚地认识国际依附关系以及国际经济结构。同样,只有引入权力结构的分析,我们才能更好地认识一个国家内部的收入分配状况及其变动趋势,才能剖析内需不振的根本原因,才能找到外需转向内需的基本途径。

(一)消费结构与剩余产品流向

一般来说,收入差距的拉大将导致社会消费倾向的下降,有助于储蓄率的提高,从而有足够的剩余产品来为经济增长提供物质基础。不过,这些剩余产品能否真正促进经济增长,还要取决于这样两大因素:(1)富人如何使用这些剩余产品?是用于奢侈性消费还是投资再生产?(2)富人消费的奢侈品来自何处?是国内制造的还是国外进口的?

首先,就剩余产品的投向而言。一般地,如果富人将剩余产品主要投入到新工厂、新设备以及人员培训之中,那么,就会增加雇佣劳动,扩大生产规模,促进技术进步,深化社会分工,从而可以有力地推动经济增长;相反,如果富人将剩余产品主要投入到个人的奢侈性消费中,那么,就会造成稀缺资源的浪费,而并不会形成真正的资本积累,从而无助于推动经济的增长。

其次,就奢侈品的来源而言。一般地,如果富人消费的奢侈品来自国内生产,那么,它将间接地为其他行业的发展提供资金,甚至可以为高端技术产品提供资金支持,从而对经济增长的危害就较小(主要是扭曲了国内经济结构,降低了社会大众的福利水平);相反,如果富人消费的奢侈品来自国外生产,诸如海外旅游、小孩海外留学等,那么,常规项目下的贸易盈余就会大量流失,社会大众遭遇较低福利水平的同时国内各行业仍然缺乏足够的发展资金。

因此,要深刻考察一国的经济增长状况,就不能简单地局限于分析贸易盈余和剩余产品的总量,而要深入剖析其具体分配,尤其要考虑这些剩余产品的实际使用,这就是结构主义的分析思路。例如,海尔布隆纳比较了早期朝贡社会中的剩余与资本主义社会的剩余:前者呈现出"物质财富"和"使用价值"的属性,主要被用于奢侈消费、维护和部署军队,建造宗教大厦或者仅仅用于炫耀;后者则被当作聚积更多财富的工具,具有明显的资本属性。① 一般地,只有将增加的收入份额用于资本积累,同时将剩余产品投入到紧要性的生产和再生产之中,才可以真正推动社会经济的发展。

那么,一个社会究竟会如何使用这些剩余产品呢?很大程度上,这涉及一个社会的文化以及相应的企业家精神。从历史经验上看,那些经济增长迅速的国家和地区往往充盈了旺盛的创业精神。② 事实上,就与工业化相伴随的资本主义精神而言,它具有截然不同且相互制约的两大动力:(1) 禁欲苦行主义,它构成了资本主义发展的宗教冲动力,这为韦伯所揭示和阐发;(2) 贪婪攫取性,它构成了资本主义发展的经济冲动力,这为桑巴特所关注和宣扬。显然,这两大特性分别来自凡勃伦的工作本能和虚荣本能:其中,工作本能促进了对自然的控制、技术的改进以及社会的发展;虚荣本能则产生了对社会的征服、利益的争夺以及私有产权的保护。

从欧美发展史看,宗教和经济这两大动力在不同时空下的地位和表现以及产生的效果存在明显差异。(1) 在资本主义上升的工业革命时期,禁欲苦行的宗教冲动力占主导地位,竭尽天职成为精神的和文化的最高价值,从而造就了新教徒们精打细算、兢兢业业的创业精神和经营作风;此时,贪婪攫取的经济冲动力从属于宗教冲动力,主要是培养出开拓边疆、征

---

① 海尔布隆纳:《资本主义的本质与逻辑》,马林梅译,东方出版社2013年版,第21页。
② 哈巴库克:"关于经济发展基本条件的历史经验",载亨廷顿等著:《现代化理论与历史经验的再探讨》,罗荣渠主编,上海译文出版社1993年版,第200页。

服自然的冒险精神和勃勃雄心。(2)在资本主义成熟后的后现代社会,宗教冲动力逐渐受到排斥而消逝,天职与精神和文化价值的联系遭到切断,财富的追求也被剥除了其原有的宗教和伦理含义;此时,资本主义精神中就只剩下了经济冲动力,个人不再试图找什么理由为精神和文化价值辩护。

相应于资本主义两大动力的消涨,社会剩余产品在不同时期的投向也就呈现出明显差异:一方面,资本主义早期出现的主要是禁欲苦行的新教徒,他们倾向于将更大的收入份额作进一步投资的资本积累,而不是铺张的消费;另一方面,资本主义后期则诞生出了一个热衷炫耀性消费的有闲阶级,他们将获得的大量财富用于显示权势、地位、荣誉和成功的奢侈消费,而不是用于进一步的生产投资。相应地,在不同文化和结构的社会中,收入差距的拉大对经济增长的作用往往就存在明显不同的效应:在富人主要由新教徒构成的社会中,收入差距扩大往往会促使生产规模的不断扩大;相反,在富人主要由有闲阶级构成的社会中,收入差距扩大往往会导致剩余产品的奢侈浪费。

关于这一点,我们也可以对中国以及东亚"四小龙"等国(或地区)与菲律宾以及拉美诸国进行比较:(1)两者共同点是,经济增长时期都出现了明显不公的收入分配,其中的特权阶层占据了大量财富;(2)两者不同点是,中国以及东亚"四小龙"等国(或地区)的经济获得了持久的快速增长,菲律宾以及拉美诸国经济却逐渐停滞不前。为什么会出现这种差异呢?简单而根本性的答案就是:中国以及东亚"四小龙"等国(或地区)根基于儒家文化传统的影响,富人们尤其是第一代企业家还保留着勤劳节俭和开拓进取的精神,倾向于将剩余产品主要投向扩大投资和子女教育,从而有利于培育和提升生产力;相反,菲律宾以及拉美诸国受原殖民宗主国欧美文化的较大影响,充盈富人们的是经济冲动力而不是宗教冲动力,从而偏好将大部分剩余产品用于及时享乐而非再生产。

可见,尽管经济快速增长往往以较高的剩余产品为基础,而较大的收入差距往往有助于剩余产品的积累,但是,较大的收入差距并不构成产生大量剩余产品的充分条件,大量的剩余产品也并不构成经济增长的充分条件。首先,较大的收入差距能否产生大量的剩余产品?其中的关键在于富人将其财富用于何处:如果用于奢侈性消费,就无法形成较高的资本积累。事实上,早期资本主义社会中不公正的收入分配之所以能够促进经济的高速增长,就在于新教徒们将剩余产品投放到了再生产之中;相反,后来一些实行资本主义制度的国家尽管同样存在不公正的收入分配,却并没有取得相应的高速经济增长,也就在于上层阶级将大量财富用于奢侈性消费。其次,大量的剩余产品能够在多大程度上促进经济增长?其中的关键在于这些剩余产品被投向何处:如果用于非生产性的或者非紧缺的项目,往往就无法产生明显的促进效应。事实上,在当前的希腊债务危机中,欧元货币区国家一直要求希腊通过减少财政开支、勒紧裤腰带还钱,但是,如果实行紧缩的财政政策,势必会使本已严重衰退的希腊经济雪上加霜。这里的关键问题就在于,希腊所借的大量外债用于何处?如果只是用于政府开支和民众的福利支出,就不可能显著振兴经济,从而也就根本无法解决债务危机问题。

(二) 收入分配与权力不平等

上面的分析将收入差距的大小与储蓄率进而与资本积累率的高低联系起来,问题是,两者间果真存在着正向乃至一一对应的关系吗?这就需要进一步剖析收入差距与资本积累之间的传导机制:消费倾向。只有在消费者的边际消费倾向递减不变的情形下,收入差距的变动才会通过整体消费倾向变动而影响储蓄率和资本积累率,但是,消费者的消费倾向恰恰受社会收入结构的影响。

首先,随着收入差距的缩小,资本积累率有时并不会降低反而会提高。其基本理由有二:(1) 公平合理的收入分配结构往往会塑造出国民之间的信任关系,它会强化互惠合作而弱化攀比浪费,从而就有利于生产性资本的积累,进而为经济增长夯实了基础。例如,在挪威等北欧国家,一方面存在着相当均等的收入分配结构,但另一方面又拥有很高的资本形成率,很大程度上就是源于较高的社会信任。(2) 穷人如果获得更高收入,那么在维持生活之外,他们就会将额外的收入投资于教育和健康,从而可以提高他们的劳动生产率。

其次,随着收入差距的扩大,资本积累率往往也并不会提高反而会降低。其基本理由在于:(1) 涉及富人的消费倾向以及剩余产品的投向问题;(2) 关涉生产所对应的消费问题。西尔斯就指出,在一些收入高度不平等的国家,储蓄率却非常低;其原因就在于,这些"国家中的富人往往不仅极度倾向于花钱须付许多外汇的商品或服务上,而对外汇奇缺的发展中国家来说,这是对发展的一个重大障碍……在一个高度不平等的社会里,个人储蓄往往流到国外,或用于奢侈的住房和其他对发展或增长较少或没有优先性的投资项目上"。①

一般地,经济的增长往往产生日益丰富的资本积累,这使得制约一国经济增长的主要因素转到需求方面;尤其是,随着国际竞争的加剧而导致海外市场的拓展受限,发展中国家的经济增长就主要依赖于国内需求。那么,如何提升国内需求以促进经济增长呢?这主要与两大要素有关:总消费水平和消费结构。同时,这两方面都与收入分配结构有关,而一国收入分配状况又决定于其权力结构。

首先,就收入分配对一国总消费水平的影响而言。收入分配越平均,平均消费倾向就越大,从而可以提高一国的消费水平。事实上,在古典主义末期,西斯蒙第就指出,当收入在资本所有者和工人之间分配不均时,就会造成消费不足,使得社会陷入灾难之中。西斯蒙第指出,这"必然给富人纸醉金迷的生活平添新的享受,助长他们的懒惰,使他们能够吞噬新劳动所生产的一切产品"。② 同样,新古典主义早期的霍布森也指出,消费不足和储蓄过度将导致投资过度,进而使得国民收入偏低和下降;正是由于充斥的商品因消费不足而无法在国内售出,从而就只能输送到殖民地进行投资,这就是帝国主义的经济根源。显然,对发展中国家来说,由于缺乏进行帝国主义扩展的军事力量和经济实力,无法通过危机转嫁来弥补国内的需求不足,从而就应该实行更公平合理的收入分配以促使内需的扩大。

其次,就收入分配对一国消费结构的影响而言。收入分配越平均,中产阶级的消费能力越强,从而就会引导具有规模经济的工业品而非小规模的奢侈品的生产。显然,前者有利于推动技术创新,而后者则会浪费大量的生产性资本。事实上,斯密的生产性劳动理论就指出,社会经济的发展首先有赖于生产性资本的投入以及生产性消费的支出,这种生产性消费首先是指必需品的消费,因为奢侈性消费消耗掉了原本可以用于社会大生产的大量物化劳动。同样,巴斯夏的"破窗理论"也表明,奢侈性消费具有明显的非生产性和浪费性,不利于社会经济的持续发展;相反,普通奢侈品和工业品的消费更有助于收入的分散,对社会经济发展也更健康。此外,维

---

① 西尔斯:"发展的含义",载亨廷顿等著:《现代化理论与历史经验的再探讨》,罗荣渠主编,上海译文出版社1993年版,第61页。
② 西斯蒙第:《政治经济学新原理》,何钦译,商务印书馆1997年版,第231页。

塞尔的自然价值说也表明，随着收入差距的拉大，逐利的厂商就会致力于生产那些具有更高交换价值的奢侈品，而对社会大众的需要充耳不闻，从而严重制约了社会效用水平。

一般地，一个国家的产业发展必须以满足社会大众的正常需求为基础，只有以真实需求而非诱导需求为基础并能对应需求层次提升的产业才具有生命力，一国的经济发展才具有可持续性。这对发展中国家尤其如此，其原因在于，发达国家生产的奢侈品所面向的是全球市场，可以从其他国家获取大量财富；发展中国家的奢侈品则主要面向国内市场，财富只是在国人之间进行转移。同时，市场经济中产业的选择和产品的创造又与收入分配密切相关，只有在收入差距并不大的社会中，现实世界的价格才由社会效用所决定，产业的选择和产品的创造才能体现社会大众的真实需求，这是维塞尔的自然价值理论所表明的。既然如此，如何才可以形成合理的收入分配结构呢？这就需要引入权力的分析，需要考察市场经济中的权力结构，而不是采取原子个体主义分析思维，不是由此鼓吹自由放任的新古典主义政策。

事实上，卢梭很早就指出，人类个体具有自然的和社会的不平等，这种不平等的个体拥有不同的利益需求，对社会组织和法律制度具有不同的影响力；其中，那些强势者拥有更大的力量，从而导致所有人都重新置于最强者的法律之下，从而处于一种新的自然状态。[①] 在现实市场中也是如此，市场主体具有明显的异质性和不平等性，因而在以力量博弈的市场竞争中所获得的收益份额也存在明显差异，其中，力量越强者所获得的收益份额就越大。同时，人际不平等在市场竞争中还会衍生出强烈的正反馈效应：强势者在交易中获得了更大的收益份额，这又进一步增强了他在下一次交易中的竞争力，从而可以获得更大的份额。正是基于这种机制，市场经济的推行往往会造就出既得利益群体。

从社会实践看，不受干预的市场主义政策往往会造成这样两大后果。(1) 收入差距的持续扩大。欧美诸国在20世纪80年代后的实践已经充分证明了这一点。譬如，美国在1979—2007年期间的政策就由新古典经济学所主导，结果，期间上层1%的人从经济扩张中获得了60%左右的收

---

① 卢梭：《论人类不平等的起源和基础》，高煜译，广西师范大学出版社2002年版，第136页。

益,其税后家庭收入增长了275%;而家庭中位数收入基本停滞不前,年增长率只有0.36%。① (2)经济效率的日渐低下。究其原因,自由放任政策使得强势者拥有任意制定分配规则的权力而不受制约,这使得收入报酬主要与权力而不是贡献联系在一起,这显然反映了市场失灵;同时,不加干预的市场竞争还会促使那些强势者致力于强化自己的垄断权力,努力降低市场竞争而不是增强市场活力。斯蒂格利茨就指出:"过去30年里某些最重要的商业创新不是关注如何使经济更有效率,而是关注如何更好地确保垄断权力或者如何更好地规避那些旨在使谁受益和个人回报统一起来的政府管制。"②

可见,要真正认识收入差距造成的需求不足以及产业扭曲等问题,就需要引入权力的分析思维:考虑市场主体的异质性及其产生的不平衡权力结构,进而从市场运行机制中剖析权力和财富集中的强化效应。很大程度上,拉美和东南亚诸国之所以逐渐陷入"中等收入陷阱",一个重要原因就在于,前期的经济增长产生了一群集中大量财富的既得利益集团,他们热衷于寻租、投机和腐败,而极力反对对社会结构、价值观念和权力分配等进行变革。正是通过引入权力的分析思维,我们就可以反思新古典经济学的政策主张,反思新古典经济学极力倡导的经济达尔文主义和有效市场假说;相应地,在探究目前经济困境的解决思路时,也就不能简单地由自由市场机制来决定资源配置和收入分配,相反,一方面要引入其他抗衡的力量来改善收入分配,另一方面则要通过收入分配的合理化来维持社会经济的持续发展。

六、尾论:重审"中等收入陷阱"及其战略选择

基于上述对"中等收入陷阱"的成因挖掘以及相应的对策分析,我们在提及"中等收入陷阱"一词时就应该持谨慎态度,要避免简单地将经济增长速度与收入水平直接对立起来,而忽略对具体政策的探究,无视制约一国经济持续增长的内在原因。事实上,这既是基于社会现实的理论分析,也是那些成功跨越"中等收入陷阱"国家提供的宝贵经验。由此,针对当前中

---

① 斯蒂格利茨:《不平等的代价》,张子源译,机械工业出版社2014年版,第265—266页。
② 同上书,第32页。

国社会热议的"中等收入陷阱"问题,我们就可以以更系统而深入的思维去认识和审视它,而不是为流行的观点所左右。

(一) 如何认识"中等收入陷阱"命题

发展经济学起源于古典经济学和历史学派,如它重视生产投资的作用而提出资本积累理论,它关注劳动生产力而发展技术进步理论,它重视教育的作用而倡导人力资本理论,它重视不平衡的社会结构而提出非平衡理论,它重视市场需求的引导而提出进出口替代理论,它承认市场的缺陷而倡导国家调节理论。但是,到了20世纪70年代后期,随着劳动力成本的上升,依靠劳动密集型制造业的拉美诸国开始出现经济增速下降甚或趋于停滞,因此,发展经济学就开始受到新古典经济学和马克思政治经济学的排挤和攻击,从而逐渐式微。尤其是到20世纪90年代,由于社会主义国家的经济困境以及苏东社会主义国家的解体,新古典经济学日渐强盛,它开始依据比较优势和自由竞争原则重新改造发展经济学,因而市场自由和贸易自由成为发展中国家的政策指导思维。显然,根据这种思维,跨入中等收入的国家既失去了与低收入国家竞争的成本优势,又缺乏与发达国家竞争的创新能力,因而就会面临"中等收入陷阱"。从这一点看,"中等收入陷阱"一词正是就新古典经济学思维和意义而言的。

同时,"中等收入陷阱"在一些国家的出现,也是由新古典主义政策所引发和强化的结果。20世纪80年代后,一群受弗里德曼指导的"芝加哥男孩"(Chicago Boys)回到拉美,并广泛推行新古典主义的市场竞争和自由贸易政策,但是,这些政策并没有使拉美国家摆脱经济衰退,反而陷入了更长期的停滞,产生更严重的经济灾难。其中,阿根廷停滞23年(1974—1996年),墨西哥停滞18年(1981—1998年),智利停滞18年(1971—1988年),巴西停滞16年(1980—1995年)。① 事实上,阿根廷、巴西、墨西哥、智利等国在20世纪六七十年代就已进入"中等收入"国家行列,但直到21世纪第一个10年,人均GDP仍然停留在3 000—5 000美元。为了给新古典经济学政策的无效性提供辩解,这些"芝加哥男孩"就炮制出了"中等收入陷阱"一词。很大程度上,"中等收入"只是经济发展的一个阶段,如果采用了不当的经济和产业政策,就会像拉美诸国那样后劲乏力;如果运用的政

---

① 江涌:"中等收入的'陷阱'为谁而设?",《国有资产管理》2013年第1期。

策合理有效,更多国家就会成功地跨入高收入国家行业。因此,无论在理论逻辑还是历史实践上,收入不断提升与经济持续增长之间都不存在真正的两难,相应地,"中等收入陷阱"本质上也就是一个伪命题。①

很大程度上,"中等收入陷阱"只不过是一些新古典经济学家为了掩盖其政策在拉美等国的失败而制造出来的一块经济学遮羞布②,正如他们制造出"倒 U 形收入分配曲线"以掩盖市场机制在收入分配上的缺陷一样。在新古典经济学看来,无论是"中等收入陷阱"还是"倒 U 形收入分配曲线",都是对世界各国现代化历程的经验性考察,也是市场经济发展过程中呈现出的基本规律,乃至将增长停滞和收入扩大都视为非国家干预或人为政策所能改变的必然过程;同时,通过赋予经济发展和收入分配的轨迹以某种宿命论特性,既有助于维护和强化其市场原教旨主义信念,也有助于避免因其主张和政策所带来的困顿经济现实而遭受社会大众的责难。但实际上,"倒 U 形收入分配曲线"根本上是人为的社会制度和特定政策的作用结果,源于制度的改良和优化而不是市场机制的自发作用,后者内生的马太效应只会产生不断拉大的收入分配;同样,"中等收入陷阱"也是人为的社会制度和特定政策的作用结果,源于糟糕的经济政策和扭曲的市场结构,而经济政策的适时调整将会产生经济的持续发展和收入的持续提高。

(二) 重审楼继伟部长的"中等收入陷阱"

通过上述的分析,我们转而可以对楼继伟部长有关"中等收入陷阱"的学术认知和政策主张进行审视。

首先,需要剖析中国面临"中等收入陷阱"的主要原因。楼继伟部长将之归咎于《劳动合同法》实施而带来的劳动成本提高,这种认知正确吗?其实,劳动成本提高仅仅是当前中国竞争力逐渐下降的次要原因,根本原因在于,产业结构的升级滞后而导致竞争层次依旧停留在低价值产业链上,技术创新的严重不足而导致劳动生产力提升遭遇天花板;即使就 2008 年

---

① 参见刘福垣:"中等收入陷阱是一个伪命题",《南风窗》2011 年 8 月 3 日;叶德磊:"'中等收入陷阱'是个伪命题",《东方早报》2013 年 6 月 18 日;朱天:"'中等收入陷阱'并不存在",《金融时报》2015 年 6 月 5 日。
② 卢麒元:"所谓'中等收入陷阱'纯粹是伪命题",http://www.js.xinhuanet.com/2015-06/01/c_1115468768.htm。

以来的经济困境而言,其促发因素根本上也不是源于《劳动合同法》,而是源于国际政治经济环境的变化。具体表现为:(1)发达国家因遭遇百年一遇经济危机而需求锐减,进而针对中国设立了一系列的贸易壁垒;(2)美国主导的 TPP 谈判试图将中国排挤在世界市场之外,这引发了那些进行全球布局的厂商开始逐渐外迁到加入 TPP 的国家和地区。究其原因,TPP 达成实质性协议后作为一种关税同盟将对中国形成巨大的贸易歧视与贸易转移效应;目前不仅对外贸易在中国经济中占了半壁江山,而且对美国和其他东亚国家的出口又占中国对外出口的一半左右。

其次,需要探究跨越"中等收入陷阱"的有效对策。楼继伟部长提出了摆脱"中等收入陷阱"的五大措施,这些措施有效吗? 其实,由于当前中国经济面临着两大问题:(1)生产力的提升乏力导致了竞争力下降;(2)海外市场的拓展受限而遭受外需冲击。相应地,中国经济的发展模式也应该作两方面的转变:(1)提升自主创新能力以促进产业升级;(2)调整收入分配以促进内需增长。也就是说,中国社会要避免"中等收入陷阱",就必须从收入分配和产业升级两方面着手。而且,这两方面也是相辅相成的,都会直接导致内需不振:(1)较大的收入差距导致社会大众的需求能力不足;(2)产业结构的扭曲导致高价值需求外流。相应地,如果外需日益受到抑制,内需也因收入分配拉大和产业结构扭曲而无法提升,那么,经济的进一步增长就必然会遭受严重制约。但遗憾的是,楼继伟部长提出的五大措施似乎既无法促进内需增长也无法促进产业升级,而只是致力于降低传统产业的劳动成本;同时,这些措施尽管可能会在短期内缓和劳动力成本带来的竞争压力,却是以限制收入提高和抑制内需提升为条件。

因此,楼继伟部长对"中等收入陷阱"成因的认知是片面的,所推出的相应措施也是治标不治本的,它们根本没有解决如何保障收入提升和经济增长同时进行的课题,最终只是推迟而无法从根本上跨越"中等收入陷阱"。事实上,楼继伟部长的学术认识和政策主张都是基于新古典经济学的比较优势原理,将此应用到当前中国社会就形成这样的思路:一方面,中国的竞争优势就在于低廉的劳动力成本,而"中等收入陷阱"危机的成因就是劳动力成本上涨以及人口红利的消失;另一方面,为了越过"中等收入陷阱",一个基本思路就是释放农业劳动力,从而继续为劳动密集型产业的发展提供支持,为经济增长补充人口红利。然而,大量依靠人口红利来促进经济增长的方式主要适应于收入水平低下的经济发展初期,此时自然资源的不足以及资本的匮乏往往可以且只能依靠劳动的投入来替代和补充。不过,随着工业化的推进,经济发展对自然资源的依赖性就逐渐降低,因资本的不断积累和丰富而产生的资本对劳动的替代就逐渐成了经济发展的核心问题。同时,劳动力的丰富也并非是支持经济发展的必要条件,有时反而可能成为进一步发展的障碍。究其原因,就如"荷兰病"一样,巨大的人口红利会使得一个国家将大量的资金用于劳动密集型产业,这会降低进行技术创新和产业升级的资金支持和物质激励,从而在根本上无法提高一个国家的人均收入。显然,在当前中国面临的经济困局中,只有及早地跳出对人口红利的依赖并采取促进生产力发展的适当政策,才能有效实现从以资本积累为基础的马克思增长类型转向以改进生产率为基础的库兹涅茨增长类型[1],才能逐渐增加劳动所占的收入份额而提高收入分配的均等性,才能实现需求由外到内的转换,从而最终根本上跨越"中等收入陷阱"。

---

[1] 参见速水佑次郎:《发展经济学:从贫困到富裕》,李周译,社会科学文献出版社2003年版,第146页。

3

全球化下的资本流动与"高收入陷阱"

本章导读：发展中国家在经济发展中所遇到的"中等收入陷阱"并不是必然的，而主要是经济政策的失误造成的；发达国家所面临的"高收入陷阱"却具有"必然性"，体现为政策上的二难困境：自由开放与保护主义的冲突。同时，引发"高收入陷阱"的根本因素就是全球一体化下的资本流动，因为资本输出将产生不同于商品输出的经济效应。显然，通过对资本输出和商品输出之不同经济效应的考察以及对相应的"高收入陷阱"的揭示，对当前我国经济发展也具有明显的政策寓意：根据市场和行业特性来积极规划资本引入和资本输出。

一、引　言

"中等收入陷阱"说在社会上广为流传，也为经济学界所普遍接受，乃至社会上盛传"狼来了"的呼喊，各方都在积极寻找对策，尽管这些对策往往是南辕北辙。但是，前一章的分析却指出，"中等收入陷阱"主要源自一国经济和产业政策的失误，而不是必然的或不可逾越的。与此相反，如果进行更深刻的逻辑剖析，我们就会发现，现代社会发展中却真正存在着一个"高收入陷阱"，它受困于一国政策上非此即彼的冲突，从而更具"必然性"。要理解这一点，就需要考察全球经济一体化下的资本和商品流动，需要剖析资本输出与商品输出所衍生的经济效应差异。长期以来，资本输出都被视为发达资本主义国家推行殖民主义的重要工具,掠夺和抢占第三世界原料和市场的工具,剥削和控制发展中国家经济和政治的工具,也是不合理国际分工和经济秩序的根源。似乎资本输出对发展中国家"百害而无一利",因而发展中国家必须加以抵制。既然如此,试问:为何当前反对经济全球化和资本输出的主要是发达国家的民众呢?那些不能融入全球经济的很多国家为何迟迟无法摆脱贫困呢?这些现实问题都会引发有识之士对流行理论的审视。事实上,正如前面两章揭示的,资本积累在经济发展中起到了积极的作用,当内源资本有限而成为经济发展的瓶颈时,外源资本就成为突破瓶颈的重要因素;更不要说,外源资本不仅有助于自然资源和公共设施的开发和建设,而且往往还伴随着管理经验、新兴技术和现代营销的传播。有鉴于此,本章对全球经济一体化下资本流动带来的社会经济形势作一深层的剖析,尤其是通过对美国现状的分析来预测美国未来可能的政策导向,进而探索在资本日益丰裕之下的中国应有的政策导向。

二、"中等收入陷阱"实质是个伪命题

当前中国社会之所以推行"供给侧结构性改革",一个重要的现实和理论基础就是传言中的"中等收入陷阱":中国经济正逐渐陷入"中等收入陷阱",而侧重需求的传统政策对此无能为力。事实上,财政部前部长楼继伟在2015年上半年就指出,中国正面临着"中等收入陷阱",从而需要采取五大措施:(1)减少粮食补贴和鼓励农产品进口的农业改革,目的是转移农村的劳动力,弥补制造业和服务业的劳动力短缺;(2)打破户口障碍和允许租房落户的户籍改革,目的是促进劳动力流动,从而将人口转移到真正稳定的大城市;(3)否定和放弃集体谈判的劳动关系改革,目的是让企业和员工个体自由决定就业和工资关系;(4)促进农村建设用地流转的土地改革,目的是建立没有政府的买卖双方自主交易的土地市场;(5)划拨国有资本充实社保基金的社会保险改革,目的是适当降低社保费率以真正建立"多交多得"的社保机制。① 显然,这五大改革措施的根本目的在于促进资源流动和引导资源配置,间接地也有助于生产力的提高和产品的有效供

---

① "财政部部长:中国有50%以上可能滑入中等收入陷阱",http://finance.ifeng.com/a/20150426/13664167_0.shtml。

给,从而也就是供给侧改革的重要内容。毋庸置疑,促进资源的有效配置和增强产品的有效供给,对任何社会经济的持续发展都是重要的。但是,如果将"中等收入陷阱"当作社会经济发展中不可避免的现象,进而将"供给侧改革"视为摆脱"中等收入陷阱"的一剂灵丹妙药,那么就有问题了。究其原因,"中等收入陷阱"只是源于特定经济政策的失败,而不是经济发展中的一种必然规律。

事实上,无论在理论逻辑还是历史实践上,中等收入国家的收入继续提升与经济持续增长之间都不存在真正的二律背反,也不存在政策上的根本冲突。因此,从本质上说,"中等收入陷阱"就是一个伪命题。首先,从经济史上看,18世纪末到19世纪初的英国,19世纪中叶的法国、美国和德国,19世纪末到20世纪初的意大利、俄罗斯和日本以及20世纪七八十年代的东亚"四小龙"都成功地实现了工业化,都步入或接近步入了高收入国家行列;相反,被视为陷入"中等收入陷阱"的主要是指那些经济取得起飞和快速增长后转而出现停滞的国家,典型国家是以阿根廷为代表的拉美国家和以马来西亚为代表的东南亚国家。其次,一些国家之所以陷入"中等收入陷阱",主要原因有二:(1) 推行赶超战略的国家未能成功地根据社会形势变化而进行发展模式转型;(2) 后来的经济停滞又进一步为盲目推行的新古典主义政策所强化。这意味着,"中等收入"只是经济发展过程中的一个特殊阶段,此时,如果采用了不当的经济和产业政策,就会导致发展后劲乏力,导致收入也无法继续提升;如果运用的政策有效得当,就可以成功跨入高收入国家行列。因此,"中等收入陷阱"根本上是源于政策的失误。从起源学上看,"中等收入陷阱"一词也是在拉美推行新古典经济学政策的"芝加哥男孩"所炮制的,它将收入增长的停滞提升为经济发展的一般规律,从而实现为其政策失败进行辩解的目的。

为了更深刻地理解"中等收入陷阱"这一特殊事物,我们可以再次梳理一下经济增长的内在机制。首先,一般地,与经济快速增长的赶超战略相适应,落后国家的经济发展模式往往是粗放式的。一般地,粗放式经济增长的具体政策有二:(1) 通过收入分化政策来提升资本积累率;(2) 通过开拓国际市场来寻求需求支撑。其次,随着财富的积累和收入的提升,海外市场的拓展就逐渐接近上限甚至开始萎缩,这时就需要转换经济发展模式以维持经济的持续发展。一般地,政策上需要作两大战略转化:(1) 提振国内需求,需要通过收入分配来实现增长引擎由外需到内需的转换;

(2) 提升竞争能力,需要通过技术创新实现产业竞争由低端市场到高端市场的转换。最后,从历史实践上看,那些陷入"中等收入陷阱"的国家几乎都有这样两大特征:(1) 由于收入差距持续拉大而无法有效地实现消费市场由外需到内需的转换;(2) 由于研发能力和人力资本等条件的制约而无法成功地进入国际中高端市场进行竞争。相反,那些成功摆脱"中等收入陷阱"的国家则具有不同的两大特征:(1) 大多能将收入差距控制在一定限度内而避免市场需求出现断崖式下降;(2) 大多能走上自主创新的道路而得以继续维持海内外市场的竞争优势。很大程度上,当前中国社会之所以会遭遇到"中等收入陷阱",根本上在于早期的经济增长主要依靠粗放式的生产投资、廉价的劳动力供应、低端的制造品竞争、海外资本的涌入、世界市场的成长以及国外技术的引进,而一直没有成功地实现产业结构升级,没有构建出有效的自主创新体系,从而也就很容易受到世界市场和国际政治经济关系的左右。

三、"高收入陷阱"具有普遍必然性

不同于"中等收入陷阱"可以通过产业结构升级以及需求结构转换而得以摆脱,发达国家却面临着更为一般的经济增长逐渐下降和收入水平停滞的困境,经济长期衰退不仅已经或正在成为发达国家的新常态,而且也反映了一种更为普遍的经济现象乃至一般规律,这就是"高收入陷阱"。事实上,美国新当选总统特朗普采取经济的和非经济的保护主义政策试图重建美国制造业进而维持美国的强大,这只不过是对突破"高收入陷阱"所做的挣扎,尽管可能会产生一些短期效果,但长期上根本无济于事。究其原因,"高收入陷阱"具有很强的必然性,因为它嵌入在发达国家政策的二难困境之中。不仅美国如此,其他发达国家近年来都在不同程度上转向保护主义,但几乎都无法扭转困局。这里就其中的逻辑机理作一解说。

(一) 富裕国家必将趋向经济保护主义

一般来说,经济的快速增长需要有不断增长的市场需求,而这往往又依赖一个不断扩展的海外市场。这已经为世界各国的发展实践所证实。当然,不同时期以及不同国家在海外市场的扩张和掠夺中所采取的手段存在不同:有的依靠强大的军事力量为先导,如西欧各国在重商主义时期就是如此；有的依靠自身的经济竞争力，二战后新兴市场国家大致如此；有的则依靠两种力量的相互补充，美国目前使用的方式很大程度上就是如此。不过，在一个自由贸易的国际环境中，经济竞争力往往成为一个国家拓展海外市场大小的主要依据。进而，一国经济竞争力水平又体现为其产品或产业的竞争优势，这由参与国际贸易商品的价格水平决定。这样，在资本要素具有高度流动性的全球化中，经济竞争力或者竞争优势就主要取决于两大要素：工资水平和劳动生产率水平。一般地，劳动生产率水平与工资水平之间的比率越大，国际竞争力就越大。进一步地，全球化下技术流动性越来越大，导致世界各国的生产率水平出现逐渐接近的趋势。在这种情况下，如果发达国家的生产者试图维持其较高的工资水平或社会福利（甚至试图维持与发展中国家的相对劳动工资水平不变），那么，就必然会导致其产品或产业缺乏国际竞争力，资本或工厂就会外移。此时，发达国家往往就只有依赖保护政策才可以维持稳定的工资体系，才能维持本国生产和就业岗位，从而就必然会走向保护主义。

关于发达国家的保守主义倾向，我们可以从历史上发现大量的例子，甚至可以被视为一般规律。最明显的例子是美国，在建国之后的一个多世纪里，地广人稀使得美国的劳动工资比西欧要高很多，几乎是欧洲平均工资的4倍。究其原因，绝大多数人都可以获得几乎免费的土地，如果没有很高的工资，人们宁愿到乡下去建立自己的农场而不是在工厂工作。在这种情况下，除非受到保护，美国制造业根本无法与欧洲竞争。为此，当时美国学派代表如凯里父子、雷蒙德、约翰·雷、埃弗雷特、汉密尔顿以及富兰克林等人都反对当时主流经济学和高等教育中的自由贸易偏见，而主张实行高关税政策，以避免本国市场受到欧洲低成本的倾销。[①] 事实上，美国第一任财政部部长汉密尔顿在1791年提交给国会的《关于制造业的报告》中就提出了一系列促成工业发展和保护制度的纲领和措施，这包括保护性关税和进口禁令、补贴、主要原料的出口禁令、工业投入品的进口自由化和关税退让、发明奖励、生产标准的管制、发展金融和交通基础设施。汉密尔顿的政治遗产为后来的亚伯拉罕·林肯和西奥多·罗斯福等充分继承。相应地，从独立建国直到第一次世界大战之前的150多年期间，美国一直

---

① 参见赫德森：《保护主义：美国经济崛起的秘诀(1815—1914)》，贾根良等译，中国人民大学出版社2010年版。

都在实行保护主义政策,工业品进口关税一直保持在40%—50%。① 与此不同,拉丁美洲和南美诸国在独立之后却没有任何经济发展规划,而是一味地迷信"无形的手"和自由放任,乃至经济依旧像以前一样依附于先进的工业国家。②

不仅处于落后的美国如此,其他国家也是如此。事实上,即使在跃居世界第一经济强国地位之后,在英国古典经济学开始宣扬自由主义的贸易政策之后,英国在实践中依然实行保护政策。例如,英国议会在1701年通过的《棉布法案》及其在1721年的修正案,对英国从印度进口的棉纺织产品就征收极高的关税,甚至禁止穿着以印度纺织品(棉布)制作的服装,直到1774年穿着全棉服装才成为合法的事情。同样,拿破仑上台后也采取了有节制的经济发展方针,并对英国的进口品实行封闭,只是在战败后才被迫采取放任主义的自由贸易政策;即使如此,在外国制造品的冲击下,法国下院也立刻表决通过了一个比一个高的关税率。③ 因此,在斯密《国富论》出版后的一个多世纪里,英国依旧实行了比绝大多数国家都高得多的关税(见表3-1)。戈德斯通就指出:"发生工业革命并高速增长的英国,同时也正是欧洲甚至全世界税收最高,关税最高和对贸易、航运管制最为严格的国家。"④事实上,英国实行自由贸易政策只是在19世纪中期以后的事,此时的英国经济实力和企业竞争能力已经远远高于其他国家。而且,也仅仅是30年左右的时间,英国就开始遭遇新兴经济体德国、美国的严重挑战,乃至又转而回到以前的保护主义政策上。

表3-1 部分欧洲国家工业化时期的平均关税税率 单位:%

国家	英国	英国	法国	德国	奥匈帝国	意大利	俄国
年代	1700—1799	1800—1845	1840—1913	1850—1913	1860—1913	1860—1913	1870—1913
关税税率	27	40	10	7	12	11	26

资料来源:霍布森:《西方文明的东方起源》,孙建党译,山东画报出版社2009年版,第222页。

---

① 张夏准:《富国的伪善:自由贸易的迷思与资本主义秘史》,严荣译,社会科学文献出版社2009年版,第40—41页。
② 兰德斯:《国富国穷》,门洪华等译,新华出版社2001年版,第442页。
③ 同上书,第370页。
④ 戈德斯通:《为什么是欧洲?》,关永强译,浙江大学出版社2010年版,第134页。

最后，就当今世界现实看，由于生产技术具有较强的扩散性，世界各国的劳动生产率都呈现出快速接近的趋势，发达国家的技术优势也正快速丧失。在这种情况下，工资水平就越来越成为决定各国在国际贸易中竞争力的关键因素。同时，由于发达国家的劳动工资水平依然比发展中国家高很多，因而除非在一些技术水平和生产力遥遥领先的特定行业（如新技术行业），西方国家在国际贸易中优势也逐渐丧失，乃至在自由竞争环境中开始落于竞争劣势；随着国际竞争优势的下降，西方发达国家的贸易逆差就不断扩大，制造业则加速外流，进而导致经济发展的整体停滞。在这种情况下，西方国家就越来越诉诸市场保护政策来维持其制造业的生存和发展。确实，进入21世纪以来，保护主义思潮在西方迅速崛起，尤其是，在选举期间往往充斥着保护主义论调。譬如，2016年12日欧洲议会全体会议通过一项决议反对承认中国市场经济地位，从而维持以市场经济第三国的相似商品价格而非中国商品的实际成本数据为依据对进口中国的产品进行反倾销和反补贴调查。究其原因就在于，欧盟一些企业和工会组织担心欧盟承认中国市场经济地位后，将有更多中国商品进入欧盟市场，从而威胁欧盟企业生存、影响欧盟就业。

同样，美国前总统奥巴马领头打造的TPP(Trans-Pacific Partnership Agreement)，目的就在于将中国产品排挤出占全球经济40%的市场之外。问题是，即使将中国挤出了国际市场，发达国家也不能保证自己就能够占有这些市场，只不过以其他发展中国家更贵的产品来取代中国产品，这反过来又会进一步损害本国国民的福利。正因如此，就TPP而言，不仅加拿大、日本、韩国、泰国的舆论都持强烈的反对态度，甚至最大的反对声音还是来自于美国国内，美国两党总统候选人希拉里和特朗普都已表示反对。当选总统特朗普之所以反对TPP，在于它不仅要将中国挤出美国市场，而且要让美国自己的产品占领本国市场。因此，他一方面通过关税壁垒来阻止中国产品的流入，另一方面则加大基础设施投资和减税政策来吸引制造业回流。不过，这种全面的贸易保护主义必然会使得发达国家之间的冲突越来越尖锐，究其原因，它们的产品具有更强的竞争性而非互补性；相应地，保护主义将使得发达国家之间的相互贸易壁垒得以不断创设，如德国舆论大幅转向反对与美国达成具有里程碑意义的贸易协定。正因如此，发达国家往往难以形成同盟来对抗中国，相反，中国可以利用它们之间的竞争性采取相应对策，从而必然瓦解特朗普的保护政策尤其是针对中国的经济政策。此外，特朗普振兴制造业的两大措施——加大基础设施投资和减税——之间也会存在冲突，这最终将会扩大美国的财政赤字和贸易赤字，这已为里根时期的相似政策得到证实。

（二）富裕国家在全球化中的二难困境

上面的分析指出了富裕的发达国家必然会走向保护主义，问题是，这种保护政策在全球化经济中是否行得通？答案是否定的。究其原因在于，在技术急速扩散的经济全球化时代，保护主义政策对富人和企业主是很不利的，他们必然会通过各种策略来反对或抵消这种保护政策。更进一步的原因在于，在制造业受到政策保护的环境中，尽管发达国家的产品可以免受外来竞争而在国内维持生产，但是，企业主却只能获得低微的利润。从两方面加以说明：一方面，发达国家中的普通劳动生产力并不比发展中国家高多少，因为机器设备和生产技术等具有高度流动性，而且发展中国家的教育水平也在迅速提高；另一方面，发达国家中的工人工资却数十倍于发展中国家，如瑞典人的工资几乎是印度人的50倍。更不要说，如果没有外来竞争的压力，发达国家国内的劳工运动将会进一步高涨；如果资本外流受到限制，那么发达国家国内的资本积累相对于劳动力也会有更快的增长。所有这些都必然会导致工资水平的不断上升和利润率的不断下降。

实际上，在古典经济学时期中，无论是斯密、李嘉图、马尔萨斯、穆勒、马克思还是巴斯夏、凯里等，都充分认识到利润率具有下降的倾向。当然，后来大量的实证分析也表明，利润率下降并不是一个必然规律，相反，发达国家的资本利润率长期保持了稳定，甚至还常常呈现上升势头。如何理解这种理论与现实的背反呢？其实，古典经济学有关利润率下降的论断基本都是基于一国封闭经济而言的，而在开放经济中，对外贸易、资本输出等都会提高利润率。尤其是，资本的本性就在于追逐更高利润，因而只要一有机会，资本就会努力寻找新的投资点和利润源。例如，穆勒就曾指出："一国如果长期以来生产规模一直很大，一直有巨额纯收入供人们借以进行储蓄，因而长期以来一直有能力年年大大增加资本（但不像美国那样拥有大量未耕种的肥沃土地），那么该国的特征之一便是，利润率实际上总是接近于最低点,因而该国总是处于停滞状态的边缘。"①因此,在国内利润率呈现出不断下降的情势下,逐利的资本就必然会在全球流动,流向那些资本短缺而利润更高的地区。这意味着,在开放经济体系中尤其是在经济全球化中,就必然会引发大规模的资本输出。

这样,现代发达国家就会遇到一个二难困境。一方面,在自由开放的经济全球化中,日益激烈的外来竞争将会抑制本国工资水平的上升,至少工资水平长期无法提高,甚至还会出现实质性下降。显然,这种情形必然会引发广大工薪阶层的不满和抱怨,与发展中国家不断上升的收入相对照更加会强化这种不满情绪,从而会出现不断升级的社会抗议和街头运动。另一方面,在推行保护主义政策的情况下,国内高昂的生产成本必然严重削弱企业和产品的国际竞争力,利润率的下降也会刺激资本外流。显然,这种情形必然会造成国内产业空心化和经济虚拟化,制造业的萎缩还会进一步影响就业人数,最终导致经济的全面崩溃。进而,从社会阶层来看:为稻粱计较的社会大众和工薪阶层往往更关注日常生活,更关注当下的生活水准;为长远谋划的政府官僚和企业家则更关注经济发展,更关注提高竞争力的全球布局。于是,在民主时代,政府在选择和推行经济政策时也就会面临这种短期和长期的抉择困境:一方面,基于选票的近视考虑,在野政党往往会发表种种保守主义的锁国政策宣誓,那些争取连任的政府也不得不努力迁就声势浩大的民粹声音;另一方面,基于经济发展的长远考虑,在野政党也不得不接受大公司、大商人通过各种隐秘途径所施加的影响,现任政府更是不愿意公开实行会受到大公司反对和抵制的封闭政策。根本上,这种困境无法彻底摆脱,至多取得一个两害相权取其轻的暂时平衡。

因此,经济全球化中的发达国家就会面临着一个严峻的"高收入陷阱":一个社会进入高收入阶段后,国际竞争力就会逐渐下降,从而导致高收入水平难以为继。具体表现为:国内投资低迷,制造业不断萎缩,产业空心化严重,失业率不断攀高,收入不增反降,社会两极分化,创新能力下降,产业升级不畅,出口能力下降,外贸赤字剧增,政府债务膨胀,经济停滞不前。②从现实情形看,欧美和日本都已经在不同程度上陷入了"高收入陷阱"。例如,自20世纪70年代以来,美国工人的工资实际上就处于一种停

---

① 穆勒:《政治经济学原理:及其在社会哲学上的若干应用》(下卷),赵荣潜等译,商务印书馆1991年版,第299页。
② 何自力:"发达经济体或将掉入'高收入陷阱'",《中国社会科学报》2015年6月8日。

滞状态:就美国工人的小时工资而言,从1973年到2006年的年增长率为0.4%;就美国工人的平均收入而言,从1983年到1989年的年增长率是0.2%,从1992年到2000年的年增长率是0.1%,从2002年到2007年则根本没有任何增长。[①] 与此同时,发达国家的跨国公司却从经济全球化中获得大量利润,这些收益往往为少数大资本家和企业高管所瓜分,这使得发达国家内部的收入分配不断拉大,进而滋生出日益尖锐的社会矛盾。同样,这种情形也出现在东亚的日本、韩国以及中国的香港和台湾地区,这可以从这些国家和地区近年来所爆发出的反经济一体化的民粹主义运动中窥见一斑。

H-O-S定理已经表明,生产要素的价格具有均等化的倾向。这意味着,在经济全球化过程中,发达国家与发展中国家之间工资差距也将会不断缩小。试想:发展中国家的工人付出的同样甚至更高的努力,并以相近的劳动生产率创造了同样乃至更大的财富,为何就应一直拿比发达国家工人低得多的工资,享有低得多的福利水平呢?但是,目前发达国家或地区(也包括香港和台湾地区)的人们往往将过去所享有的富足和繁荣视为理所当然的,而无法正视中国等发展中国家不断提升的工资和生活水平;相反,一些激进人士还由此滋生出日益强烈的不平衡情绪,甚至转化为反中国、反全球化的民粹主义运动。但是,这些行动只会破坏国际社会的分工合作,却无法阻止本国或本地区制造业的外移和经济衰落。就美国的特朗普主义政策而言,贸易保护政策并不能阻止资本和制造业外流,除非资本所得到的减税足够强,以致资本在本国可以获得与海外相近的利润率,而这又必然以压低劳动工资为代价。这意味着,特朗普政策将会进一步拉大美国国内收入差距,进而产生更大的社会矛盾和冲突。由此观之,无论特朗普如何推行他的保护主义政策,都无法改变美国经济不断乃至加速衰落的命运。但更为令人担忧的是,美国如果解决不好经济增长和收入分配之间的矛盾,很有可能会依凭武力对外扩张以转移国内矛盾,这像历代欧洲列强所走的道路一样,从而导致纳粹主义的复兴。

---

① 张夏准:《经济学的谎言:为什么不能迷信自由市场主义》,孙建中译,新华出版社2015年版,第148页。

四、资本输出与"高收入陷阱"

从过去二十多年的发展情形看,大多数发达国家实际上都在某种程度上陷入了"高收入陷阱",这是国内矛盾不断加剧和恶化的重要原因。"高收入陷阱"之所以会出现,主要与两大因素有关:(1)全球经济贸易一体化,这使得各国的经济增长不再取决于本国的劳动生产率而是其他贸易国家的劳动生产率;(2)资本输出代替商品输出,这产生了就业岗位的全球转移和生产技术的全球扩散。正是由于全球贸易一体化下的资本由发达国家大规模地流向发展中国家,才极大地训练了发展中国家的产业工人,深化了发展中国家的劳动分工,促进了发展中国家的技术进步,最终都有助于发展中国家的生产力提升;反过来,这又降低了发达国家的国际竞争力,使得发达国家产业空心化,从而引发"高收入陷阱"。也即,全球经济贸易一体化和资本流动对发达国家和发展中国家的经济发展带来了根本性不同的效应。实际上,正如第1章指出的,无论是古典经济学还是奥地利经济学,都把资本视为经济增长的基础;相应地,资本流动必然会对输出国和输入国带来不同的经济效应,下面继续作一剖析。

(一) 资本输出对发达国家的影响

发达国家采取商品输出还是资本输出的方式来处理它的过剩生产能力,对其社会经济的长期发展将会产生迥异的效果。

一方面,就商品输出而言,它往往有助于输出国的生产力提高。其发展逻辑如下:(1)它通过海外市场的开拓而获得规模经济,进而可以开发和使用更高水平的生产技术;(2)它通过贸易盈余而扩大了资本积累,从而有助于增加教育和科研的投入;(3)资本积累的扩大有助于深化劳动分工,从而促进产业链的延伸和新产品的创新;(4)资本积累的扩大会降低资本利息,从而衍生出产业向资本密集型转化的李嘉图效应;(5)资本积累的扩大还有助于劳动工资的提高,从而不得不研发先进技术以维系竞争优势。这样,经济发展就会进入一个良性发展路径:商品输出→资本积累→工资上涨和利息下降→产业升级→技术革新→效率提高→竞争优势扩大→商品输出扩大……

另一方面,就资本输出而言,它对输出国生产力往往会带来相反的效应,并使得经济发展处于低水平的恶性循环。其发展逻辑如下:资本输出在全球寻找投资机会→全球投资带来高额交换价值→高额交换价值降低以技术创新提升资本效率的压力→资本输出迫使劳动工资处于低水平→社会收入差距持续拉大→更多的资本输出→更低的国内工资水平……当然,这种分析是从社会角度而言的,而对资本家或企业主来说,他往往只关心自身所能获得的交换价值,从而也就必然会倾向于采用资本输出的方式。显然,这实际上反映出自由经济国家中的囚徒困境。

既然资本流动对输出国是不利的,发达国家能否通过立法等措施来限制资本输出以持久维持其在国际竞争中的优势地位呢?特朗普正是试图这么做。问题是,这在长期上根本难以做到。究其原因,除了资本本身就具有逐利的天性以及资本家首先关注个人利益外,即使一国政府采取措施成功地将资本限制在国内,它也无法维持持续的商品输出和领先的技术创新。

首先,就商品输出的可持续性而言。(1)发达国家不断扩大的商品输出将导致发展中国家的贸易赤字持续扩大,这反过来会抑制发达国家的商品输出;更不要说,为了维护自身利益和长期发展,发展中国家也会对国内市场实行某种程度的保护。(2)即使发达国家仅仅局限于商品输出,根本上也无法完全阻止技术扩散,至多是降低了技术扩散的速度;这意味着,世界各国间在技术水平和生产率水平上的差距必然会逐渐缩小,发达国家的竞争优势也会逐渐降低。

其次,就技术创新的持续领先而言。(1)对落后的发展中国家来说,发达国家所生产的产品、开发的产业和使用的技术为自身的技术研发和创新提供了明显的路径和方向,从而无论技术创新的速度还是成效都会更有效率。但对先行的发达国家来说,由于没有这种路标和方向,技术创新所付出的成本要高得多,所承担的风险也要高得多。(2)技术发展本身具有高度的不确定性,这使得发达国家的企业往往不愿意将商品出口所获得的大量资金用于技术研发和创新上;结果,资本外流的限制反而会造成资金的闲置和无效配置,甚至会引发富裕阶层的奢侈之风,从而更不利于社会经济发展。

有鉴于此,在经济全球化时代,发达国家必然会分散资本的投资,其中必有相当一部用于资本输出以换取现实的更大交换价值;尤其是,随着经济全球化导致了贸易竞争日趋激烈,发达国家之间的竞争也加速了资本的外流。显然,所有这些都必然会导致生产技术和产业在全球的快速扩散和转移。这也意味着,无论推行商品输出还是资本输出,发达国家都必然无法持久维持其领先地位,因而"高收入陷阱"也就成为现代社会的必然现象。

(二) 资本流入对发展中国家的影响

对发展中国家来说,资本输入就意味着资本的增加,意味着投资的增加,这不仅为劳动雇佣提供基础,而且也有助于现代技术的应用。穆勒就强调,"维持和雇用生产性劳动的,是其工作所花费的资本"。[①] 关于资本短缺对经济增长的制约,前面已经着重介绍了古典经济学的分析,这里转向奥地利学派的分析来说明。

米塞斯分析了1860年期间的罗马尼亚所面临的情形,并提出了两个观点。(1) 当时罗马尼亚所缺乏的并不是技术知识。其理由是,西方发达国家的技术知识已经没有什么秘密可言;不仅大量的罗马尼亚青年在西方的技术大学里充分接受这些知识,而且成百上千的外国专家也准备将其知识和技能用于罗马尼亚。(2) 当时罗马尼亚所缺乏的正是可以参照西方模式改变落后的生产设备和交通通信设施的资本品。其理由是,只有存在足够的资本品,罗马尼亚才能使工人和物质生产要素用于时期较长的生产程序,才可以成功地生产那些建立初级工厂必要的工具,而这些初级工厂则再生产那些用以建立和经营现代工厂、农场、铁路、电报线和建筑物的设备。

由此,米塞斯得出结论说:"一个人如果以前没有积累资本,他就与他追求的目标距之甚远。这就是资本不足的含义所在。因为他过去不做这件事,中间产品就不够,尽管中间产品所产生的自然资源是有的。资本缺乏乃时间不够。这是由于人们为实现其目标动手太迟。如果不凭时间因素的'迟''早',那就无法描述可用资本品提供的好处和缺乏资本品贫乏的不利";相反,"有资本品可以使用,就等于更接近追求的目标。资本品的增加,使我们无需减缩消费而可以实现较远期的目标。相反地,资本品的损失使我们不得不放弃原本可以实现的某些目标,或者减缩消费。假定其他

[①] 穆勒:《政治经济学原理:及其在社会哲学上的若干应用》(下卷),赵荣潜等译,商务印书馆1991年版,第100页。

事物不变,拥有资本品也即在时间上占了优势"。①

那么,一个国家或地区如何取得经济增长所需要的资本品呢？这有两个途径:(1)依靠自身的储蓄,这是早期封闭社会的根本方式;(2)依靠外来的资本输入,这是现代开放社会的重要途径。事实上,李斯特在分析不同经济发展阶段的政策时就说,在狩猎部落、畜牧业公社和农业共同体这三个时期,由于没有足够的剩余产品,因而就无法快速发展生产;相反,通过交易可以获得交换价值,通过与先进国家接触可以吸收先进技术,从而就可以刺激本国工业的发展。李斯特写道:"一个国家,其农业愈不发达,愈没有机会吧自己的剩余农产品通过国外贸易换取外国工业品,在未开化程度上陷得愈深……这时如果实行自由贸易(及输出农产品,输入工业品),也就格外能起到促进繁荣欲文化的作用。"②

显然,在全球经济一体化的现代社会,一个国家不仅可以通过对外贸易来积累内源资本,更可以通过直接投资方式来引入外源资本。米塞斯就写道:"西方资本主义国家可以把一些资本品借给落后国家,这些资本品乃改变后者之生产方法所必须。这一来节省了他们的时间,使他们可以很快地增加其劳动生产力。其结果,对罗马尼亚而言,他们可以很快地享受到现代技术带来的利益。"③正因如此,全球经济一体化所促进的资本流动将会拉近世界各国在技术进步、劳动生产率以及工资水平之间的距离。一个积极有为的发展中国家政府,也会积极引入外源资本来促进本国产业的发展和技术的提升,这也是林毅夫新结构经济学所重点关注的。

可见,资本流动和商品流动所衍生出的发展效应是不同的:资本从发达国家流动到发展中国家将对发展中国家的经济增长起到积极作用,相反,商品从发达国家流动到发展中国家则主要是掠夺发展中国家的资源、能源等原材料。所以,米塞斯认为:"外国资本的流入,并不伤害接受国的利益。美国和英国的一些自治领地的经济之所以突飞猛进,乃得力于欧洲的资本。拉丁美洲和亚洲的一些国家,如果没有接受外国资本的帮助,就不得不在很长时间内无法享受今天如此之多的生产和运输设备,而其实质

---

① 米塞斯:《人的行动:关于经济学的论文》,余晖译,上海世纪出版集团 2013 年版,第 517 页。
② 李斯特:《政治经济学的国民体系》,陈万煦译,商务印书馆 1961 年版,第 155 页。
③ 米塞斯:《人的行动:关于经济学的论文》,余晖译,上海世纪出版集团 2013 年版,第 516 页。

工资率和农业方面的收获也不会像今天这样高。"①事实上,过去近半个世纪的经济全球化发展的结果也证实了上述经济效应,一些国家充分利用资本的国际流动以及相应的岗位和技术转移而获得了经济快速增长,而那些资本大规模流出的国家则陷入持久的衰退。正是由于资本对一国就业供给、技术创新以及产业发展的重要性,发展中国家就应该重视资本输入而要提防过多的商品输入。米塞斯继续写道:"如果不了解这种大规模的资本输出的重要性,就不可能懂得最近几百年世界局势和东西方关系的发展。西方给予东方的不仅是技术和医学的知识,也给予了许多可以直接应用这些知识的资本品。东欧、亚洲和非洲的这些国家,由于外国资本的输入,也就能够提早收获现代工业的成果。为了积累足够的资本品,他们已不必那么缩减他们的消费了。"②很大程度上,正是清楚地认识到这一点,中国国家主席习近平在2017年1月17日的达沃斯世界经济论坛的开幕仪式所发表的主旨演讲中强调:要坚定不移发展全球自由贸易和投资,在开放中推动贸易和投资自由化便利化,旗帜鲜明反对保护主义;相反,搞保护主义如同把自己关进黑屋子,看似躲过了风吹雨打,但也隔绝了阳光和空气。

五、如何理解美国经济的持续增长

上面的分析指出,资本流动将会减缓资本输出地区的经济增长,而全球经济一体化下的资本流动将会引发"高收入陷阱",这已经为英国、法国、日本、韩国以及中国的香港和台湾地区所证实。不过,人们往往会举现实世界中的一个典型反例加以反驳,这就是美国。美国往往被视为资本输出大国,但它似乎依旧表现出强劲的经济增长势头,这又如何解释呢?一般地,基于资本流动的审视往往可以看到美国的两大特征:(1)尽管美国资本输出的绝对规模很大,但这是由于它的经济总量大,而资本输出量占经济总量的比重却并不高。例如,从1990年到2013年,中国的海外投资占

---

① 米塞斯:《人的行动:关于经济学的论文》,余晖译,上海世纪出版集团2013年版,第522页。
② 同上书,第517页。

GDP比重从34.9%飙升至47.8%,而同期美国则从21.5%降至19.3%。① (2) 长期以来,美国实际上是资本净流入国,流入的资本维持了它的投资和生产,尤其是尖端技术的研发和创新。例如,现代世界高科技产品几乎都是"美国制造",最为典型的就是苹果、微软和谷歌等高科技公司;同时,这些高科技产业公司每年都要投入不断上升的R&D经费,而这些经费的来源往往是那些流入美国的风险投资基金。更为重要的是,除了资本的流入,大量的外来移民更是为美国经济发展注入了积极的生产劳动和技术创新;尤其是,在崇尚自由竞争的市场制度下,美国社会吸收了全世界的高级技术人才,同时也激发了国内的收入分化和资本积累,进而衍生出了日益尖锐的社会矛盾和冲突。这里继续就移民对美国社会经济的影响作一剖析。

(一) 美国物价为何如此便宜:外来移民的积极作用

从人均收入水平来看,世界上有不少国家如挪威、卢森堡、瑞士、丹麦、冰岛、爱尔兰和瑞典等国都超过了美国,但是,美国的生活水平却往往被认为是世界上最高的。那么,为何人们总是感觉到美国人的生活水平更高一些呢?一个直观的理由是,相同数量的美元在美国能够比在其他发达国家购买到更多的商品和服务。进而,美元的购买力在不同国家为何有如此大的差异呢?

剑桥大学的张夏准基于市场汇率和实际购买力间的差异作了分析:市场汇率主要由国际市场上进行贸易的货物与服务的价格所决定,货币的实际购买力则由该国所有的货物与服务的价格来决定。其中,在非贸易性的货物中,最重要的是个人的劳动服务,如开出租车、餐馆服务以及理发等。显然,就打出租车或吃饭之类的事情而言,在瑞士和挪威这样的高收入国家里就非常昂贵,而在拉美或东南亚等国则要便宜得多;究其原因,前者的劳动力价格非常昂贵,后者的工资则较低。因此,根据购买力平价(PPP)所构建的"国际美元"标准,富国的人均收入将低于用市场汇率衡量的收入标准,穷国的收入则高于用市场汇率衡量的收入标准。相应地,就欧美富国而言,按"国际美元"标准的人均收入也取决于劳务提供者的工资:以美

---

① "'中国资本'时代来临:从产品输出到资本输出",http://finance.sina.com.cn/stock/usstock/economics/20141016/175420559594.shtml.

国为不变标准,其他发达国家的人均收入将大幅度下降。由此,美国人用其收入可以购买到世界上最大数量的货物和服务,因而人们往往会感觉美国人的生活水平更高。

新的问题是,美国人的实际购买力为何如此之高呢?直接原因就在于,美国存在大量低工资的制造工人和劳务人员。那么,美国的底层工资为何如此之低呢?这又在于美国社会存在大量来自穷国的移民。正是由于移民的大量涌入,与欧洲国家相比,美国底层工人的工资比较低,工作条件也更恶劣,从而在美国打车和吃饭都要比在其他发达国家便宜。相反,其他发达国家中缺乏这样的移民,工资就比较平均;相应地,服务业的工资水平就相对较高,这提高了服务品价格,并降低了本币的购买力。

事实上,如果在瑞士日内瓦打车,一段 8 公里长的路程大约需要花费 35 美元,但同样的路程在美国波士顿只需要 15 美元。同样,在挪威奥斯陆,吃一顿饭大约需要花费 100 美元,而在美国圣路易斯不会超过 50 美元。张夏准说:"美国民众(与其他富国的民众相比)之所以具有较高的购买力,主要得益于不少美国人仍处于贫困状态,工作没有保障感,这在服务业尤其如此。美国人还比其他竞争对手国家的民众的工作时间更长。而且,在每一工时中,美国人的收入比起好几个欧洲国家来说都明显偏低,即使是在购买力方面也低于它们"①;进而,"相同数量的美元之所以在美国要比在其他富国可以购买更多的东西,主要是因为美国的服务价格比其他国家更低廉,这主要归功于大量移民的涌入和恶劣的就业环境的存在"②。问题是,在这种环境下,尽管消费者可以获得更大效用,但这却是以出租车司机或者餐馆服务员的较低收益为代价的。这意味着,尽管美国有更高的平均收入,但并不一定意味着它的所有国民都比其他国家的国民过得更好,这与具体的收入分配结构密切相关。

纵观西方社会发展史,移民对经济增长往往起到很大作用,以致很多国家都极力吸引技术工人。譬如,在 16—17 世纪,法国迫害新教徒进而将大量拥有技术的工匠都驱逐出境,并且又在各行各业中广泛地排斥犹太人;与此不同,英国则接受来自荷兰、西班牙以及法国来寻求避难的人,荷兰织布工带来了织造"新褶饰"的秘密,荷兰农民带来了排水和精耕细作的

---

① 张夏准:《经济学的谎言:为什么不能迷信自由市场主义》,孙建中译,新华出版社 2015 年版,第 109 页。

② 同上书,第 102 页。

技术,西班牙的犹太人带来了公私理财的经验,法国的胡格诺教徒带来了各种手工艺技术。到了18世纪早期,在苏格兰人约翰·劳的建议下,法国政府开始积极吸引英国的技术人员,包括钟表制造者、毛纺工人、冶金工作者、玻璃制造者以及造船工人等;在这种情势下,英国政府则制定法律禁止某些技术熟练工匠移居国外。① 当然,移民也存在不同的层次和类型,他们所从事的工作和对经济增长的影响都是不同的。一般地,要理解移民对美国经济增长的影响,至少需要对移民作进一步的细分和考察。

首先,就低层次的劳务移民者而言,他们为美国的农业和制造业的持续发展注入了生产劳动,拉动了商业和餐饮业等的增长。事实上,这些低层次的移民所从事的通常是那些需求量很大但劳动力供应很小的行业,因而不但与本土美国人构成不了竞争关系,反而会形成互补和分工。譬如,根据美国劳工部统计,在美国的200万农场工人中,至少一半是非法移民,这些移民提供的廉价劳动力为美国农业创造了高达300多亿美元的产值。② 正因如此,农业一直是美国经济的比较优势,迄今依然是世界上第一大农产品及农副产品出口国。同时,大量移民进入了低层次且低报酬的服务业,从而促进了美国第三产业的发展,第三产业比重越来越高。也就是说,正是这些低层次移民的大量存在,使得那些技术性不强的行业和岗位的工资保持在低水平,不仅使得美国人可以享受物美价廉的服务和农产品,也可以使相关行业的企业得以扩大生产规模。

其次,就高智商和高学历的技术移民者而言,他们为美国的技术创新和国际竞争力增添了新鲜血液和力量,也为美国节省了大量的教育和培训费用。事实上,移民美国的成年人42%受过高等教育,其中的大约23%具有硕士学位。③ 因此,美国科学家和工程师中很大一部分也是出生于国外的移民,大学教师中移民的比重也越来越高。近期,美国信息技术创新基金会的调查报告就称,美国有35.5%的技术创新者是移民,另有10%是在美国出生但父母至少有一人来自其他国家。④ 显然,正是这些外国科技人员的流入,大大促进了美国的科学科技进步,提高了美国的总体生产力水

---

① 兰德斯:《国富国穷》,门洪华等译,新华出版社2001年版,第308、385页。
② "移民对美国经济的影响—贡献还是负担",http://news.chinesewings.com/cgi-bin/i.cgi?id=cq0509094835284。
③ Lucas R. *International Migration and Economic Development*, UK: Edward Elgar, 2005, pp.7—8.
④ "美国创新人才超三成是移民",http://news.sohu.com/20160226/n438596741.shtml。

平,并且促进了新兴产业的兴起和发展。例如,在信息产业快速发展的20世纪八九十年代,硅谷中24%的企业是由外国出生的工程师创建起来的。①

最后,需要指出,移民对美国经济的促进不仅在于提供了不同层次的劳动力,而且也在于带来了大量的物质资本。事实上,移民中还有相当一部分凭借投资移民的富人,他们将在母国通过正当和不正当手段获得的财富和资本带到了美国,不仅扩大了市场需求,同时也创造了大量的就业。例如,2012年,投资移民为美国GDP贡献了33.9亿美元,创造了超过4.2万个工作岗位。② 美国政策全国基金会的研究报告则显示,截至2016年1月1日止,全美87家资本逾10亿美元的新创公司中,有44家(占51%)创办人是移民,这44家新创公司资本总价值达1680亿美元。③ 此外,由于移民大多是年轻人,这不仅会降低人口抚养比,为经济增长注入人口红利;而且,他们所交的税收增加了美国的财政收入,他们所交的社保维持了美国的福利保障体系。

(二) 美国收入为何如此分化:外来移民的消极作用

世界各地的移民之所以大量涌入美国,根本上在于美国相对宽松的移民制度和自由竞争的市场机制。相应地,美国社会的经济繁荣往往也被视为充分展示了自由市场制度的优越性。张夏准就写道:"从美国模式赞赏者的角度看,美国的自由企业制度允许人们无限制地进行竞争,并对赢家进行无限制的奖励,而且不会受到政府干预和平等主义文化的掣肘。因此,该制度为企业家精神和创新提供了强大的动力。美国的自由劳动力市场,可以随时雇佣和解雇工人,并允许企业自由灵活地处事,因而使企业更具竞争力,这样,企业就可以比其他竞争对手更快地重新调动并有效地利用工人,以及快速应对不断变化的市场条件。在企业家得到丰厚回报的同时,工人不得不快速适应变化,因此,美国的自由企业制度的确导致了越来越多的不平等。但是,拥护该制度的人认为,即使成为游戏中的输家,他们

---

① 田学科:"美国如何为创新能力'保鲜'",《科技日报》2014年5月29日。
② "投资移民为美国带来巨大经济效益",http://jiaju.sina.com.cn/news/q/20140306/349794.shtml。
③ "移民对美国经济和社会贡献巨大",http://www.worldwayhk.com/newsdetail206147.html。

也会甘心情愿地接受这种结果,因为考虑到美国的社会流动性很高这一因素,他们的孩子很可能会成为下一个托马斯·爱迪生、摩根或者比尔·盖茨。美国人就是在这种动力的驱动下努力工作和发挥聪明才智的,怪不得美国在过去的一个世纪里能够成为世界上最富有的国家。"①

很大程度上,正是这种优胜劣汰、适者生存的自由竞争制度,激励着世界各国的社会精英进入美国去追寻他们的梦想;同时,也正是凭借自身的超级智商、非凡敏感以及丰厚社会关系,这些精英们取得了社会竞争中的成功,并由此获取了丰厚的收益,进而也带动了美国经济的强劲增长。然而,物竞天择式的自由竞争必然会导致社会分化,每个成功者的背后都必然会站着一批甚至更大比例的失败者。一般地,对那些曾带着梦想来到美国却遭遇失败的"超凡人士"而言,他们最后往往会被迫回到所来之地,甚至还披着某些"光环"接受曾被他们嫌弃的家乡父老的欢迎和招待,如当前中国社会大量的"海归精英"就是如此。问题是,智力没有这么出众的美国本土人士又该怎么办呢?他们可不能像这些"超凡"的"国际精英"存有退路,而只能留在"生于斯、长于斯"的美国,进而只能接受物竞天择的社会竞争中失败者的命运,至多可以依赖少得可怜的政府补贴生活。

这意味着,大量的外来移民在不受制约的市场竞争中对美国社会的影响也是双重的:一方面促进经济的持续增长,提高了实际福利水平;另一方面,也造就了巨大的收入差距,导致底层人民生活在收入水平低下和工作条件恶劣的环境中。② 关于这一点,张夏准同样写道:"考虑到该国存在着明显的不平等现象,如果与收入分配更平等的其他国家的平均水平相比较,那么美国人在生活水平方面到底如何的判断并不是很准确。在美国更低的健康指标和更高的犯罪率的背后隐藏着更大的不平等。"③事实上,在过去的几十年里,美国收入差距不断扩大,并且一直是西方发达国家中最大的。表3-2反映了1990年经合组织(OECD)14个成员国中雇员工资最

---

① 张夏准:《经济学的谎言:为什么不能迷信自由市场主义》,孙建中译,新华出版社2015年版,第103页。
② 这种状况类似于深圳,大量的精英来深圳创业造就了深圳的繁荣和富足,而失败者则被迫回到家乡。不同之处在于,(1)深圳本地人所占比例远比美国要少得多,而且他们还可以凭借先占的土地资源而获得社会成长红利甚至暴富;(2)同一国家内部不同地域之间的流动性远高于不同国家之间的流动性,因而被社会抛弃的底层本地人也可以寻找其他工作机会和生活来源。
③ 张夏准:《经济学的谎言:为什么不能迷信自由市场主义》,孙建中译,新华出版社2015年版,第102页。

高10%与最低10%的比例。①

表 3-2　1990 年经合组织(OECD)的收入差距

国家	挪威	瑞典	丹麦	荷兰	比利时	意大利	德国	葡萄牙	日本	法国	英国	奥地利	加拿大	美国
P90/P10	2.0	2.1	2.2	2.3	2.3	2.4	2.5	2.7	2.8	3.1	3.4	3.5	4.4	4.5

正是由于存在巨大的收入差距,我们就不能单采用人均收入指标来衡量美国大多数人的实际生活水平,否则就会造成明显高估,因为较高的平均生活水平往往以众多人生活水平低下为基础。关于美国真实的生活水平,也可以从其他相关的指标进行间接反映。例如,美国的平均寿命和婴儿死亡率等医疗保健的统计数据指标仅位列世界第 30 名左右,美国的犯罪率也高于欧洲和日本。事实上,美国的在狱人数率是欧洲的 8 倍,是日本的 12 倍。这些都表明,美国存在着一个庞大的下层阶级。

既然如此,为何人们直观上还是觉得美国人的生活水平更高呢?张夏准列举了两大原因:(1)美国比欧洲国家更不平等而带给作为过客的旅游者一种假象,因为"外国旅游者到任何国家都很少能够看到其贫困的一面,而在贫困方面,美国要比欧洲更普遍"②;(2)数字上的收入水平并没有反映收入背后的劳动付出,因为美国人的工作时间要比人均 30 000 美元以上的国家都长,通常比大部分欧洲国家长 10%,比荷兰和挪威长 30%,如 2005 年的工资/小时(以购买力平价衡量)居卢森堡、挪威、法国、冰岛、比利时、奥地利与荷兰之后而列第 8 位。③ 由此,张夏准说:"一旦我们从更宽泛的角度理解生活水平而不仅仅是从一国平均收入能够购买多少东西来衡量,那么,美国所谓的优势就不那么明显了,因为美国存在的巨大收入差距意味着,它的平均收入在衡量生活水平方面与其他国家相比并不那么具有指标性,这反映在像健康水平和犯罪率等指标中,在这些方面,美国的表现要比其他国家更令人失望。"④

也就是说。美国社会在经济福利上呈现出两大特征:(1)较低的商品

---

① 皮凯蒂:《不平等经济学》,赵永升译,中国人民大学出版社 2016 年版,第 11 页。
② 张夏准:《经济学的谎言:为什么不能迷信自由市场主义》,孙建中译,新华出版社 2015 年版,第 104 页。
③ 同上书,第 108 页。
④ 同上书,第 109 页。

价格,因而同一美元在美国具有较高的购买力,进而造成美国人民具有较高生活水平的表象;(2) 较大的收入差距,因而大多数人的社会水平要低于统计数据,这也揭示了美国社会冲突的原因。实际上,市场价格结构与收入分配结构之间本身就密切相关:收入差距越大,底层收入越少,底层的购买力越低,因而大众产品越便宜;相应地,上层收入越高,上层的购买力越大,因而奢侈产品越昂贵。这意味着,市场价格本身就是购买力的函数:消费者的购买力越高,他所需要的商品的价格就越高。由此可以得出结论:随着收入差距的扩大,底层大众的购买力就会下降,从而导致必需品的价格下降;同时,上层富人的购买力则会上升,从而导致奢侈品的价格上涨。这也意味着,收入分化必然会造成价格分层。维塞尔说:"财富上的不平等愈大,价格上的差别也就愈大。"[1]

最后,需要指出,价格分层还会衍生出双重效应。一方面,穷人需求的必需品以及其他大众商品往往价格低廉,包括中产者在内的人都可以从中获得极高的消费剩余,从而往往会感到生活指数高。维塞尔写道:"广泛使用的大众商品在市场上的数量如此之大,以至于财富充足的买方不必要将他们的购买能力使用到极度就可以完全满足他们的需要。比如面包在市场上数量如此之多以至于所有阶层的消费者需要都可以被供给,富裕的买方甚至可以到完全满足点,只有收入最有限的买者才被迫根据环境来节省。"[2]另一方面,富人攀比式消费所追求的高档品和奢侈品往往价格高昂,这又不是一般大众所能消费得起的,从而根本感觉不到。维塞尔写道:"一个经济体中收入和财富的阶层越多,最高和最低阶层的财力差异越大,价格分层就越显著。如果一个国家的所有公民都有大致相同的收入和资产,那么面包和钻石价格之间的差异……就不会像实际中那样大……钻石的价格不是所有社会成员对钻石的评价;它只是一个支付能力特别强的阶层对钻石的评价,这个阶层形成对钻石的需求边际序列。大多数人对钻石的评价及给出的出价和通行的市场价格相比是如此之低,以至于他们没有购买欲望。"[3]一般地,富人对奢侈品的追求也会带来双重效应:一方面会诱发技术创新,相互攀比也会促进市场规模的扩展,从而促进经济发展;另一方面也会加大社会矛盾,耗费社会资源,从而也会潜伏着严重的社

---

[1] 维塞尔:《自然价值》,陈国庆译,商务印书馆1982年版,第94页。
[2] 维塞尔:《社会经济学》,张旭昆等译,浙江大学出版社2012年版,第258页。
[3] 同上书,第259—260页。

危机。

可见,移民对美国社会所带来的效应是双重的:既促进了经济增长又加剧了社会矛盾。由此,我们可以来审视特朗普的移民政策。事实上,特朗普上台伊始就签署行政命令推行他在竞选期间承诺的、但被视为疯狂之举的筑墙计划:在美墨边境修建隔离墙。我们从两件事中就可以明白特朗普的决策有多疯狂:(1)国际交流乃至人员流动在过去四分之一世纪以来是重要潮流,整个世界为柏林"政治"之墙的倒下而欢呼的声音还在耳畔,特朗普就开始要重新建"经济"之墙了,难道经济之墙比政治之墙还坚固吗?这种反潮流而行的政策能成功吗?(2)筑墙连道路等配套工程总成本达140亿美元,特朗普却打算由美国纳税人先付款,再向墨西哥政府追讨,难道有哪个政府会甘心做冤大头吗?这种成本花销是捉襟见肘的美国财政能够承担得起的吗?当然,所有这些在特朗普眼里似乎都不重要,他在乎的是大量非法移民入境抢了美国人的饭碗,而筑墙就是要为美国人保住这些就业机会。为此,只要墨西哥拒付筑墙费,特朗普就准备对进口墨西哥产品强行征收20%的关税来弥补。事实上,特朗普本来就要推翻原来签订的各种自由贸易协定,对设在墨西哥等国的企业的输美产品抽重税,进而以优惠税率吸引企业到美国设厂,以此来创造就业和经济发展机会。问题是,特朗普这种反移民的筑墙运动对像墨西哥那样依附于美国的小国也许可以收获一时之效,但这种政策能够全面推行并取得成功吗?

六、尾论:理解当前世界的政策选择

本章的分析表明,资本输出和商品输出所衍生出的经济效应是不同的,这种差异性效应具体体现在对两国的生产力和交换价值的不同影响上。一般地,资本输出将降低输出国的生产力而提高输入国的生产力,因而对输入国的经济增长是有利的。其实,世界各国都已经深切地认识到了这种资本输出和商品输出的效应差异,一个明显的表征就是各国所重视的经济增长指标已经从 GNP 转向了 GDP。不幸的是,现代经济学的理论体系却没有跟上社会实践,它依然重视交换价值而忽视价值,并且通过将交换价值追溯到使用价值的一般概念而将交换价值看作国家或社会的使用价值;结果,大多数经济学人都忽视生产力和交换价值的差异,他们不仅混同了交换价值和价值,甚至以交换价值来取代价值。维塞尔就写道:"除交换价值之外再不承认其他价值的人每当碰到尝试告诉他这是价值问题时,一般总是让交换价值片面地去决定问题,或者无论如何,也要使交换价值占过大的分量。"① 显然,本章对资本输出和商品输出中不同经济效应的剖析,不仅有助于我们更清楚地理解发达国家所面临的"高收入陷阱",而且还会对当前各国经济发展产生显著的政策寓意。

(一) 如何认识美国的现实困境

尽管美国并非资本净流出大国,但其经济霸主地位依然受到中国等新兴经济体的强大冲击和挑战。在这种情势下,美国当选总统特朗普因势利导地提出"振兴美国制造业"的口号,并采取各种措施积极促使美国资本回流,通过优惠措施来吸引国际资本流向美国,从而必然会导致保护主义思维和政策的盛行。问题是,特朗普主义可以达到目的吗?套句流行语:理想很丰满,现实很骨感。要理解这一点,就需要对欧美发达国家为何会逐渐步入"高收入陷阱"的根本原因进行剖析,进而探析特朗普主义对解决这些根本因素的有效性。这里从几方面加以系统地逻辑剖析。

首先,就发达国家制造业流失的根源而言。长期以来,资本之所以从发达国家快速流向发展中国家,其主要原因,不是发达国家政策推动的结果,更不是源自提高发展中国家经济水平和生产能力的高尚道义,而在根本上是资本家追逐更高利润所衍生的无意识结果,体现了发展中国家更大的市场赢利机会。不仅马克思等古典经济学家很早就洞悉了这一点,而且米塞斯等奥地利学派学者也有深刻的认识。例如,米塞斯就强调:"是消费者的需求迫使西方资本家不得不向外投资。消费者要求那些在国内根本不能生产的商品,他们也要求那些在国内只能以高成本生产而在国外生产则较便宜的商品。如果西方资本主义国家的人们不这样做,或者那些阻止资本输出的法制障碍最终不可克服,则资本输出的事情就不会发生。那就只有国内生产的更多的纵向发展,不会有跨国的横向扩张。"② 试想,如果美国社会工资水平居高不下,逐利的资本又如何情愿回流美国呢?更不要说,尽管特朗普竭力呼吁美国大企业回流,但是,特朗普政府的很多高官都是大企业主、大富豪、跨国公司的高管。试问:他们从经济全球化中获取了

---

① 维塞尔:《自然价值》,陈国庆译,商务印书馆1982年版,第256页。
② 米塞斯:《人的行动:关于经济学的论文》,余晖译,上海世纪出版集团2013年版,第517—518页。

大量的个人利益,又如何真心限制资本流动呢?由此观之,特朗普主义很可能就会是雷声大雨点小。

其次,就特朗普政府刺激资本回流的政策而言。特朗普政府倾向于通过减税来刺激私人投资,通过基础设施建设来推动公共支出,通过放松监管来促进生产要素流动。但是,这些政策都是双刃剑:一方面减税将导致财政收入减少,另一方面基础设施增加导致财政开支加大;显然,两者必然会导致财政赤字急速上升,这就如历史已经展示的一样。为了应付不断扩大的财政赤字,特朗普政府将不得不进行借贷(也即发行国债)。那么,向谁借贷或由谁来购买债券呢?途径无非有三:(1)由国内投资者购买,但这会降低私人的投资水平,从而会降低减税刺激私人投资的效果;(2)由国外投资者,但这将会使得美国经济进一步受制于中国、日本等债权人(国),而且还需要进一步提升国债利率;(3)由中央银行(即美联储)购买,但这将迫使美联储增发货币而将财政赤字货币化,而货币的增发又必然会引发通货膨胀。显然,在本国私人投资不足且美国和其他国家的经济冲突日益加剧的情况下,财政赤字的弥补往往是依赖第三种途径,从而将会出现明显的通货膨胀。进而,通货膨胀对经济发展的影响也是双重的:一方面,通货膨胀会导致本币贬值,从而有助于促进商品出口,进而有助于生产和投资的扩大;另一方面,通货膨胀也会降低本国工资水平,从而加剧本国收入分化,进而引发社会更大的冲突和对抗。

其三,就美国社会的经济发展情势而言。目前,通货膨胀的苗头在美国已经非常明显,因而美联储主席耶伦也已经放话要在今后几年每年都加息几次以抑制通货膨胀。耶伦加息的理由是"美国经济已经接近最大就业水平",但显然,这个理由是牵强的。试想,如果美国社会已经接近充分就业水平,特朗普还需要如此着急要促进制造业回流吗?工薪阶层还会对社会如此不满吗?至于所谓的"失业率已经位于4.7%",只不过是源于一种错误的统计,它没有考虑大量的已经完全放弃失业登记的民众,也没有区分那些处于半工作状态的隐性失业等。实际上,美国提高利率的根本目的就在于促使资本流向美国,从而弥补不断增加的财政赤字。从历史上看,每当美国在新自由主义思潮支配下推行减税政策时,为了缓解财政赤字剧增带来的问题,美国政府都努力通过控制货币发现以及提高利率以从世界其他地区吸收资本。问题在于,美国在20世纪七八十年代总体上是债权持有者,因而利率提高增加了其他债务国向美国归还的利息,但是,目前美国已经成为世界上最大的债务持有人,因而利率提高将增加美国向其他债权国归还的利息。试问:不断提高利率又如何缓解公共财政赤字?如何促进投资和社会就业?尤其是,在美国一般产业的国际竞争力日趋下降的情势下,如果美国根本性的社会结构没有调整,货币不断增发下的加息政策只会吸引大量热钱流向美国,而不会刺激投资和就业。究其原因,除非劳务工资以及相应成本的大幅度下降,美国一般制造业还是无法与新兴工业国家相比,而制造业的成本反而因利息上升而不断增加。这意味着,财政货币化的最终结果将是滞胀局面的重现,滞胀程度要远甚于20世纪70年代,因为当时国际上毕竟还不存在如此强有力的竞争者。同时,为了刺激投资,特朗普政府还致力于放松监管,但这往往也只会使得1%乃至0.1%甚至0.01%的上层人士得利,从而将会产生这样的显著后果:美国社会的收入分配进一步两极化,进而加大社会矛盾和冲突。所有这些都是特朗普主义所面临的考验,也是特朗普主义必然失败的原因。

其四,就特朗普主义的"治标"政策而言。为了缓和国内愈演愈烈的矛盾,特朗普政府就转而采用"输毒于敌"政策,通过问题转嫁来换得美国经济增长。特朗普宣称他不想做全世界的总统而只想做美国总统,并会努力使工作岗位回到美国。譬如,为了给美国工人创造就业,特朗普还要驱逐200万到300万无证移民,甚至掀起史无前例的筑墙运动。那么,美国人的就业会因此而大幅提高吗?一般地,在一个社会开放的经济全球化时代,一国要能够参与国际竞争,关键在于工资与劳动生产率之比。相应地,要解决美国当前的经济困境,也就需要从两方面着手:一是降低工资水平,二是提高劳动生产率。(1)就降低工资水平而言,在名义工资不变的情况下,物价上升就意味着实际工资的下降。事实上,当特朗普通过贸易战而提高进口品的价格时,就会导致社会大众尤其是底层人民生活水平的降低。显然,日本就是这么做的,它更关注市场份额的扩大和生产能力的提高而不是消费者的生活水平。[①] 问题是,现在的美国大众受到享乐主义文化的长期熏陶,乃至把当前的生活水平视为理所当然的,他们又能否忍受贸易战带来的生活水平下降呢?(2)就提高劳动生产率而言,美国要保持劳动生产率的提升,从长远来看就必须加强科研和教育的投入,要注重技术人员和工程师的培养,同时需要对失业者进行再就业培训。很大程度

---

① 兰德斯:《国富国穷》,门洪华等译,新华出版社2001年版,第676页。

上,德国就特别注重技术能力的培训,这保障了德国制造业的生命力。问题是,特朗普口口声声要创造就业,要美国乃至全球跨国公司都在美国设厂,但这些跨国资本家们凭什么要这么做呢?显然,如果美国社会的享乐主义文化得不到抑制,美国人依旧希望享受高水平的生活,那么就必须有同比例高的劳动生产率。但是,特朗普既不在提高生产率上着眼,又无法掀起一股勤俭耐劳的社会风气,却试图通过简单粗暴的行政手段来解决复杂的经济问题,又如何行得通?

因此,只要对美国经济发展的现实动力作一辨识,我们就很容易发现,特朗普的那些反移民和反贸易政策将会带来或者潜伏着的一系列问题:(1) 美国本土工人是否愿意填补原来由低层次移民从事的那些农业和服务业?要知道,这方面的工作所给予的薪水远低于平均水平。(2) 美国本土工人是否能够填补原来由高层次移民从事的那些技术研发和创新工作?要知道,这方面的工作需要非常高的教育水平尤其是扎实的理工科训练。(3) 美国公司能否得起新一轮的工资上涨?要知道,大量移民撤离造成了劳动力供给减少必然会导致平均工资水平的上涨。(4) 美国政府能否担得起财政赤字的进一步扩大?要知道,无论是减税以吸引工厂流入还是驱逐移民的税入减少都会增加财政赤字。显然,如果上述问题得不到妥善的处理,一味地驱逐移民只会造成美国经济的动荡。事实上,作为美国经济主要牵引力的硅谷,劳动力(无论是 CEO 还是一般员工)大多是非美国国籍,硅谷长期以来也一直在争取更开放的移民政策,但特朗普却致力于推行背道而驰的移民政策,难怪会遭到巴菲特、扎克伯格等人的公开呛声,数十家美国科技公司甚至决定举行一场会议来商讨提交一份意见陈述声明以支持一起挑战特朗普移民禁令的诉讼案件。由此可见,特朗普政府的移民政策是舍本逐末的,它致力于阻碍美国有竞争力的跨国公司进行全球化生产和经营,极力阻止为美国经济增长做出重要贡献的移民进入,而不是去克服这些趋势所带来的社会收入分化的问题;相应地,它也必然无法从根本上挽救美国经济之颓势,反而很可能弄巧成拙,进一步降低美国企业和产业的竞争力。

(二) 如何确立我国的经济政策导向

不言而喻,从经济发展的总体水平上看,中国迄今还是一个发展中国家,人均收入甚至还处于世界后段。显然,在这种情形下,中国社会理应扩大生产和投资以维持一定的经济增长速度,如果内源资本不够则需要继续引入外源资本。然而,现实情形是,近年来中国在世界经济中的角色却正在快速转变:"中国资本"逐渐取代"中国制造"而成为中国的新名片。商务部的数据显示,我国2014年就已成为资本净输出国:实际使用外资金额为1195.6亿美元,对外资本输出规模为1400亿美元,而非金融类对外直接投资1160亿美元。从2001年年底中国正式加入世贸组织算起,2002年中国对外直接投资总额为27亿美元,在短短的13年后这个数字增长了约52倍。其中,中国五矿、中国人寿、国家电网、安邦保险等央企成了中国资本海外并购的主力军,而以平安保险、中民投等为代表的中国民营资本也在加快海外资产配置的步伐。例如,2014年成立的中民投在2015年就砸下10亿英镑打造伦敦新金融城。同时,随着"一带一路"战略的持续推进,以及丝路基金、亚洲基础设施投资银行、金砖国家开发银行等公共产品陆续付诸实施,中国将很快取代美国成为全球最大资本输出国。[①] 此外,近来中国越来越多的人热衷于在海外配置资产,进而通过各种合法或非法的渠道转移资金,如非法买卖外汇、利用虚假单证虚构外汇交易骗购汇、逃汇等。有报道称,仅在2015年,中国的资金外流达1万亿美元。

作为一个发展中国家,中国又是如何跨越本国的经济增长和收入提升阶段而大规模进行资本输出的呢?我们还可以从这样几方面作一分析。第一,近年来由于贸易顺差的持续扩大,产生了越来越多的资本储备,国际市场的低货币利率下降又吸收不了这些储备。事实上,中国有近4万亿美元的外汇储备,这些资金需要通过合适的投资渠道获得增值,否则就会造成闲置和浪费。第二,近年来由于国内收入差距的持续拉大,造成储蓄率持续超高,需求持续疲软又造成投资需求不足。事实上,中国的国民储蓄率长期位列第一,2005年高达51%,而全球平均储蓄率仅19.7%;2015年为46%,仅次于卡塔尔和科威特而排世界第三。同时,国际清算局的数据显示,2000年到2008年间中国国民总储蓄增长中有80%源于政府及公司部门而非家庭,家庭储蓄中来自收入最高10%家庭的占了74.9%,来自收入最高5%家庭的占了61.6%,并且55%的家庭没有或几乎没有储蓄。[②]

---

① 章玉贵:"中国将很快取代美国成为全球最大资本输出国",《上海证券报》2015年3月2日。
② "我国人均储蓄率高居世界第三 有钱为什么不敢花?",http://finance.sina.com.cn/china/gncj/2016-09-30/doc-ifxwmamz0052423.shtml。

第三,随着发达国家保护主义的抬头,海外市场的拓展受到越来越大的限制,从而已经越来越难以通过商品输出的方式来消化过量的资本品。事实上,一方面美国积极组建 TPP 来围堵和限制中国对外贸易,另一方面美国和欧盟至今也不承认中国的市场经济地位,从而不断地以反倾销和反补贴调查来压制中国商品的国际竞争,目的都在于建立对中国的贸易防御和压缩中国的国际市场。

尽管国内外政治经济形势发生了如此变化,作为一个经济增长仍然是主要阶段性任务的发展中国家,我们必须有这样两点清晰认识:(1)当中国社会欠缺资本而无力推动经济发展时,我们更应该积极鼓励资本输入而不是商品输入,否则必然会成为发达国家和地区的经济附庸,陷入"中等收入陷阱"而难以自拔;(2)当中国经济崛起而积累起大量资本时,我们也应该致力于扩大商品输出而非资本输出,否则必然会重复英国、美国、日本等国家和地区所走过的道路,必然会陷入"高收入陷阱"。实际上,中央高层也已经认识到了资本大规模外流所潜在的危险,因而也已经开始采取某些措施来控制资本外流,如严格控制规模 100 亿美元或以上的特大额投资项目,严格控制国有企业超过 10 亿美元的地产投资以及与公司核心业务无关的规模达到 10 亿美元或以上的对外投资和并购。同时,也需要指出,任何事物都不是绝对的,资本输入并不全是益处,它也会导致资源和财富的流失;资本输出也并非全是坏处,只要投资方向应对得当就可以在维持自身生产力的同时获得巨额交换价值。因此,这里从两方面作一补充说明:(1)强调引入外源资本对发展中国家经济迅速起飞的重要性,并不是说所有产业应该无条件开放,而是应该考虑不同的市场特性和产业特性,前面已经就此做了说明;(2)强调扩大商品输出对发达国家经济持续增长的重要性,并不是说所有国家和地区都不要去投资,而是要加以甄别并设定限度,这里作进一步的说明。

就当前中国暂时过剩的资本输出而言,第一,它应该选择那些市场规模有明显限度且规模经济显著的产业,如交通运输等基础设施以及能源等产业,而不是一般的制造业。究其原因,(1)在这些产业,谁先进入,谁就拥有先入优势和规模经济,甚至还可以带来其他连锁需求;(2)这种行业往往存在显著的行业标准和规则,先进入者可以拥有对设计规范、工艺流程等行业标准的制定权,并由此获得进一步打开国际市场的资格甚至是垄断权;(3)这些产业往往拥有核心技术,不仅技术创新依赖整体经济实力,而且技术应用和生产效率也依赖大规模市场,这些往往难以为后来者尤其是小国所仿效。第二,对一般制造业而言,资本输出的限制也不是绝对的。究其原因,(1)你的资本不流入,别国的资本也会流入,从而会失去高收益的投资机会;(2)制造业产业链向外的延伸,将会进一步创造出新的海外市场,从而有利于提升本国经济和优化产业结构;(3)技术的发展和应用往往有赖于一定的市场规模和社会分工,而依赖商品输出所获得的市场规模更容易遭到各种抵制。第三,要努力将资本输出与技术创新和产业升级结合起来,从而使得资本输出有利于国际竞争力的提升。事实上,林毅夫的新结构经济学就强调,可以利用盈余的资本去并购海外那些拥有先进技术的企业以作为技术创新和产业升级的来源,尤其是,2008年的国际金融危机以及当下特朗普政府的闭关政策为中国资本提供了非常好的机会。

因此,就中国整体经济的长期发展来说,我们就需要作通盘而有效的规划以引导资本的合理输出。其中,两个基本原则是:(1)要防止资本输出对本国相关产业可能带来的负面影响,力争避免对本国相关产业的瓦解和整体经济的冲击;(2)要确保本国相关产业拥有的相对优势,这包括技术领先和高附加值垄断,这方面日本和美国等已经提供了鲜活的经验和教训。

事实上,即使是交通运输等基础设施产业的资本输出,也无法完全避免技术的流失。姑且不说中国高铁在十年左右时间迅速崛起本身就得益于对其他国家技术的引进、消化、吸收和再创造,当前中国致力于全球推销高铁时也遭到各国分享技术的要求。譬如,印度尼西亚的"雅万隆高铁"项目就要求中国为印尼提供技术转移(包括教育和培训印尼本土员工),并且六成零部件在当地采购;美国联邦政府规定高速列车必须在美国制造,甚至很多国家都要求产品装备经过欧洲认证;等等。更进一步地,为了保持本国产业在国际竞争中的相对优势,随着资本输出带来技术的流失,就要求对那些存在资本输出但国内仍需留有的产业作技术创新;而且,技术流失速度越快的行业,也就越是需要加强技术创新方面的投入。

总之,本章通过对资本流动所衍生经济效应的揭示,有助于我们更清楚地洞察特朗普主义的导向及其困境,也有助于我们制定更好的应对之策。当然,本章所提出的论断和政策建议主要是基于政治经济学的分析,立基于本国和本民族的利益。正是基于特定国家和民族利益的考虑,就不存在普遍性的经济政策,而是不同国家应该采用不同的经济政策。很大程度上,本土化的政治经济学发展也是当前中国经济研究需要重视的,如资本流失潜含的问题已经成为当前中国经济学需要关注的重要议题。同时,基于本土化的政治经济学,我们也就可以更深刻地理解:为何在19世纪的英国致力于推行自由贸易,而汉密尔顿的美国、俾斯麦的德国以及明治维新的日本则努力采取保护主义政策?这是因为当时领先国家所输出的主要是商品而不是资本,因而自由贸易对领先国家的商品输出是有利的。但是,当资本输出越来越成为经济一体化的重要部分时,资本大规模输出就会导致领先国家的产业空心化,这也是发达国家日益转向保护主义并努力控制资本流失的重要原因。

关于政治经济学的本土性,我们可以重温斯密和李斯特的政策主张差异。大河内一男就指出:"李斯特在理论上——确切地说是在'词句'上——固然是和斯密相对立的,但在他所从事研究的'问题'上,或者说在他不得不专心致志要攻克的'问题'上,却与斯密在《国富论》中所要解决的课题相同。李斯特企图在德国,在各种各样不利的、落后的内外条件下来完成这些课题……这并不意味着这一经济理论及其正确性在英国和在德国是没有差异的,并不意味着1776年的真理也是1841年的真理。"① 李斯特之所以撰写出不同于《国富论》的《政治经济学的国民体系》一书,其原因就是"'祖国的现状',是'德国的利益'。如果他是英国人,或许他会写一部《国富论》,至少当时他会是斯密的信奉者之一。然而,由于他的祖国是德国,出于德国的现状及其利益而撰写了《政治经济学的国民体系》……换句话说,他指出经济学的成立,仅仅以现实经济生活中的现状和利益为依据是不行的,而只有从'祖国的现状'和'德国的利益'出发才是可能的。从而,这件事又使得斯密经济学与李斯特经济学具有了相互对立的性质,并以这种对立为归宿"。② 正是基于经济学的本土性和致用性,本章不是作抽象的理论分析,而是致力于剖析和解决当前中国所面临的社会经济问题;相应地,它是建立在"国民经济学"或"政治经济学"之上,而不是建立在"世界经济学"或"个体经济学"之上。

---

① 大河内一男:《过渡时期的经济思想:亚当·斯密与弗·李斯特》,胡企林译,中国人民大学出版社2000年版,第214页。
② 同上书,第215页。

4

"供给侧改革"的理论基础和政策导向

本章导读:"供给侧管理"主张通过促进分工深化来提升全要素生产率进而提高潜在产出水平,其理论基础是古典经济学(以及马克思经济学)而非新古典经济学(包括凯恩斯经济学)。关于这一点,我们需要重新全面审视萨伊定律的深层含义,并剖析供给学派对萨伊定律的偏至性发展。相应地,我们必须对那些简单化政策加以审慎的反思和提防,如简单地通过放松生育政策来注入人口红利、通过减税让利等来刺激企业投资等方式推动经济总量的增长。显然,这是对"供给侧管理"的严重偏误:滑入传统供给主义的窠臼。

一、引 言

近年来中国经济增速逐年下滑,以致各预测机构都下调了中国经济的增速预期。同时,尽管改革开放以来中国经济经历了多次兴衰和调整,但调整时间却越来越长;尤其是,至 2015 年年底,本轮调整从 2007 年下半年算起已持续了 8 年,从 2012 年二季度经济增速"破八"也已 3 年多。当前这种严峻的经济局面是如何造成的呢?正是基于这一现状,一些学者重新捡起了 20 世纪八九十年代广有影响的"中等收入陷阱"说,认为当前中国社会所遭遇的也正是人类历史上的"常态"。进一步地,如果当前中国经济的低迷根源于"中等收入陷阱",那么如何解决这一困境呢?在过去半个多世纪,基于凯恩斯经济学的需求政策都是世界各国解决经济萧条的不二法宝,但中国过去几年不断加大的需求刺激政策却收效甚微。为此,一些学者和官员转而寻求从需求到供给的政策转变,这就是"供给侧改革"。那么,"供给侧管理"能否成为一剂克服"中等收入陷阱"的新的灵丹妙药?其实,调整产业结构、优化资源配置、提高经济效率的"供给侧改革"的实质就在于促进增长方式由粗放型到集约型的转变,这也是经济学界的历来共识。但是,由于现在使用了"供给侧"概念,就被赋予了由凯恩斯经济学回归新古典经济学尤其是供给经济学之意,并由此引发经济学不同流派间的理论和政策争论:赞成者顺势鼓吹新自由主义和市场机制,否定者则猛批萨伊定律和供给学派。那么,究竟该如何理解"供给侧管理"以及与此相关的萨伊定律和供给革命呢?本章从现实、理论和误区这几方面作一深层解读。

二、"供给侧改革"的现实和理论基础

(一) 现实基础

过去半个多世纪中,流行的都是侧重需求的宏观经济管理,其主要观点是,需求不足导致产出下降,进而可能导致"生产过剩"的经济危机;为此,它主张依靠"刺激需求"的货币和财政政策来拉动经济增长,而消费、投资、出口则是拉动经济增长的三驾马车。但是,这三驾马车在中国却陷入泥潭:(1)在过去几年采取了增发货币、降息、减税等种种措施,但国内消费不见起色,海外消费却迅猛飙升;(2) 2009 年以来的 4 万亿元投资和 10 万亿元贷款只是导致经济短期回升,而效率递减很快就致使投资支出的刺激作用越来越无力;(3) 全球出口增速 10 年见顶回落使得中国贸易形势越来越严峻,低端制造业正加速向东南亚转移,从而很难再通过外需拉动经济。同时,需求政策还引发了当前中国经济的二难困境:资产泡沫膨胀和物价水平回落并行,生产成本高涨和企业利润收窄并存,实体经济低迷和股市投资振荡并行,重化工业产能过剩和创新投资不足并存。为此,"供给侧管理"提出,弥补需求与生产之间的脱节不能仅从需求角度着手,而更主要是供给;同时,这里的供给不是从数量而是从质量上而言的,需要提供满足人们需要的产品,否则就等同于需求侧的投资需求了。显然,"供给侧

管理"的经济政策就集中在产品结构的调整和生产效率的提升上,在当前体现为产能过剩的化解、产品和要素价格的调整、资本和劳动流动的引导、人口结构和劳动力质量的改善等,长远则在于提升技术水平和创新能力。

很大程度上,2015年下半年提出的"供给侧改革"是对上半年热议的"中等收入陷阱"说的继续和政策实践。譬如,4月份时任财政部部长楼继伟提出中国正面临"中等收入陷阱"时,就将2007年视为中国经济发展的拐点,并提出了避免这一陷阱的五大改革路向:减少粮食补贴和鼓励农产品进口的农业改革,促进劳动力流动和租房落户的户籍改革,否定和放弃集体谈判的劳动关系改革,促进农村建设用地流转的土地改革,划拨国有资本充实社保基金的社会保险改革。改革路向的要点就在于促进要素的流动和市场的开放,目的是提高全要素生产率。与此相适应,10月份倡导的"供给侧改革"的核心也在于通过调整经济结构和优化要素配置以提升全要素生产率,同时从劳动力、土地、资本、创新这四方面推行改革,包括计生改革以补充人口红利、户制改革以消化地产库存、土地改革以提高土地使用效率、税费改革以降低企业成本、金融改革以降低财务成本、社保改革以降低人力成本、简政放权以降低制度成本、国企改革以提升运营绩效、构建激励机制以提高创新能力,等等。显然,"供给侧改革"和"中等收入陷阱"之间存在政策上的关联性和相通性。

(二) 理论基础

要真正理解"供给侧改革",不仅要认识它所面临的现实环境,也需要认识它的理论基础。其实,尽管在过去的大半个世纪里,需求拉动增长论成为宏观经济政策的主流思想,但古典经济学以及马克思经济学实际上主张的却是供给推动增长论。究其原因,(1) 古典经济学关注的核心议题是国民财富的增长,并且信奉劳动价值论,认为社会财富是由劳动创造的;同时,社会财富的创造不仅依赖于生产性劳动的投入,而且依赖于社会劳动的生产率提高。(2) 劳动生产率很大程度上就与两大要素有关:一是由技术水平决定的个体生产率,二是由分工水平决定的社会生产率。(3) 进而,无论是技术水平的提高还是分工水平的增进都依赖于不断扩大的资本积累:一方面,只有存在事先积累的资本,社会分工才得以展开,生产才能采取迂回方式,而分工半径的拓展和生产方式的迂回延伸又需要有更多的资本相配套;另一方面,只有存在一定的社会分工,才会出现专门的实验室、科学机构以及大批科技人员,才能有生产技术的迅速提升,而由此创造出更多剩余产品又可进一步深化知识分工。为此,古典经济学把不断积累和投入的剩余产品或资本视为基于劳动分工的经济增长的必要基础,马克思经济学则进一步提出了生产资料生产的优先增长规律。

然而,与古典经济学关注生产的倾向相反,以新古典经济学和凯恩斯经济学为主体的现代主流经济学则关注个体需求的满足,不仅从效用最大化角度来建立福利理论,而且从当下的有效需求不足来构建经济增长的需求拉动理论。一方面,边际效用学派强调,消费体现了个人的自由选择以及对个人福祉的追求,消费水平也成为社会繁荣的标志;为此,它致力于寻找使既定生产要素得到最佳配置并使消费者满足最大化的途径,研究既定目的和手段选择之间的关系。另一方面,凯恩斯经济学则进一步从宏观视角剖析消费支出对经济增长的影响:消费支出构成了社会总需求的主体,不仅是决定社会就业量的基础,也是经济增长的引擎;为此,它致力于研究如何激发个人消费以防止经济萧条,必要时以公共支出来加以弥补。正因如此,自边际革命以降,无论是新古典经济学家还是凯恩斯经济学家都反对储蓄过度和鼓吹消费支出,并由此"设计"出了各种刺激消费的政策和制度安排。显然,"供给侧管理"与古典经济学的发展思维和政策主张具有很大相通性:消费支出与投资支出在经济增长中的地位和作用是不同的,经济发展的动力来源于资本积累和投资推动而不是消费拉动;同时,拉动经济增长的根本方式在于通过促进生产能力以提高潜在产出水平,其核心在于通过促进分工深化来提升全要素生产率。这也意味着,尽管流行的观点将"供给侧改革"视为市场经济和新自由主义的胜利,但实际上,"供给侧管理"的理论基础是古典经济学(以及马克思经济学)而非新古典经济学(包括凯恩斯经济学)。

总之,"供给侧改革"既不是对凯恩斯经济学的维持和继续,也不是朝新古典经济学的转向和回归,而是体现了古典经济学的再生和复兴。关于这三大经济学流派的差异,我们可以将促进经济增长的供求侧面和政策措施作一比较:凯恩斯经济学着眼于社会总需求的提升,并采取国家干预和公共支出的措施;新古典经济学着眼于个体需求的提升,并采取市场竞争和需求刺激的措施;古典经济学则着眼于产品供给和劳动配置,并采取市场竞争和制度优化的措施。在这三大经济学流派中,只有古典经济学真正从供给角度看待经济增长,它关注要素投入和劳动分工,注重产品结构和产业升级,重视技术创新和生产力提升,从而成为"供给侧管理"的真正基础。当然,在古典主义时期,制约社会运行的瓶颈主要在于生产方面,生产出来的东西往往会随即就被消费掉;尤其是,制造业发达的英国等,生产出来的产品面临着广阔的海外市场,本国产品生产所依赖的市场需求主要来自其他国家的国民消费能力而非本国的国民消费能力。因此,古典经济学就不太关注通过刺激消费的政策来引导生产,相反唯一要做的是降低贸易壁垒和流通障碍;相应地,古典经济学总体上主张经济自由和市场竞争,而这在供给学派中获得了偏至性的发展,由此实施了名副其实的自由放任政策。问题是,自古典主义末期以降,海外市场规模的扩展速度已经逐渐接近了上限,国内市场逐渐成为商品的主要消费场所;同时,由于工资的低水平和收入差距的扩大,本国的消费能力无法跟上。因此,由供给直接引导需求的有效性就每况愈下了,不仅供给与需求之间的脱节不断加剧,而且也造成了私人需求和社会需求的失衡,最终产生了私人繁荣和公共贫困的并存现象。相应地,主流经济学就开始转向对需求的关注,探究需求由何决定以及如何提高需求等措施,无论是新古典经济学还是凯恩斯经济学都是如此。

三、防止"供给侧改革"的理论偏至化

(一)"萨伊定律"的全面审视

尽管古典经济学以及马克思经济学都关注资本的积累和生产的投资,但流行的观点往往将对产品供给的重视追溯到萨伊定律。不错,萨伊处于古典主义时期,从而也像其他古典经济学家一样关注产品的供给,但是,他对供给与需求间关系的理解往往过于抽象和偏至,以致萨伊定律被简化为"供给创造需求"原理。究其原因有二:(1)萨伊本身就是一位极端的自由放任主义者;(2)萨伊还深受法国笛卡尔理性主义的影响。因此,当"供给侧管理"被引向萨伊定律时,要正确认识"供给侧管理",就需要对萨伊定律加以全面而系统的审视。事实上,正是通过这种简化,萨伊定律撇开了货币的影响而将商品的供求直接联系在一起,而这种简化思路也与古典主义时期流行的货币数量论相一致。结果,在学说史上,萨伊定律得到了李嘉图、西尼尔、麦克库洛赫以及穆勒父子的赞成,并为马歇尔、庇古等新古典

经济学默认;同时,却遭到马尔萨斯、西斯蒙第以及马克思等人的激烈批判,凯恩斯甚至以此来界分古典经济学和现代经济学。当然,早期的批判主要是基于社会事实而非理论逻辑,而没有区分物物交换经济和货币经济所带来的需求差异,没有考虑货币幻觉、坎铁隆效应及真实余额效应等,而这些构成了1936年的凯恩斯革命对萨伊定律进行批判的基础。正因如此,萨伊定律成为几乎所有自由主义经济学尤其是供给学派的理论基础,同时也成为凯恩斯经济学和马克思经济学等的批判对象。相应地,当"供给侧改革"被等同于向萨伊定律的简单回归时,也就必然会引发不同经济学学派间的激烈争论。

然而,萨伊定律所表达的实际上是一种更深层的含义:总需求和总供给并非彼此独立,任何一个工业部门(或企业,或个人)产品的需求都源于所有其他工业部门(或企业,或个人)的供给,因而供给的增加将导致需求也随之增加;相应地,危机的原因就不能单单用"生产过剩"去解释,而应从供给结构上去分析。究其原因,现实世界的供给并没有满足所有人或绝大多数人的需求,只是供求结构上存在严重失衡而造成"相对过剩",这源于产品供给的不合理而非社会需求的不足,从而也应该从产业结构的调整而非总需求的刺激上寻找解决办法。事实上,每次的经济大危机都表明,尽管有巨额的商品因滞销而丢弃,有大量的资源因"闲置"而浪费,但同时往往伴随着更多的人得不到最基本的食物等生活必需品,大量的穷人流离失所。

就当前中国社会而言,似乎存在严重的产能过剩问题,乃至供给侧改革的一个重点就是"去产能",这包括,将一些产能输往边远地区,通过"一带一路"建设消化产能,更为典型的则是大量的生产投资被迫关停。问题是,产能过剩如何会出现在像中国这样亟待发展的国家中?事实上,大多数农村都缺乏基本的卫生医疗设施,众多家庭连厕所以及自来水都没有,很多儿童甚至没有得到最基础的教育,我们只要离开广州城区30公里就可以见到坑坑洼洼的公路,可以看到破破烂烂的房屋。试问:我们又如何说当前中国社会存在生产过剩呢?至多可以说,这些现象反映出中国社会的供给结构存在严重的不合理,这也正是供给侧改革的核心问题。事实上,古典经济学根本关注的课题是富国裕民,要不断提升人们的福利水平,一个基本视角就是生活必需品的不断丰富。正是基于这一点,穆勒就指出:"财富的限度决不会是消费者的不足,而是生产者和生产力的不足。资本的每一增加要么会创造更多的就业机会,要么会增加劳动报酬,要么会使国家更富裕,要么会使劳动阶级更富裕起来。如果能找到更多的人手去工作,总产量会增加。如果人数不变,他们可得到较大的份额。甚至在后一种情况下,由于劳动者受到刺激后会更卖力地干活,产量本身也会扩大。"[①]不过,正如熊彼特指出的,萨伊和所有时代的许多其他经济学家一样都染上了"李嘉图恶习",从而急于实际利用这个命题,而没有用心地表述它,以致萨伊定律也就被简化为"供给创造需求"原理,进而严重误导了社会经济政策。

(二)"供给学派"的偏至性发展

萨伊定律在现代经济学中的复活主要归功于供给革命,并且由于渗入了20世纪70年代兴起的理性预期说而进一步获得了偏至性发展。事实上,针对西方社会普遍出现的滞胀危机,供给学派所提出的思维革命本质上是双重的。一方面,在问题的成因上,它将现代经济问题归咎于产品供应不足,而这决定于劳动力和资本等生产要素的供给和有效利用;相应地,它反对通过增加需求来刺激经济增长的需求管理政策,而主张通过提高生产力来实现经济增长。显然,这是对自边际革命以来单方面鼓励消费的新古典经济学的否定,并且实质上是向古典经济学的回归。另一方面,在解决的政策上,它将市场主体的行为视为对报酬刺激的反应,个人和企业提供生产要素和从事经营活动是为了谋取报酬,而自由市场则会自动调节生产要素的供给和利用;相应地,它主张消除阻碍市场调节的因素,让市场机制充分发挥作用。显然,这又是对当时占统治地位的凯恩斯经济学的否定,并且是向自由主义经济学的回归。也即,供给学派实质上具有双重性:不仅反对只关注消费和需求的边际效用学派经济学,而且反对主张政府干预来解决有效需求不足的凯恩斯经济学。究其原因,两者的问题关注和政策视角是一致的:自边际革命以降,经济学重视生产和供给推动的经济发展路径就为重视消费和需求拉动的经济发展路径所取代,凯恩斯不同于边际效用学派之处只是在经济衰退时用国家干预来代替市场机制或用公共支出来弥补个人支出的不足以提升社会总消费。因此,供给学派主张摒弃

---

① 穆勒:《政治经济学原理:及其在社会哲学上的若干应用》(下卷),赵荣潜等译,商务印书馆1991年版,第88页。

当时流行的"需求自动创造供给"信条而回到古典经济学重视供给的传统中去,乃至复兴了萨伊的"供给创造需求"原理。

然而,由于供给学派针对的是当时占统治地位的凯恩斯经济学政策,并将当时的问题归咎于国家的过度干预所导致的市场失灵:公共开支的增加抑制了储蓄和私人投资,并导致财政赤字的扩大和货币供给的过多,最终酿成通货膨胀和滞胀危机。相应地,供给学派就不可避免地走向与凯恩斯经济学相对立的自由主义经济学。显然,自由主义经济学的基本特色就是,主张发挥市场机制的资源配置作用,推崇企业家在市场活动中的积极角色,而企业家行为往往是对利润机会和经济刺激的反应。为此,供给学派强调,政府的基本任务在于通过改变经济刺激来影响个人和企业行为。同时,针对当时的经济衰退,供给学派提出刺激生产的基本举措就是减税。其理由是:经济主体进行活动的最终诱因是获得报酬或利润,因而税率特别是对工资、利润、利息、租金等增加部分所征收的边际税率的高低就是一个至关重要的刺激因素;相应地,降低利润收入税可以增加富人的储蓄,而随之带来投资增加,扩大生产和就业。另一个相配套的政策则是:削减福利支出。其理由是:实行减税政策的同时如不削减政府开支将会导致财政赤字,从而加剧通货膨胀;而且,失业保险会鼓励人们失业,社会保险会削弱个人储蓄,社会福利会抑制人们工作积极性。

显然,正是由于供给学派强调由市场主导的供给,实行自由放任的经济政策,并以简化的萨伊定律为理论基础,从而就成为自由主义经济学的重要成分。问题是,简单地求诸市场机制能够真正解决当前社会的供求结构失衡问题吗？难道不受节制的私人投资不应该对当前严重的产能过剩现象承担部分责任吗？其实,奥地利学派的维塞尔等很早就指出,市场机制的运行根据的是效益原则,厂商集中生产的主要是富人需求的奢侈品,因为富人强大的购买力决定了这些产品的交换价值远高于其自然价值;相应地,一个社会的收入差距越大,富人的购买力越高,奢侈品的交换价值越大,由市场机制决定的社会资源就更显著地集中在这些产品的生产上。同时,社会的攀比效应,使这些领域的需求和生产呈现出了畸形的繁荣,出现了不断延长的生产链;而一旦由于受某种原因所触发而导致人们的需求能力下降,人们首先削减这些被诱导的奢侈品需求,从而使得此领域的大量投资成为泡影,这也就是目前的产能过剩问题。也就是说,简单地回归供给学派的市场政策根本上无法解决甚至可能加剧目前的产能过剩危机。

总之,我们不能简单地以萨伊定律来理解"供给侧改革",更不能将"供给侧改革"等同于供给学派经济学。供给学派以萨伊定律为理论基础,而萨伊定律在处于简单商品生产阶段的早期资本主义也许具有一定的时代适用性,但在现代社会已经越来越大地脱离社会现实了。实际上,在萨伊定律中,货币仅仅是起交换媒介职能的一个面纱,但这没有区分物物交换经济和货币经济带来的需求差异,也忽视了经济体制的不确定性、坎铁隆效应及真实余额效应等。譬如,实际余额效应就指出,任何实际余额的变化都将直接影响商品与劳务的供求。其基本机理是:(1)每个人在货币余额持有以及商品和服务开支之间有一种愿望比例;(2)价格下降导致所持有货币的实际价值上升,使得流动性供给量出现多余;(3)人们把多余的货币供给量部分地用于商品和服务支出。确实,在萨伊时代,资本主义生产不是追求剩余价值的扩大再生产,人们生产产品的主要目的是获得另外的产品。但是,随着生产规模的日益扩大,资本主义生产方式和目的都发生了明显转变,从而生产和消费之间也就出现越来越多的脱节。从人类历史的发展实践看,也只是到了1825年,西方社会才爆发了第一次全面的经济危机,而此时萨伊、李嘉图等人都已经去世了。但随着边际主义的兴起,瓦尔拉斯进一步强化了萨伊定律并构建了一般均衡体系;尤其是,随着20世纪70年代供给学派的兴起,特别是以理性预期为指导的经济学逐渐走上形式化的道路,"萨伊定律"又开始在经济学中被奉为圭臬。显然,这正反映出现代主流经济学与现实之间的脱节,需引起我们的反思,而不是简单地套用现有流行理论来指导实践。

四、防止"供给侧改革"的政策简单化

相对于传统的需求侧管理,"供给侧改革"的核心在于优化要素配置和调整经济结构。在优化要素配置方面,由于随着资本的积累已经出现了明显的报酬递减现象,为弥补这一点,劳动力和土地就成为维持经济增长的重要的替代要素,人口制度和土地制度改革也成为"供给侧改革"的重要内容。其中,人口制度改革的主要取向是:(1)放开生育政策,补充人口红利;(2)户籍制度改革,促进劳动力跨地域、跨部门流动。土地制度改革的主要取向则是:(1)确权和加速农地流转,从而提高土地使用效率;(2)促进集体建设用地流转,寻找新的土地红利。此外,流行的观点还认为,通过

加快劳动力的流动和土地的流转,有助于促使农民迅速入城,不仅可以加快城镇化建设,而且可以为制造业提供就业人口,尤其是可以促进第三产业的发展,从而实现产业结构的优化和经济持续增长,并最终克服"中等收入陷阱"危机。问题是,简单地借助市场机制来配置劳动和土地等生产要素果真能够实现如此任务吗?这里,我们以人口红利政策为例作一分析。

一般来说,后发国家往往是依赖廉价的劳动力参与国际竞争的。当存在大量产业后备军时,劳动力就处于无限供给阶段,此时工资就取决于维持生活所需的生活资料的价值;相应地,技术提升所带来的利益则主要转化为资本的利润,从而带动投资和生产的扩张,经济也呈现出蒸蒸日上的势头。当剩余劳动力逐渐被工业吸收而导致产业后备军快速降低时,劳动力就逐渐由剩余变为短缺,劳动力工资水平开始不断提高;相应地,资本利润就逐渐下降,投资和生产的扩张势头受到抑制,经济也开始缺乏后劲。这两大阶段的更替也就是"刘易斯拐点"。显然,"刘易斯拐点"后促进经济增长的人口红利就开始衰减,此时,劳动力更充足、工资更低的地区就会继起,承接并发展更具竞争力的劳动密集型产业;相应地,失去劳动密集型产业优势的地区,就必须进行发展模式转换和产业结构调整,否则就会丧失国际市场竞争力,收入水平也就无法继续提高,这就陷入了"中等收入陷阱"。

从经济发展史看,伴随人口红利的全球制造业相继在19世纪末从英国转向美国,接着在20世纪中叶又转向了日本、韩国、中国台湾地区以及东南亚地区,然后在20世纪90年代转向了中国大陆地区,中国也成为"世界制造工厂"。但是,中国劳动力供给在2012年出现了拐点:2012年15—59岁的劳动年龄人口首次减少了345万,2013年16—60岁的劳动年龄人口减少了244万,2014年16—60岁的劳动年龄人口进一步减少了371万。① 显然,人口下降在缓解就业压力的同时提高了劳动力成本,进而影响到制造业和出口行业的竞争力;相应地,大量资本和企业开始从中国大陆转向劳动力更充足和成本更低的东南亚乃至非洲地区,这造成中国总体经济的下滑。实际上,人口红利的消退是长周期的,因而中国经济也开始步入了下行周期。

---

① 韩冰:"中国劳动人口数量连降3年 人口红利逐渐消失",http://money.163.com/15/0121/02/AGESU36I00253B0H.html。

因此,众多学者和官员都将中国正面临的"中等收入陷阱"危机归咎于人口红利的消失,从而主张通过放开生育政策来补充劳动力,以人口红利来继续维系传统的劳动密集型产业优势,进而得以摆脱"中等收入陷阱"。例如,蔡昉认为,中国人口红利在 2013 年之后迅速衰减,并且会在 2030 年前完全消失。而且,蔡昉认为,人口抚养比每升高 1 个百分点,人均 GDP 增长率将降低 0.115 个百分点。因此,为了避免经济发展速度的逐年下降,就应该调整人口生育政策,同时将支撑经济增长的源泉从就业的增长转向全要素生产率的提高。[①] 问题是,通过放开生育政策就能够避免"中等收入陷阱"而维系社会经济的持续发展吗?事实上,如果放开生育政策是基于社会伦理、亲情的考虑,笔者是赞成的;但如果仅仅是从获取人口红利以维系经济增长的角度来认识,那就大错特错了。

首先,就"中等收入陷阱"的摆脱而言。人类社会发展和福利水平提高不是基于总量而是人均,"中等收入陷阱"的摆脱也不体现为国民生产总值的增长而是人均收入的提升。在经济学说史中,关注国民财富增长和社会福利提高的主要是古典经济学家,其开创者斯密也是以人均国民收入而非总收入或国民财富作为衡量经济福利的标准,因为总产值中减去维持固定资本和流动资本的费用才获得国民收入,而国民收入要分配到每一个国民才形成真正的福利水平。试想:如果个体人力资本没有提升,劳动生产力没有提高,社会经济结构也没有显著改善,即使经济总量随着人口总量的增加而增长,这对国民来说又有多大意义呢?对"供给侧改革"下的中国经济"新常态"来说,提高经济增长的质量远比维系较高速度更关键,追求人均收入的提高远比经济总量的增长更重要。根本上说,当前中国经济的困境就在于,由于长期注重发展依赖人口红利的劳动密集型产业,却没有适应社会形势变化进行调整,从而经济增长就缺乏新的动力。

其次,就人口红利的发展趋势而言。人口红利本质上是由人口年龄结构转变产生的经济增长潜能,主要体现在 15—64 岁的劳动年龄人口比例大于非劳动年龄人口比例的人口结构。究其原因,儿童人口和老年人口比例高的国家,需要将大量资源用于儿童和老人的赡养,从而不利于资本积累和经济增长;相反,劳动年龄人口越高的国家,则有较高的产出和较高的储蓄,能够投入生产和再生产的资源比例也就越高,从而也就越有利于经

[①] 蔡昉:"中国的人口红利还能持续多久",《经济学动态》2011 年第 6 期。

济增长和收入提高。相应地,人们把有利于经济增长的人口年龄结构称为人口红利,并用人口抚养比来度量。目前学术界和国际组织广泛接受的人口红利判断标准是:如果人口抚养比低于 0.5 左右,也即每个劳动人口所抚养的非劳动人口不到半个,此时该国存在着人口红利。就中国的情形而言,按照联合国人口司的统计,2005 年中国人口抚养比为 0.3809,2010 年达到最低点 0.3452,以后开始上升,2015 年为 0.3658,远低于全世界 0.523 的水平。① 国家统计局数据显示,2012 年 15—59 岁劳动年龄人口占总人口的比重为 69.2%,比上年末下降 0.6%;2013 年 16—60 岁的劳动年龄人口占总人口的比重为 67.6%;2014 年 16—60 岁的劳动年龄人口占总人口的比重为 67.0%。② 从中可以看出两点:(1)从人口抚养比的绝对水平看,当前中国社会还存在明显的人口红利期;(2)从人口抚养比的变动率看,中国社会的人口红利已经处于逐年下降时期。

其三,就人口红利的实质内涵而言。事实上,人口抚养比的提升也是人类社会发展的基本趋势,即使放开生育政策也无法改变,如发达国家的人口抚养比往往较高。其原因有二:(1)随着收入水平的提高和医疗卫生条件的改善,人口再生产由"高出生率和高死亡率"向"低出生率和低死亡率"转变,但生育率下降往往滞后于死亡率下降,从而导致人口增长往往会伴随着人口抚养比的上升;(2)即使新出生人口进入工作年龄后可以降低人口抚养比,但这些人进入退休年龄后也会提高人口抚养比,从而最终还是会丧失人口红利。尤其是,在当前中国,放开生育不仅会导致出生率远高于死亡率,而且也会短期内大量增加非劳动年龄的儿童;相应地,这就必然会导致人口抚养比的迅速上升,并严重抑制经济增长和人均收入水平提高。因此,简单地通过放开生育,并不一定会带来人口红利,更不一定会提高人均收入水平。其实,就人口红利对人均收入水平的影响而言,这不仅与人口抚养比有关,更与劳动生产率水平有关。究其原因,劳动生产率水平的提高有助于提升市场竞争力,有助于增加每个劳动者的产品剩余,有助于提高资本积累率。为此,一些学者将人口红利细分为"第一人口红利"和"第二人口红利":"第一人口红利"是指劳动年龄人口比例的提高而对经

---

① 赵坚:"'人口红利消失说'错在哪里",http://opinion.caixin.com/2016-01-14/100899207.html。
② 韩冰:"中国劳动人口数量连降 3 年 人口红利逐渐消失",http://money.163.com/15/0121/02/AGESU36I00253B0H.html。

济增长的影响;"第二人口红利"则是指既定人口抚养比下由于资本—劳动比率的提高而对经济增长的影响。进一步地,劳动生产率水平又与教育投资和人力资本有关。显然,人口结构转变对人力资本投资有重要影响,因为随着"低出生率和低死亡率"社会的来临,人的寿命延长,从而更愿意进行教育投资以增加人力资本,这才是人口红利的实质内涵。

其四,审视一下美国社会的人口红利影响。从 1900 年到 2010 年这一百多年里,美国人口增长了约 4.5 倍,而且已经连续 50 年增长率保持在 8.0% 以上。根据美国统计局的数据,具体增长率为:1960—1970 年为 13.4%;1970—1980 年为 11.4%、1980—1990 年为 9.8%,1990—2000 年为 13.1%,2000—2010 年为 8.46%。[①] 正是高人口增长率维系并巩固了美国的全球优势地位,促进了经济的持续发展。但是,美国的高人口增长率并不是源于较高的生育率,而主要源于大量的移民,美国的生育率要低于法国、英国等很多国家。相应地,源自移民的高人口增长率就为美国社会带来了这样的影响:(1) 美国社会不但没有陷入人口老龄化困境,反而有助于缓解社会养老压力;(2) 美国的收入差距持续扩大,并且长期都是发达国家中最高的。一方面,就美国从移民中的受益而言,大量的移民不仅带来了庞大的消费,从而为美国提供了大量就业机会;而且,还带来了巨额的资本和人力资源,从而为美国经济注入了新的活力。事实上,美国的科学家和工程师中很大一部分是出生于国外的移民,他们或者在本国完成学业后移民到美国,或者在美国接受高等教育后留下来;这些外国科技人员的流入,不仅大大减少了美国的教育支出,而且还大大降低了美国的研发成本,提高了美国的科技水平和劳动生产力。另一方面,就美国社会的收入差距拉大而言,大量移民的涌入不仅增加了劳动力的供给,从而降低了普通大众的劳务工资;而且,还恶化了就业环境,从而导致了明显比欧洲人长的工作时间。事实上,美国服务业人员的工资就比欧洲国家低,如在美国打车和吃饭都比在其他发达国家便宜,因而美国人较高的平均生活水平是建立在众多人生活水平低下和工作条件恶劣的基础之上的。也即是说,推动美国经济增长和收入提升的人口红利主要源自海外移民,而这种人口增长也造成了美国社会收入差距拉大等问题。

最后,审视一下重商主义的人口红利政策。以人口红利推进经济增长

---

① 蔡雷雷:"中美人口对比(1)",http://data.book.hexun.com/chapter-18550-1-5.shtml。

的典型例子是重商主义时期的欧洲:新兴民族国家为了生存和发展,就必须快速壮大自身经济和军事实力,尤其是在国际竞争和对外贸易中积累资本。显然,一国的国际竞争能力以及净出口规模与其产品价格进而工资高低成反比,因而各国都努力将工资保持在较低水平;但同时,较低的工资水平往往难以吸引到足够的劳动者,因而各国又通过各种措施来保障劳动力的充足供应。事实上,为了最大限度地驱使人们进入劳动大军,西欧各国都制定严苛的法律来惩罚那些身体健康的游手好闲和乞讨者。例如,伊丽莎白女王的法令规定:未经许可的14岁及14岁以上的乞丐都要受到鞭打并被打上烙印,除非有人愿意雇用他们,第二次将被处死,除非有人愿意雇用他们,而第三次则被视为重犯而被毫不留情地处死。而且,当时有一个流行的看法:被送到国家济贫院的儿童自4岁时就可以在适合他们年龄、体力和能力的任何制造业作坊里工作了,这有助于培养他们持续工作的习惯。① 如法国财政部长柯尔贝就认为,"一个儿童早期的懒惰是他后来不能正常劳动的根源所在",并由此颁布法令,所有居民必须在他们孩子六岁时就将其送入花边生产厂工作,否则处以罚款。② 所以,罗斯巴德说:"对于重商主义者来说,'充分就业'明确包含的逻辑结论是:强迫劳动。"③

问题是,重商主义时期各国关注的是国强而非民富:国强注重经济总量的增长,民富则注重人均收入的提升。正是由于劳动者权益得不到法律保障,而且参与工厂劳动并无助于个人生活的明显提升,因而人们往往积极地逃避工厂劳动,政府则实行强迫工作制度。在很大程度上,这也与当前中国情形有类似之处:很多农民工之所以返回农村,也就在于缺乏保障劳动者利益的《劳动法》等制度,同时在工厂劳动所获得的生活水平也并不比农村生活好多少。与重商主义广泛存在的自愿失业形成鲜明对比的是,当前欧美社会存在大量的非自愿性失业:人们积极寻找工作却难以获得工作机会。究其原因在于,西方社会相对完善的劳动法等保障了劳动者的利益,人们参与工厂劳动所获得的工资要远远大于单干,从而就会积极寻找工作;与此同时,企业利润的相对摊薄使得企业主并不需要相应的劳动者,

---

① 朱富强:《经济学说史:思想发展与流派渊源》,清华大学出版社2013年版,第66页。
② 布鲁:《经济思想史》(第6版),焦国华、韩红译,机械工业出版社2003年版,第20—21页。
③ 罗斯巴德:《亚当·斯密以前的经济思想:奥地利学派视角下的经济思想史》(第一卷),张凤林译,商务印书馆2012年版,第374页。

因而如何缓解工作供不应求的矛盾就成为政府的重要课题和难题。同时，低工资政策在重商主义时期之所以能够成功，也在于重商主义将海外市场作为商品处理的主要乃至唯一场所，从而商品生产所依赖的市场需求主要来自其他国家的国民消费能力而非本国的国民消费能力，而工资作为出口产业的生活费用反而成了负担；为此，重商主义一方面以法律来强制实行低工资政策，另一方面则以法律来强制保障劳动力供给。当然，严重依赖海外市场的重商主义政策并不能为所有国家同时实行，也不可能为一国长期实行；随着市场需求能力由海外向国内转移，体现国民消费能力的高工资对经济增长来说就不再是坏事了，因而斯密就反对重商主义的低工资教条。

总之，尽管流行观点认为放开计划生育能够对目前处于下行的经济注入人口红利，并由此克服"中等收入陷阱"危机，但实际上是行不通的。首先，简单地以人口红利促进经济增长的同时也会持续拉大收入差距，这已经为各国经济发展史所证实。究其原因，当劳动力供给具有无限弹性时，经济增长伴随的是利润而非工资提高。相应地，人口红利的注入主要是增强了国力以及少数资产者的利益，却无法有效提升一般工人的工资水平和普通大众的福利水平。其次，就中国社会现象而言，相比于其他主要国家，当前中国劳动年龄人口所占的比重还是相当高的。试想，如果在这种情形下已经失去了人口红利的话，那么随着生育的放开以及老龄化时代的来临，又何言人口红利呢？其三，就社会经济的发展基础而言，一国经济增长往往严重受制于它的自然和社会资源，人口数量的持续增加必然会导致人均自然资源量的减少；此时，如果不通过发展技术等社会资源，经济发展必然会趋向停滞，收入水平也无法持续增长。其四，从中国历史上看，社会动荡往往与人口增长密切相关。例如，到康乾盛世期间，人口暴增到 1.43 亿，从而为后来的农民运动埋下了隐患。最后，通过人口增长方式只能提高国民经济总量而无法提升人均收入，从而也必然无法跳出"中等收入陷阱"。事实上，穆勒很早就指出："人口以最大的速度增长而不致使工资下跌，这是不可能的。或者，工资的下跌，在没有达到阻止人口增长（通过物质或精神的作用）的程度时就停止，这也是不可能的。"①

---

① 穆勒：《政治经济学原理：及其在社会哲学上的若干应用》（下卷），赵荣潜等译，商务印书馆 1991 年版，第 389 页。

青木昌彦则强调,影响经济增长的主要有五个重要变量:(1)劳动力从低生产率行业向高生产率行业的转移;(2)人口红利;(3)资本投资;(4)人力资本投资;(5)劳动人口在整个人口中的比例。而且,这五个要素往往还是在经济增长过程中相继发挥作用的,从而维持了经济增长的持续性:第一阶段,传统农业经济开始向以工业和服务业为主过渡时,这就将促发劳动生产率提升的库兹涅茨过程,而这是以持续的资本积累为前提的;第二阶段,当农村人口转移接近尾声时,经济增长往往依凭高峰出生的人口所带来的劳动力,此时经济增长主要源于人口红利,也大致处于劳动密集型产业的发展阶段;第三、第四阶段,随着人口红利的减少,经济增长的动力就转向人均生产率,而这需要加强对机器、工厂等的资本投资和教育等的人力资本投资,这是转向资本密集型或技术密集型产业极端;第五阶段,当整个社会经济处于稳态时,经济增长水平主要取决于劳动参与率,而这涉及社会文化和制度结构等。因此,中国当前要真正摆脱"中等收入陷阱"并促使经济持续增长,关键不是不断注入"第一人口红利"而是"第二人口红利",而这根本上有赖于教育文化水平和社会生产力的提高。

五、尾论:"供给侧改革"防偏

任何现实经济的问题都是结构问题,都体现为产品结构的失衡,从而都需要通过发展生产力、技术创新和(产品)产业升级来解决,进而也都离不开国家的宏观调控以及相关经济政策,这是"供给侧改革"基本要点。显然,供给侧管理的理论基础根本上在古典经济学和马克思经济学,它们的基本要点在于:(1)合理的供给必然会产生相应的需求;(2)合理的供给首先是要满足人们的生活必需品需要。事实上,古典经济学的供给是结构性的,关注社会发展和生产力提高。与此不同,无论是凯恩斯经济学的"需求决定供给"还是供给学派的"供给创造需求",都局限在总量分析上;相应地,由此产生的政策必然都是片面的,它至多可以解决一时衰退而无法保持持续发展。很大程度上,"供给侧改革"是一个细致而复杂的工程,它必须要关注人类需求层次和结构的变化,需要注重生产技术和产品结构的相应调整,需要发挥市场机制的积极作用并弥补它的不足。因此,我们必须提防将"供给侧改革"混同于曾一度流行的供给主义。

不幸的是,流行的观点恰恰是在努力将"供给侧改革"引向供给主义政策,由市场自动调节而使实际产出回归潜在产出;结果,这就必然导向政策的片面性和短时性,根本无法解决产能过剩等问题。譬如,一个流行的政策主张就是:以户籍改革促进劳动力流动,以土地改革促进土地流传,开放生育政策以维系人口红利,鼓励农民入城以推动服务业的发展。那么,这些政策能够有效解决当前中国社会的问题吗?事实上,当前中国推行的"供给侧改革"根本上不同于供给学派盛行时期欧美所面临的形势:20世纪80年代的欧美面临政府干预引起的物价上涨和失业增加这一滞胀问题,从而偏重于市场化转向,通过减税等提高产品总量供给和扩大就业。但当前中国社会面临的是产能过剩和劳动力不足,从而更加注重结构性改革,通过提升生产力水平来促进产业结构调整和发展模式转换。

显然,对"供给侧改革"来说,增加经济总量并不是主要目的,提高人均国民收入从而摆脱"中等收入陷阱"才是更主要和直接的目标;相应地,"供给侧改革"不能简单地委诸市场机制,相反,政府在经济结构转型中也必须发挥积极的引导作用。更不要说,减税等供给经济学政策即使在20世纪80年代也不见得成功。事实上,尽管里根政府的供给政策在短期内恢复并促进了经济增长,但这根本上是建立在"公共赤字、军费开支和号称国债的金融投资"之上。具体而言,(1)经济增长主要依赖于军事工业和服务业的增长,而美国生产率增速却远低于以往以及其他发达国家,这是导致贸易赤字剧增的重要原因;(2)公共开支的削减主要是社会部门而不是军事部门,并且通过发行债券而不是货币形式为军事部门和公共部门提供资金,这是导致公共赤字越来越高的重要原因;(3)美元的增值使得美国金融部门日益成为公债的中介,并且公债越来越多地由拥有对美贸易盈余的外国持有,这是美国对世界金融资源的控制力越来越弱的重要原因。[①] 同时,供给经济学政策失败的根本原因在于:(1)它根本上关注的是总量平衡问题而不是结构问题,从而与新古典经济学以及凯恩斯经济学没有本质区别;(2)其减税政策不仅没有缩小反而扩大了收入分配,从而会进一步造成消费不足;(3)更不要说,减税政策所依据的拉弗曲线根本就是基于一种不合理的假设:当税率超过了由税率和税收所形成的倒U形曲线的顶点之时,通过降低利润收入税可以增加富人的储蓄,富人随之增加的投

[①] 多斯桑托斯:《新自由主义的兴衰》,郝名玮译,社会科学文献出版社2012年版,第26—27页。

资可以扩大生产和就业,从而促进社会经济的增长。问题是,现行税率是否已经超越倒 U 形曲线的顶点？大量的经济学文献都显示这是毫无根据的,美国 20 世纪 80 年代的降税产生了不断高筑的财政赤字而不是投资增加和经济增长。

同时,"供给侧管理"注重从供给角度来引导需求,但这根本上是建立在对人们的真实需要以及相应的产品供给有深入认识的基础上；否则,很可能会忽视市场上受到诱导的非真实需求,夸大市场机制在引导消费需求和结构调整中的作用,最终滑入传统供给主义的窠臼。究其原因,市场机制的运行根本上是基于效益原则而非效用原则,逐利厂商主要生产那些能带来最大收益的富人所需要的产品和服务,而反映穷人需要和社会目标的那些需求则会遭到严重忽视；同时,在"生产者主权"的"劝说"和"诱导"下,个人需求因受社会心理的影响而相互攀比,从而激发出大量脱离实际需要的非真实性需求。尤其是,由于这种非真实需求潜含着大量的商业收益,因而社会就会对此不断投资,从而形成不断延伸的产业链。但是,消费能力毕竟不可能无限扩张,从而被诱导的这种需求不可能一直持续下去；相反,这一发展过程一旦因某种偶然因素而发生动摇,人们首先会大肆削减这种非真实需求的支出,从而就会造成整个需求链的突然崩溃,并由此爆发出严重的经济危机。从历史实践来看,尽管 20 世纪 70 年代英美实行的供给政策在一定程度上帮助经济走出了衰退,但它也导致财政赤字不断派生,并使得美国经济不久就陷入了战后最为严重的经济衰退,最终导向了 2008 年的全球经济大危机；同时,这些政策也没有帮助拉美诸国摆脱经济衰退,反而使之陷入更长期的停滞。

然而,新自由主义的供给政策却根基于比较优势原理,它应用到当前中国社会就会形成这样的思路：一方面,中国的竞争优势就在于低廉的劳动力成本,而"中等收入陷阱"危机的成因就在于劳动力成本上涨以及人口红利的消失；另一方面,为了越过"中等收入陷阱",根本思路也就在于释放农业劳动力,从而继续为劳动密集型产业的发展提供支持,为经济增长补充人口红利。很大程度上,这也正是目前学者们大力鼓吹而相关政策又重点关注的。问题是,大量依靠人口红利促进增长的方式往往只是适用于收入水平低下的经济发展初期,此时因为自然资源的不足以及资本的匮乏而只能依靠劳动的投入来替代和补充；但随着工业化的推进,经济发展对自然资源的依赖性就逐渐降低,资本的不断积累和丰富就使得资本对劳动的替代逐渐成了经济发展的核心问题。因此,简单地基于比较优势原理所采取的措施似乎既无法促进内需增长也无法促进产业升级,而只是致力于降低传统产业的劳动成本;同时,这些措施尽管可能在短期内缓和劳动力成本带来的竞争压力,却很可能是以限制收入提高和抑制内需提升为条件的。相反,只有及早地跳出对人口红利的依赖并采取促进生产力发展的适当政策,才能有效实现从以资本积累为基础的马克思增长类型转向以改进生产率为基础的库兹涅茨增长类型,才能逐渐增加劳动所占的收入份额而提高收入分配的均等性,才能实现需求由外需到内需的转换,从而最终根本上跨越"中等收入陷阱"。

第 2 篇　新结构经济学的解析

　　根本上,"供给侧改革"的目的在于促使生产产品满足社会需求,这包括两方面:(1) 在国内,体现为首先满足人们真实需求的必需品,进而要反映人们不断变化和上升的需求;(2) 在国际,体现为满足世界市场需求的产品,进而就需要提高国际竞争力。要做到这一点,就需要有合理的产业政策,进而就有了有为政府的诉求。近年来,林毅夫的新结构经济学从理论和经验两个层面对产业政策展开了系统研究,并基于世界各国的经验而发展了一个清晰的 GIFF 框架,其中包含了产业目标的选择以及政府在其中的积极作用。但同时,林毅夫的产业政策主张也遭到很多"主流"经济学人的反对,从而出现了一场有关产业政策的大争论;进而,这衍生出对政府机制和市场机制之间作用范围的界定,更深层次地涉及对市场失灵内涵和政府根本性质的认知。有鉴于此,基于上篇对经济增长动力和路向的剖析,本篇进一步对林毅夫的新结构经济学及其引起广泛关注的主要观点作一系统的梳理和辨析,由此探究了制定产业政策的基本要求和方向,并从规模经济和技术差距维度确立了市场开放的基本原则,进而探索了现代发展经济学的发展方向和范式要求。

5

认识 GIFF 框架的两大重要价值

——评林毅夫的新结构经济学之一

本章导读：新结构经济学的"增长甄别与因势利导"框架（GIFF）不仅对发展中国家在目标产业的确立和途径选择上具有显著的现实意义，而且有助于我们更好地认识有为政府在不同产业发展中的作用。尽管如此，新结构经济学的学说体系还有待进一步发展完善，包括一国在世界市场竞争中如何运用优势原则？尤其是，不同国家的产业发展路径往往具有特异性，这就限制了 GIFF 框架在世界各国尤其是发展中国家的现实应用性。同时，GIFF 框架嵌入了极有助益的应用政策经济学的方法论思维，这体现为，对现实问题的解决要抓重点和主要矛盾。很大程度上，目前新结构经济学的主要价值，与其说在于为世界各国尤其是发展中国家提供一个可操作性的产业政策制定原则，不如说在于为应用政策研究提供一种极有助益的方法论启示。

一、引　言

经过近 30 年的学术探究，林毅夫在 2010 年左右提出了他的新结构经济学并以此来审视和指导经济转型国家和发展中国家的产业政策。其主要观点是：不同发展程度的国家经济结构内生决定于该国的要素禀赋结构,一国实现快速包容可持续发展的最优方式是按照该国每一时点给定的要素禀赋结构所决定的比较优势来选择所要发展的产业和所要采用的技术,由此,该国就会以最低的要素生产成本和最大的竞争力而创造出最大的经济剩余,进而加快资本积累和促进要素禀赋结构提升,进而也就有助于产业结构和技术升级;同时,由于经济发展是一个技术不断创新、产业不断升级以及硬的基础设施和软的制度环境不断完善的结构变迁过程,而在此过程中必须对技术创新和产业升级的先行者给予外部性的补偿,和协调相应的软硬基础设施的完善,从而就需要有一个有为政府。基于有为政府和有效市场的互补和结合,林毅夫提出了一个确定目标产业的"增长甄别与因势利导框架"(GIFF)。林毅夫的新结构经济学及其 GIFF 框架在引起学术界、实务界以及各国政府广泛关注的同时,也遭到了不少经济学人的否定和批判,他们反对政府对经济的干预,否定产业政策的有效性。那么,我们究竟应该如何理解 GIFF 框架的意义和作用呢?

针对这些经济学人反对产业政策的原因,林毅夫从经验事实角度归咎为两大重要因素:(1)二战后许多发展中国家使用了产业政策,但经济发展绩效很差;(2)在成功的国家中也有许多产业政策是失败的。不过,除此之外,林毅夫的新结构经济学之所以引发如此大的争议甚至是反对声浪,还与它本身存在着理论逻辑上的缺陷以及面临着理论应用上的挑战有关,这使得很多经济学人都对它的现实可操作性或应用价值提出疑义。然而,尽管新结构经济学在实践上并不具有直接可操作性,这也是任何理论性学说体系的一般特点,但我们并不能由此否定它对产业政策制定的引导和启迪意义。面对产业政策的诘难,林毅夫就坚定表示:"不能因为产业政策大部分是失败的,我们就不要产业政策了,因为这样做的话其实是把婴儿跟婴儿洗澡水一起倒掉,我们经济学家需要研究为什么需要产业政策才可以成功。产业政策成功跟失败的道理是什么?为什么成功的国家都有产业政策,为什么大部分的产业政策失败,从政府研究当中,我们希望可以找出一些可以依据的准则,让政府在做产业政策的时候,提高成功的概率,减少失败的概率。"①

既然如此,新结构经济学以及 GIFF 框架的真正价值究竟体现在什么方面?笔者以为,这主要体现在两大方面:一方面,GIFF 框架细化了政府

---

① "产业政策思辨会——林毅夫对张维迎",http://www.yicai.com/news/5155368.html。

在产业目标的选择、产业政策的实施以及产业结构的升级整个过程中的功能承担,突出了有为政府在不同产业中的角色和功能,进而也有助于学界更好地探索有为政府与有效市场相结合的机制和途径;另一方面,GIFF框架潜含了极有助益的应用政策经济学的方法论思维,这种方法论思维不同于流行的基于抽象逻辑的推理和局部数据的计量,而是基于整体和宏观的高度来把握社会经济关系,从整体上审视和把握其产业发展的方向,从而更符合应用政策研究的要求。有鉴于此,本章集中就林毅夫制定GIFF框架的内在逻辑以及依旧存在的应用问题作一深层的逻辑透视,进而集中剖析这一分析框架对应用政策研究的方法论意义。

二、如何确定目标产业:林毅夫的GIFF框架

迄今为止,世界各国的产业政策既提供了不少成功的案例,也出现了大量失败的案例。譬如,迄今没有任何一个撒哈拉以南的非洲国家成功地培育出有国际竞争力的工业。那么,问题出在哪呢?不同学者的认知显然是不同的。

例如,詹姆斯·罗宾逊强调,尽管产业政策有着促进经济发展的巨大潜力,但只有在政治环境合适的情况下,这样的潜力才能发挥。[①] 究其原因,任何制度和政策都会带来收入分配的变动,因而在制度安排和政策规划的选择上往往就会存在利益之争;其中,那些具有更大权力尤其是政治权力的群体就会努力推行有利于自身的制度安排和政策规划,从而导致究竟选择何种经济和产业政策往往就取决于社会的和政治的权力结构。显然,如果决策者的动机不纯,目的是获取租金而非发展经济,或者由于制度安排的不合理,缺乏必要的监督而滋生出大量的逆向选择和道德风险,那么相应的产业政策往往也会失败。例如,不少非洲国家在制定产业政策、项目和选址时,往往根据政治标准而非考虑经济因素,从而就导致了产业政策的失败;相反,东亚国家的经济主管部门致力于制定理性的经济政策,而不是采纳服务于政治的项目或政策工具,从而就导致了产业政策的成功。

林毅夫则提出了不同的看法:政治领袖在关心其任期保障之余,往往

---

① 詹姆斯·罗宾逊:"从政治经济学视角看产业政策与经济发展",《比较》2016年第1辑。

也关心自身在国家历史中的地位,从而能够跳出狭隘的、自私的、物质的利益而谋求国家的繁荣;尤其是,那些通过长期革命而实现国家的经济和政治独立的第一代领袖,往往存在对国家现代化的内在渴求而非对个人既得利益的肆意追求,从而努力制定富有远见的决策和制度。[①] 不过,这些政治家所推行的战略往往会受到当时主流社会思想的影响,以致这种主流社会思想往往会塑造出发展中国家的制度化秩序。譬如,在二战结束的初期,摆在新兴独立的发展中国家政府面前的首要任务就是独立发展自身经济并消除贫困,因而经济增长就成为各国政府的首要职责;尤其是对中国、印度这些大国来说,由于工业化的缺乏特别是作为军事实力和经济力量基础的大型重工业的缺乏,自身长期屈从于殖民主义强权。因此,优先发展重工业就成为当时发展中国家摆脱殖民统治和壮大经济的主流意识,这种思想意识还为马克思的两部门生产理论和苏联二战前的成功经验所强化。受此影响,东亚诸国的政府也有优先发展"先进"的资本密集型产业的强烈愿望,但是,受制于自身相对较小的人口规模和极端匮乏的资源禀赋而无力对资本密集型产业进行长期补贴,结果"被迫"走上了一条基于出口战略的发展之路,并最终取得了经济的成功。[②]

因此,即使着眼于经济因素的考虑,所制定的产业政策也不一定就会成功,大量的社会实践都证实了这一点。也正是基于这一现象,张维迎强烈否定由政府规划的产业政策的有效性,转而基于欧美发达国家的发展史而将经济增长动力归功于企业家精神。在这里,张维迎承袭了奥地利学派的思想而从两方面来阐述企业家推动经济增长的机制:(1)通过发现市场的不均衡来套利,使得资源得到更有效配置;(2)通过创新打破原来均衡,推动生产可行性边界的外溢。尤其是,张维迎强调,两个方面都依赖一个最基本的制度条件:自由、私有产权和法治。这意味着,政府应该处于经济活动之外。但是,林毅夫通过大量的历史经验观察却指出,尚未见不用产业政策而成功追赶发达国家的发展中国家,也尚未见不用产业政策而能继续保持领先的发达国家;同时,林毅夫还进一步指出,发展中国家促进经济起飞所能运用的资源非常有限,这就要求政府对可能的技术创新和产业升级的经济和社会回报进行甄别,通过产业政策来集中有限资源以协助企业

[①] 林毅夫:《经济发展与转型:思潮、战略与自生能力》,北京大学出版社2008年版,第18页。

[②] 同上书,第84页。

家从事那些回报最高的技术创新和产业升级。

按照林毅夫所说,他和张维迎都主张回归到斯密来讨论政府的作用,但两人回到斯密的维度或视角却存在不同。其中,张维迎主张回归到他所总结的斯密观点:政府最重要的职能是"创造给人自由的环境、法治,包括产权制度的保证";林毅夫则主张回归到斯密倡导的对现象的"性质和原因"进行研究的方法,并以此方法对当前社会中出现的问题进行独立研究。林毅夫所持的理由是:(1)政府的责任只在维护"自由的环境、法制和保护产权"的流行观点并没有完整而全面地总结斯密思想,因为斯密还强调政府的责任包括"维持某些公共机关和公共工程",因为这类事务可以给社会带来很大利益,而个人或少数人来办理,所得利润却不能偿其所费;(2)斯密思想也具有时代局限性,因为斯密思想源自对工业革命以前西欧发展经验的总结,而现代的快速经济增长是工业革命以后的现象,从而需要引入熊彼特的企业家精神;(3)计划经济向市场经济转型中出现的问题更是当前中国社会的独特现象,试图从斯密或其他经济大师的以往著作中寻求直接答案往往只能是缘木求鱼。①

事实上,按照斯密的研究思路,财富创造根本上要从提高劳动生产率水平着手。相应地,林毅夫指出当前中国社会提高劳动生产率应该遵循的两个基本途径:(1)通过技术创新,提高现有产业中产品的质量和生产效率;(2)通过产业升级,将现有劳动力、土地、资本等生产要素配置到附加价值更高的产业。进而,林毅夫强调,这两者的实现都需要有"有效市场"和"有为政府"的共同作用。其中,有效市场的功能在于,引导企业家按照要素禀赋的比较优势来选择技术和产业,从而为整个经济发展创造出最大的剩余和资本积累,为现有产业、技术升级到资本更为密集、附加价值更高的新产业、新技术提供物质基础。有为政府的功能则在于:(1)为风险—收益不对称的早期创新提供支持,或者为早期创新者在创新过程中的外溢信息提供补偿,从而鼓励企业家勇于承担创新的风险;(2)提供交通、电力、港口等硬的基础设施和法律、法规等软的制度环境,这些东西是技术创新和产业升级所必需但又不是单个企业能够独立提供的。

问题在于,如何在"有效市场"环境中发挥"有为政府"的作用?其实,

---

① 参见林毅夫:"我和张维迎在争论什么",http://business.sohu.com/20160925/n469141074.shtml。

历史实践所表明的,很多国家都制定了各种产业政策,但真正取得明显成效的并不多,一些发展中国家的产业政策甚至还导向了"低收入陷阱"或"中等收入陷阱"。那么,我们又该如何看待这些现象呢?有鉴于此,林毅夫主张要进行三层次的研究:(1)为何需要产业政策?(2)产业政策为何会成功或失败?(3)遵循何种原则才能使得产业政策的成功机会提高和失败概率降低?

针对第一点,林毅夫指出了需要产业政策的两大直接原因:(1)不同产业对整体经济发展的推动力是不同的,而一国在特定时期受资源限制而不能同时促进所有产业的均衡发展,因而必然会将有限的资源用于对经济持续发展作用最大的产业;(2)新型产业的发展往往伴随着外部性及其带来的搭便车行为,技术创新和基础设施也具有公共品性质,因而在技术创新和产业升级过程中不仅需要企业家的个人努力,而且也需要有政府来解决需要企业家群体协调才能解决的问题。

针对第二点,林毅夫认为,除了执行能力存在不足外,更重要的是产业政策本身存在方向性错误:政府基于赶超目的而支持背离比较优势的产业,以致相关企业在开放竞争市场中就缺乏自生能力。相应地,林毅夫强调,成功的产业政策必须扶持有潜在比较优势的产业。所谓"有潜在比较优势的产业",是指产业的要素生产成本在开放竞争市场中有优势,但同时又因软硬基础设施不完善而使得总成本在开放竞争市场中没有竞争力。因此,有为政府就需要对这些产业中的先行企业给予外部性补偿并帮助提供软硬基础设施,从而使这种潜在比较优势转换为现实竞争优势。

第三点是确保有为政府做正确的事的关键,林毅夫倡导增长甄别与因势利导相结合的政府行为,并提出一个指导产业政策制定的两轨六步法的"增长甄别与因势利导框架"。其中,两轨是:(1)确定一国可能具有潜在比较优势的新产业;(2)消除那些可能阻止这些产业兴起的约束,并创造条件使这些产业成为该国的实际比较优势。其中,最关键的第一轨,林毅夫在此提出了"增长甄别"的六个步骤。[①]

可见,林毅夫提出的新结构经济学及其产业政策框架具有整体性,它有助于发展中国家政府从整体上审视和把握其产业发展的方向;同时,通

---

① 林毅夫、塞勒斯汀·孟加:"增长甄别与因势利导:政府在结构变迁动态机制中的作用",载林毅夫:《新结构经济学:反思经济发展与政策的理论框架》,苏剑译,北京大学出版社2014年版,第194—197页。

过探索不同类型产业的发展路径及其政策制定,GIFF 框架又是一步细化了有为政府的功能承担。当然,林毅夫的新结构经济学及其产业政策主张也遭受了不少经济学人的质疑。例如,各国的产业发展因其独特国情以及国际环境的多变并不存在一个稳定轨迹,又如何存在确定产业政策的一般程序和方法? 政府作为一个官僚机构本身就存在信息不足、反应迟钝以及权力寻租等问题,又如何保证它可以制定出合理的产业政策并有效地贯彻? 不可否认,很多诘难和争论都从不同角度或在不同程度上指出了新结构经济学以及 GIFF 框架所存在的问题,从而昭示出新结构经济学有待进一步的发展和完善。问题是,我们能否由此否定它的总体价值呢? 显然不能,这从它得到众多经济学大家的赞同以及很多发展中国家表达了对其高度的兴趣就可以看出。有鉴于此,在对新结构经济学及其 GIFF 框架进行逻辑梳理之后,下面就进一步对其中潜含的问题作一审视,进而探析它对社会实践的价值以及对应用研究的意义。

三、GIFF 细化了有为政府说:经济转型的角色审视

基于上述 GIFF 框架,林毅夫倡导了积极的有为政府说。事实上,二战后持续 25 年以上以 7% 以上年增长率发展的 13 个经济体具有这样五个共同特征:(1) 开放经济;(2) 宏观环境稳定;(3) 持续高投资;(4) 有效的市场;(5) 积极有为的政府。[①] 这些特征也很容易得到理论的支持:(1) 就开放经济而言,这是普里高津的耗散结构理论所反映的,只有在开放系统中才能由无序产生有序的自组织现象,才能有社会经济的持续增长;(2) 就宏观环境稳定而言,这是预期理论所要求的,只有在宏观经济稳定的条件下人们才能对市场行为做出预测并采取合理行动,才可以制订行动计划;(3) 就高投资而言,这是经济发展投资推动论指出的,只有持续的资本积累和投资才能促进劳动分工和产业分工的深化,才能促进技术改造和生产率提升;(4) 就有效市场而言,这是资源配置的基础性机制决定的,只有在有效市场的引导下市场主体才得以采取合理的行为方式,才会有合理的市场竞争;(5) 就有为政府而言,这是市场失灵的存在所要求的,只有在有为政府承担起应尽职能后才能保障一个有效的市场,才能制定出合理的

---

① "产业政策思辨会——林毅夫对张维迎",http://www.yicai.com/news/5155368.html。

产业政策。有鉴于此,林毅夫的新结构经济学就试图将这五方面统一起来而构建完整的政策分析框架。

林毅夫强调,新结构经济学采取了一个完全不同于现代主流经济学的分析视角,它"从发展中国家有什么,能做好什么为切入点,发现发展中国家处处是机会,认为任何一个发展中国家,不管基础设施和制度环境多么糟糕,企业都有追求利润的动机,只要政府能够采取务实的政策,利用可动员的有限资源和施政能力,设立工业园或经济特区,为具有比较优势的产业提供足够好的局部有利的基础设施和营商环境以降低内外资民营企业生产、营销的交易费用,那么任何发展中国家都可以立马将微观企业和个人的积极性调动起来,踏上快速的技术创新、产业升级的结构转型和动态增长之路,而不必像新自由主义所主张的那样必须等所有的制度都建设好了,再来由市场自发的力量推动经济发展"。① 显然,这个框架也有利于我们更好地理解有为政府在不同时空下的功能和角色。同时,正如林毅夫指出有为政府在不同类型的产业发展中所承担的职能不同一样,有为政府在产业升级与经济转型中的作用也是有差异的。但不管如何,经济转型和产业升级几乎都离不开政府的积极作用。曾任波兰第一副总理和财政部部长并被称为波兰改革总设计师的科勒德克就强调,政府只有在其所执行的职能能够被有合理的制度安排、行为和文化的市场机制所取代的时候才可以退出经济,这充分体现在经济转轨过程中,否则必然会出现制度真空。② 为了更好地说明这一点,这里再对经济转型中的政府作用作一剖析,这也是林毅夫重点阐述的。

(一)"休克疗法"造成的经济困境

众所周知,在20世纪70年代末,中国等社会主义国家的经济计划和拉美诸国的进口替代战略相继陷入困境,这促使了新古典经济学的兴起;20世纪90年代初,苏联和东欧国家的社会主义体制解体以及拉美诸国陷入了更为严重的经济衰退,其结果就是,新古典经济学者在这些国家着手推行一整套的经济改造政策,这就是威廉姆森后来提炼为"三化"(市场化、

---

① 林毅夫:《新结构经济学:反思经济发展与政策的理论框架》,苏剑译,北京大学出版社2014年版,序言第8—9页。
② 科勒德克:《从休克到治疗:后社会主义转轨的政治经济》,刘晓勇等译,上海远东出版社2000年版,第302页。

自由化和私有化)的"华盛顿共识"。然而,欧洲复兴开发银行转型指标却显示,苏东国家很多实际上"困于转型"(stuck in transition):一方面,价格自由化、大规模私有化以及贸易外汇市场的开放等大多数目标已在 20 世纪 90 年代末完成;另一方面,治理、企业重组和竞争政策等领域的改革却明显放缓,大大低于其他发达市场经济体的标准。同时,按照"华盛顿共识"推行激进改革的国家,无论是苏联东欧社会主义国家还是拉美诸国似乎都没有取得预期的效果,而是经历了长期而严重的通货膨胀和经济衰退,迄今都没有恢复过来,这与保留强政府作用并采用渐进改革的中国更是不可相提并论。

至于东欧转型国家中经济表现不错的匈牙利、波兰等国,实际上并没有完全实施"休克疗法"政策。事实上,匈牙利很早就开始实行渐进的市场化改革了,这包括 1956 年开始以合同交售制取代集体农庄实行多年的强制性交售制,1964 年开始由利别尔曼主导的利用市场信息指导企业决策的改革,以及 1979 年、1980 年和 1992 年进行的一系列价格改革。① 同样,波兰在 20 世纪 80 年代就已经确立了全方位市场经济的改革目标,而且在改革过程中大部分国有企业并没有被私有化。科勒德克就强调:"尤其不能把一些成功的现象(包括表现最突出的波兰)与所谓的'休克疗法'联系起来。波兰的成功主要来自于从只有'休克'而去疗法的所谓'休克疗法'转向一种没有'休克'的政策。换句话说,波兰的成功来自于抛弃了'休克疗法',而非相反。"②

那么,两种改革路向为什么会带来如此大反差呢?林毅夫的新结构经济学指出:"由于任何给定时间内的最优产业结构都是内生于其要素禀赋的,一个试图取得技术进步和发展的国家必须首先改变其要素禀赋结构";但是,"华盛顿共识改革(却)未能认识到转型经济体中的许多企业由于所在的产业违背了要素禀赋结构所决定的比较优势,在开放、竞争的市场上是没有自生能力的,他们的生存有赖于来自于政府各种干预和扭曲手段所形成的保护和补贴"。③ 进而,林毅夫指出,为了提升微观企业的自生能

---

① 参见戈德曼:《失去的机会——俄罗斯的经济改革为什么失败》,李铁海、金彩红、田国培译,上海译文出版社 1997 年版,第 157—163 页。
② 科勒德克:《从休克到治疗:后社会主义转轨的政治经济》,刘晓勇等译,上海远东出版社 2000 年版,第 129 页。
③ 林毅夫:"华盛顿共识的重新审视——新结构经济学视角",http://www.nse.pku.edu.cn/articles/content.aspx?nodeid=50&page=ContentPage&contentid=475。

力,从计划到市场、从封闭到开放的经济转型和改革就应该采用增量和双轨的方式以避免经济的剧烈震荡。究其原因,即使原来没有自生能力的企业随着政府保护和补贴的取消而破产了,但只要这些企业的破产是逐步的,同时,在此过程中另一轨道上更符合比较优势的新企业不断产生和成长,那么,这些企业破产对经济造成的冲击也是有限的和可控的。相反,基于"华盛顿共识"的激进改革希望通过理顺转型经济国家的宏观环境,从而促使基于比较优势的新企业或产业的兴起,但在此过程中,原来不符合比较优势的产业或企业就会迅速倒闭和解体,也就必然会造成阵痛。

问题是,上述逻辑尽管很好地解释了激进改革为何带来阵痛,却没有进一步解释现实结果为何不仅是阵痛,而且是长期剧痛。例如,实行休克疗法的国家为何迄今大多还没有走出衰退的漩涡？事实上,休克疗法推行者如萨克斯等人也都清楚地预料到激进改革将带来强有力的冲击,在短期内可能使社会经济生活出现巨大震荡；但同时又认为,激进转型国家在经受一段时间的阵痛后就会开启经济起飞之路,从而会出现一条"J 曲线的增长路径"。当然,实现增长反弹的过程所需要的时间在不同国家并不相同,可能很长也可能很短；不过,休克疗法推行者早期大多乐观地认为,这个转型过程会很短,甚至在下六个月或一年内就会出现增长,尤其是,随着宏观设施的改革到位,实行激进改革的国家在经济增长速度上很快就会超过实行渐进改革的国家。更为乐观者甚至认为,短暂的阵痛也不是剧烈的,因为"最初受到抑制的劳动密集型产业将蓬勃发展,这些产业新创造的就业机会带来的利益可能超过没有自生能力的企业的破产带来的损失。因此,经济可以在实施休克疗法后很快实现充满活力的增长,最多也只有最初的一小部分损失"。① 然而,社会经济形势的发展显然完全不同于休克疗法倡导者的预期:东欧诸国的人均收入直到 2000 年才恢复到 1990 年的水平,前苏联地区的人均收入甚至仍未恢复到转型前的水平。②

面对激进式改革造成的严峻现实,越来越多的经济学家开始提出,经济转型可能需要一个较长时间,但激进式改革的最终成效还是会赶上渐进式改革；再往后,越来越多的经济学人日趋悲观,根本不敢确定实行休克

---

① 林毅夫:"华盛顿共识的重新审视——新结构经济学视角",http://www.nse.pku.edu.cn/articles/content.aspx? nodeid=50&page=ContentPage&contentid=475。
② 林毅夫:《经济发展与转型:思潮、战略与自生能力》,北京大学出版社 2008 年版,第 55 页。

疗法的国家何时能够走出泥潭,并转而承认渐进改革可能是更优的选择,从而出现了大量阐述渐进改革机理的文章和著作。这就带来了一个问题:激进改革带来的负效应为何不止步于短暂的阵痛,反而将整体经济引向了越陷越深的泥潭?究其原因,根本上就在于休克疗法下的政府缺位以及由此形成的扭曲性市场结构。例如,由于政府完全放弃了对微观企业在发展和壮大过程中的引导、扶持作用,使得本国的后起企业在激烈国际竞争中根本就没有自主能力。林毅夫就写道:"转型经济中存在许多没有自生能力的企业。没有政府保护和补贴,这些企业无法在开放、竞争的市场中生存。"①进一步,科勒德克指出:"如果过去的深度衰退是未来高增长之必要条件的话,那就真的存在经济与政治的两难困境了。但是,如果像许多例子所显示的那样,早期的严重衰退于后来的恢复和增长并无裨益的话,那就纯属政策失误了";进而,科勒德克又指出:"后社会主义的衰退并不意味着是对将来的某种'投资',而只是浪费宝贵的时间和精力。"②

(二) 有"休克"无"疗法"的原因

休克疗法带来的严重衰退为什么没有转化成未来反弹性经济增长的潜能呢?这里从有为政府缺位、市场结构扭曲以及制度的不配套三方面加以剖析。

首先,就有为政府的缺失而言。一般地,企业自发地从毁灭中重新创立、崛起和壮大并不是一个一蹴而就的过程,包括技术获取、熟练劳动、管理者能力、市场开拓以及治理机制等都需要经历很长时间才能走上正轨;市场规则根本上也不是由法律外加的,包括企业文化、成员间关系、企业间的信息交流、隐性契约等都是在无数次互动中逐渐形成和成熟的;尤其是,企业之间的竞争互动还衍生出一系列的外部性,企业之间的合作分工则需要一整套的基础设施,这些都不是单个企业所能完成的。但是,激进的休克疗法改革却将精力放在价格体系、贸易管制、财政纪律、公共开支、税收政策以及金融体制等宏观层面,而将微观而具体的制度都推给市场或企业个体,似乎只要宏观经济环境理顺了,就自然会衍生出有效市场,进而就会

---

① 林毅夫:"华盛顿共识的重新审视——新结构经济学视角",http://www.nse.pku.edu.cn/articles/content.aspx? nodeid=50&page=ContentPage&contentid=475。
② 科勒德克:《从休克到治疗:后社会主义转轨的政治经济》,刘晓勇等译,上海远东出版社2000年版,第83、84页。

激发出企业家的创新活动,从而很快形成具有比较优势的产业结构。

要知道,有效市场不仅依赖于少数显性的正式规则或法律制度,更依赖于大量隐性的非正式制度,包括市场伦理等。就欧美发达国家而言,它们的企业从小到大的发展也经历了数百年的时间,更不要说,它们可以并且也确实是依靠政府力量开拓当时还是处女地的海外市场。与此不同,当前经济转型国家已经不再面临着一个能够不断扩大的国际市场,即使国内市场也在没有保护的情况下迅速被跨国公司所占有。在这种情况下,经济转型国家的企业要能够在高度竞争的国际环境中生存和壮大,显然就需要依赖有为政府的积极扶持。更进一步地,社会制度的发展和成熟本身也是一个渐进的过程,而休克疗法指导下的经济转型国家往往利用"创造性毁灭"概念来摧毁旧制度,却难以在短时间内建立起新制度,结果就出现了既无计划也无市场的"制度真空";在这种情形下,掠夺性市场之"恶"就会主导经济运行和资源配置,进而就会出现渐进运行效率低下、收入分配不公现象,此种环境也根本无法孕育出规范运作的现代企业组织。

其次,就转型后的市场结构而言。无论是原社会主义国家还是拉美诸国,这些国家原来都已经有了很不错的工业基础,尤其是能源和原料等已经得到较大规模的开发,只是没有市场化运行的意识和经验,从而很多企业在激进的改革下很快就因为不适应新形势而倒闭。事实上,传统社会主义国家的主要特征是短缺经济,产品很容易卖出去,从而企业往往就只关注生产而缺乏营销;但是,随着改革带来的市场开放,世界上更为廉价的产品突然拥了进来,就会导致原有企业的大面积倒闭。同时,尽管旧企业倒闭了,但原有的工业基础、生产能力、能源原料以及资本等并没有消失,而是随着大量旧企业的破产而迅速集中在一起;尤其是,在没有政府或法律有效制约的情况下,那些关键性的能源等物资往往为少数人所占据而形成金融寡头和工商业巨头。正因如此,科勒德克就强调指出:"过快的私有化也会保留既有的垄断,因为通常国家财产在非垄断化之前就已经被卖掉了……(而且)私人垄断并不比国家垄断更好。事实上,它们更糟。"[①]也就是说,休克疗法所带来的市场不是自由竞争的而是寡头垄断的,市场体制的"恶"也就会得到充分的逞现。

---

① 科勒德克:《从休克到治疗:后社会主义转轨的政治经济》,刘晓勇等译,上海远东出版社2000年版,第114页。

要知道,欧美国家在资本主义起飞的早期几乎全是小规模的企业,而在企业规模壮大后又开始受到各种法规的限制;这样,欧美企业间就可以展开相当充分的自由竞争,从而可以实现经济标准上的优胜劣汰。与此不同,休克疗法下的市场结构却是垄断的,资源集中度甚至比原有的国有企业还要高。同时,由于其他企业的纷纷倒闭以及宏观经济的全面衰退,国家对这些大型私人垄断企业的依赖性反而更强,乃至会采取更大力度的政策措施去保护和扶持它们。所以,林毅夫说:"即使将企业私有化了,软预算约束问题仍将继续存在,因为私人所有者有更大的动机去游说补贴和保护,对无自生能力企业的补贴甚至可能会增加。"① 更不要说,这些私人垄断者与政府之间还存在千丝万缕的利益关系,因为他们很多都曾是位居要职的党政精英,正是凭借手中的权力瓜分了诸如石油、天然气和金属原材料等国家最有价值的财产而成为富有的企业家、银行家、商人乃至寡头政治家。② 所以,布拉西等说:"私有化过程中最具讽刺意义的现象是企业的管理者自己政府和党的高级官员们——正计划挪用俄罗斯的所有财产,私有化实际上只是为这种掠夺提供了一个更方便的幌子而已";而且,"私有化的目标是隔断企业管理者与政客们之间的相互依赖。但事实证明,这两者之间的联系要比许多观察家所认为或所希望的更加牢固"。③ 这也意味着,如果在经济转型过程中存在有为政府的缺位,往往也就难以建立起真正的有效市场。

最后,就制度的不配套而言。任何改革都应该关注制度间的相容和配套问题,而宏观制度的"三化"改革与微观企业的治理机制之间并不配套。究其原因,尽管宏观经济制度在强有力的国家作用下做了变更,但微观企业制度的改革却没有这样的强力推动;尤其是,微观组织的制度和治理本身就关涉人性、心理意识、文化传统、社会关系和其他众多非正式制度,而这些非正式制度具有明显的传承性和保守性。这样,当宏观经济制度改革先行而微观组织改革滞后,就会出现制度脱节,进而导致照搬发达国家的宏观政策和法律制度等也无法真正有效实施,这是激进改革陷入困境的根

---

① 林毅夫:"华盛顿共识的重新审视——新结构经济学视角",http://www.nse.pku.edu.cn/articles/content.aspx? nodeid=50&page=ContentPage&contentid=475。

② 科兹、威尔:《来自上层的革命:苏联体制的终结》,曹荣湘等译,中国人民大学出版社2008年版。

③ 布拉西、克罗莫娃、克鲁斯:《克里姆林宫经济私有化》,乔宇译,上海远东出版社1999年版,第32、38页。

本原因。有鉴于此,科勒德克强调:"现存生产力的微观结构重组必须是渐进式的……(而且)这类结构重组需要政府进行合理的干预并实行明智的产业政策。"①事实上,激进的休克疗法主张实行快速的私有化政策,但实际上,资源有效配置以及经济增长的关键并不在私有化速度,而在于是否具有竞争性政策及法人治理结构;否则,私有化所带来的就只是逐利者和扭曲的资本主义,却产生不了真正的企业家。

由此,我们可以审视张维迎等人提出的一个流行观点:苏联的计划经济实行了70年,而中国的计划经济只实行了20多年;因此,苏联只能使用休克疗法,而中国则可以更好地推行渐进式改革。这显然与以上分析存在不一致:任何有效的制度改革都必须形成宏观制度与微观制度之间的相容,而宏观制度改革凭借政府的强力推动往往比微观制度要容易得多,这就可能出现脱节;而且,旧制度被推行的时间越长,由此衍生出的各种共生就越是盘根错节,甚至深入到社会的各个层面,激进式改革造成的制度脱节也就越严重。实际上,就苏联而言,波罗的海国家比俄罗斯、白俄罗斯以及乌克兰等受苏联计划经济的影响要短一些,因而休克疗法造成的危害相对就轻一些。进而,我们就可以更好地理解林毅夫的论点:"计划经济推行的历史越长,扭曲越深,越需要的是一种渐进的改革,而非休克疗法的改革。这就像病人病得越沉,身体越虚弱,越需要温和渐进的方法来治疗,而不是休克疗法。"②很大程度上,苏联之所以采取激进的休克疗法,主要原因在于:(1)戈尔巴乔夫领导的经济改革不得法;(2)经济改革已经为政治运动所取代。

可见,GIFF框架有助于更好地理解有为政府在不同时空下的功能和角色,进而也就深化了有为政府说。事实上,无论是在产业发展还是经济转型中都需要有为政府的积极参与,否则就难以实现产业顺利升级,更难以形成一个有效市场,最终必然会阻碍经济的持续增长。譬如,针对苏联东欧国家实行休克疗法后的情形,科勒德克就提出这样几个问题:"为什么转轨期的衰退程度会如此严重,持续时间会如此之长?是人们当初所抱的期望过于乐观,还是所实施的战略和政策有错误,或是两者兼而有之?为

---

① 科勒德克:《从休克到治疗:后社会主义转轨的政治经济》,刘晓勇等译,上海远东出版社2000年版,第37页。
② 林毅夫:"我对张维迎的17个回应",http://finance.ifeng.com/a/20161112/15003591_0.shtml。

什么有些国家的产出下降时间持续达 8 年之久,国内生产总值损失一半以上?甚至还有一个需要解决的更为棘手的问题,即如何采用合适的发展战略来恢复生产并保持高增长?"进而可以思考:"当初是否可能恢复更早、增长更快一些呢?""刚走出转轨衰退谷底的那些国家还有机会取得显著的进步吗?"科勒德克的回答是,"这些问题的答案有赖于政策的设计。高质量的增长必定基于高质量的战略和政策之上",一般地,"健全的发展战略,加上国家的积极作用,这些都是经济成功处方中必不可少的组成部分"。①进而,科勒德克还得出结论说:"任何改革成功必须至少同时满足四个条件。第一,社会必须有改革的意愿并愿意承担因此带来的损失。第二,政治当局必须有将改革推向前进的坚定承诺和决定。第三,必须有为新制度提供理论基础所必要的知识准备。第四,改革必须有必不可少的资源以支持所进行的变革。"②很大程度上,林毅夫的新结构经济学及其构建的 GIFF 框架正是为制定合理产业政策和推进经济结构改革提供了这种知识储备,而新结构经济学对有为政府的倡导也是为改革的顺利进行提供保障。

当然,林毅夫的有为政府说并没有为具体实践确立一个普遍的指导规则,更没有为政府工作制定出详尽内容;相反,它主要只是倡导一种理念或思路,由此来强调有为政府和有效市场之间的共生性。因此,在具体社会实践中,就需要结合具体条件来探索有为政府的功能。譬如,在产业升级和经济转型两种情境中,市场失灵的类型、范围和程度存在明显差异;相应地,就针对市场缺陷和失灵而言,有为政府在功能承担和具体行为上也应有明显不同。一般地,在产业升级中,有为政府的经济作用主要在于信息传递、基础设施建设以及提供创业资金等方面;在经济转型中,有为政府的积极作用则更广泛地包括价格信号建设、市场机制培育以及资源再配置等方面。再如,在分析不同国家的转型路径选择时,往往也要考虑社会结构和文化传统。前面指出,微观制度的变革难易不仅与这些制度已经存在的时间长短有关,而且更与改革前后制度的相容性有关。显然,由于苏联和东欧国家与西欧发达国家在文化上具有较强的相通性,如都属于基督教文化,都崇尚个人主义,因此,它们也更容易接受"华盛顿共识"开出的政策主

---

① 科勒德克:《从休克到治疗:后社会主义转轨的政治经济》,刘晓勇等译,上海远东出版社 2000 年版,导言第 5—6 页。
② 同上书,第 7 页。

张,进而接受激进的休克疗法。相反,东亚包括中国社会都深受传统儒学的影响,具有强烈的集体主义文化特征,这与崇尚个人主义的基督教文化有很大的不同;因此,完全否弃政府作用的"华盛顿共识"本身就会引起质疑,在改革中也更倾向于推行渐进方式。

四、GIFF 框架嵌入的方法论意义:应用政策研究的审视

林毅夫的 GIFF 框架指出,有为政府要对特定目标产业进行选择,并提供相关基础设施的建设和研发资金的支持。之所以如此就在于这样两大原因:(1)任何国家的财政资源和执行力都是有限的,发展中国家政府尤其是如此;(2)不同行业所要求的基础设施往往存在很大差异,如鲜切花和纺织两个行业在出口方面需要的基础设施就不一样。因此,政府必然对这些有限资源进行恰当配置,从而就需要对优先发展的产业进行选择。既然如此,如何确定产业目标呢? 在 GIFF 框架提出的六大方法中,最为关键的就是符合本国要素禀赋结构决定的比较优势。同时,林毅夫强调:"一个经济体在一个特定的时间段内的最优产业结构是能够使得这一经济体在特定时间范围内在国内和国际市场中具有最大竞争力的产业结构,这种产业结构内生于其比较优势,而其比较优势又是由该经济体给定的禀赋结构决定的。"①

然而,尽管基于比较优势确定产业发展政策的 GIFF 框架在理论上似乎是不言而喻的,但它在实践中却往往会遇到现实可行性问题:一国的比较优势本身就是动态演变的,甚至与产业政策所推动的技术创新和产业升级密切相关,那么,发展中国家的政府究竟该如何认识和把握它的比较优势呢? 正是基于动态角度,我们根本找不到一个最优产业结构,因为"最优"本身只是一个静态概念。既然比较优势的动态变化是连续的,而产业结构的适应性调整又是间断性的,那么,两者之间必然会存在间距。进而,这就带来了问题:差距多大才能说两者是相适应的? 同时,产业结构调整应该是领先还是滞后于比较优势的变动? 这些都是产业政策需要考虑的现实问题,也是很多学者的质疑之处。从社会发展看,我们不是寻找一个

---

① 林毅夫:"华盛顿共识的重新审视——新结构经济学视角",http://www.nse.pku.edu.cn/articles/content.aspx? nodeid=50&page=ContentPage&contentid=475。

最优产业结构而是一个最适结构,这种最适结构是要体现本国比较优势的未来发展趋势,从而从长期看是最优的。由此,我们就要重新审视和理解林毅夫的新结构经济学及其 GIFF 框架的意义和价值,在笔者看来,我们与其强调它的直接可操作的应用价值,毋宁更应该关注它潜含的应用政策研究的方法论意义,而这被严重忽视了。这里就来谈谈林毅夫的新结构经济学及其 GIFF 框架中所嵌入的方法论。

(一) 应用政治经济学的方法论要求

在目标产业的选择中,林毅夫运用了社会实践中的辩证思维,对现实问题解决首先要抓重点,集中解决主要矛盾。譬如,一国产业的比较优势往往由要素禀赋、技术水平以及经济规模等因素决定,那么一国如何最快提升产业的竞争优势以及企业的自生能力? 虽然,这根本上就要看受到影响的最大因素是什么。在新结构经济学看来,封闭环境中的要素扭曲是发展中国家产业比较优势不彰的主要原因,因而也就致力于对要素禀赋结构的理顺。再如,一国有限资源如何使用才能更好地满足社会发展的需要,如何投入到合理的产业中以最大限度地促进经济增长;进而,在众多的现代产业中,一国究竟应该如何选择目标产业。显然,这种思维方法根本不同于现代经济学基于抽象逻辑的推理和局部数据的计量:以形式逻辑推理来获得普遍性结论往往会导致与现实的严重脱节,以局部数据分析来给出一般性断言则潜含了明显的工具主义谬误。实际上,在批判和否定林毅夫的新结构经济学及其有为政府说时,田国强所持的一个重要理由就是:分析逻辑缺乏严谨性,乃至犯了结论扩大化的错误;至于逻辑不严谨的根本体现,田国强归咎于林毅夫的论断使用了横向比较:以他国经验来做对比,从而就忽略了各国初始敏感性条件差异带来的不同。相反,田国强认为,更合理的方法是通过控制实验法来辨识引起成败的差异因素,由此来突出和强调自由化、市场化、民营化对经济发展的意义。① 但田国强主张的分析方法依然存在严重问题:(1) 任何实验都无法控制所有的现实因素,尤其是那些重要但无法量化的因素;(2) 以过去趋势来预测和评价未来进而指导社会实践,依然会犯工具主义的错误。

有鉴于此,我们就需要对流行的计量实证工具在经济政策研究中的应

---

① 田国强:"林毅夫张维迎之争的对与错",《第一财经日报》2016 年 11 月 22 日。

用作一审视:基于计量的回归分析仅仅反映了特定变量之间的关系,而社会经济现象往往由各种复杂因素千丝万缕地结合在一起;同时,任何社会经济问题的形成和解决都不是孤立的,都必须考虑其他相关的问题。我们又如何基于局部的计量分析而给出现实的政策主张呢？譬如,就经济增长而言,不同学科背景、知识结构及兴趣偏好的学者就从各自所选择的数据而展开有关经济增长的计量分析,有的强调政治体制,有的强调法律条文;有的强调教育水平,有的强调资本投资;有的强调对外贸易,有的强调进口替代;有的强调低生育率,有的强调人口红利;有的强调地理因素,有的强调社会文化;有的强调官员流动,有的强调民主选举;等等。结果,每位学者都会宣称,自己所关注的因素与经济增长之间存在显著的正相关性,因而政府就应该增加这方面的资源投入。问题是,国家可动用的经济发展资金就那么多,究竟该投给谁呢？显然,局部的计量分析根本就没有也无法对所有这些因素进行比较以确定哪个更重要,重要的程度又如何。有鉴于此,面对一个个的计量研究报告,有关决策部门依然还是束手无策,这就导致绝大部分研究报告都被束之高阁。

显然,面对这种困境,就必须基于整体和宏观的高度来把握,而不能简单地依凭极具片面性的单一理论。一般地,如果说纯理论强调的是基于特定假设的推理逻辑,那么,应用经济学就是致力问题解决的管理艺术。这有两个层次:(1)有待解决的目标确定,行动者往往只能从知识中获得手段,而目标所依靠的主要不是他的知识而是他的意志,这是韦伯很早就指出的;(2)目标解决的措施运用,根据目标的具体特性而恰当选择已有的理论,这是管理实践的关键特征。相应地,应用政策研究就对决策者提出了两大基本要求:(1)要有广博的理论知识,从而丰富政策决定时的对策选择集;(2)要对具体问题有清晰认知,从而合理地从对策选择集中选择相应对策。当然,在实践中,如何解决问题也依赖高超的处理艺术,这往往与个人的禀赋有关,这包括敏锐的观察力和天才的处理力,尽管敏锐的直觉往往也与长期的思辨训练以及知识素养有关。有学者就把经济学划分为实证经济学、规范经济学和应用政策经济学三个分支,将应用政策经济学视为独立于实证经济学和规范经济学之外的"经济学艺术",主要将从实证经济学中获得的认识与规范经济学决定的目标联系起来。

(二)新结构经济学所受质疑的审视

一般地,应用政策经济学与理论是否适用有关,而与该理论是否真实无直接关系;相应地,应用政策研究往往需要关注时事的发展,把握经济活动的动向,而不是追求理论逻辑上的不断完善。正因如此,应用经济学家提出的学说往往具有很强的时代性和现实性,但在理论逻辑上却很可能缺乏严谨性。关于这一点,我们可以回到林毅夫的新结构经济学,可以更深刻地认识它所遭受的质疑。

首先,林毅夫力图构建"知成一体"的整套学说体系,这是一个巨大的学术工程。事实上,"知成一体"是对"知行合一"的推进,要从"知行合一"达致"知成一体",关键在于"知",不同的"知"将会导向不同的"成"。显然,"知"不是唯心的,不能局限于内圣之道;相反,"知"是唯物的,关键在于识别"理"。从这个角度上理解,我们就可以打通朱熹和王阳明的学说,进而有格物知理、遵理而行,最终达致"知成一体"。相应地,"知成一体"的学说体系往往会内含这样的双重特性:一方面,"成"体现出强烈的应用性,这需要根据经验和统计数据来抓主要矛盾,进而呈现出"艺术"特性;另一方面,"知"则体现了理论认知,这就需要全面考察各种因素以及揭示事物之间的因果机理,进而满足"科学"特性。正是由于这种双重特性,理论层面的"知"与实践层面的"成"之间往往可能潜含了某种脱节,因为"成"往往依赖于特定的时空环境,而不同的决策者和施行者则会将同一政策导向不同结果。这样,基于"成"的考虑,往往就会选择地发展"知";而为了逻辑化"知",往往又会影响"成"。也就是说,"知"和"成"之间往往就会存在逻辑断层。譬如,一国产业政策的核心就在于提升国际竞争优势,而规模经济和技术在当前国际竞争中是两大关键性要素,但林毅夫为了构建一般理论却有意将这两者舍像掉了。

其实,林毅夫也承认新结构经济学在产业升级上忽视了技术学习和规模经济,但认为这是出于"知"的目的而"有意为之"。其理由是:任何一个新理论为能够突出理论贡献,通常都需要把其他理论强调的观点舍像掉;相应地,为了突出要素禀赋结构在不同发展程度国家产业结构中的决定作用,新结构经济学就把技术当作外生给定并可免费获得的。同时,林毅夫还以其他理论来为之辩护,如克鲁格曼在提出专业分工、规模经济为国际贸易的决定因素时,把要素禀赋的差异舍像掉;赫克歇尔-俄林在提出要素禀赋结构为国际贸易的决定因素时,把李嘉图强调的各国的技术差异舍像掉。问题在于,作为一个纯粹"知"的理论,仅仅基于某一维度或特定因素进行分析是没问题的,因为它主要是给研究者或实践者以启发,提醒实践中要关注他们的发现，而不是要求直接依据该理论去实践。相反，如果要以新结构经济学理论来指导世界各国尤其是发展中国家的实践，那么就必须要将更全面的因素纳入进来考虑。正因如此，如果与其他理论一样，都只是一种明显片面的理论，都仅仅反映一种特定维度的看法，那么，新结构经济学的应用性也就必然会遭到很大质疑，这也是目前经济学界质疑林毅夫理论的重要方面。

其次，作为一整套学说体系，新结构经济学像任何理论一样也具有较强的抽象性，进而在应用到实践时必须重新再次考察具体的环境。这意味着，新结构经济学以及 GIFF 框架并不具有直接的甚至可操作的应用性。例如，张维迎就说，他按照林毅夫"增长甄别法"中第一步所开列的标准列出了不同年份人均收入水平比中国高一倍或两倍的国家名单，却根本找不到值得中国模仿的国家。进一步地，如果考虑"维持二三十年的快速发展"这一条件，那么，完全满足条件的国家更是少之又少。按照林毅夫本人给出的数字，在过去半个多世纪中，只有 13 个国家和地区实现了持续 25 年以上的高速经济增长而缩小了与西方发达国家人均收入的差距，分别是博茨瓦纳、巴西、阿曼、以色列、印度尼西亚、马来西亚、泰国、日本、韩国、新加坡、中国香港、中国台湾以及中国内地，进一步地，如果扣除石油因素，似乎就只有以色列、日本和东亚"四小龙"了。很大程度上，林毅夫针对中国的产业政策建议也正是以这些国家和地区的经验为基础的。问题是，这些国家和地区的要素禀赋结构与中国内地并不相同，地域规模、综合实力以及人口数量等更是相差很大，甚至在人均收入上也存在很大差距，因而在发展路径上也必然有所不同。有鉴于此，张维迎就认为，林毅夫的"六步骤增长甄别法"存在一个重要谬误：把经济增长和产业结构变化看成是一个完全线性的演化，每个国家的发展都只能沿着同样的轨迹行进，不可能超越。在笔者看来，林毅夫"增长甄别法"很大程度上可以看成是对小国的适用，因为小国的经济结构更为单一，而且也容易找到值得效仿的相类似国家。但是，对像中国这样的大面积、大规模的经济体来说，根本上是无法找到在诸多因素上都相类的并值得仿效的国家；同时，大国内部各地差别也非常之大，每个地区都可能有其独特的比较优势，而无法以一国的整体比较优势来确定统一的产业政策。

为了印证产业政策的不可行，张维迎还举例说，在电风扇很火的 20 世纪 80 年代，机电部咨询大量专家进行政策论证预计我国未来电风扇的生产能力应该在 1 000 万台,但在他们整个报告出来时电风扇实际产量已是预测的两倍了,到了 80 年代后期达到了 5 000 万台,以致林毅夫当年买了四台电风扇,却最后没用上,因为很快就出现了空调。① 这个例子实际上反映了现代经济学在预测上所运用的方法和工具存在严重问题:流行的计量实证在预测上是不可信的。其原因在于:基于计量经济学的回归分析往往建立在历史性的数据基础之上,却忽视了任何社会经济现象由众多极易变动的因素所合成,基于现状或过去的变化大势来预测未来发展就遇到预测的逻辑一致性问题;基于计量经济学的相关性分析将各种数据平均化而只能关注那些同质的数量间关系,却忽视了无法观察到或者无法量化的结构、机制和力量等特异性因素,将适合特定时间、特定范围和特定物体的方法或手段运用到其他场合就产生了工具主义悖论。② 关于这一点,经济学方法论专家们已经做了大量的探讨。就此而言,在制定产业政策时,使用何种方法也就显得特别重要。在当前各地政府做产业规划的流行做法是:通过课题立项方式委托给高校或科研机构的人员并主要是经济学者进行方向性和可行性研究。但是,这些经济学者往往热衷于采用流行的计量工具进行实证分析并提出政策建议,这就产生了严重的问题。其实,林毅夫的产业政策主要是针对落后的发展中国家而言的,发展中国家所瞄准的是发达国家已经相对成熟但国内还有很大差距的产业,它所要做的就是考察这些产业的发展在发达国家有什么条件是国内还不满足的,从而致力于通过产业政策来提供这些条件。显然,在整个产业政策的制定过程中,所运用的与其说是严格的计量分析方法,不如说更主要的是历史制度比较分析法。同时,林毅夫所强调的产业政策,也不是对具体产品数量进行规划,而主要是对目标产业的基础设施进行建设并由此引导生产投资;同时,一旦私人投资驱动已经开始并可以取得预期平均的利润,那么特定补贴等就会逐渐减少,数量和价格也开始由市场机制所引导。

可见,GIFF 框架更主要的价值体现在方法论意义上,有助于我们审视流行的应用政策研究思维。相应地,对于林毅夫在产业政策制定上提出的两轨六步法的"增长甄别与因势利导框架"(GIFF)及其所面临的质疑,我们需要从更全面的视角来审视它的理论价值和政策意义。很大程度上,它

---

① "产业政策思辨会——林毅夫对张维迎",http://www.yicai.com/news/5155368.html。
② 朱富强:"打破应用计量经济学的迷思",《新疆师范大学学报》2016 年第 4 期。

为各国政府在制定产业政策时所提供的主要价值在于提供这样的启发:如果存在满足上述标准的效仿对象,那么,发展中国家就应该对其所依赖的条件详加研究,进而通过产业政策的方式加以满足;但是,它并不是一个到处适用而且可以机械搬用的现成原理或规则,尤其不等于可以进行数量规划的产业计划。从这个角度看,张维迎将林毅夫的六步"增长甄别法"机械化了,没有关注它带来的启发意义,而极力反驳在不变通情况下的应用可能性。当然,之所以造成这种局面,也跟林毅夫对其学说应用性的宣传有关。熊彼特当年在评论萨伊定律时说:"像所有时代的许多其他经济学家一样,他(萨伊)更加急于实际利用这个命题,而没有用心地表述它。"[①]在很大程度上,这也适用于对林毅夫新结构经济学及其GIFF的评述,这个理论正如林毅夫所承认的还有待继续修正和完善。既然如此,我们又如何才能构建出一个更全面的、更具应用价值的产业政策理论呢?一般来说,基于分析逻辑的模型构建是很难做到这一点的,因为任何分析逻辑所依赖的前提假设,都只能得出体现一个侧面而具有片面性的结论。事实上,克鲁格曼就承认,现代经济学之所以不关注规模经济和技术水平等问题,并不是它们对经济发展不重要,而根本上是无法被模型化,从而就被主流经济学的增长模型舍像掉。相反,一个关注现实问题并可以指导具体实践的经济学必然会体现出冯友兰所说的"极高明而道中庸"的特征,它建立在对历史经验和理论学说的萃取、综合和提炼之上,而这种工作及其成效又有赖于学者的视野和阅历。

五、尾论:理解林毅夫新结构经济学的意义

林毅夫从大量的历史经验和现实案例中提炼出了一个指导发展中国家进行产业规划的GIFF框架,并在此基础上构建了不同于传统发展经济学和新古典经济学的新结构经济学。不过,这个分析框架还很不完善,甚至存在明显的逻辑缺陷,如不同国家的产业发展路径具有特异性、保障有为政府的制度缺位、产业政策对企业家竞争的现实挤出,等等。张曙光甚至认为,林毅夫的新结构经济学在分析上存在应然和实然、实证和规范之间的冲突:一方面,林毅夫在论述有为政府的作用时,是作为应然问题讨论

---

① 熊彼特:《经济分析史》(第2卷),杨敬年译,商务印书馆1992年版,第368页。

的,并采取了规范分析法;另一方面,在对产业结构变迁的经验进行总结时,是作为一个实然问题来讨论,并采取实证分析法。①

当然,对一个产业政策和制度变迁来说,规范分析和实然分析可以且应该是统一的,应然和实然都应该纳入统一的"从本质到现象"的分析框架中。究其原因,经济学不是在探究一个不变的自然规律,而是致力于揭示纷繁复杂的社会经济现象如何产生、如何发展以及存在何种问题;为此,经济学研究就不应局限在"是什么"上,而应深入探究"应该是什么"。显然,"实然"主要体现为对事物现状的分析,"应然"则体现为对事物本质的揭示,作为致用之学的经济学范式就应该将两者结合起来而形成更全面的研究路线。② 事实上,林毅夫就主张回归亚当·斯密在《国富论》标题中关注国民财富的"性质和原因的研究"这一方法,先了解问题或现象的本质,进而探究其原因,最后才能开出药方,而不能不问问题的本质,不弄清问题的原因,直接拿一个流行药方去治百病。③ 因此,笔者认为,林毅夫新结构经济学的问题主要不在于同时存在应然和实然的分析,而在于一些逻辑认知和现实考虑还有待深入和细化;究其原因,为了建立一个不同于流行经济学的新学说,新结构经济学刻意地撇开了一些现实因素(如技术、规模经济)的考虑。

实际上,本书第一篇基于本体论角度已经深入探究了经济增长的理论基础,这有助于我们更好地认识产业政策的合理选择,也有助于我们更好地认识新结构经济学还存在的问题,因而这里以此为对象作一学理性审视。

一般地,对经济增长的探究大体可以追溯到古典经济学尤其是斯密理论,并且可以基于两大基本维度展开。(1)生产要素投入尤其是劳动投入,因为劳动投入本身就依赖资本等其他生产要素的配套投入。同时,如果劳动等生产要素都得到充分利用,那么,一国也就实现了充分就业,推延到国际市场中也就意味着比较优势原则得到充分应用。(2)劳动生产率的提高和劳动分工的深化,因为在技术给定的情况下劳动生产率的提高本

---

① 张曙光:"市场主导与政府诱导",载林毅夫:《新结构经济学:反思经济发展与政策的理论框架》,苏剑译,北京大学出版社2014年版,第99页。
② 朱富强:"从本质到现象:比较制度分析的基本路线",《学术月刊》2009年第3期/《新华文摘》2009年第13期。
③ 林毅夫:"新结构经济学更有力量",《财经》2017年3月20日。

身就是劳动分工深化的结果。同时，劳动分工的深化导致产业链的延长和生产迂回度的提高，那么，这又依赖于资本的积累和投入，而所积累的资本又主要源于国际贸易中获得的交换价值。正是基于上述逻辑，林毅夫就提出了基于比较优势的产业政策原则：(1) 要快速促进经济增长，就要实现各生产要素的充分使用和劳动生产率的快速提高；(2) 要快速提高劳动生产率，则需要最快速度地实现资本积累；(3) 要最快速度地实现资本积累，就需要通过国际贸易获得最大交换价值剩余；(4) 要在国际贸易获得最大交换价值剩余，就需要遵循比较优势原则进行产业选择或产品生产。这样，林毅夫就将技术进步、生产率提高以及产业选择和升级都视为内生性的。问题是，技术进步、生产率提高以及产业选择和升级是否一定是内生性的？譬如，资本积累是否一定会导致劳动生产率的提高，尤其是现代意义上的生产率提高？事实上，斯密意义上基于劳动分工的"干中学"所带来的生产率提高仅仅适用手工作坊时代，相反，现代社会的生产率提高更主要来自于知识分工，有专门一批人员从事知识的生产和创造，这也是林毅夫所强调的现代发明主要来自于实验室而不是生产现场。相应地，如果资本积累不足，是否就一定没有技术进步和劳动生产率的提升？这也涉及社会劳动的配置：有多少资源配置在知识创造部门？尽管这种配置涉及社会成员的受教育水平，同时，物质生产部门和知识生产部门的资源配置结构也会影响当前或未来的生产力和社会福利水平；大量的资源配置在物质生产部门，意味着以牺牲当前福利水平的方式来促进生产力的提高和未来国际市场的竞争力。

当然，尽管新结构经济学还存在诸多不完善之处，但这并不否定它对发展中国家在制定产业政策时的启迪意义，而且后者是更主要的。尤其是，对笔者这样的理论研究者来说，新结构经济学更重要的意义在应用经济学的研究思维和方法论上。流行的应用经济学研究是采用计量方法，但著名计量经济学家鲁斯特(J. Rust)最近却对计量经济学的过度数学化现象进行了猛烈批判，并结合自己三十余年的研究和教学经验指出大量计量经济学论文都毫无用处，因为这些研究关注点不在重要的经济问题而在于对最新方法的应用，而这些新方法与人们在经验研究中真正面临的挑战无关。① 在当前中国经济学界，绝大多数经济学人对最为基本的理论问题都

---

① 参见"基本无用的计量经济学"，https://zhuanlan.zhihu.com/p/24119744。

不甚了了,就开始基于计量工具做各种应用政策研究,热衷于使用一些最新开发的计量工具对一个个孤立现象进行"研究"。试问:这种研究真的能够提高我们对社会经济现象的认知吗?真的能够解决现实世界所面临的复杂问题吗?林毅夫的新结构经济学则试图站在更为宏观的角度看待社会的主要问题,从而所提出的政策主张也显得更为现实可行;即使存在细度上的不足,也可以提供某种方向性的借鉴。其实,产业政策的反对者张维迎也极力反对基于计量分析得出政策结论,但他对社会经济现象的理解过于盲从奥地利学派的一家思维,从而对社会事务的认知也就不免会走偏锋。很大程度上,现代经济学之所以存在如此大的争议,根本上就在于它的理论基础乃至分析思维都存在严重问题,这包括在看待社会现象的社会观和哲学思维、研究社会经济现象的基本路线、认识和改造现实问题所设定的参照标准等方面都没有形成基本共识;同时,不同经济学人又固执地信守他所接受的思维和观点,从而在论争中就会自说自话,各自在管中窥象,也就难以有真正的收获。正因如此,笔者长期致力于理论基础乃至分析思维的思考,尤其致力于对各流派思维和知识的契合,试图对真实世界形成更为全面的认知。

6

如何构造有为政府的社会基础

——评林毅夫的新结构经济学之二

本章导读：要保障有为政府能够制定出合理的产业政策并有效推行，需要从两方面着手：一是构建一整套法律规章以制约政府官员的"不为"和"乱为"；二是构建一套促使决策者承担应尽责任的自律机制。本章基于思辨逻辑系统地考察了政府积极"有为"的社会基础，得出如下一系列逻辑结论。（1）政府官员及其他相关决策者制定和实施合理的产业政策也是根源于一种企业家精神，但这是根基于责任伦理的公共企业家精神，而不是根基于信念伦理的私人企业家精神；（2）责任伦理充分体现在儒家社会之中，体现在"尽其在我"的责任文化之中；（3）从儒家传统中寻找智慧来培育和壮大责任伦理以及相应的公共企业家精神，就可以切实保障有为政府的切实"有为"。正是根基于责任伦理，有为政府与企业家精神之间就形成了互补共进关系，进而也就与有效市场形成有机结合而促进产业升级。

一、引　言

林毅夫的新结构经济学及其产业政策倡导积极的有为政府，这就带来一个核心问题：如何切实保障有为政府的积极"有为"而不"乱为"呢？这也是众多产业政策反对者的问题。事实上，毕竟市场失灵仅仅为有为政府的存在和建设提出了必要性空间,但这并不意味着为现实政府的经济活动提供了充分性理由。要保障新结构经济学的产业政策得到切实有效的贯彻,我们首先要夯实有为政府的社会基础。

一般地,这可以从两方面着手。首先,要防止政府机构以及官僚们以权谋私的"乱为"和卸责的"不为",关键在于建立一整套的法律规章等正式制度安排。但是,特定的社会结构和文化结构决定了当前中国并不宜直接照搬欧美的宪政制度,相反,可以且更应该从传统儒家中汲取营养,这包括:基于合作民主的政治协商体系、下位监督上位的问责制度、德上法下的社会规范体系和在下而不在上的"道统"观。究其原因,传统儒家社会在社会治理上具有明显的全民党特征,这与当前中国社会文化和政治体制最相适应,笔者在其他文章中作了较为系统的探索。其次,要保障政府机构以及官僚们积极"有为",关键是要激发出他们勇于承担应尽责任的企业家精神,尽管官员的企业家精神不同于通常意义上的私人领域的企业家。事实上,私人企业家往往是凭借信念去创新和冒险,并且自己能够承担起这些行为造成的后果;相反,官员们的行为后果往往会对他人造成影响,从而也就不能单凭个人信念行事而必须依赖高度的责任伦理,从而具有高强度的自律精神。

这意味着,要保障和激发政府在产业政策的制定和实施中的积极"有为",就需要强化社会成员尤其是政府官员的责任伦理;同时,责任伦理深深地嵌入在儒家的责任文化之中,由此产生了传统的信托政府,这就构成了有为政府的社会基础。事实上,责任伦理也曾为马克斯·韦伯所强调,但在现代经济学的分析中却被刻意舍弃了,从而造成了绝大多数经济学人对政府的不信任。有鉴于此,本章首先通过对林毅夫相关观点的审视来引出对有为政府属性的理解,继而通过对责任伦理和信念伦理的比较来剖析有为政府的社会基础,最后在责任伦理基础上提出有为政府所拥有的公共企业家精神。

二、后发优势还是后发劣势:有为政府的条件依赖

林毅夫的新结构经济学构建了一套"增长甄别与因势利导框架"(GIFF)来确定发展的目标产业,同时又根据现有产业和国际前沿的差距而将我国产业分成五种类型,从而进一步细化在不同类型的产业发展和升

级中有为政府的功能承担。显然,GIFF框架展示了两大特征:(1)产业政策涵盖面非常广,有为政府几乎在所有产业领域都存在作用空间;(2)有为政府的具体措施非常细,有为政府几乎在所有不同类产业中所承担的功能都存在差异。一方面,就产业政策的广度而言,林毅夫就指出"产业政策是指中央或地方政府为了促进某种产业在该国或该地区的发展而有意识地采取的一些政策措施。这些政策的措施包含范围非常广,像关税保护、贸易保护政策,或是税收优惠、各种补贴,比如说像土地、信贷的补贴,还有像工业园、加工出口区,还有一些对研发的补助,尤其是研究的补助";同时,除了补助外,政府还以特许的形式赋予某些企业以垄断权利,目的在于使新产业能够较快地进行规模化生产以提高竞争力。① 另一方面,就产业政策的细度而言,林毅夫认为,战略型产业就存在不同于弯道超车型产业的特征,即使在西方发达国家也存在大量的政府补贴;对那些领先型产业则可以对基础科研给予一定的支持,因为发达国家也是这么做的。譬如,由于美国的产业、企业已经处于世界最前沿,新技术新产业就必须自己研究和发明,为此,美国政府投入了大量资金。仅在2013年,美国在新技术、新产品的研发投入当中政府承担了40%,而企业主要投入在开发可以申请专利的新产品和新技术。OECD其他国家的政府在R&D上的投入,有的高达80%以上,最少的也有25%。也就是说,GIFF框架对有为政府提出了非常高的认知能力和执行能力的要求。正是由于林毅夫制定的产业政策涉及范围如此之广,对有为政府的能力要求如此之高,而在当前世界上很少有国家能够真正满足这一要求,从而构成了很多学者反对产业政策的重要理据。既然如此,我们又如何理解有为政府所需要的条件呢?

(一) GIFF框架所需的法律制度条件

要保障林毅夫的GIFF框架在发展中国家得到有效的遵行,在理论上,这首先有赖于良好的政治和法律制度基础。问题是,绝大多数发展中国家都存在明显的制度缺位,这又如何保证现实中政府会制定出合理产业政策并有效贯彻它?如何避免政府将稀缺资源投放于特定产业所带来的寻租问题?这是韦森所提出的问题。韦森写道:"在毅夫的这个NSE框架中,似乎根本没有——或有意识地回避了——现代政治体制中的权力制约

---

① "产业政策思辨会——林毅夫对张维迎",http://www.yicai.com/news/5155368.html。

与制衡问题,而是假定政府及其领导人有决定一个国家或地区的经济发展战略、产业升级乃至在解决'协调问题'和'外部性问题'中的完全自由裁量。但不知毅夫想过没有,在解决所有这些经济发展问题上,乃至政府做新兴产业的'助产士'甚至起保姆的'作用'时,政府领导人都要运用自己所掌控的权力,都要运用自己所掌控的来自税收和其他财政收入的财力资源乃至国有资源来运作,都可能会有自己个人的喜好、偏好以及个人、家庭甚至亲友的关系在其中,因而在具体做出任何一项资助科技创新、发展新兴产业和促进产业升级的实际操作中,都有政府领导人个人的利益、喜好和关系在其中";进而,韦森指出,"在未来的完善和发展中,毅夫的这一NSE(新结构经济学)理论分析框架,要把现代宪政民主政制像市场制度一样被视为现代经济可持续增长的一个必不可少的基础性制度条件"。[①] 关于对有为政府所依赖的政治和法律制度条件的质疑,这里从如下几方面作一说明。

首先,笔者认为,制定一个良好的政治和法律制度根本上是政治学家和法学家的基本职责,而通过探究市场缺陷而赋予有为政府在产业政策上的功能则是经济学家的基本职责。相应地,如果出现了明显的政府失灵,贪污腐败现象严重,为官不为现象突出,这些都表明行政机制存在严重缺陷,进而反映出政治学家和法学家的失责;相反,如果出现了普遍的市场失灵,市场之恶和商业之恶肆意横行,收入分化加速,这些都表明市场机制存在严重缺陷,进而反映出经济学家的失责。显然,从学科的职责本分和学问志业的角度上讲,林毅夫致力于产业政策以及有为政府必要性的研究,这在一位经济学家的本分上是没有错的。问题只是在于,林毅夫又致力于将其学说应用于各国实践,这就必须考虑其现实可行性问题,进而就必须将具体的政治和社会制度问题纳入进来考虑。

其次,针对补贴可能引发的寻租等问题,林毅夫也作了解释:除了企业家在没有政府的保护补贴之前不会自发进入的国防安全产业外,其他四种类型的产业企业家都会有自发进入的意愿,而一国政府也就可以从各产业领域的企业获知其软硬基础设施的瓶颈限制,这种能力的需求应该不会高于教育、健康、法制等的要求。此外,笔者还要从另一角度为林毅夫的有为政府和产业政策进行辩护:在当今现实世界,市场失灵的深度和广度比新

[①] 韦森:"探索人类社会经济增长的内在机理和未来道路",载林毅夫:《新结构经济学:反思经济发展与政策的理论框架》,苏剑译,北京大学出版社2014年版,第75、80页。

古典经济学所承认的要严重得多,这导致政府的作用空间及其应承担的职能也要广泛得多;相应地,一个良善且有作为的政府,当然也就应该对不同产业的特性作仔细的甄别和探究,进而制定出与市场机制形成互补的产业政策。这里所存在的问题仅仅在于,在赋予政府积极可为之功能的同时,也必须配套考虑"如何保证政府做它该做的事"。也即,这里需要重点关注政府行为中可能潜含的"恶",这主要包括"好心办坏事"以及"成心干坏事"这两个方面。

最后,关于政府的"恶",学术界尤其是奥地利学派学者已经作了相当程度的挖掘和刻画,以致政府失败几乎成为现代主流经济学的一个共识;相应地,近现代以来欧美社会也设立了一系列宏观社会制度安排,其主要目的都在于防止政府之"恶",这包括宪政体系和媒体监督等。然而,在当前中国社会以及其他众多发展中国家,制约和监督政府及其官僚行为的社会制度安排迄今还很不成熟和健全,社会公权力的滥用还得不到有效的制止,而传统的统制经济残留也使得政府往往具有干预正常经济活动的冲动。在这种情境下,林毅夫倡导的"有为政府"说主要侧重于在理论上探究在面对市场失灵时的政府积极作用,这对一位经济学家来说并没有错,但是,由于对现实世界中的政府"恶"行却关注偏少,从而可能会有意无意地为那些政府的"乱为"提供借口,这在很大程度上也是林毅夫的新结构经济学遭受众多经济学人尤其是新古典经济学人强烈质疑的原因。

(二) 后发优势和后发劣势的辨析

上面的分析有助于我们更好地审视杨小凯和林毅夫之间就后发优势与先发劣势所展开的争论。杨小凯提出的后发劣势观认为,器物和技术的传播和模仿比较容易,而制度和文化的引入和移植则比较困难,因而落后国家往往倾向于模仿发达国家的技术和管理而不去引入发达国家的制度和文化;由此造成的结果就是,器物和技术的迅速引入使得落后国家在短期内获得快速的经济增长,但经济增长反过来会阻滞制度和文化的吸收和改革,从而给长期增长留下许多隐患,甚至造成长期发展不可能。有鉴于此,杨小凯主张后发国家的改革应该遵循由难而易的途径:先完成较难的制度模仿和移植,而这又应该优先推行共和宪政;然后,等宪政建立起来以后再进行较为容易的器物和技术引进,进而致力于经济建设。事实上,作为一位杰出的经济学家,杨小凯晚年却转向了宪政研究,致力于传播哈耶克的自发秩序原理和宪政理论。与此不同,林毅夫认为,发展中国家不一定要在进行欧美式的宪政体制改革以克服后发劣势后才来发展经济,而是可以利用与发达国家的技术差距所形成的"后发优势",进行技术创新和产业升级以加速经济发展,同时改革制度;并且,稳定而快速发展的经济还会为改革各种内生的制度扭曲创造条件,从而有助于竞争性的有效市场的最终建立。在经济转型和产业升级过程中,林毅夫又主张采用渐进双轨的方式:一方面,对原来那些违反比较优势的产业中没有自生能力的企业,在转型期保留必要的保护补贴;另一方面,对原来那些符合比较优势却受抑制的产业,放开准入以鼓励竞争。①

在这里,林毅夫倡导了改革进程中的倒逼机制:由经济到制度,由市场机制到政治体制。按照诺思的制度变迁理论,这种渐进式改革的成本往往较小,也不太会激起大的反对和抵制声浪。不过,这似乎仍然没有打消杨小凯的疑虑:如果在体制没有改革下照样可以取得经济快速发展,当政者或既得利益者为何还要进行制度改革?进一步地,我们还可以思考:如果没有政府体制上的改革,当政者为何愿意且能够推行竞争性的有效市场建设?在这里,林毅夫实际上引入了开明的有为政府。正如林毅夫所说:"新结构经济学认为政府官员基本上追求两个目标:第一个目标是希望能够继续执政或是能够得到升迁。第二个目标是希望青史留名,让人家记住他是个好官。新结构经济学也进一步论证用什么方式能够让政府官员同时满足这两个目标,那就是给他所管的地区带来经济繁荣、社会稳定、人民生活幸福安康。倘若如此,老百姓会支持他,继续执政或升官没问题,也能青史留名。这种状况下政府官员的个人利益跟国家利益、社会利益是一致的。"②与此不同,杨小凯对有为政府的疑虑则根基于西方的"恶棍"政府说,毕竟一般的观点认为,西方社会也是先确立资本主义宪政体系再走上快速的资本主义增长之路的,如阿西莫格鲁等人的《国家为什么会失败》就持有这种观点。不过,杨小凯借鉴西方宪政制度的改革论断也存在问题:除了这种改革必然会激起巨大的反对而加大改革成本外,难道欧美社会的那种政治体制和市场体制就一定是最优的吗?要知道,欧美诸国的政府大

---

① 参见林毅夫:"我和张维迎在争论什么",http://business.sohu.com/20160925/n469141074.shtml。
② 林毅夫:"我对张维迎的17个回应",http://finance.ifeng.com/a/20161112/15003591_0.shtml。

多也没有承担起它应有的职责,这充分体现在当前西方社会的经济和社会困境之中。

那么,林毅夫和杨小凯在对待政府的态度以及改革路向的主张上为何存在如此的不同?要真正理解这种差异,又涉及中西方社会的文化差异,涉及两个社会对国家性质的认知以及对政府职能的赋予上所存在的巨大差异。一般地,在西方社会,基于对个人内在状态的关注,逐渐形成了以个体为中心的价值取向,社会组织也被视为个人权利转让或交换的结果;相应地,国家组织就呈现出明显的主权特性,随着主权者在近现代的分散和分解而产生出基于相互制衡的三权分立和权力结构,政府的根本职能就被限定为监督和约束社会成员潜在的机会主义。与此不同,在儒家社会,基于对特定社会关系下的"社会我"的关注,形成了以社会为中心的价值取向,社会组织也被视为由社会契约而形成的公共性共同体;相应地,国家组织就呈现出明显的裁判特性,社会大众对政府的充分信托和放任又演化成中央集权,政府的根本职能则体现为促进成员利益的协调和社会福利的改善。钱穆说:"中国社会民众对政府常常抱一种信托与期待的态度,而非对立与监视的态度,若我们说西方政权是契约的,则中国政权乃是信托的。契约政权,时时带有监督性。而信托政权,则是放任与期待。"[1]很大程度上,林毅夫的有为政府及其产业政策思想也就嵌入在儒家文化传统之中,它对政府抱有高度的期待。但是,这种取向可能会产生强于激励而弱于监督的后果,这已经为中国大历史所证实,从而也应该是当前制度安排重点注意之处。相反,杨小凯则迅速接受了根基于西方社会的宪政思想,认为效率低下的宪政政府要好于效率很高的集权政府,从而主张激进得多的社会变革。但是,这种变革常常会造成社会的尖锐冲突和对立,这也已经为西方近代史和许多发展中国家的现代史所证实。

可见,要理解林毅夫 GIFF 框架中的有为政府,除了要深入剖析市场失灵的广度和深度外,还需要回到中西方社会的不同文化传统中去探寻其社会基础。很大程度上,现代经济学人之所以普遍反对林毅夫的有为政府说,就在于他们接受的是根基于西方文化传统和心理意识的新古典经济学,以"恶"作为人性的基本假设,从而对政府普遍采取不信任的态度;进而,他们也以西方的社会现实为基础而倡导有限政府说,主张应该先确立

---

[1] 钱穆:《国史新论》,生活·读书·新知三联书店 2001 年版,第 114 页。

一整套的宪政或法律制度安排来制约政府的"恶"行,尤其强调市场化改革的进一步深入必须转向政治体制方面,这导致基于"华盛顿共识"的激进式改革之呼声长盛不衰。然而,正如苏联东欧社会主义国家的例子表明的,先行的政治和宪政改革往往会为一些反对派或国外敌对势力所利用,它们甚至会刻意地搞坏经济以鼓动社会大众反对现行体制的目的,乃至"越糟越好"的荒谬信念在一些社会运动和颜色革命中广为流行。① 在20世纪90年代中期,笔者在一次研讨会上曾问过杨小凯,激进式改革往往会将小孩和洗澡水一起抛弃,这样好吗? 他的回答是,我以前一直主张革命好于改良,但近年来也有所改变,更多地转向改良。尽管如此,杨小凯总体上还是承袭哈耶克的看法:效率低的宪政政府固然做不了大事,但做坏事的效率也同样地低;相反,效率高的集权政府尽管可以快速推进经济增长,但做坏事的效率也同样地高。问题在于,(1) 经济基础根本上会影响上层建筑,而经济增长是发展中国家的首要也是核心议题,又如何能够选择一个效率低下的政府?(2) 当今西方宪政体制本身就是不完善的,它过于关注政治领域的权力制衡,却忽视或者无视经济领域的权力集中及其衍生的严重问题,又如何要照搬这种西方体制? 从理论上说,欧美社会并没有真正实现有效市场和有为政府的有机结合:市场中的金钱力量过大而公共领域的政府力量不足。

三、有为政府的社会基础:责任伦理还是信念伦理

上面的分析指出,林毅夫的有为政府实际上根基于儒家社会这一社会基础之中,根植于儒家对政府的信托和期待之中。问题在于,政府官僚是否值得人民的信托和期待呢? 这就涉及儒家的文化精髓和社会基础。儒家最为关注责任而非权利,强调每个人都应尽其责任,所谓"在其位,尽其职,成其事",这就是"尽其在我"的责任观。儒家"尽其在我"的责任文化观强调,个体应该对群体和社会尽义务履责任,要"躬自厚而薄责于人"(《论语·卫灵公》)。而且,"尽其在我"责任观还非常注重权利与责任的相称性:地位越高,权力越大,相应的责任也越重。这就对社会精英提出了这样

---

① 科勒德克:《从休克到治疗:后社会主义转轨的政治经济》,刘晓勇等译,上海远东出版社2000年版,第28页。

的要求:(1)在政治权力上,要求官僚精英应该既圣且贤,应该成为社会标杆;(2)在经济权力而言,要求资本精英应该是贤达仁人,应该成为社会领袖;(3)就思想权力而言,要求知识精英应该"学为人师,行为世范",应该成为舆论引导者;(4)就社会权力而言,要求公众人物应该发挥正能量,应该成为现实的示范。在儒家社会,父母之所以在家庭中享有权威以及管束子女的权利,就在于他们承担了家庭发展的更大责任,承担了抚养和教育子女成长的责任,因而子女往往高度依赖和信任他们的父母。同样,一国的政府官员也只有承担起更大的社会责任,人们才会信任它、依托它,才会有官民一体和社会和谐的良好关系。问题在于,如何才能促使政府官员承担起责任?从现代政治伦理的术语上讲,就要求政府官僚拥有对职业尽责和对自身行为负责的责任伦理。这种责任伦理具有强烈的后果论关注,而与仅仅推崇目的论的信念伦理存在根本性差异。

(一)韦伯对政治家素养的阐述

韦伯在《以政治为业》的著名演讲中就率先提出了两者的区分,尤其是突出政治家应遵循责任伦理的要求。为了让读者更充分地体会韦伯的深远洞见,这里对韦伯有关政治家素养的论述作一较为详细的逻辑梳理。

首先,政治家需要哪些基本素质。韦伯强调指出:"政治生涯可以使人产生权力感。知道自己在影响着别人,分享着统治他们的权力……但是他现在的问题是:我要具备什么样的素质,才有望正确地行使这种权力?(无论就具体的个人说这权力多么有限)他怎样才能有望正确履行这种权力加于他上的责任呢?这把我们带入了伦理学问题的领域,因为这些问题就属于这一领域。一个人如果他获得允许,把手放在历史的舵盘上,他必须成为什么样的人呢?"韦伯认为,决定政治家是什么样的人有三种前提性素质:激情、责任感和恰如其分的判断力。其中,(1)"激情,是指不脱离实际的激情,是献身于一项'事业'、献身于一个掌管着这项事业的上帝或恶魔的激情",但"无论这激情多么真诚,仅靠它是不够的。激情并不能造就政治家,除非这种献身于'事业'的激情,也使得对这项事业的责任心成为行动的指南";(2)相应地,"恰如其分的判断力。这是对政治家具有决定性意义的心理素质:他能够在现实作用于自己的时候,保持内心的沉着的路径。这也表现在他与事与人都能保持距离。'缺乏距离',乃是政治家致命的罪过之一,也是我们的新一代知识分子一旦养成便注定会在政治上无能的素质之一";(3) 因此,关键的"问题是,如何能够把激情和冷静且恰如其分的判断力同时熔铸在一个灵魂之中? 政治运作靠的是头脑,不是身体或心灵的其他部分。献身于政治,如果尚未变成轻浮的智力游戏,而是一种真诚的人类行为,那么单靠激情即可唤起和培养这种献身"。①

其次,如何防止虚荣心对政治行为的误导。韦伯认为,虚荣是一种十分普遍的本性,几乎没有人能完全摆脱它,但它对不同职业的人所潜含的危害是不同的。譬如,"在学者中间,从虚荣不致损害科学工作这个意义上说,它不管表现得多么令人难以接受,却是相对无害的"。但是,"政治家的情况完全不同。他的工作,离不开追求权力这个不可缺少的手段……但是,这种追求权力的行为,一旦不再具有客观性,不是忘我地效力于'事业',而变为纯属个人的自我陶醉,它便开始对自己职业的崇高精神犯下了罪过。在政治领域里,致命的罪过说到底只有两种:缺乏客观性和无责任心"。② 同时,缺乏客观性和无责任心也是相通的。究其原因,两者都源于虚荣心,"个人尽可能站在前台被人看清楚的欲望,强烈地诱惑着政治家犯下这两种过失";相应地,"他会因此时刻处在这样的危险之中:变成一名演员,对于为自己的行为后果承担责任满不在乎,只关心自己的表演留给人们的'印象'。他的缺乏客观性,诱使他不去追求真实的权力,而是追求浮华不实的权力外表。他的无责任心,又会使他缺乏实质性的目标,仅仅为了权力本身而享受权力";结果,尽管"追求权力是一切政治的动力之一……(尽管)单纯的'权力政治家'或许可以造成强烈的影响,但实际上他的工作既无目标也无意义"。③ 也就是说,虚荣心往往会引发政治行为导向不合初衷的结果。正是基于这一事实,韦伯认为:"若想让政治行为获得内在的支持,对事业的奉献就是不可缺少的。政治家为了事业而追求和运用权力,至于事业具体是什么,属于信仰问题。政治家可以服务于民族的、人道主义的、社会的、伦理的、文化的、世界性的或宗教的目的。政治家可以为一种对'进一步'的强烈信念所鼓舞,无论它的含义是什么,他也可以平静地拒绝这种信念。它可以宣称要为某种'理想'效力,也可以从原则上否认这种理想,只打算服务于日常生活的物质目的。"④

---

① 韦伯:《学术与政治》,冯克利译,生活·读书·新知三联书店1998年版,第100—101页。
② 同上书,第101页。
③ 同上书,第102页。
④ 同上书,第102—103页。

再次,作为"事业"的政治对道德的诉求。如果以"事业"性来看待政治,政治能够完成什么使命?政治的家园在哪里呢?这就涉及政治和道德的关系。韦伯指出:"一切有伦理取向的行为,都可以是受两种准则中的一个支配,这两种准则有着本质的不同,并且势不两立。指导行为的准则,可以是'信念伦理',也可以是'责任伦理'。这并不是说,信念伦理就等于不负责任,或责任伦理就等于毫无信念的机会主义。当然,不存在这样的问题。但是,恪守信念伦理的行为,即宗教意义上的'基督行公正,让上帝管结果',同遵循责任伦理的行为,即必须顾及自己行为的可能后果,这两者之间却有着极其深刻的对立。"①一方面,就信念伦理而言,"如果由纯洁的信念所引起的行为,导致了罪恶的后果,那么,在这个行动者看来,罪恶并不在他,而在于这个世界,在于人们的愚蠢,或者,在于上帝的意志让它如此";另一方面,就责任伦理而言,"信奉责任伦理的人,就会考虑到人们身上习见的缺点,就像费希特正确说过的那样,他没有丝毫权利假定他们是善良和完美的,他不会以为自己所处的位置,使他可以让别人来承担他本人的行为后果——如果他已预见到这一后果的话。他会说:这些后果归因于我的行为。信念伦理的信徒所能意识到的'责任'仅仅是盯住信念之火,例如反对社会制度不公正的抗议之火,不要让它熄灭。他的行动目标,从可能的后果看毫无理性可言,就是使行为只能、也只应该具有楷模的价值"。②当然,真实世界中究竟会坚持哪一类伦理则要复杂得多,韦伯写道:"在无数的情况下,获得'善的'结果,是同一个人付出代价的决定联系在一起的——他为此不得不采用道德上令人怀疑的、或至少是有风险的手段,还要面对可能出现、甚至是极可能出现的罪恶的副效应。当什么时候、在多大程度上,道德上为善的目的可以使道德上有害的手段和副产品圣洁化,对于这个问题,世界上的任何伦理都是无法得出结论的。"③

最后,政治家所应有的伦理精神辨析。一方面,就信念伦理的退化而言,韦伯指出:"正是在利用目的手段辩护这个问题上,信念伦理必定会栽跟头。合乎逻辑的结果只能是,对于采取道德上有害的手段的行为,它一概拒绝。但仅仅从逻辑上说如此!在现实世界中,我们不断有这样的经历:信念伦理的信徒突然变成了千年至福王国的先知。举例来说,那些一

---

① 韦伯:《学术与政治》,冯克利译,生活·读书·新知三联书店1998年版,第107页。
② 同上书,第107—108页。
③ 同上书,第108页。

贯鼓吹'以爱对抗暴力'的人,现在却开始呼吁其追随者使用暴力——最后一次使用,为了达到一个一切暴力皆被消灭的境界……信念伦理的信徒无法容忍这个世界在道德上的无理性。他是一位普遍主义伦理观意义上的'理性主义者'……即使目的使手段圣洁化这个原则上作一些让步,也无法让信念伦理和责任伦理和谐共处,或是判断应当用哪一个目的来圣洁化哪一个手段。"①为此,韦伯强调:"任何想从事一般政治的人,特别是打算以政治为业的人,必须认识到这些道德上的两难困境。他必须明白,对于在这些困境的压力之下他可能发生的变化,要由他自己负责……(事实上,)在超凡的博爱和圣贤之道方面表现卓绝的伟人,无论它是来自拿撒勒、阿西西,还是来自印度的高贵种姓,从来不采用暴力这种政治手段……为自己和他人追求灵魂得救的人,不应在政治这条道上求之,因为政治有着完全不同的任务,只能靠暴力来完成。"②另一方面,就责任伦理的价值而言,韦伯写道:"采用暴力的手段并遵守责任伦理的政治行动,它所追求的一切事情,都会危及'灵魂得救'。但是,如果有人在一场信仰之战中,遵照纯粹的信念伦理去追求一种终极的善,这个目标很可能会因此受到伤害,失信于好几代人,因为这是一种对后果很不负责任的做法,行动者始终没有意识到,魔鬼的势力也在这里发挥着作用。这些势力毫不松懈地为他的行为,甚至为他的内在人格制造着后果,对于这些后果,除非他早有察觉,他只能束手无策地表示臣服。"③事实上,"谁也不能教导某个人,他是按信念伦理行动呢,还是按责任伦理行动,或者他何时该按此行动,何时该按彼行动";相反,"能够深深打动人心的,是一个成熟的人(无论年龄大小),他意识到了对自己行为后果的责任,真正发自内心地感受着这一责任。然后他遵照责任伦理采取行为……这才是真正符合人性的、令人感动的表现"。④在韦伯看来,信念伦理和责任伦理不是截然对立的,而是互为补充的,"唯有将两者结合在一起,才构成一个真正的人——一个能够担当'政治使命'的人"。⑤

---

① 韦伯:《学术与政治》,冯克利译,生活·读书·新知三联书店1998年版,第109页。
② 同上书,第114页。
③ 同上书,第115页。
④ 同上书,第115—116页。
⑤ 同上书,第116页。

(二) 儒家社会中的责任伦理

韦伯从政治家的社会角色和行为责任引出了三大基本素质要求，又从基本素质要求引出了对伦理道德的认知和划分。其中，激情体现了政治家的行为内在动机，这导向了信念伦理；责任感体现了政治家的行为后果承担，这导向了责任伦理；恰如其分的判断力则有助于政治家更好地审视行为的后果，以便更好地寻求激情和责任感之间的平衡，进而避免虚荣可能带来的危害。相应地，韦伯就基于手段与目的间关系的视角区分两类伦理：信念伦理往往只关注目的，一心按照某种先验的原则行事，并以目的来为手段辩护；相反，责任伦理则思考手段可能带来的后果，从行为的结果来评估合理性，并自己承担起行为后果的责任。不过，在比较宗教和文化研究中，韦伯又将责任伦理与工具理性行动联系在一起，认为责任伦理较多地关注手段、工于计算、注重日常生活的当下要求，从而具有较高的理性化程度；相反，受信念伦理驱使的价值合理性行动则混杂着传统、情感等非理性因素，从而具有较低的理性化程度。这样，责任伦理往往就被视为西方社会的基本特征，而信念伦理则是东方社会的专属，乃至儒家也被批评为过分注重信念伦理而忽视责任伦理。然而，这种流行的认知存在根本性错误并且带来严重的实践问题：似乎要建设社会责任伦理并由此制约官员的"乱为"和"无为"就必须要回到欧美社会的制度框架。显然，现代欧美诸国的宪政框架所导出的就是有限政府，因而这在另一层面为杨小凯、张维迎、田国强等人的观点提供了依据。事实却是，责任伦理充盈在传统儒家社会之中，而与现代西方社会的伦理取向之间存在根本特质上的差异。

一方面，为了说明儒家社会所嵌入的丰富的责任伦理，这里从三方面展开分析。(1) 从责任伦理的基本词义上看。责任伦理根本蕴意在于强调行为者对自身行为后果的责任承担，这与儒家社会的"尽其在我"责任观是一致的。"尽其在我"责任观的要点就在于"尽责"(conscientiousness)和"尽力"(doing one's best)。这也就是所谓的"尽己之谓忠"，"推己之谓恕"，其中，"忠"是成己一面，"恕"是成物一面。正是基于"尽其在我"责任观，儒家社会对社会各岗位的职责都有明确的规定，所谓"君仁臣忠、父慈子孝、夫义妻听、兄良弟悌、朋谊友信"就是如此；尤其是，那些身居高位的君子具有更大的责任去领导和建设一个更为美好的社会，强势者对于弱势者也负有照顾和关怀的责任，政府部门更应该承担起对人民的"富之、教之"之责。(2) 从责任伦理衍生的社会规范体系看。责任伦理关注行为产生的影响并承担起相应责任,这就促使人们养成一种自律性的行为规范。这种伦理规范更常用的名字就是道德黄金律,并有否定和肯定两种表达形式;其中,否定形式是指自己不想要的东西就不要强加给别人,肯定形式则是指自己想要的东西也应该与人分享。这也充分体现在儒家伦理之中:前者体现为"己所不欲,勿施于人"(《论语·颜渊》);后者则表现为"己欲立而立人,己欲达而达人"(《论语·雍也》)。《论语·里仁》中说,"夫子之道,忠恕而已",忠恕讲的就是推己及人;其中,忠是就推己及人的积极方面讲的,而恕则是就推己及人的消极方面讲的。(3) 从责任伦理产生的社会基础看。责任伦理往往要求行为者能够设身处地考虑和感受其他相关者的处境,进而在对方的角度进行换位思考,从而尽力减少或避免"好心做坏事"的现象发生。这就是移情和通感的效应,它也深深地嵌入在儒家文化和伦理之中。事实上,儒家的思想核心"仁",本身就是一种感通、关切、融和的精神状态,它通过人之主体的移情而与他物融为一体,通过"仁之心"的反思而达到"克己"的境界。例如,曾子就说,"吾日三省吾身。为仁谋,而不忠乎?与朋友交,而不信乎?传,不习乎"(《论语·学而》);孟子则说,"仁者,以其所爱,及其所不爱"(《孟子·尽心下》)。

另一方面,为了说明西方社会中责任伦理的淡薄和缺失,这里也从三方面展开分析。(1) 从西方社会的基本特质看。西方社会盛行的本质上就是信念伦理:中世纪的基督教伦理将遵循上帝的教导视为行为的信念源泉和唯一原则,资本主义兴起后的功利主义行为原则也具有强烈的目的性,导致西方伦理学由义务伦理学转向目的伦理学,这也属于信念伦理学,尽管这种信念伦理学不再是美德伦理学而是功利伦理学。事实上,信念伦理本身就是与西方社会的绝对律令相通的,由此派生的是基于法律规章的他律而不是自我审查的自律;为此,西方社会重视一般规则的建设,崇尚自发市场中的自由竞争,乃至将一切市场行为和结果都视为合理的,而不关注市场不平等所代理的问题以及市场竞争滋生出的堕落效应。(2) 从西方社会的伦理起源看。自古希腊以来,工具理性在西方社会就得到不断发展以致偏盛,并由此衍生出理性主义的信念伦理;相应地,由这种信念伦理又塑造了私人企业家精神,它注重科学知识的发现和物质器具的创造。同时,正是基于强烈的"救赎"信念伦理,新教徒们以"天职"为号召而致力于对世俗成功的追求,而将失败归咎于上帝的旨意,进而推动了资本主义商业经济和物质文明的发展和繁荣;相应地,在这种信念(功利)伦理的支配下,现代主流经济学设立并推崇经济人行为方式,以"无形的手"导向的社会福利最大化为预定目标,却根本无视市场主体的非理性以及市场机制的缺陷所造成的市场震荡,甚至将任何偏差乃至经济危机都视为例外,并由此强烈否定政府在经济活动中的作用。(3)从西方社会的现实困境看。不可否认,工具理性极大地促进了西方科学知识的积累和技术的进步,但是,科学技术的不当运用也会造成人类社会的冲突和对抗。事实上,从西方发展史看,正是根基于工具理性的创造、扩张和征服冲动摧毁了西方社会的道德基础,瓦解了作为人与人之间联结的社会关系和组织,破坏了公众信仰的社会性结构,以致社会制度都被视为一种实现自我的工具,对社会义务和社会共同目标的追求则被当作负担,这一切都导致西方社会的衰落和解体,因而韦伯晚年才提出希望以"责任伦理"来挽救社会衰落。

四、有为政府与企业家精神的关系:替代还是共进

基于对儒家"尽其在我"责任观和责任伦理的解析,我们就可以更好地来理解有为政府和企业家精神之间的关系。张维迎和田国强等人往往将有为政府及其产业政策与企业家精神对立起来,其理论主要是:提倡有为政府和进行产业规划就会打压和窒息企业家精神,这会导致个体内在创造力的消失,从而在根本上扼杀和抑制技术创新和技术进步,进而也就不可能有真正的劳动生产率提升和产业结构升级。例如,张维迎说:"产业政策在本质上与企业家精神是不相容的。"①田国强说:"产业技术发展的方向不是由政府的选择决定,而是由市场需求与企业家精神决定的。"②果真如此吗?作为有为政府的提倡者,林毅夫显然不同意这一点。林毅夫写道:"张维迎教授似乎觉得只有企业家才有企业精神,其实在谈企业精神,不是谈企业家,确实要是一个企业精神来发现各种新的机会,但是可以发现各种新的机会可以是企业家,也可以学者,也可以是政府官员。张维迎教授觉得只有企业家才有企业精神,其他人都没有企业精神,要是我们没有企业精神也不会到北大来办中国经济研究中心,要是我们没有企业家的精神

---

① 张维迎:"林毅夫的四点错误",http://finance.ifeng.com/a/20160918/14884730_0.shtml。
② 田国强:"再论有限政府和有为政府:与林毅夫教授再商榷",《第一财经》2016年11月7日。

大概不会把中国经济研究中心,推动它升为国家发展研究院,其实都是企业家精神。因此,不要认为只有企业家才有企业精神,把企业精神运用的范围太窄了。"①那么,如何理解林毅夫的这一观点呢?关键就在于如何对企业家精神和企业家进行界定。

(一)企业家精神和企业家的本质

从本体论上说,企业家精神根本上体现为创新而非对市场利润机会的敏锐性,这主要源自人类的工作本能和好奇心而非虚荣本能和逐利心。其中,工作本能促使人们致力于财富的制造,好奇心则驱使人们努力突破现状;相反,虚荣本能往往促使人们以占有财富为目的的行动,逐利心所激发的机会主义更驱使人们通过破坏或转移(如寻租)来获得个人财富。相应地,企业家就是在工作本能和好奇心驱动下把工作当事业(或天职)并矢志于追求成功的人,真正的企业家既不会因小挫折而放弃,也不会因小利而妥协。当然,这种纯粹由好奇心所驱动而致力于发明和创新活动而不计较利益得失的人往往可以被更精确地称为发明家,而那些由逐利心所驱动而致力于追求利润最大化的人则可以被更精确地称为商人;相应地,市场经济中真正的企业家则是将发明与商业结合起来的人,他本质上依然是从财富创造而非财富转移中获取个人利益,这也是斯密意义上的"逐利者"。同时,企业家的财富创造根本上是从社会角度而非个人角度而言的,因为个人财富与社会财富之间往往会出现冲突,这是劳德代尔悖论所指出的。

一般地,一个人的企业家精神越充足,创新力就越强,所创造出的社会财富也越多,对社会发展的贡献也越大。比如,为当代计算机提供数学基础的图灵、激光的发现者汤斯、晶体管的发明者巴丁等人,尽管他们并没有因为这些创造发明而获得高额收益,但他们的创造发明却为人类福祉贡献卓著;再如,世界互联网的发明者伯纳斯·李,并没有为自己的发明申请专利,也没有限制其他人的使用,而是无偿地公开发明成果,从而也就没有为自己谋取利益,但是,他的创造性工作却极大地改变了人类社会的面貌。相反,众多数字产品的缔造者乔布斯、搜索引擎的创新者杨致远、亚马逊帝国创始人比佐斯以及社交网络创始人扎克伯格等商业天才,他们依靠个人才智和对市场需求的敏锐性而将前人的发明创造运用到商业中,建造了商

---

① "产业政策思辨会——林毅夫对张维迎",http://www.yicai.com/news/5155368.html。

业帝国,并由此在创造巨额社会财富的同时也获取了丰厚的个人收益。显然,这些人都对社会进步和繁荣做出了巨大贡献,但我们并不能因为前一类科学家和发明者没有由此致富而贬低他们的贡献,恰恰相反,他们对社会做出的贡献很大程度上还要大于后一类将科学技术应用于实践的企业家。然而,受现代奥地利学派影响的经济学人却倾向于将对市场变动具有高度警觉性并灵敏地捕捉赢利机会而最大化自身利益的人都称为"企业家",新古典经济学更是将市场经济中的收入与贡献相联系乃至一一对应起来;这样,流行的观点就将"企业家"与商人进而与富人等同起来,却不关注这些商人究竟是以何种方式致富的:是通过提供满足社会需求的产品或服务而致富还是仅仅利用自身的信息、资源、权力或地位优势而攫取他人所创造的财富?

基于上述对企业家精神和企业家的界定,我们就可以更好地认识有为政府与企业家精神之间的关系:它们与其说是一种替代关系,不如说更主要是一种互补共进关系。这也意味着,要真正发挥企业家精神,有为政府是必不可少的条件;同时,政府要真正做到积极"有为",也必须根基于企业家精神。

(二) 企业家精神的发挥依赖于有为政府

现代社会之所以需要引入有为政府的积极行动,很大程度上源于市场经济所导致的企业家精神的衰退。流行的观点往往认为,企业家精神是市场的产物并随着市场经济的发展而成长、壮大。但实际上,正如前面所说,企业家精神源于人的工作本能和好奇心,市场经济只是将企业家精神与商业进而与赢利联系起来;更进一步地,市场经济引发的虚荣心以及相应的产权制度往往还会窒息或排挤人的工作本能和好奇心,从而导致根基于创新和冒险的企业家精神日渐衰退乃至消逝。从市场经济发展史也可以看出,商业主义和逐利行为会衍生出这样的堕落效应:一方面,它使得人们的行为日趋功利化,主要从个人价值而非社会价值角度评估行为的合理性;另一方面,它使得学者的研发日趋实用化,主要从现实有用性而非兴趣偏好进行学术的研究。显然,这两方面都与真正的企业家精神背道而驰。同时,企业家精神在市场经济中的衰退也造成两个明显的恶果:(1) 关注和从事基础理论研究的学者越来越少,而热衷于热点问题和对策研究的学人则越来越多,这导致技术进步和产业创新的基础就越来越薄弱;(2) 把企业或商业发展当作毕生事业来做的企业家也越来越少,而通过创办和控制企业来谋取最大个人收益的商人则越来越多,这导致企业不断分拆、兼并和倒闭而缺乏长期发展的坚实基础。也正因如此,无约束的市场越是发展,堕落效应越是严重,就越需要有为政府的积极作用,越需要合理的产业政策来激发企业家精神。

关于这一点,我们选择两方面来说明市场经济发展对企业家精神的阻滞效应。(1)就科技发明而言。早期发明家纯粹是出于兴趣,因而可以为根本还没有一点赢利前景的伟大事业去奔波,这与现代以市场赢利预期为考量的技术翻新存在根本性差异。譬如,瓦特当年之所以热心发明蒸汽机,根本上是出于兴趣而非可能的赢利,他的赞助者主要也是为了科学兴趣而不是为了逐利。试想:当时火车、轮船、汽车等都没有,从哪里可以看到发明蒸汽机的盈利可能呢?实际上,瓦特从小就接触和了解了不少技术方面的知识,养成了一种独立思考和探索奥秘的兴趣和习惯,后来在进行蒸汽机研制时耗资巨大的试验使他债台高筑,但他没有在困难面前却步;同时,在瓦特处境困难时,一个十分富有并对科学技术的新发明倾注热情的企业家罗巴克开始提供赞助,直到最后破产。(2)就学术研究而言。以前学者发表文章、撰写著作都不是为了市场收益或者职称晋升,而主要是为了向社会以及后人贡献自己一生的思考,因而很多学者的著作都是在死后才由他人出版的,这与大众时代为发表和晋升而写作的学术倾向存在显著差异。托克维尔就曾以美国社会为例写道:"(对)满脑子想的都是如何改变处境和如何增加财富……的人来说,人类智力的最优秀成果包括一切可以成为发财致富捷径的新方法,一切可以降低生产成本的工具,一切可以节省劳力的机器,一切便于享乐和增加享乐的新发明。民主国家的人民主要是从这个角度出发去钻研、认识和尊重科学的。在贵族制时代,人们对于科学的要求,主要是精神上的享受,而在民主制度下,则主要是肉体上的享受。"[1]

(三)有为政府的有效性根植于企业家精神

在市场经济为主体的现代社会中,政府要能够制定合理的产业政策并有效贯彻它,就必须嵌入企业家精神,必须以丰富的责任伦理为基础。一

---

[1] 托克维尔:《论美国的民主》,张扬译,湖南文艺出版社2011年版,第341页。

般地,政府所扶持的产业主要是具有高风险而在短期内还不具有平均期望利润的产业,政府提供基础设施或者某种资金的根本目的在于降低该领域的创业风险和成本,从而鼓励更多具有企业家精神的企业家加入该领域进行研发、投资和创业。也就是说,政府的产业政策根本目的以及最终结果都不应该出现由于在土地、税收和补贴、融资和信贷以及进出口许可等方面区别对待而创造出大量租金,不应该出现进入该领域的商人仅仅依靠保护或特殊政策就能轻松享有高额利润的局面,更不应该出现商人和政府官员之间相互勾结的寻租行为。一般地,在政府产业政策的重点扶持期间,该产业的利润绝不应该高于整体市场的平均利润;相应地,随着该产业的基础设施以及其他软件的逐渐成熟,自主企业能够实现平均利润,原有的补贴或特殊政策也就应该取消,政府最多是通过其他方式帮助企业进行海外市场拓展,如智利葡萄酒产业对国际市场的参与。由此,我们可以得到两个结论:(1)如果产业政策重点扶植少数企业的发展,但在目标产业选择和实施中出现了官商勾结的寻租行为,这就意味着,该产业不再应该进行补贴或保护,或者对该产业的补贴或其他优惠政策遭到了扭曲;(2)如果有其他企业在没有资助补贴的情况下也进入了开放竞争的市场并取得了成功,这也意味着,这个产业已经不再需要特许政策的扶持了。[1]

那么,如何才能保证政府的产业政策如此合理和精微?这也必须依赖强盛的企业家精神和责任伦理。我们从两方面加以说明:(1)政府的产业政策不是某个人拍脑袋的产物,而是要经过一整套的收集信息、征集方案以及委托研究程序,在此过程中,政府相关决策者首先需要把制定合理产业政策以促进地方经济发展作为自己的使命,这就涉及政府决策者的企业家精神;(2)政府以课题形式委托专家做产业政策的可行性和合理性研究,那么这个专家是以制定合理产业政策为使命还是仅仅为赚得课题经费而应付了事,这也涉及专家们的企业家精神。其实,正如张维迎指出的,在产业政策的制定和实施过程中,我们无法对作为多任务多目标代理人的政府官员和"企业家"进行有效的监督和激励。换句话说,只有这些代理人都具有很强的企业家精神,才能切实保障产业政策的合理和有效。很大程度上,这与股份公司中的管理者也没有什么不同,因为现代企业对高管的考

---

[1] 林毅夫:《经济发展与转型:思潮、战略与自生能力》,北京大学出版社 2008 年版,第 44 页。

核也是多目标的,完全以利润或股价进行评价只会阻扰企业的发展。为此,田国强强调:"产业政策制定,其根本着眼点还是应该在于激励企业家精神。"①林毅夫同样指出:"强调企业家精神是重要的,但是也要把企业家精神发挥作用的一些制度条件研究清楚……我基本上是反对补贴的,我所有的产业政策里面没有一样是需要补贴的,除了对先行者的激励机制的补偿。"②一般地,如果产业政策制定和实施中排挤了企业家以及企业家精神,激发了大量的套利而非创新行为,诱发出很多的假装吃螃蟹的商人,那么,这个产业政策肯定存在问题。

可见,真正合理而有效的产业政策与企业家精神并不相冲突,相反,只有两者相结合才能真正促进产业发展和升级。关于这一点,林毅夫也一再作了强调:新结构经济学的产业甄别和因势利导框架并不是由政府越俎代庖去决定一个国家应该发展什么产业,而是和企业共同决定应该发展什么产业。当然,要真正理解这一点,要真正做到这一点,还需要对企业家精神的伦理基础做进一步的界定。事实上,不同领域的企业家精神所根基的伦理是存在差异的。一般地,私人领域的企业家精神以信念伦理为基础,创新和冒险都发源于个人的偏好、认知和信仰;究其原因,私人领域中的冒险和创造所产生的后果都只作用到行为者个人身上,而企业家精神则赋予行为者个人承担这种不确定风险的勇气。与此不同,公共领域的企业家精神须以责任伦理为基础,其创新和冒险必须考虑对其他人或社会所带来的可能影响;究其原因,公共领域中的创新失败产生的负效应将会严重损害其他人的利益,而责任伦理则要求决策者在决策时就必须考虑这种情形。由此,我们就可以将企业家精神区分为私人企业家精神和公共企业家精神,进而也将企业家分为私人企业家和公共企业家。显然,在产业制定和实施过程都需要公共企业家的参与,如产业政策规划者、课题论证专家等;同时,这种公共企业家的基本特质并不在冒险,而在责任的承担,或者根基于责任伦理的创新。很大程度上,只有根基于这种责任伦理和企业家精神,才能尽可能避免政府官员的"不为"和"乱为",才能尽可能减少"好心办坏事"现象。

---

① 田国强:"对当前中国改革及平稳转型意义重大的三个问题:供给侧结构性改革的关键与有限政府的建立",《第一财经》2016年10月24日。
② "产业政策思辨会——林毅夫对张维迎",http://www.yicai.com/news/5155368.html。

五、尾论:夯实有为政府的社会基础

要保障有为政府的积极"有为"而非"不为"和"乱为",关键就在于在社会中培育起一种浓郁的责任伦理,并由这种责任伦理孕育出一种公共企业家精神。正是基于这种公共企业家精神,政府官员及其他政策相关者就有动力去制定和实施一项合理的产业政策,进而与私人企业家精神相配合而促进有为政府和有效市场的有机结合。之所以需要基于责任伦理的公共企业家精神,还可以从这样两方面加以理解:(1)基于信念伦理的私人企业家精神可以促进科学进步、技术创造和产业升级,但也可能损害他人或社会的利益;(2)简单地将基于信念伦理的私人企业家精神拓展到公共领域,更会对社会造成破坏性结果。很大程度上,现代学者尤其是经济学人没有区分企业家精神的这两种类型,没有考虑他们所根基的伦理差异,而是以信念伦理和私人企业家精神来看待有为政府的行为,从而也就会担心"好心办坏事"的现象。例如,田国强在争论中就一再担心:政府的事前有为是否会变成事后乱为或不为?如何防止?同时,这些担心也主要是根基于西方文化及与其相对应的西方学说,因为西方社会中基于工具理性的信念伦理所激发的行为往往会给他人和社会造成巨大损害。这在公共领域固然不用说,即使在被划归为私人领域的市场上,尽管商业企业家往往会积极承担起信念所驱动的行为结果,并由此促进了技术进步、产业升级以及市场经济的扩展,但是,这种极强创造力的背后也潜含了破坏性威胁、垄断性行为等。

然而,不同于根基于信念伦理的西方社会,儒家社会传统非常注重价值合理性和社会交往合理性,并由此孕育出浓郁的"尽其在我"的责任文化,因而拥有责任伦理的丰富资源。譬如,在儒家社会,父母就被赋予了监管子女行为的很大权力,同时也被要求承担抚养和教育子女的重要责任。正是基于这种责任,中国父母都希望并积极采取各种措施来保障子女更好地成长和成才,为达到此目的,父母往往会尽可能地收集有关孩子饮食和求学的各种信息,并在对各种信息进行比较的基础上为孩子选择适合的学校或者课外培训班等。也就是说,在现代中国社会中,父母在承担抚养和教育子女之责时,依凭的与其说是嵌入在传统习俗中的信念伦理,不如说是基于未来关怀的责任伦理。基于相同的理由,有为政府也应该以责任伦理为基础,决策者需要承担应尽的责任。事实上,秦家懿就指出,儒家"可以争取它的普世性价值,而成为韦伯所称的'召唤'"。① 不幸的是,随着商业主义和功利主义因素在市场化改革中的引入和膨胀,儒家社会的责任伦理也出现了严重式微、衰落和瓦解;结果,很多上位者不再持守"在其位尽其事"的传统理念,而是像韦伯所描述的"政治家"那样热衷追求权力,并在权力制衡机制缺失的情况下利用权力最大化的牟取私利。

很大程度上,正是由于责任伦理在现代社会中的式微和缺失,导致了当前政府官员的"乱为"和"不为"现象;正是基于这种现状,很多学者也就主张回到欧美的有限政府和宪政体制。但是,本章的分析却给出了一个不同的路向:(1)像中国这样的发展中国家要有效推进经济转型改革以及经济持续健康发展,就必须有一个承担积极功能的有为政府;(2)不同于私人企业家精神根基于信念伦理,政府官员的行为应该根基于责任伦理,从而在推动技术创新、产业升级上实现有为政府和企业家精神的互补;(3)儒家的"尽其在我"文化所体现的就是一种责任伦理,要保障有为政府的积极"有为",就需要从儒家文化传统中去探寻其社会基础。事实上,只有公共职务者能够真正实践"良知"和"良心"的结果,社会政策才会有真正的"良成"效果,才会有林毅夫所说的"知成一体"。显然,本章对有为政府的社会基础的探讨,对责任伦理和公共企业家精神的引入等,是对新结构经济学"有为政府"论的有益补充和拓展。2016年9月16—17日,包括四位前世界银行首席经济学家在内的13名经济学家讨论当今经济政策制定者面临的挑战,并提出了替代"华盛顿共识"的"斯德哥尔摩陈述",它强调在政策制定和执行中需要充分考虑该国的社会文化传统。显然,本章对社会基础的剖析和强调与"斯德哥尔摩陈述"的政策主张也是一致的,进而将更有助于推进林毅夫倡导的"知成一体"学说体系。

---

① 秦家懿、孔汉思:《中国宗教与基督教》,生活·读书·新知三联书店1997年版,第74页。

7

追赶型产业如何实行市场开放

——评林毅夫的新结构经济学之三

本章导读: 一国的经济增长在开放市场和封闭市场中面临着不同机制,在开放市场中根本上取决于由产品价格决定的绝对优势而非自身的生产率水平。同时,在要素禀赋结构相对稳定的时期内,一国产业在世界市场上的竞争优势主要取决于规模经济和技术水平。为此,为了防止本国产业和经济的全面崩溃,经济转型国家和发展中国家在制定市场开放的产业政策时就需要考虑不同产业的规模经济特性和国内外技术差异。相应地,通过剖析各产业的国内外竞争优势差距,经济转型国家和发展中国家的市场开放政策应该实行从竞争优势差距最小的边际产业开始的次第开放顺序,这就是市场开放中的边际原则。

一、引 言

在世界各国实行的产业政策中,我们可以看到众多的失败案例,也可以发现不少的成功案例,但是,我们不能因为那些失败案例而反对和否定一切产业政策,也不能因为那些成功案例而支持和鼓吹一切产业政策。相反,我们需要探究产业政策失败或成功的原因,并由此寻求制定合理产业政策的方法和途径。那么,如何制定一个合理的产业政策以提高成功的概率? 对发展中国家和经济转型国家来说,产业政策合理与否,主要取决于它能否提高该产业的生产率水平和国际竞争力,进而促进经济的持续增长。相应地,如果一国期望重点发展的目标产业暂时还不具有国际竞争力,甚至在开放市场中还不具有自生能力,那么,在一段时间内就需要对该产业采取一定的保护,并在保护期内通过各种措施来提升它的竞争能力。很大程度上,正是忽视了这一点,"华盛顿共识"在发展中国家的推行就不可避免地失败了;相应地,林毅夫强调双轨制和渐进式的转型,强调对某些产业补贴和优惠政策的维持。[①] 进而,林毅夫还依据国内外的竞争力差距以及在国家发展中的重要性差异区分了五种产业类型,进而详细地探讨了政府在不同产业发展中的作用。[②]

显然,对发展中国家和经济转型国家来说,它的大多数产业都属于追赶型产业,乃至绝大多数企业在开放市场中都缺乏自生能力。那么,对这些追赶型产业又应该率先开放哪些以及保护哪些呢?这对经济转型国家尤其重要。一般地,这就需要考虑这些追赶型产业中不同产业的国际竞争力水平,而这又体现为竞争优势差距。进一步地,不同产业在国际竞争中的优势水平为何会存在显著差异呢?林毅夫主要考虑了产业的要素禀赋结构,认定符合比较优势的产业在开放市场中具有更大的竞争能力。但实际上,即使产业的选择符合一国基于要素禀赋的比较优势,规模经济和技术水平也会极大地影响它在国际竞争中的优势水平,从而对其置身于开放市场中的生存能力产生重要影响。这意味着,对经济转型国家和发展中国家来说,即使某个产业已经符合要素禀赋结构决定的比较优势,也需要受到一定程度的保护;至于应该采用何种程度的保护措施,这主要就与两大因素密切相关:该产业的规模经济特性和该产业的国内外技术差异。有鉴于此,本章尝试基于竞争优势差距来为经济转型国家和发展中国家构建一个指导不同类型产业进行市场开放顺序的基本原则。

[①] 林毅夫:"华盛顿共识的重新审视——新结构经济学视角",http://www.nse.pku.edu.cn/articles/content.aspx?nodeid=50&page=ContentPage&contentid=475。

[②] Lin Yifu, "Industrial Policies for Avoiding the Middle-income Trap: a New Structure Economics Perspective," *Journal of Chinese Economic and Business Studies*, 2017, 15(1), pp.5—18.

二、国际竞争的绝对优势原则

林毅夫的新结构经济学及其产业政策选择都是建立在比较优势原理之上的,政府的作用也在于因势利导地促进潜在比较优势转化为现实。问题是,在复杂的国际竞争中,一个国家又如何识别和运用比较优势?譬如,林毅夫的 GIFF 框架认为,在制定产业政策时应找目前收入水平高一倍左右且发展迅速的国家,这是因为发展迅速会使得它的资本积累非常快,工资上涨非常快,原有比较优势的产品就会逐渐失掉比较优势。① 这里的问题是:比较优势根本上体现为一国在不同行业上的相对优势,工资会上升是否会使得发达国家失去在资本密集型产业上的原有比较优势?我们可以作一简单的分析:按照流行的观点,一国的劳动工资大体取决于该国的人均资本—劳动比,那么,当资本积累量不断上升时,所有行业的工资都会有同比例的上升,从而就难以确定不同产业的比较优势变化;更进一步地,我们假设资本价格保持不变,劳动价格上升产生的后果恰恰是:该国的劳动密集型产业价格相对上升而资本密集型产业价格相对下降,这反而会造成原先资本密集型的汽车业等的比较优势获得进一步的上升。由此推之,又如何得出林毅夫有关发达国家的原先资本密集型产业将失去比较优势的结论呢?

当然,在现实世界中,发达国家在某些资本密集型产业的原有竞争优势确实在不断下降,那么,这又是什么原因呢?其中一个可能性原因就是,有新的资本更密集的产业出现,因而发达国家的产业升级换代而实现产业资本进一步密集化。不过,这需要以新的技术发明或应用为前提,从而可以解释创新活跃期的状况,却难以解释非创新活跃期的产业类型相对稳定情境。相反,如果回到价格竞争的基本面,我们就可以对发达国家的竞争优势下降趋势看得更清晰。其主要原因是:(1) 发达国家因劳动价格上升而导致其产品的相对价格上升;(2) 后发国家因资本价格下降而导致其产品的相对价格下降;(3) 更重要的原因是,技术的扩散使得后发国家与发达国家在该行业上的技术水平逐渐接近,同时结合较低的工资水平就取得了生产成本上的绝对优势。由此,我们可以得出这样的结论:只有在贸易

---

① "产业政策思辨会——林毅夫对张维迎",http://www.yicai.com/news/5155368.html。

竞争仅仅发生在两个国家之间的情境时，比较优势原则才是适用的；相反，当贸易竞争发生在两个以上国家之间的情境时，比较优势原理就很难适用了。

为直观说明这一点，我们以最为简单的三个国家三种商品的国际贸易为例作一分析。在表7-1所示的模型中①，按照比较优势原则如何进行国际分工和生产呢？我们逐一剖析如下：(1) 如果在产品A和产品B之间的贸易，国家1在产品A的生产上具有比较优势，而国家3在产品B的生产上具有比较优势，那么国际贸易和分工将在国家1和国家3之间展开。(2) 如果在产品B和产品C之间的贸易，国家1在产品C的生产上具有比较优势，而国家3在产品B的生产上具有比较优势，那么国际贸易和分工依然在国家1和国家3之间展开。(3) 如果在产品C和产品A之间的贸易，国家1在产品A的生产上具有比较优势，而国家3在产品C的生产上具有比较优势，那么国际贸易和分工还是在国家1和国家3之间展开。也就是说，在这个3×3贸易模型中，基于比较优势原理的分工结果是，国家1生产产品A，国家3生产产品B，并且国家1和国家3都生产产品C，而国家2却找不到任何按照比较优势可以生产的产品。那么，国家2是否就因此被排除在国际贸易之外了呢？显然不是，因为国家2在产品C上具有明显的绝对优势，它当然可以专业生产产品C。

表7-1　3×3贸易模型　　　　　　　　　　　　　　单位：件/天

	产品A	产品B	产品C
国家1	8	2	8
国家2	4	4	10
国家3	2	8	8

更进一步地，上述3×3贸易模型只是对一个极其简单情形的简要说明，而实际世界的贸易关系要复杂得多，因为国际贸易涉及数百个国家以及成千上万个产业、产品和企业。按照西蒙的观点，人的理性是非常有限的，根本无法在数百个国家以及成千上万个产业、产品和企业的竞争中敏锐地识别出或理性计算出其具有比较优势的产业和产品，进而最大限度地

---

① 该表根据李嘉图比较优势原理而假设各国存在给定的不同技术。但它同样可以转换为HOS下的给定要素禀赋情境：三国拥有三种产品A、B、C的生产要素丰度不同，导致在单位时间内带来的产品收益结果为表7-1中所示的数字。

发挥其比较优势来获取最大收益，相反，主要由成本或价格高低所体现的绝对优势来识别或判断一国产业或产品，却要容易得多。因此，根据更为直观的由产品价格显示的绝对优势进行产业或产品的选择，就是一个更为理性和切实可行的原则，这就是真实世界中的绝对优势原理。而且，遵循绝对优势原则的产业或产品选择也符合信息节约原理，从而也更容易为实践所采用。当然，真实世界的国际贸易和分工还要复杂得多，这涉及不同规模经济体具有不同的生产能力问题，涉及不同产业或产品存在不同的市场规模问题，也涉及不同产业或产品存在不同的规模经济或成本变动等问题。为了便于读者更好地理解国际贸易和分工所基于的原则，这里就此再作一详细的展开分析。

首先，在多个国家和多种产品的贸易中，如果一个国家的某产业或某产品在世界市场上具有最低价格，那么，该国在该产业或产品就拥有最高绝对优势，在该产业或产品的国际竞争中也最具竞争力。由此我们就可以得出这样两点基本结论：(1) 如果该国在该产业或产品上具有无限生产能力，那么，它的产业或产品就会占据整个世界市场，而且，其价格只要定得比世界上具有次高绝对优势的国家稍微低一点就行了；(2) 如果该国在该产业或产品上具有有限的生产能力而不足以满足整个世界市场，那么，世界上具有次高绝对优势的国家也就可以生产该产业或产品，它的市场占据情形也与其生产能力有关，以此类推。① 譬如，东亚"四小龙"曾经在纺织、电子、石化、航运等领域拥有绝对优势，从而得以不断拓展世界市场而取得经济的飞速发展，但是，受经济规模的限制，它们的相关产业或产品并不能完全占领世界市场，从而也为其他国家相应产业和产品留下了一定的发展空间。与此不同，巨大的经济规模（包括人口）赋予了中国社会"无限"的生产能力，因而一旦它凭借低廉的劳动工资和较高的生产效率而在多种产业或产品上取得绝对优势，那么所占领的世界份额就会不断扩展；结果，从服装、食品、建材、机械、化工、有色金属到电子产品，全世界产品几乎都贴上了"中国制造"的标签。这也意味着，在多国家多产品的国际贸易中，实际发挥作用的主要是绝对（比较）优势原则而不是（相对）比较优势原则。

其次，如果一个国家在所有产业或者很多产业领域都拥有绝对优势，那么，基于静态的最大利益考虑，它就会选择自己最具有比较优势的产业

---

① 这里不考虑产品差异。

（也即绝对优势度最大或利润率最高的产业）。在这里,我们需要引入绝对优势度的概念,它体现为该产业在不同国家之间的价格差距或者利润率差距。显然,一个产业的绝对优势度越高,价格差距或者利润率差距也就越大,该产业的竞争优势也就越明显。在这种情景下,比较优势原理就开始发生作用。不过,该国究竟如何进行产业选择,也与它在产业上的生产能力以及市场规模有关。(1)如果该国在绝对优势度最大的产业具有无限生产能力,那么,它在该产业上就会垄断整个世界市场;而且,对小国来说,如果该产业的世界需求已经可以实现该国的充分就业,那么,从静态的交换价值角度考虑,该国就会出现单一的产业结构。(2)进一步,如果拥有绝对优势的是个大国,单一产业的世界市场需求并不足以实现它的充分就业,那么,从静态的交换价值角度考虑,它就会首先选择绝对优势度最大（也即具有比较优势）的产业,占据整个世界市场后再转向绝对优势度次高（也即比较优势次高）的产业,以此类推,直到实现充分就业。(3)如果该国在该产业上并不具有满足整个世界需求的无限生产能力,那么,它在绝对优势度最高的产业达到生产能力的极限后,就会转向绝对优势度次高的产业,以此类推,直到实现充分就业。当然,如果考虑生产成本递增或规模经济递减,具体产业的选择或产量的确定将会更为复杂。

再次,如果一个国家在所有产业上都没有绝对优势,或者拥有绝对优势的产业因生产能力极小而不足以实现自身充分就业,那么,它的具体产业又会如何发展呢？这将更为复杂。一般地,(1)如果在该国最具绝对优势的产业领域,比它具有更高绝对优势的那些经济体因生产能力有限而无法满足整个世界市场需求,那么,该国就可以生产其他国家所留下的市场需求份额;其中,该国的供给价格既可以遵循那些具有更高绝对优势国家的产品价格（如果这个价格高于它的生产成本）,也可以像剩余市场份额的垄断者那样制定更高的产品价格。事实上,国际石油市场就是如此,拥有最高绝对优势的一些国家往往生产能力有限,因而拥有次高绝对优势的俄罗斯等国家也就可以利用国际市场的庞大需求而扩充产量。(2)如果在该国最具绝对优势的产业领域,比它具有更高绝对优势的那些经济体因具有无限的生产能力而能够满足整个世界市场需求,那么,该国就只能退而生产它在国际市场上具有次级绝对优势的产业,其生产可能性和供给价格也如(1)中所述;进一步地,如果该国在次级绝对优势的产业中依然面临着具有更高绝对优势且生产能力无限的国家,那么,就只能退而转向该国在国际市场具有更次一级绝对优势的产业，以此类推，直到找到凭借自身绝对优势所能参与的市场空间。(3) 如果在该国最具绝对优势的产业领域，比它具有更高绝对优势且生产能力有限的那些经济体所留下的市场需求份额并不足以实现该国的充分就业，那么，该国的生产在满足该产业的市场需求后就会转向具有次级绝对优势的产业，以此类推，直到实现充分就业。当然，现实情形要复杂得多，因为在不同次级的绝对优势行业，扣除那些具有更高比较优势国家生产后所剩下的市场，往往会转换成特性不同于原先整体市场的垄断市场。(4) 最后，现实世界更常见的是，众多国家基于其产业的绝对优势从高到低的原则进行生产（如上所述），仍然找不到能够实现充分就业的足够市场空间，这就必然会造成这些国家的失业现象和经济萎靡；同时，即使该国能够找到实现充分就业的足够市场空间，但其产品的利润往往都会低于那些拥有更高绝对优势的国家，从而会严重影响资本积累和产业升级，这也是陷入"中等收入陷阱"的重要原因。

最后，需要指出，这里强调国际竞争所根基的绝对优势，也并不排斥比较优势。事实上，真实世界的情形要远比上述的理论和逻辑分析更为复杂，往往是绝对优势原理和比较优势原理共同起作用。譬如，如果国家 A 在产业 x 拥有世界市场上的最高绝对优势，而在产业 y 拥有次高的绝对优势；同时，A 国在产业 x 中的绝对优势领先于次高绝对优势的国家 B 的优势并不明显（这用价格差距或利润差距表示），而 A 国在产业 y 中生产拥有最高绝对优势的 C 国留下的市场份额所得到的利润要高于产业 x 的生产，那么，A 国就更愿意且应该生产产业 y 而非产业 x，在这里是比较优势原理在起作用。再如，一个国家的特定产业在世界市场中的绝对优势不是指生产能力上的优势，而是指生产成本上的优势。也即，绝对优势主要取决于其成本，而成本则与要素禀赋（劳动、资本、土地）的价格、与技术水平相联系的要素使用效率以及由规模经济决定的全要素生产率有关，而这些都是决定比较优势的要素禀赋，因而绝对优势实际上已经内含了比较优势。

不过，从影响国际竞争力的直观因素来看，决定一个国家能否参与世界市场的竞争以及能从国际贸易中获得多少剩余的基础仍然是绝对优势原理。更不要说，基于绝对优势原理，每个国家在产业选择和竞争力提升方面都更容易甄别和操作：每个国家都应该而且会致力于发展在国际竞争中更具绝对优势或者绝对优势更容易提升的产业。正是基于绝对优势的竞争，随着经济发展所带来的工资上升，发达国家就会逐渐失去国际竞争力；相应地，为了抵消工资成本对竞争力的不利影响，发达国家就会努力促进技术进步进而提高劳动生产率。同时，劳动工资的上升对一国绝对优势的影响更主要体现在劳动密集型产业上，因而发达国家就会转向资本密集型产业；相应地，这就会导致资本有机构成越来越高，这也就体现为产业升级。从这个角度上，资本有机构成的提升和产业结构升级主要是由于工资上升而引发的绝对优势丧失所衍生出的倒逼效应；同时，如果技术进步所提升的绝对优势要大于工资上升所抑制的绝对优势，那么，资本有机构成更高的产业就会有更大的绝对优势，从而也就会产生更大的国际竞争力以及更高的利润水平。基于上述的逐层考察，我们也就可以更清楚地明白，技术进步在当今世界市场的竞争中的至关重要性。有鉴于此，林毅夫也强调："持续的技术升级是一国长期动态增长的最重要驱动力。"[①]

三、市场开放中的规模经济原则

就经济转型国家和发展中国家来说，其产业政策的根本路向就是通过市场开放来促进经济增长。但是，在开放市场和封闭市场两种情境中，一国经济增长的内在机制是不同的。一般地，在封闭市场中，在其他条件给定的情况下，一国的人均经济增长率以及生活水平主要取决于它自身的劳动生产率水平以及生产增长速度，但是，在开放市场中，一国的人均经济增长率以及生活水平不仅取决于它自身的劳动生产率水平，也取决于世界市场其他参与国的劳动生产率水平。一个可以提供佐证的明显现象是：随着技术伴随全球一体化的扩散，世界各国的劳动生产率应该趋于缩小，但世界贫富差距却明显扩大了。如何理解呢？究其原因就在于，决定经济增长率的根本因素也随着全球化一体化而转变：国际经济联系越紧密，一国经济增长受国际生产率水平的影响也就越大。

事实上，在开放市场中，即使一国在产业上的劳动生产率有了提高，但只要依然低于国际水平，或者有其他国家在该产业上的劳动生产率提高得更快、生产成本更低，那么，该国的该产业在世界市场上的竞争优势就会不

---

① 林毅夫：《经济发展与转型：思潮、战略与自生能力》，北京大学出版社2008年版，第95页。

升反降，进而也就难以取得或维持参与国际分工的绝对优势；更为严重的，此时该国的该产业不但不能获得世界市场，反而会连原有的国内市场也被更便宜的国外产品所占据。这也意味着，在开放市场中，即使一国的某产业或产品取得了技术的进步和生产率的提高，但该国仍然可能会被迫退出该领域的生产和投资；如果这种情形是全面性的，该国在开放的国际市场上就无立足之地，当然收入和福利水平也就会不升反降。由此，我们也就可以发现这样一个结论：在开放市场中，每个国家往往只能生产其生产率水平在世界上最高进而成本最低或具有最高绝对优势的产业或产品，或者只能生产那些比它具有更高绝对优势的国家在其有限的生产能力之外还留下部分市场份额的产业或产品，这就是国际市场上的产业分工以及产业转移的基本依据。

问题是，对经济转型国家或发展中国家来说，它几乎没有什么产业或产品在世界市场上具有绝对优势，或者能够生产的产业或产品也根本不足以实现国内的充分就业。此时，它又该怎么办？直觉就是，该国应该对某些期望发展或有能力发展的产业采取某种保护措施，通过关税、特许等保护措施而为这些产品生产或产业发展保留一定规模的国内市场；究其原因，只有一定规模的国内市场的存在，这些产业的劳动生产率水平的提升才可以带来相应的经济增长。进一步的问题是，如果经济转型国家或发展中国家原来就有多样化的产业，那么，在市场开放过程中，它又该如何对这些产业进行选择性保护呢？一般来说，经济转型国家和发展中国家在进行市场开放和保护时，不应该对所有产业或产品实行"一刀切"的全盘标准，而应该实行差异性政策。至于差异性政策如何确定，这主要取决于不同产业在世界市场上的竞争优势；进而，影响不同产业的国际竞争优势的因素，除了要素禀赋结构外，最为重要的就是规模经济和技术水平。其中，要素禀赋对国际竞争优势的影响，主要体现为资本和劳动等生产要素的价格；而一价定律表明，这些生产要素的价格具有趋同趋势。因此，规模经济和技术水平是影响国际竞争优势的更重要且更持久的因素，从而也是市场开放中需要考虑的核心因素。

就产业的规模经济特性而言，它对一个企业发展限度的影响往往与相应的市场规模特性有关；只有在市场规模一定或者具有明显上限的情况下，规模经济所促发的不断壮大的企业规模最终才会形成一个垄断的产业结构。为此，经济转型国家或发展中国家进行市场开放所依据的一个重要原则就是,根据产业的规模经济特性及其国内市场的规模特性来决定它的开放程度。一般地,(1)如果某产业或产品的市场规模是不断拓展的,并且该产业或产品的生产主要是以小企业为主,那么,就可以实行市场开放政策。究其原因,在此类产业或产品中,即使开放后导致本国企业的破产和倒闭,外资企业的率先进入也不会取得很大的先占优势,而是会留下足够的市场空间供后发国家的本土性企业发展和壮大;同时,随着技术的传播和技术水平的接近,本土企业往往可以利用地利和人和等优势而逐渐排挤外资企业。(2)如果某产业或产品的市场规模存在明显上限,并且该产业或产品的生产又具有显著的规模经济特征,那么,就应该实行市场保护政策。究其原因,外资企业击垮不具自生能力的本土企业后,就会因规模经济而不断发展、壮大,直到凭借先占优势而形成对该行业或产业市场的全面控制和占有;相应地,即使后来随着技术的扩散而导致全球技术水平的逐渐接近,本土企业也根本失去了在未来出现和发展的市场空间。进一步地,一国的产业政策对某产业或产品实行开放或保护的"度",也就由该产业的规模经济大小和市场拓展程度所决定。这个原则也告诉我们,在制定对外经济的产业政策时必须警惕,尽管资本输入总体上可以提高输入国的劳动生产率水平和人民绝对生活水平,但同时,它也很可能会挤占、压缩输入国国内某些产业未来发展的市场空间,使得输入国的该行业或产业完全失去成长的可能,最终反而产生长期收益的丧失。显然,精确地衡量不同产业的规模经济和市场特性进而采取某种"限度"的保护和开放措施,这是一个非常精细的工作,也更显著地凸显出有为政府的角色和功能。

由此,我们就可以审视和发展林毅夫的一个观点。在论证发展中国家在产业升级中需要政府的保护时,林毅夫指出,当日本发展汽车产业时人均GDP已经是美国的一半,而韩国发展汽车产业时人均GDP只有美国的20%和日本的30%,因而韩国采取的保护措施比日本要多。这里得出两大结论:(1)尽管日本和韩国相对于美国在汽车业上并不具有比较优势,但他们都通过保护政策而发展起了汽车业;(2)如果一国期望发展的目标产业越是不具有现实的比较优势,它所需要的保护政策也就越强。同时,林毅夫又指出,中国和印度在20世纪50年代发展汽车业遭到失败的原因就在于,两国当时人均GDP只有美国的5%多,从而汽车企业没有自生能力而只能依靠政府的长期补助和保护。① 但是,这就引发了这样的质疑:(1)目前中国的人均GDP已经是美国的16%多了,是否仍然不能发展汽车业呢？如是,那么这个比例究竟要多高才能借助保护措施来发展汽车业呢？(2)如果汽车业是资本密集型产业,那么高铁更是资本密集型产业,为何中国能够发展出如此高超的高铁产业呢？很大程度上,中国迄今之所以还没有具有国际竞争力的汽车业,根本上就是自由竞争产业政策的失败;究其原因,汽车业具有明显的规模经济,在市场开放而外资企业逐渐占据具有上限的市场的情况下,就根本不再有足够的市场空间让后起的中国企业得以生存和发展,没有实现规模经济的中国汽车企业在国际市场中自然也就不可能有竞争力和自主能力。事实上,正如林毅夫所说,日本和韩国在发展汽车业时都制定了非常高的关税和准入标准,从而将美国车阻挡在本国市场之外;与此形成对比的是,中国几乎就没有采取保护政策来发展汽车业,没有立基于汽车技术的自主开发。

同时,借助于规模经济这一维度,我们还可以对林毅夫的政策主张作进一步的适用性细分。譬如,林毅夫分析了在追赶型产业上有为政府的积极作为:(1)各地政府和金融机构可以在资金融通和外汇获取上支持像吉利汽车、三一重工那样的企业到海外并购同类产业中拥有先进技术的企业,作为技术创新、产业升级的来源;(2)在没有合适的并购机会时,各地政府可以支持像华为、中兴那样的企业到海外设立研发中心,直接利用国外的高端人才来推动技术创新;(3)各地政府可以筛选我国每年从发达国家大量进口的高端制造业产品,根据其地区比较优势而创造这些产业所需的基础设施,从而把那些高端制造业产品的生产企业吸引到国内来设厂生产。② 那么,如何进一步认识这些具体政策的适用性呢？首先,从改革开放35年后的汽车业总体状况看,中国依然没有发展出成熟的汽车业。为什么呢？根本上说,这不是保护性产业政策的失败,而是"以市场换技术"策略的失败。究其原因,汽车业具有明显的规模经济,而"以市场换技术"策略导致市场丧失,技术则受到发达国家的严密限制。其次,从某些个案看,2010年吉利汽车充分利用西方一些汽车企业受金融危机冲击而低价出售的机会并购了沃尔沃汽车,从此开始了脱胎换骨式发展,不仅获得了

---

① "产业政策思辨会——林毅夫对张维迎",http://www.yicai.com/news/5155368.html。
② "张维迎、林毅夫、黄益平观点大PK:产业政策到底有没有用",http://business.sohu.com/20160918/n468608081.shtml。

实质性的技术支持和品牌拉升,而且在销量上也有大幅增长。也就是说,发展中国家的政府在制定具体的产业政策时,必须充分考虑不同行业的规模经济特征。譬如,与汽车业不同,劳动密集型产业大多是规模经济不显著的,从而可以实行更充分的市场开放,这也是发展中国家开放劳动密集型产业为何往往会取得成功的深层原因。

四、市场开放中的技术差异原则

上面集中剖析了市场开放中的规模经济原则,本节转而探索市场开放中的技术差异原则。事实上,世界市场中的竞争所依据的是绝对优势原理,而影响绝对优势的根本性因素在技术水平(除非一国愿意以国人的永远低工资和低福利为代价来取得这种竞争优势,而组织分工和管理等则都属于广义技术的内容)。一般地,从技术层面讲,一国对某产业实行何种开放或保护政策主要取决于两个方面:(1)该产业的技术水平是否具有国际领先地位,从而能够在开放市场中取得竞争优势,进而可以获得高额的交换价值;(2)该产业的技术水平能否通过开放而获得提升,或者能否比在封闭环境中的技术水平提高更快速,从而可以不断缩小与国际领先水平之间的差距。同时,考虑到在世界市场中,国际竞争往往取决于技术水平的相对差距(这里假设劳动和资本等生产要素的价格不变),那些技术稍微领先的国家将会占据世界市场。因此,对一个技术水平落后的发展中国家而言,针对不同产业的国内外技术相对差异,它的市场开放就应该遵循这样的基本原则:(1)如果该国的技术水平与国际领先水平之间相差太大,那么,通过市场开放来加强技术和商业交流就是加快技术发展的重要且基本途径;(2)如果该国的技术水平与国际领先水平间的差距不大,那么,就可以且应该对本国的该产业采取适当保护,并通过集中资源的技术攻关来取得竞争优势。

之所以要在市场开放中对国内外技术差异度不同的产业采取差别性政策,这是充分考虑到技术创新的难度、对技术保护的程度以及一国的资源稀缺状况等。我们对两种情境作一分析。技术水平国内外相差显著的产业之所以应该实行充分开放政策,其主要原因有:(1)技术领先的发达国家在技术升级过程必然会将淘汰技术外迁,因为这些转移到发展中国家的淘汰技术并不会对发达国家的国际竞争力构成威胁,同时又因比发展中国家现有的技术水平更高而被发展中国家接受;(2)技术领先的发达国家之间也存在激烈的市场竞争,为借助发展中国家的劳动力优势也会主动地通过直接投资等方面将一些次要技术转移到发展中国家,更不要说发展中国家也可以利用发达国家之间的这种竞争而提出技术转让要求;(3)发展中国家也没有足够的资源投入以通过自力更生方式弥补如此大的技术差距,而通过市场开放的技术引入则有助于节省开发相关技术的成本投入,而将有限资源用于开发更为关键的技术。相应地,技术水平国内外相差不大的产业之所以应该实行适当保护政策,其主要原因有:(1)发达国家的竞争优势主要是核心技术,从而不会轻易通过直接投资等方式转让或泄露,反而会利用各种专利、知识产权以及国际法规章等来保护其核心技术;(2)较小的技术差距将会严重影响世界市场中的贸易地位和交换剩余,甚至也会形成对本国的市场占有和控制,从而就需要对国内市场采取保护措施;(3)既然无法通过引进和转让方式实现技术赶超,那么就只能转向自力更生方式,而且弥补这些相对较小的技术差距所需要的资源投入也在发展中国家负担能力的范围之内。

由此,我们可以审视林毅夫的新结构经济学:为了突出要素禀赋结构变动以及由此决定的比较优势在产业升级中的意义,林毅夫很大程度上有意无意地忽视了对技术的应有关注。其中的原因又在于,林毅夫持有一种与资本和分工相联系的内生性技术观,包括两个方面:(1)林毅夫将各种可能的产业知识视为免费的公共知识,资本流动尤其是FDI自动会带来发达国家的技术转移,从而使得发展中国家在产业升级中具有明显的后发优势;(2)林毅夫将具体而异质的技术与抽象而同质的资本等同起来,认为资本积累会自动地促进分工深化和技术进步,进而会产生劳动生产率的持续提升。但显然,这种认知实际上面临着现实的困境:(1)技术领先的发达国家往往不会轻易转移其核心技术,当两国技术差距接近时更是如此;即使新技术的专利保护具有时限,但当这些技术被引入到发展中国家时已经非常落后,也根本无法帮助发展中国家培育其参与国际竞争的绝对优势,至多成为发达国家产业链的低端分支。(2)现代社会的技术进步主要不是源于劳动过程中的"干中学",而是来自于专门的知识生产和技术研发,而知识生产和技术研发有赖于社会劳动的配置和知识分工的推进;进而,劳动配置和知识分工则与一国的经济政策、劳动政策以及产业政策有关,涉及一国在技术研发上的资源投入。显然,一个国家越大,就越有能力集中资源从事特定产业的技术研发;尤其是,选定国内外技术差距较小的产业,集中资源就更容易实现技术赶超,并在适当的保护措施实现规模经济生产而取得国际竞争优势。因此,技术差异原则也有助于细化林毅夫倡导的产业政策。譬如,就追赶型产业而言,正是由于技术差距小行业的企业更容易接受、消化和改造先进技术,因而才有华为、中兴等企业到海外设立研发中心并直接利用国外的高端人才来推动技术进步和创新的可能。

基于国内外技术差距实行市场开放或保护的原则可以追溯到李斯特的保护主义思想。李斯特根据生产的自然和技术特征,认为任何国家的经济发展都要经历这样几个阶段:原始野蛮社会(狩猎部落时期)、畜牧业干涉时期、农业共同体时期、农工业国家时期和农工商国家时期;最后一个时期是完美时期,民族才可以过正常的经济生活,文化才可以发展到最高水平。李斯特认为,不同的时期应该有不同的政策:在前三个时期应该实行自由贸易政策,而在第四个时期则需要实行关税保护政策,直至达到最后的农工商时期,从而使得本国工业和外国工业能够在大致相当的发展水平上进行竞争。其中,前三个时期实行自由贸易政策的原因是:(1)这些时期,人口较少,没有足够的剩余发展生产,因而用本国的农产品与外国工业品交换是有益的;(2)通过交易,与先进国家接触,也可以吸收先进技术,从而刺激本国工业的发展。譬如,当时的意大利、西班牙、葡萄牙、土耳其、俄国等就处于农业时期,手工业和农业结合形成了严密的共同体而阻碍了工业的发展,这样,通过自由贸易可以使这种共同体解体,并提高人们的欲望而向更高阶段发展。农工业国家时期实行贸易保护主义的原因是:(1)如果没有保护,国内新兴的幼稚产业就会被技术更先进和更具竞争优势的先进国家企业所摧毁;(2)国内已经有了一定的资本积累和人口增加,这为发展一种或多种产业提供了基础。譬如,当时的德国和美国就处于农工时期,因而就采取保护主义政策来发展和建构本国工业体系。李斯特认为,正是由于这种保护政策,使得更先进的农工商国家的工业品排除出农工国家的国内市场,导致资本和技术在农工商国家出现过剩,这些剩余生产力为了寻求出路则会流入到农工国家。

很大程度上,李斯特主张实行自由贸易的前三个时期,也就是生产力差距较大的时期,这也对应于我们所讲的国内外技术差距较大的产业,此时通过自由贸易更有利于生产力水平和技术水平的快速提升;李斯特主张实行保护政策的农工时期,也就是生产力差距依然存在但差距不很大的时期,这也对应于我们所讲的国内外技术差距较小的产业,此时通过保护政策可以防止本国产业被完全摧毁并集中资源实现生产力和技术的赶超。当然,保护政策往往会使本国蒙受暂时的利益损失,但李斯特强调,以这种损失或放弃而换得生产力的增长是更重要的。事实上,李斯特强调一国发展更重要的基础是生产力的提高和精神资本的蓄积,而反对运用比较优势来发展生产和贸易的做法。究其原因,从短期和表面看,基于比较优势原理而从其他国家购买更便宜的商品似乎可以带来更大的消费剩余,但这将导致该国的生产力处于从属地位;相反,生产力的提高不但可以使已有的财富获得保障,还可以使已经消失的财富获得补偿。正是在李斯特的贸易保护主义政策指导下,德国在"铁血宰相"俾斯麦执政期间大力发展民族工业,建立铁路系统并统一市场,使德国一跃而成为欧洲最强盛的国家。同时,李斯特的保护主张也影响了当时的美国及日本,这些国家都是通过贸易保护而发展民族工业并最终迅速提升经济实力的;尤其是,战后的日本通过各种措施来限制外国产品进入本国市场而迅速发展起了现代工业,这包括"国货文化"在内的各种非关税壁垒。所以,基于历史的经验,李斯特的学说对落后的经济转型国家和发展中国家也有明显的启示作用。

五、市场开放的边际或双头原则

受李斯特保护主义思想的启示,笔者在 20 年前就曾提出一个针对落后国家的边际开放思想。主要含义是:对比落后国家各产业的国内外竞争优势指数,这个竞争优势指数主要依据技术水平、规模经济及其他发展状况等编制,某产业处于领先地位的国际最高竞争优势与本国竞争优势之差就称为竞争优势差距;其中,最小的竞争优势差距称为边际差距,呈现边际差距的产业也就是边际产业,而竞争优势差距最大的产业则称为发展中国家的未来产业。相应地,落后国家的市场开放就应该遵循这样两大原则:(1)就世界上技术已经相对成熟的产业而言,国内外的竞争优势差距往往并不大,那么,落后国家就应该先行开放那些竞争优势差距最小的边际产业;(2)就国际已经兴起而国内还在起步的未来产业而言,国内外的竞争优势差距往往很大,那么,落后国家就应该完全开放那些竞争优势差距最大的未来产业。也即,落后国家的市场开放应该从竞争优势差距最小的边际产业开始,其一般顺序是:将国内外优势差距最小的,从而最具竞争力的且代表未来发展方向和技术含量高的边际产业先行开放,随着这些产业相对成熟并实现了与国际接轨,再依次开放新的技术差距最小的边际产业,以此类推。因此,这就被称为边际开放原则,它按照产业的优势特征对一国的市场开放顺序给出了一个基本路向和指导。同时,不同产业的开放过程和程序上存在差异,也就意味着,国家对不同产业的保护力度和程度也存在差异,因而边际开放原则从另一个侧面又可以被称为边际保护原则。

(一) 双头开放原则

边际开放思想的开放顺序是从差距最小的边际产业以及差距最大的未来产业两头开始,而竞争优势差距居中的其他产业则根据其他条件的成熟度而相机进行次第开放,因而这又被称为双头开放原则。譬如,就林毅夫所指的"弯道超车型"产业而言,它兼具两大特征:(1) 它是源自发达国家的新兴产业,发展中国家开始与国际先进水平之间的差距往往巨大;(2) 它又是研发周期较短而升级换代较快的行业,发展中国家在政府的扶持下往往可以实现跳跃式发展。同时,高频率的升级换代使得"弯道超车型"产业往往难以形成长期垄断。为此,在不影响国家安全的条件下,"弯道超车型"产业就可以实行完全开放。为了便于读者更好地理解这一点,这里以夕阳产业和朝阳产业这两极产业作一说明。

首先,就那些已经成熟的夕阳产业而言。这实际上是竞争优势差距较小(或最小)的边际产业,因而应该率先开放。这类产业的主要特点是:(1) 这类产业的技术水平已经基本成熟,技术在国际间流动和传播比较容易,技术水平在未来也很难有较大提升;(2) 这类产业的市场需求已经基本稳定,市场竞争主要取决于产品差异化和销售本土化,市场规模在未来也很难有较大拓展;(3) 这些产业的生产率水平在国内外之所以存在不少差异,主要不是源于技术水平的差异,而是源于组织管理、产权界定等方面的激励和约束等因素;(4) 受传统文化、社会体制等的影响,组织管理之类的障碍很难通过发展中国家的自我革新而得到克服。为此,对这类产业实行完全开放,就可以带来这样一系列的好处:(1) 通过外来资本的引入而对该产业的本土化发展注入积极动力,因为资本的输入往往会伴随着相关技术和管理体制的流动;(2) 这类产业完全开放后,发展中国家往往可以充分利用目前还大量存在的劳动力等比较优势而获得国际竞争优势;(3) 这类产业开放后,政府就可以将其有限资源投入到更有发展前途以及更关系国计民生的产业,可以集中资金进行技术改造和创新。当然,在完全开放后,这类产业的国内市场很可能会暂时被国外企业所控制,但本土企业在不久的将来就可容易地重新控制这类产业。究其原因:(1) 这类产业的技术具有明显的成熟性和较高的流动性,(2) 本土企业对国内环境更为熟悉;(3) 本国消费者对本民族文化也更为认同。事实上,中国近代发展的史实就充分证明了这一点:在近代中国,由于中国政府对外缺乏自主权和对内缺乏规划力,几乎所有的行业都曾被外国资本或洋行所垄断,但曾几何时,华资在众多领域就迅速取回了控制权,就取代了洋行而在中国经济中占支配地位。

其次,就那些正在兴起的朝阳产业而言。这实际上是竞争优势差距较大(或最大)的未来产业,因而应该实现完全开放政策。这类产业的主要特点是:(1) 这类产业尽管已经在国外有了相当的发展,但在发展中国家仍属于空白;(2) 这类产业代表了产业发展的方向,也是发展中国家未来需要重点发展的领域;(3) 这类产业的技术发展具有很大的不确定性,往往会呈现出跳跃式发展路径;(4) 这类产业的市场需求具有很大的不确定性,往往需要与具体的地域、文化和习惯相结合。之所以要对这类产业实行完全开放,原因就在于:只有实行开放,落后的发展中国家才能认识到世界产业发展的一般趋势,才可能更好地了解、熟悉这类产业的技术特性,进而才能在此基础上进行创新和改造而缩小与国际水平的差距,最终更好地实现产业和技术的本土化发展及应用。相反,如果试图在市场封闭的环境中依靠完全的自力更生而在零起点上发展和培育这类产业,这将会是一个漫长的乃至遥遥无期的过程;即使在封闭环境中自主创造了这类新产业,但同时期的发达国家已经对同类产业进行了多次的升级换代,以致发展中国家在国际竞争中依然处于不利地位,甚至根本不具有参与国际竞争的基本能力。关于这一点,我们可以从苏联和东欧社会主义国家一般工业品的严重落后中得到充分的证实,也可以从古巴和朝鲜的工业制造品的发展现状中窥见一斑。同样,中国经济发展史也清楚地表明了这一点:中国社会至少在明代就已出现了资本主义萌芽,有的学者甚至将之推到战国时期,但长久以来却没有自发产生出真正的资本主义经济,最终只是到了19世纪中叶在西方列强的冲击下出现李鸿章所谓的"千百年来未有之大变局"才开始工业化之路。相反,在一个开放的国际环境中,一个国家就更容易把握住世界经济发展的方向,并由此取得令世惊叹的经济奇迹。其实,每一代的现代化成功的国家和地区都是这样的范例,如19世纪上半叶的美国、法国,19世纪末的日本、德国,以及20世纪中叶的东亚"四小龙"等。

上面分析了两类需要实行完全开放的产业,那么,通过引进和模仿最终能够完成产业的发育和升级进而取得国际竞争的优势吗?这里以信息产业为例作一剖析。事实上,在信息化和互联网时代,技术创新、产业升级日益与信息联系在一起,这个信息包括基础性或应用型技术的最近进展,也包括消费者的偏好或者新市场的开拓,等等;此时,知识爆炸使得旧技术被淘汰的速度越来越快,产业的升级换代也呈日益加速的趋势,即使原先曾经非常领先的技术和高度适应市场需求的产业也可能很快走入历史,曾有的贸易优势对国际竞争力的影响也越来越小。新的问题是,落后国家如何才能获得促使产业发展和升级所需要的充足信息呢?显然,这就需要市场开放。只有在开放环境中,才能获得有关新产业发展方向的充分信息,才能恰当地把握世界最新技术的契机,否则就会越来越落伍而无法跟上时代步伐。同时,适应性预期理论表明,即使前面几次预期发生了差错而导致决策的失误,但随着适应时间的延长,信息也会趋向完全化;相应地,预期就会逐渐变得更准确,决策也会逐渐变得更精准。拓延到产业的培育和升级中,在产业升级进程的最初阶段,落后国家很可能会一直处于劣势地位和落后状态,但是,本土企业借助于后发优势和比较优势以及在本国市场的地利和人和而最终将会实现赶超,甚至可以利用发展不平衡原理而实现超前发展。以近现代中国银行业为例,如果没有西方现代银行涌入所带来的示范效应,中国金融业迄今可能还是由钱庄或票号统治着。事实上,自宋代开始中国就已经出现了纸币,但只是由于西方银行的进入,纸币才最终得以取代金属货币,期间还经历了由政府主导的大规模、大力度的废两改元和法币改革。同样,在当今全球化时代更是如此,我们小时候抽水马桶、液化气炉乃至方便面等都是很少见的,更不要说个人电脑、无线电话乃至高速铁路了,在这些方面中国应该已经与国际水平实现同步了。因此,全面开放国内还处于空白的产业,往往有利于降低自身的学习和研发成本,缩小相应产品和技术在传播和升级中的时滞,进而产生一种植入型的制度变迁。

另一个问题是,对那些新兴产业而言,一国又如何通过市场开放而推进技术进步和竞争优势提升呢?毕竟根据产品生命周期理论,由于这类产业在先进国家也正处于成长期,其技术就不能轻易向发展中国家扩散。这里,就需要发挥政府的积极作用,也就是林毅夫的有为政府思维。政府至少可以做两方面的工作:(1)政府可以积极展开国际谈判,只有那些愿意转让技术的企业才可以得到工程或订单,也可以推出差异性的投资和生产优惠措施,诱使企业将一些高附加值的产业生产以及技术研发迁移到中国;(2)政府可以集中精力重点扶持某些具有重大发展前途的产业,这类产业往往符合由国内生产要素禀赋决定的比较优势,尽管这种比较优势往往也与后天的资本积累和技术投入有关。事实上,这种产业政策几乎是所有现代国家都在使用的,只不过有的国家更在乎短期的就业岗位和利润回报,而有抱负的国家更加注重产业和技术的根植性和长期发展潜能。尤其是那些所谓的民主国家,往往更看重前者;究其原因,当政者首先要确保自己能够赢得选举,即使面临卸任也会努力促使本党候选人当选,而选民更关注与当前利益密切相关的事件,更关注短期工资、工作等带来的福利,这是体验效用所表明的。相反,像中国这样长期由一党执政的国家,政府更有能力进行长远的产业规划。事实上,无论是日本还是东亚"四小龙",它们的经济之所以能够腾飞,就与长期的产业规划密切相关,而这又有赖于它们都有一个长期执政的政党。相反,随着日本和东亚"四小龙"中的中国台湾、中国香港以及韩国逐渐走上由选举决定的政党轮流执政体制,长期的产业规划就难以进行了,这也造成这些国家竞争力的下降以及当前社会经济的困境。

(二)边际开放原则

在上述两类产业之外是大量的居中产业,这是国内外竞争优势差距存在明显差异的产业,因而应该基于边际原则逐次进行边际产业的开放。这类产业的主要特点是:(1)这类产业在发展中国家已经出现并且正在成长,因而国内外技术差距并没有大到不可跨越的地步,通过一定的保护措施和自身努力在短期内是可以缩小乃至赶超这种技术差距的;(2)国内外的技术差距严重制约了本土企业的国际竞争力,而且,技术差距越大的产业就越缺乏国际竞争力;(3)此类产业也存在差异化产品,技术相对落后的本土企业可以利用自身优势进行产品差异化创新以满足特定市场的需求;(4)此类产业的数量众多,市场规模庞大,全部开放可能对经济带来重大冲击。相应地,对这类产业实行基于技术差距度的次第开放,主要考虑也在于:(1)既要给这些产业以积极进行技术创新和产业升级的动力和压力,又要避免整个产业被更具优势的外国企业挤垮;(2) 那些技术差距较小而具有较强国际竞争力的本土企业,往往也更有能力承受市场开放带来的压力,更有能力实现技术赶超;(3) 那些技术差距较大而缺乏国际竞争力的本土企业,如果被强迫置于国际市场竞争中往往会因为不具有自生能力而迅速破产和倒闭,从而导致整个产业的崩溃。在这里,边际开放原则与李斯特有关农工社会开放的有关论述相通,都强调只有在相近地位上本土企业才能与发达国家企业进行平等竞争。

事实上,这些竞争优势差距较小的产业往往已经有了相当程度的发展,以致该产业的相关企业也具有了一定规模;进而,在原先的市场保护下,这些企业有或多或少的垄断优势,从而获得较高的垄断利润和资本积累。相应地,如果听任这些产业的企业坐享垄断利润,就潜含了一系列的问题:(1) 这些企业在国内往往缺乏有力竞争者,从而就缺乏技术创新和产品升级的内在动机;(2) 这些产业在缺乏竞争压力下也会出现诸如组织管理涣散、贪污腐败滋生、寻租活动涌现等问题。与此同时,这些产业在国际市场上又有很多强有力的潜在竞争者,只是由于保护屏障的存在而暂时无法进入国内市场并形成实际竞争。但是,国内市场开放进而激烈的国际竞争终归会到来,这些长期受到保护而缺乏创新的产业与国际上的技术差距届时就会不断扩大。以金融保险业为例,它们因明显的垄断性而产生丰厚利润,由此也滋生出严重的腐败现象,普遍盛行着拉关系以及吃喝之风,乃至曾经在很长一段时期,金融保险业员工的主要工作都不是开展正常的存贷业务或者探索新的增值业务;同时,它们也因缺乏竞争力而创新动力不足,进而产生信息化严重落后和人浮于事的现象,乃至员工数量十余倍于花旗或汇丰银行的国有银行却只有几分之一的业务量,净利润更是常常为负。显然,只有对这些产业采取适度的市场开放,才能使得相关企业面临一定的生存压力,进而通过市场竞争和优胜劣汰来淘汰那些不思进取的企业,而留下最优效率、最具进步性的企业,这对促进产业发展以及激发人的进取精神都是极其重要的。

同时,边际产业的开放往往也会促进次边际产业的开放和升级。究其原因,边际产业的规范符合国际标准后,一方面可以为关联行业带来示范效应,另一方面也给相关产业带来压力。例如,金融业的开放就会对国有企业带来这样的影响:(1) 通过按照国际标准进行借贷,国有企业开始熟悉国际行为方式;(2) 由于金融机构按国际规范对受贷企业进行监督,不仅信贷的条件提高,对企业的事后监督也加强,因而企业在资产—负债运用上也更加谨慎。同时,随着边际产业的开放,它所带来的前向、后向以及旁侧效应也会迫使相关行业进行改革开放。例如,就具有前向联系的行业来说,由于投入品的国际化,很可能促使成本逐步提高,从而只有通过技术创新才能维持和增加竞争力;对后向联系的行业来说,由于传统客户按国际标准运作而开拓了新的投入品来源,因而自己也只能通过技术革新以降低成本才能维持生存。由此,我们可以审视金融业与国有企业的开放顺序。流行的观点认为,企业机制的健全是金融开放的微观基础,因而金融业只有等到企业改革取得相对成功后才可以开展;相反,如果企业效率没有得到提高,金融业的改革只会强化企业的低效率,从而导致金融业也不可能取得改革成功。但边际开放原则却提出了不同的思路:在改革开放初期国有企业的国内外优势差距是如此之大,在无外来的强制压力(如贷款约束)情况下单凭自身的内在动力是难以推行持续的改革,从而不断缩小这种差距的。相反,根据先易后难的边际开放顺序,金融业的优先改革要相对容易得多,更不要说,规范有效的银企关系本身就是企业运行机制健全的主要方面。关于金融业开放的经验,我们也可以参照中国近代企业的发展路径:很大程度上,金融业率先被迫打开门户,但不到半个世纪,华资银行就占据了金融业的半壁江山,随后大力支持民族工业的发展,从而造就出一大批新式企业。同样,基于苏联东欧转型国家的经验和教训,科勒德克总结说:"没有竞争政策的配合,私有化不可能取得成功,而没有牢固的银行体系,公平竞争也是不可能的。"① 当然,这里主张对金融业的市场化改革,而不是对资本账户的全盘开放。其原因在于:(1)金融业也是典型的规模经济行业,全盘开放导致金融业为外资控制将会严重影响本国的社会经济安全;(2)在金融衍生工具不断创新的经济全球时代,金融业全盘开放将会促生和吸引大量投机性的热钱,这只会流向股市和房市等造成资产泡沫,对实体经济生产力水平的提高却没有帮助,这些已经为林毅夫所强调。②

其实,经济转型和发展中国家的市场开放之所以要遵循边际原则,这

---

① 科勒德克:《从休克到治疗:后社会主义转轨的政治经济》,刘晓勇等译,上海远东出版社2000年版,第225页。

② Justin Yifu Lin, "Why I do not Support Complete Capital Account Liberalization", *China Economic Journal*, 2015, 8(1), pp. 86—93.

是基于"先难后易"的基本常识,也是渐进式制度变迁的要求,是帕累托改进的具体体现。流行的观点往往从改革动力是自下而上还是从上到下和改革历程的时间是长还是短来界定渐进与激进两种变革方式,但实际上,渐进方式不同于激进方式主要在于:(1)渐进变革首先从矛盾最尖锐、问题最严重之处入手;(2)渐进改革主要是在条件已经充分自然成熟或创造成熟下进行;(3)渐进改革因条件的逐渐成熟而必然具有连续扩展性。显然,渐进式改革符合演进理性的哲学逻辑,先对条件已经成熟的领域进行变革,然后创造新的成熟条件而拓展改革,从而使得改革轨迹呈现出明显的路径依赖。一般地,只要条件具备下的改革都可以被视为渐进式改革。回到产业的市场开放中,技术差距最小的边际产业最具有参与国际竞争的条件,从而也就应该率先开放。尤其是,在经济发展形势良好和社会政治环境稳定之时,如果不利用天时和人和自主推行渐进式改革,那么,当社会环境恶化而被迫进行改革时,激进式的剧变往往就不可避免,造成的后果也将更为混乱。事实上,这可以从中日的现代化历程中得到充分的认识:明治维新时期的日本门户开放是主动的,从而也就可以采取循序渐进的改良政策;相反,鸦片战争之后中国的门户开放每次都是被动打开的,最后就只能导向激进的革命了。但最终,日本实现现代化所经历的时间比中国要短得多。

关于边际开放思想在实践中的应用,我们可以再次审视一下中国过去40年的改革开放历程。事实上,如果像苏联和东欧社会主义国家那样,一开始就对国有企业进行深层次的产权改革,那么很可能也会导致企业的大规模破产倒闭。为此,中国采用了边际改革、增量改革的方式:先不动存量,而致力于培育新的增长点,随着增量的不断增多,新的增量就逐渐成了存量,从而也就优化了存量,而原先被扭曲的存量就微不足道了。同样,在市场的边际开放中,优先开放产业在某种意义上就是增量产业,随着这类与国际接轨的产业不断增多,整个产业结构也就得到了不断优化,进而也就降低了市场开放的难度。同时,我们可以借鉴东亚"四小龙"以及德国经济起飞时的经验。这些国家的产业政策始终使其企业保持一定的压力,面临着各种紧张危机,从而促使企业不断寻求发展和创新。同样,我们也可以从东亚诸国和拉美诸国的金融危机中得到教训:一方面,日本等国对金融业过于保护,如日本因长期实行"护航保驾"的"温室袋鼠"政策,从而导致整个金融体系一直存在漏洞,金融业的竞争力也一直比较薄弱;另一方面,泰国、韩国等国的金融业开放力度又过大,以致引入的正式制度与传统非正式制度在短期内难以相容,同时外资金融业也占据国内的一大部分市场,从而也引发了金融体系不稳定。

最后,需要指出,事物本身就是矛盾的对立统一,边际产业的优先开放也会带来二律背反的现象。事实上,一个静止的事物在外力作用下一旦运动起来,就会产生持续运动下去的惯性,甚至还会因为其他的扰动因素而产生加速效应;此时,除非出现了强有力的外部力量,这个过程往往很难停止,也难以得到控制。社会和经济改革也遵循相似的机理:改革一旦启动,就会产生新的既得利益,这导致随后的改革难以重走回头路。譬如,邓小平在推行社会主义改革时强调要走"先富带动后富,最终实现共同富裕"之路,但一旦一部分人先富起来,他们往往就会继续积累他们的财富,从而导致贫富差距持续扩大而不是缩小。回到发展中国家的市场开放,一旦边际产业开放已经启动,那么,就必然会衍生出新的压力要求作进一步的产业开放,这些压力既可能是外来的更可能是内生的;与此同时,如果这些非边际产业的企业缺乏足够的竞争力,那么,就很有可能导致国内市场为外资企业所占领,而其中有些产业可能对国家经济影响非常大,甚至可能是关系国计民生的。有鉴于此,即使遵循边际原则,一国的市场开放也应该把握住一个"度"。

六、尾论:细化追赶型产业的市场开放顺序

综观当今世界,几乎所有国家都在不同领域、不同层面以及不同强度上使用不同内容的产业政策,被视为最好地遵循了新古典经济学自由放任主义的发达国家也是如此。那么,就经济转型和发展中国家而言,它如何制定市场开放的产业政策呢?很大程度上,受李斯特的生产力理论和保护政策思想启发,本章将社会发展阶段转化为不同产业的竞争优势差距,并由此构建出一个指导发展中国家或经济转型国家进行市场开放的边际原则。

本章的分析表明,现代世界市场的多元竞争中直接体现的是绝对优势原理:每个国家都会发展那些它在国际市场上具有绝对优势的产业或产品,而每个企业的绝对优势则主要取决于它的规模经济和技术水平;进而,不同产业在规模经济和技术水平上的差异,就造成了不同产业的国内外竞

争优势的差距不同,而这又构成了国内市场依据边际产业进行次第开放的理论基础。显然,这些分析论断和原则有助于细化林毅夫所倡导的产业政策,进而对经济转型国家或发展中国家的产业发展和经济增长具有一般性意义。事实上,林毅夫主要针对中国现状将产业划分为追赶型产业、领先型产业、退出型产业、"弯道超车型"产业以及战略型产业,但并没有进一步甄别这些产业内部的不同类型,尤其是没有对发展中国家占绝大多数的追赶型产业提出更为具体的市场开放政策;相反,本章进一步指出,发展中国家的市场开放首先要依据产业和市场特性进行产业分类,进而根据规模经济、技术水平等决定优势差距进行次第开放,而不能实行简单的"一刀切"方式。

当然,本章提出的原则和论断也并不能为各国具体的市场开放实践提供普遍适用并具可操作性的政策设计,因为现实世界要复杂得多。在某种意义上,这些原则和论断主要是一种理念的阐述或逻辑的推导,尤其是对如日中天的贸易自由主义的审慎警惕和反动,进而为经济转型国家和发展中国家的市场开放顺序提供一个方向性思维,却不是一个操作性政策。具体说明如下。

首先,竞争优势差距本身就难以衡量,更不要说不同产业的竞争优势差距随时都可能在变动;显然,作为一个相对稳定的市场开放政策,随时根据环境而调整就比较困难。同时,一些产业可能既具有显著的规模经济,也具有很大的国内外技术差距,汽车业就是如此。显然,前者提出保护要求,后者则力主开放,这又该如何开放呢?所有这些都需要有更为精微的市场开放政策。事实上,罗德里克等人就指出,产业政策具有极大的潜力,但不存在可以通用的一种模式,有效的产业政策必须根据各国的特定环境和制度加以调整。例如,二战后初期日本的国民计划重点放在工业增长、节约、投资和出口上,稍后则注意平衡发展、价格稳定和国际协作,接着又重视福利、生活质量和环境等目标。[①] 这些都对政府官员的认知力、反应力以及政府决策程序的灵敏性提出要求。

其次,技术水平和规模经济对不同产业竞争优势的影响是不同的,一些技术进步和创新往往会抵消规模经济的影响。事实上,现代技术进步和

[①] 小宫隆太郎:"日本的计划工作",载博恩斯坦编:《东西方的经济计划》,朱泱等译,商务印书馆1980年版,第232页。

创新带来的一个重要结果就是产品的差异化和多样化,并带来了相应的市场开放要求:(1) 差异化和多样化会进一步细分国际市场,这有助于冲淡甚至克服由范围经济和规模经济所带来的长期垄断问题,从而可以采取更为积极的市场开放政策;(2) 进一步差异化和多样化的产品要获得维持生存和发展,就必须有足够的市场需求及其相应的规模经济,从而就带来了面向国际市场的要求。事实上,曾经作为通信业尤其是手机产品三大巨头的诺基亚、摩托罗拉以及爱立信都曾经拥有巨大的国际市场份额,但现在却为苹果、三星和华为等取代了,甚至苹果、三星在中国的市场份额也逐渐受到华为、OPPO、vivo 等的挤压,其原因就在于新技术带来了手机的智能化发展以及智能化朝进一步的差异化发展。

最后,需要指出,这里从规模经济、市场特性以及技术差距等方面建立市场开放原则,根本上是着眼于开放市场中企业的自生能力。但是,新结构经济学则指出,影响企业自生能力的另一重要甚至更根本的因素则是,产业是否符合本国的要素禀赋结构。基于这一点,转型经济的市场开放也必然要考虑要素禀赋结构,应该率先开放符合要素禀赋的产业;否则,与要素禀赋不相适应的产业由于利润低就很难吸引外国资本流入,反而会出现资本从发展中国家流向发达国家的卢卡斯谜题。① 关于这一点,林毅夫等也做了系统的说明。② 同样,张夏准也指出:"毅夫说要避免过多地偏离比较优势,这是绝对正确的。比较优势的确提供了一个有用的指南,告诉我们国家为保护其幼稚产业做出了多大的牺牲。越偏离比较优势,在新产业获取技术能力所要付出的就越多。"③

---

① Robert Lucas, "Why Doesn't Capital Flow from Rich to Poor Countries?", *American Economic Review*, 1990, 80(2), pp. 92—96.
② Justin Yifu Lin and Kris Hartley, Industrial Policy, Comparative Advantage and Lucas Paradox (work in progress).
③ 林毅夫:《新结构经济学:反思经济发展与政策的理论框架》,苏剑译,北京大学出版社2014年版,第163页。

8

如何推动比较优势转换和产业升级

——评林毅夫的新结构经济学之四

本章导读：作为一门根基于现实意识的"知成一体"学说，新结构经济学还有待进一步发展和完善。这主要体现在这样几方面：（1）它将具体而异质的技术与抽象而同质的资本等同起来，而没有将技术当作一个独立生产要素，尤其没有考虑它是一个决定现代产业比较优势的关键生产要素，从而也就没有注重技术进步的动力机制；（2）它基于人均资本—劳动比来评估一国的总体要素禀赋结构和比较优势，而没有充分关注一国比较优势的多元性，尤其是没有考虑比较优势的多元性与经济规模之间的关系，从而就忽视了大国发展多元化产业结构的可能性和必要性；（3）它基于绝对成本而推崇小步跑式的产业升级途径，而没有充分关注产业升级在不同规模经济体中的相对成本差异，尤其没有考虑大国所具有的承担风险和成本的更大能力，从而就忽视了大国实现跨越式产业升级的可能性和必要性。本章通过一个简单的3×2贸易模型对上述几点展开了系统的逻辑分析，对比较优势变动和转换的动力机制做了深层次的剖析，进而探究了比较优势战略在不同时空下的适用性差异，从而有助于更好地认识和发展林毅夫的新结构经济学。

一、引　言

林毅夫的新结构经济学主张,产业结构的选择、调整和升级应该且必须根基于要素禀赋结构变动所引发的比较优势转换,其中,要素禀赋结构变动主要体现为资本—劳动比的变化,而资本—劳动比变化又源于从基于比较优势的国际贸易中所获取的产品剩余和资本积累。因此,林毅夫所理解的比较优势转换和产业结构升级根本上就是一个自然演进的动态过程,或者至多如林毅夫所强调的是一个小步跑的推进过程。林毅夫说:"对那些面临较大贫困挑战的国家中的很多人来说,通过遵循比较优势获得经济发展的方法可能是缓慢和令人沮丧的。但它却是积累资本、提升要素禀赋结构的最快方式,这些国家可以通过使用更先进国家已经开发和可用的技术和产业来提升自身产业结构。在其发展的每一个阶段,发展中国家的企业都能够获取适合其禀赋结构的技术(并进入现有产业)而不必重新创新。"①那么,基于比较优势的自然变动能否保障和促进产业结构升级的顺利推进,还是可能会陷入比较优势陷阱而导致产业结构升级失败或滞后?或者换一种说法,我们如何才能有效地实现连续的小步跑式产业升级?它是否一定比大跨步式产业升级更优?

针对上述所有问题,新结构经济学实际上也作了说明,但只是初步的,还不周详,从而依然遭遇不少质疑。事实上,无论是严格遵循比较优势还是背离比较优势进行产业升级,我们都可以找到大量成功案例,也可以找到不少失败案例;甚至连同一经验事实是成功还是失败,也主要是学者们基于不同维度所作的差异性解读。因此,要更清楚地认识产业升级的两种方式,还是有待于作进一步的逻辑阐述。同时,新结构经济学的提出与20世纪80年代后新兴市场国家所遭遇的"中等收入陷阱"有关,"中等收入陷阱"根本上也就体现为这些国家的传统比较优势逐渐衰弱而又没有转换到新的比较优势,从而导致产业结构不能实现顺利调整和升级,乃至在国际经济贸易中逐渐被边缘化。因此,为了让读者从理论上更好地理解一国的比较优势有效转换和产业结构成功升级的现实机理,本章通过构建一个简

---

① 林毅夫:《繁荣的求索:发展中经济如何崛起》,张建华译,北京大学出版社2012年版,第132页。

单的3×2贸易模型来加以逻辑的逐层剖析,并由此来更深入地剖析比较优势战略的适用性问题。

二、步入"中等收入陷阱"的成因

为了更好地理解和探究比较优势有效转换和产业结构成功升级的途径,我们先探索其反面——"中等收入陷阱"的形成机理。这里以一个三个国家和两种商品的3×2贸易模型加以说明:(1)全球贸易中只有三个国家,分别是:以美国代表的发达国家、以巴西为代表的中等收入国家,以中国为代表的低收入国家;(2)贸易商品只有两种,分别是:以汽车为代表的资本密集型产业,以家具为代表的劳动密集型产业。同时,假设产品的单位成本由资本价格和劳动价格构成,其中,资本价格主要由资本供求因素决定,而劳动价格则由平均工资水平和劳动生产率决定。

先构建一个原始模型,设定两大假设是:(1)各国在汽车和家具生产上的技术水平和劳动生产率相同;(2)各国的资本价格和劳动价格都因流动受限而存在差异。这也是新结构经济学所基于的HOS比较优势说的基本假定:所有国家都有相同能力来使用生产某种特定产品的最好技术,不同国家选择生产不同产品仅仅是因为它们的要素结构不同而导致不同要素的价格存在差异,进而不同产品的生产成本就存在不同。此时,3×2贸易模型可表示为表8-1:此模型中资本价格在各国存在显著差异,而劳动价格的差异则不显著,因而作为发达国家的美国在各行业都拥有绝对优势。显然,这也从侧面解释了为何在20世纪70年代之前发达国家(也就是早期工业化国家)可以在全球市场拥有巨大的竞争优势,并促使整个国家经济的迅猛增长。

表8-1 原始的3×2贸易模型

国家	单位成本			单位价格	
	汽车 (资本10 劳动3)	家具 (资本3 劳动3)	汽车与家具的成本比	资本	劳动
美国	19	12	19:12≈1.58	1	3
巴西	36	15	36:15=2.4	3	2
中国	53	18	53:18≈2.94	5	1

表8-1所示原始模型表明,在中国等第二代新兴市场国家进入世界市场之前,国际贸易在作为发达国家的美国和作为第一代新兴市场国家的巴西之间展开,汽车和家具的国际交换比例在1∶1.58到1∶2.4之间,此时美国生产汽车,巴西生产家具。但是,随着中国等第二代新兴市场国家的崛起,汽车和家具的国际交换比例范围就扩大为在1∶1.58到1∶2.94之间。至于具体的均衡交换比例究竟在何处,这主要由国际需求状况决定。无论如何,随着中国加入国际市场,将会产生对汽车的新需求和对家具的新供给;相应地,在美国对家具需求不变的情况下,汽车和家具之国际交换比例就会上升,进而就会降低第一代新兴市场国家巴西的比较优势乃至危及其贸易地位。

分三种情况加以讨论。(1)如果国际交换比例仍然低于1∶2.4,那么,结果就是中国和巴西联合向美国供给家具,美国则专业生产汽车;此时,尽管巴西的比较优势仍然在家具业,但它从国际贸易中获得的剩余将会下降。(2)如果国际交换比例提高到1∶2.4和1∶2.94之间,那么,巴西的生产就会出现逆转,它和美国联合向中国供给汽车,而中国专业生产家具;此时,尽管巴西的比较优势已经从家具业转变为汽车业,但它从国际贸易中获得的剩余要远低于美国。(3)如果国际交换比例恰好是1∶2.4,那么,结果就是,国际贸易只在美国和中国之间展开,巴西则被排除在国际贸易之外;此时,由于巴西无法参与国际分工,从而就无法利用世界市场来实现规模经济,进而会导致生产率和相应工资水平的停滞。显然,上述无论哪种情况都表明,随着其他更低收入或者具有更大比较优势的欠发达国家加入世界市场,第一代新兴市场国家原有产业的贸易条件都必然会恶化;此时,如果没有有效的技术创新和生产率提高,没有成功的比较优势转换和产业升级,那么,整个国家的收入水平就难以获得进一步提高,这就是"中等收入陷阱"的内在机理。

三、逃脱"中等收入陷阱"的情境

除了上述情境外,也存在另外两种情形可能导向第一代新兴市场国家的比较优势的自然转换,进而帮助它们逃脱"中等收入陷阱"。这里作一说明。

第一,比较优势的外生改变。第二代新兴市场国家对发达国家的产品如汽车的需求特别旺,以致新的国际交换比例在1∶2.4和1∶2.94之间,并且比原来更大程度地偏离1∶2.4之点,如国际交换比例由原来的1∶2.3提升为新的1∶2.8;此时,第一代新兴市场国家在国际市场上的比较优势就由于外生因素而发生转换,由此也就可以顺利地实现从家具业到汽车业的产业升级。更重要的是,产业升级不仅可以获得更大贸易剩余,而且可以进一步深化国际分工,从而促使收入的持续提升和经济的持续增长,这是成功摆脱"中等收入陷阱"的情形。不过,依靠这种方式来摆脱"中等收入陷阱"的问题在于,它往往依赖非常强的条件:(1)在第一代新兴市场国家所拥有的比较优势的要素禀赋上,第二代新兴市场国家所拥有的优势要强大得多;(2)在发达国家具有比较优势的产业上,第二代新兴市场国家提供了巨大的新需求。譬如,当中国内地实行改革开放后,就凭借具有明显优势的劳动力要素禀赋为国际市场上的现有劳动密集型产品提供了巨大的新供给,同时庞大人口形成的市场又为国际市场上的现有资本密集型产品提供了巨大的新需求,这明显改变了韩国、中国台湾等"四小龙"在国际贸易中的比较优势,成为这些国家和地区顺利逃脱"中等收入陷阱"的重要因素。

第二,比较优势的内生改变。随着第一代新兴市场国家通过国际贸易所积累的资本日趋丰富,本国的资本价格逐渐下降,从而导致其比较优势的内生变动。如表8-2所示,当巴西的资本价格由3下降到2进而下降到1时,巴西在汽车与家具之间的国内交换比例就从2.4下降到2.17再下降到1.78;这样,在中国加入后,巴西就可以实现从家具业到汽车业的产业升级。这里的关键是,要有持续的经济剩余和资本积累,并且这些资本积累用于再生产中,而不是被少数集团所挥霍。从历史上看,那些成功逃脱"中等收入陷阱"的东亚"四小龙"很大程度上也正是致力于资本积累和扩大再生产的国家,而那些陷入"中等收入陷阱"的拉美诸国则往往是将大量经济剩余用于少数人奢侈享乐的国家。由要素(尤其是资本要素)的积累所产生相对价格变动以及要素禀赋结构变动,并由此引发产业结构的自动升级,这正是林毅夫的新结构经济学所重点关注和详加阐述的。不过,依靠这种方式来摆脱"中等收入陷阱"的问题在于:(1)即使考虑到国际交换比例在1∶2.17(甚至1∶1.78)到1∶2.94之间,第一代新兴市场国家从国际贸易中所获取的贸易剩余也会远远小于发达国家;(2)如果进一步考虑到第一代新兴市场国家中劳动价格的上升,那么,它所获得的贸易剩余将会更少。显然,这两者都必然会严重限制或阻碍第一代新兴市场国家的经济增长速度,也会对产业升级构成明显障碍。

表 8-2 引入资本价格变动的 3×2 贸易模型

国家	单位成本			单位价格	
	汽车 (资本10 劳动3)	家具 (资本3 劳动3)	汽车与家具 的成本比	资本	劳动
美国	19	12	19:12≈1.58	1	3
巴西	26	12	26:12≈2.17	2	2
	16	9	16:9≈1.78	1	
中国	53	18	53:18≈2.94	5	1

显然,上面两种情形的分析都表明,基于比较优势的自然转换而实现的产业升级并不那么顺利,它或者需要一些可遇不可求的高条件,或者也无法充分发挥发展中国家的后发优势。很大程度上,基于比较优势的自然转换而成功实现产业升级的,主要是那些只占世界经济很小比重的经济体,东亚"四小龙"就是如此;相反,对像中国内地(以及其他金砖国家)这样的大经济体,则往往难以依靠比较优势的自然转换而实现产业升级。同时,随着进入世界市场的新兴市场国家越来越多,绝大多数中等收入国家为避免进入"中等收入陷阱"所采取的根本途径,往往不是等待比较优势的自然转换,而是积极地创造新的比较优势;其中的基本路向就是,提升那些希望升级的目标产业(如汽车业)的技术,一方面通过降低这些贸易产品的国内交换比例而接近于发达国家,另一方面同时维持相对较低的劳动价格而获得绝对优势,这样就可以锁定发达国家原先拥有优势的目标产业并与之展开竞争。例如,如果巴西能够将汽车和家具之间的国内交换比例由1:2.4降到1:1.8,那么基于比较优势的产业转换就更容易,从国际贸易中获得的经济剩余也更持久,甚至还会逐渐增加。下面的模型接着分析。

四、传统产业的优势维护机制

在上述原始模型基础上,我们改变两大假设:(1)各国资本价格因资本自由流动而趋于相等,而劳动价格因流动受限而存在差异;(2)各国的技术水平和劳动生产率则存在较大差异。此时,产品的生产成本差异主要取决于劳动成本,而劳动成本又与不同国家的平均工资水平和劳动生产率有关,产品生产所需要的劳动量与劳动生产率成反比。很大程度上,这一假设也是符合全球经济一体化的现实,资本为追求最大回报率而在全球流动,流向主要取决于相配套的劳动(尽管也受到政治、经济和国家风险的影响)。据说,在2011年2月的一次晚宴上,美国总统奥巴马曾询问乔布斯:在美国制造iPhone应该怎么做?乔布斯的回答是,如果美国能够提供3万个工程师,我们就能把苹果工厂从中国迁回美国。

这样,上述3×2贸易模型就可表示为表8-3:生产汽车和家具所需要的资本量不变,所需要的劳动量则因不同国家的劳动生产率不同而不同。事实上,技术水平和劳动生产率的提升,就意味着生产同一产品将需要更少的劳动投入量;同时,在劳动工资不变的情况下,单位产品的劳动成本就会下降。显然,由于资本价格在世界各国趋于相同,因而汽车和家具在各国的成本差异就取决于劳动成本,而各国某一单位产品的劳动成本就等于劳动量乘以劳动工资再除以劳动生产率。因此,这个模型中的绝对优势的排序恰好与上个模型倒了个顺序:在上个模型中,作为发达国家的美国在各行业占有绝对优势;在这个模型中,作为第二代新兴市场国家的中国在各行业都占有绝对优势。究其原因,发展中国家具有更强大的劳动力成本优势,这也从侧面解释了当前发达国家出现产业空心化的原因。

表8-3 引入劳动生产率国别差异的3×2贸易模型

国家	单位成本			单位价格		
	汽车 (资本10 劳动3)	家具 (资本3 劳动3)	汽车与 家具的 成本比	资本	劳动	
					劳动工资	劳动生产率
美国	19	12	19:12≈1.58	1	6	2
巴西	16	9	16:9≈1.78	1	2	1
中国	13	6	13:6≈2.17	1	1	1

该模型同样表明,在收入更低的第二代新兴市场国家(如中国)进入世界市场之前,国际贸易在作为发达国家的美国和作为第一代新兴市场国家的巴西之间展开,汽车和家具的国际交换比例在1:1.58到1:1.78之间,此时美国生产汽车,巴西生产家具。但是,随着中国等第二代新兴市场国家的崛起,汽车和家具的国际交换比例范围就扩大到在1:1.58到1:2.17之间;此时,作为第一代新兴市场国家(如巴西)所拥有的比较优

势就会减弱,贸易条件就会恶化,甚至面临着被挤出国际市场的困境。那么,作为第一代新兴市场国家的巴西如何才能维持其比较优势呢?显然,由于在经济全球化下,竞争优势主要决定于劳动成本,而劳动成本又与劳动工资和劳动生产率有关,因此,巴西要有效地提高竞争优势,就需要在维持劳动工资不变的情况下提高劳动生产率,或者要保障劳动生产率的提高幅度大于劳动工资的增长幅度。

在表 8-4 中,如果巴西的劳动生产率提高,就意味它的劳动成本优势提高,从而在与第二代新兴国家的竞争中竞争力也得到提升;进一步地,随着劳动生产率的不断提高,原有的产业优势就可以得到维系和巩固。显然,这对当前中国的政策实践具有重要意义:中国要维系国际市场的劳动成本优势,关键不是通过注入人口红利等来抑制工资上升,而在于要通过教育、技术改造等提高劳动生产率。当然,这种经济增长思维也存在严重问题:如果仅仅局限于传统产业比较优势的维护,那么,一国的劳动工资水平就不可能得到实质提高,从而也就不可能真正摆脱"中等收入陷阱";相反,摆脱"中等收入陷阱"的根本途径在于实现比较优势的转换和产业结构的升级,而这则与结构性技术进步和劳动生产率提高有关,下面的模型继续讨论。

表 8-4 引入劳动生产率提升的 3×2 贸易模型

国家	单位成本			单位价格		
	汽车 (资本 10 劳动 3)	家具 (资本 3 劳动 3)	汽车与 家具的 成本比	资本	劳动	
					劳动工资	劳动生产率
美国	19	12	19∶12≈1.58	1	6	2
巴西	14 13	7 6	14∶7=2.00 13∶6≈2.17	1	2	1.5 2
中国	13	6	13∶6≈2.17	1	1	1

五、产业升级的比较优势转换

在上述模型基础上,我们进一步改变两大假设:(1) 同一国家各行业的劳动工资水平相同;(2) 不同行业的劳动生产率不同。这里假设各行业的劳动工资水平相同,主要是工资水平取决于一国的平均生产率而不是特定行业或企业的生产率。此时,不同产品的生产成本差异和比较优势的变动就主要取决于该国在此行业的劳动生产率水平,而劳动生产率水平又与教育投入和技术进步有关。这更加接近李嘉图的比较优势原理:各国在不同产业上的技术水平存在差异,尽管李嘉图基于短期考虑而将这种技术差异视为外生给定的。考虑到劳动生产率的产业结构性差异后,3×2 贸易模型就可表示为表 8-5:假设汽车业的劳动生产率取决于现代技术进步而呈现出明显差异,其中,发达国家在汽车业上的劳动生产率最高,第一代新兴市场国家其次,第二代新兴市场国家最低;同时,假设家具业的劳动生产率没有明显差异,因为它主要取决于传统工艺而非现代技术进步。

表 8-5 引入劳动生产率结构性差异的 3×2 贸易模型

国家	单位成本			单位价格			
	汽车 (资本 10 劳动 3)	家具 (资本 3 劳动 3)	汽车与 家具的 成本比	资本	劳动		
					劳动工资	劳动生产率	
						汽车	家具
美国	11.8	9	11.8∶9≈1.31	1	6	10	3
巴西	14.5	7.5	14.5∶7.5≈1.93	1	3	2	2
中国	13	4.5	13∶4.5≈2.89	1	1	1	2

该模型同样表明,随着中国等第二代新兴市场国家的崛起,第一代新兴市场国家(如巴西)的贸易条件会恶化,乃至会失去传统产业的比较优势。显然,要避免彻底被边缘化进而获得新的发展动力,根本途径就在于实现比较优势的提升和转换,为此,就需要提高目标升级产业(如汽车业)的劳动生产率。假设,巴西能够不断提高汽车业的劳动生产率(或者引进学习,或者自主开发),那么,三方的贸易模型就可以转换成表 8-6。显然,当巴西汽车业的劳动生产率逐渐接近美国时,它的汽车业在国际市场上所拥有的比较优势就越来越大,从而实现产业升级也就越来越容易。尤其是,当国际市场中存在差异性产品的需求时,巴西就可以通过差异化产品供给而分割或占领世界市场。从现实经验看,日本、韩国的汽车业在国际市场上的崛起所走的就是差异化产品之路,其原因在于:(1)这些国家的国内市场规模都太小,从而无法进行批量化生产;(2)产品多样化可以满足各种特别的需要和偏好,并且可以随着需求的变化而迅速变动车型。事实上,日本完成新车型设计和试验的速度远快于美国同行。

表 8-6 引入劳动生产率进步的 3×2 贸易模型

国家	单位成本			单位价格			
	汽车（资本10 劳动3）	家具（资本3 劳动3）	汽车与家具的成本比	资本	劳动工资	劳动生产率	
						汽车	家具
美国	11.8	9	11.8:9≈1.31	1	6	10	3
巴西	12.25 11.5 11	7.5	12.25:7.5≈1.63 11.5:7.5≈1.53 11:7.5≈1.47	1	3	4 6 9	2
中国	13	4.5	13:4.5≈2.89	1	1	1	2

新的问题是，巴西如何才能实现汽车业的技术进步和劳动生产率提升呢？一般地，这是一个漫长的逐步积累的过程，也是需要花费巨大投入的过程。事实上，基于自然比较优势的国际分工固然可以为技术进步和劳动生产率提升提供物质基础，但是，贸易剩余和资本积累并不会自动地促进分工深化、迂回生产，并不一定会带来技术进步和劳动生产率提升，从而也并不一定就带来产业结构的自动升级。究其原因，资本是一个同质和抽象的概念，体现为交换价值或财富的一般存量；相反，产业升级所需要的技术则是异质性的，它是特定能力的具体体现。譬如，毕竟阿拉伯石油国家通过国际石油贸易积累起了大量的经济剩余和物质资本，最终也没有转化为技术进步和生产率提升，迄今没有建立起具有强大竞争优势的工业产业。再如，广州东莞等地区充分利用了中国的劳动力优势而发展起了庞大的代工贸易，并由此积累了大量的剩余和资本而变得富裕，但迄今为止的产业和产品依旧停留在全球价值链的较低端，每届政府都关注的产业升级一直困难重重。因此，我们就需要反思一个传统观点：劳动生产率主要取决于劳动使用多少资本，进而以资本—劳动比作为技术进步的指标。事实上，余永定在评论新结构经济学时就指出，林毅夫的新结构经济学把资本—劳动比的变化作为要素禀赋结构的变化表征，但是，经济增长理论中的资本是同质的，而产业升级涉及的是异质资本；相应地，资本—劳动比的变化可以推导出资本和劳动边际成本和边际收入的变化，却无法解释技术转换问题。[①]

[①] 余永定："发展经济学的重构"，载林毅夫：《新结构经济学：反思经济发展与政策的理论框架》，苏剑译，北京大学出版社2014年版，第94页。

因此,我们不能笼统地或自动地将资本—劳动比与技术进步进而与产业升级联系起来,产业升级中往往渗透了更积极的人类"自主"行动,因为技术转换和进步才是现代产业升级的真正保障和基础。举韩国的汽车业为例,它仅有五十多年的历史,但目前已经发展成为世界第五大汽车制造国,第六大汽车出口国。它是如何做到的呢?确实,在汽车工业起步初期,韩国主要是将从美日进口的汽车零件组装为成品。之所以如此就因为,(1)韩国国内市场较小而无法实现汽车业发展所需要的规模经济,而借助零件的组装则有助于通过产业链分解而实现规模经济;(2)零部件的研发和生产技术更容易学习、引进和吸收,更有助于本国汽车公司对核心技术的消化和创新。与此同时,韩国政府还制定了明确的汽车业发展规划:首先,制定一系列政策来鼓励本国零部件的自主研发和生产,当某个零部件达到了国家规定的价格和质量标准时就停止进口,从而引导本国汽车业进行自主生产和自主开发;其次,当汽车业有了初步竞争力之后,政府就积极引导企业合并而组成大型企业集团以参与海外竞争,通过拓展海外市场来实现规模经济;与此同时,政府又严格限制汽车进口以保护国内市场,1987年以前韩国禁止汽车进口尤其是限制日本车进口,直到2007年韩国汽车进口量也只占国内市场总量的1%。[①] 显然,在韩国汽车业的发展过程中,政府作用是明确和有效的,这也为张夏准等众多学者所强调。正因为技术进步和劳动生产率的提升在比较优势的转换和产业结构的升级中处于极其重要的地位,因此,我们就有必要探究技术进步的一般规律和变动轨迹以促进技术水平的快速提升。

六、产业升级的两种方式比较

通过上面逐层的逻辑分析,我们确定了政府在技术进步、劳动生产率提升、比较优势培育和转换以及产业调整和升级中的积极作用。不过,这又引发了一个新的问题:如何确定和培育新的比较优势方向?如何确定和培育新的目标产业?之所以出现这个新问题,就在于上面的模型依然是简化的:(1)它仅仅是两种产品(或产业)间的贸易,而只要涉及两种以上产

---

① 文石:"韩国汽车产业发展概况",盖世汽车网,2007年11月30日,http://auto.gasgoo.com/News/2016/manu/553.html。

品(或产业),就必然会出现从现有优势的产品(或产业)向另外两种产品(或产业)转换的问题;(2)它没有考虑同一产品(或产业)的内部差异性问题,只要产品(或产业)具有内部差异性,就会出现同一产品在不同型号、品牌以及等级之间转换的比较优势。一般地,如果转换在比较优势最为接近的两种产品(或产业)之间展开,或者在相近的型号、品牌以及等级之间展开,那么,基于这种比较优势转换的产业调整和升级就是循序渐进的或者小步跑式的;相反,如果转换在比较优势相差较大的产品(或产业)之间展开,或者在较远的型号、品牌以及等级之间展开,那么,基于这种比较优势转换的产业调整或升级就是突破激进的或者大跨步式的。

显然,林毅夫主张渐进的和小步跑式的产业升级方式。林毅夫强调,一个经济体在任何时点上的最优产业结构都应该能够让该经济在国内市场和国际市场实现最强竞争力的产业结构,而这一最优的产业结构是由该时点上的要素禀赋结构及其相应的比较优势所决定的;同时,只要一个经济体在任何时点上的产业结构都根基于它现有的要素禀赋结构及其相应的比较优势,那么,它在国内市场和国际市场上就具有最强竞争力,进而可以占有最大可能的市场份额和获取最多的潜在剩余,可以产生资本投资的最大可能回报和家庭的最高储蓄倾向,可以促使素禀赋结构的更快速变动和提升,从而维系和引导整体经济的持续增长。与林毅夫不同,张夏准更强调跨越式产业升级的意义。张夏准认为,各国比较优势根本上体现了开发和利用技术的不同能力,后发国家获得更高技术能力的过程本质上是赶上发达国家的先进技术,需要建立和保护它不具有比较优势的产业。究其原因,(1)要素积累根本上以一定的具体形式进行,它不能随意地配置到任何产业之中;(2)获取新产业所需的必要技术能力本身就要经历一个冗长的学习过程,尤其依赖具体生产过程中的经验积累,这一过程需要付出的时间和成本以及最终带来的潜在回报都难以预测。①

那么,究竟哪种产业升级方式更优呢?理论上就需要作全面的成本—收益分析。事实上,产业结构的任何调整和升级在带来潜在利益的同时,也都必然会付出巨大的成本;同时,对不同的产业升级方式来说,所享有和承担的收益—成本存在明显差异。在这里,我们就需要思考:由持续的微

---

① 林毅夫:《新结构经济学:反思经济发展与政策的理论框架》,苏剑译,北京大学出版社 2014 年版,第 164 页。

调式产业升级所产生的收益净值与断续的跨越式产业创新相比究竟如何？首先,就微调式产业升级而言,(1)它的好处主要体现为:有助于后发国家更好地学习先发国家的经验和技术,从而充分利用后发优势;有助于升级目标产业更好地利用既有产业的知识、技术和人力资本等,从而充分利用旁侧效应。(2)它的坏处则主要体现为:微调式产业升级的每一次调整都可能会产生成本,加总起来可能就是巨大的;其原因在于,每个具体产业的资本都是异质性的,异质性资本不能以任意方式进行组合,从而也就无法在产业之间完全自由流动。如张夏准所说,当一家钢铁厂关闭时,它原先使用的工人、建筑、高炉等资源无法完全为新的有利可图的产业如计算机业所吸收,钢铁工人如果不接受新的培训就不能从事计算机业的技能,而只能找到更低技能的工作,乃至现有的技能被完全浪费掉。其次,就跨越式产业升级而言,它的好处和坏处大致与微调式产业升级相反:(1)收益方面,可能由于后发优势和旁侧效应的缺乏而增加了产业升级失败的概率,或者会增加未来收益的不确定性;(2)成本方面,跳跃式学习和引进技术往往需要更长时间和资源的投入,尤其需要巨大的先期开发费用。林毅夫就指出,如果产业升级随着比较优势的变化而一步步推进,学习成本就低于国家试图一次性大飞跃的情况。例如,如果一家企业沿着从自行车到摩托车最终到汽车的产业升级途径所花费的总学习成本往往会低于直接生产高效汽车的情形。

综合上述分析,在产业升级的目标确定和途径选择过程中,我们至少要同时考虑两类成本:(1)调整成本,这是张夏准特别强调的,主要是指原有产业中对机器设备、技术研发以及人力培训等投资在产业调整中的浪费,因为很大一部分原有投资在新产业中都会变成沉淀成本;(2)学习成本,这是林毅夫着重关注的,主要是指体现为获得新产业的技术能力的成本支出,也包含了产业调整失误而无法取得国际竞争优势所付出的代价,因为很大一部分产业升级在长期上都因背离比较优势而带来严重的损害成本。显然,就第一种调整成本而言,产业调整和升级的次数越多,造成的沉淀成本往往也越大。因此,调整成本往往与持续的微调幅度和次数正相关。就第二种学习成本而言,产业调整和升级的跨度越大,造成的失误和损害成本往往也越大。因此,学习成本往往与调整的激进程度和产业跨度有关。显然,在选择目标产业和升级方式时就必须兼顾两方面的成本。这里用图 8-1 表示:其中,C_A 表示调整成本函数,C_L 表示学习成本函数,$C_A +$

C_L 则是产业升级的总成本函数。显然,在仅考虑成本的情况下,产业调整的最优力度就在总成本最小处 e 点,而最优产业调整力度则在 k 点。

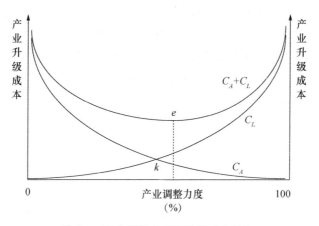

图 8-1　产业调整力度与升级成本关系

进一步地,如果能够预测目标产业升级所带来的收益,那么,我们就可以更好地权衡和比较产业调整的力度和途径,由此也就可以更好地确定一个国家的目标产业选择偏离其比较优势的合理度。一般来说,如果一个国家所规划的目标产业严重背离其比较优势,尽管有可能最终培育出一个新型优势产业,但国家在新型优势产业建立过程中所做出的牺牲也必然会很大,林毅夫就举了很多例子;相反,如果一个国家所规划的目标产业偏离其比较优势的程度太少,尽管短期内似乎是最优的,但产业的长期发展却可能陷入路径锁定而无法升级到更有前途的产业,并最终滞缓整个经济的增长速度和发展水平,这也是很多国家的实情。为此,张夏准就提出这样一个想法,假设在一个国家的经济或产业偏离其比较优势的程度与该国的经济增长率之间存在某种倒 U 形曲线关系:在某个点之前,偏离其比较优势的程度越大,经济增长率也将越高;该点之后,产业保护的负效应(如过多的学习成本、寻租)开始显现,并超过幼稚产业带来的生产率增长,从而导致整体经济的负增长。[①] 很大程度上,这也是一个纯理论思考,真正的现实问题是,倒 U 形曲线的顶点在哪里呢?显然,不同时空下是不同的,不同经济体也是不同的,下节将接着探讨。但不管如何,正如林毅夫和张夏

[①] 林毅夫:《新结构经济学:反思经济发展与政策的理论框架》,苏剑译,北京大学出版社 2014 年版,第 170 页。

准都同意的:在产业升级时到底是小步快跑好还是大跨步好,这是一个度的问题,也是经验的问题。由此扩展,我们也可以认为,出口导向与进口替代与其说是两大对立的战略,不如说是两大互补的战略,或者是不同发展阶段基于不同产业特性的需要而因势利导的战略选择,没有一个国家能够固守某个特定战略而实现经济的持续稳定的高增长。

最后,根据上述分析,我们也可以对林毅夫著作中的一些相关观点作一审视。首先,林毅夫强调,如果政府能够基于比较优势来选择、制定和实施产业政策,那么产业升级以及经济结构调整就应该是循序渐进的或者小步跑式的而不是大推进或大跨步式的;相应地,经济就能在结构变化中得到持续发展,技术进步和产业升级也就可以获得不断推进。这里的问题是:随着资本—劳动比的变化而在一个产业内部引入更多、更先进的机器设备,从而实现本产业劳动生产率以及产品价值链的提升,这可以看作是一个连续的过程,但是,如果是从一个产业到另一个产业的产品转换,或者从一种产业到另一种产业的技术提升,这还可以被看作是一个连续过程吗?很大程度上,这更体现为一个跳跃式的发展。其次,林毅夫主张,要根据比较优势的变动而因势利导地进行产业结构调整和升级,从而促进持续的技术革新和结构变化;相反,如果只是对现有产业投入更多的物质资本或者劳动来实现增长,经济增长最终将面临报酬递减的困境。这里的问题是:任何产业所依据的要素禀赋结构(如资本—劳动比)都不是单一和固定不变的,因为任何产品和产业都存在不同的价值链,其中主要的影响因素又是技术,我们又如何根据比较优势来决定最优的产业结构?很大程度上,我们至多只能从宏观层面粗略地确定目标产业的发展方向,却不能从微观层面确定与比较优势相适应的最优产业结构。最后,林毅夫认为,大规模、不切实际、不可持续的违背比较优势的产业发展,将会犯下许多代价高昂的错误;相反,与比较优势变动相适应的微调式产业升级,可以使得在发展的每一个阶段都实现资源的最优配置。这里的问题在于存在一个加总谬误:每一次最优并不代表着整体最优,经济史学家诺思所讲的路径锁定效应以及人类学家戈登威泽(A. Goldenweiser)提出的内卷化现象都反映了这一问题。事实上,行为功利主义要求每一行动或选择都基于理性的功利原则,但博弈论表明,这最终会导向整体的囚徒困境。

七、不同经济体的产业升级差异

上面的分析指出,目标产业的确定和升级路径的选择往往与特定的时空环境有关。事实上,对一个国家的经济发展来说,它在制定一个产业升级战略时主要关注目标产业成功或失败对全局经济的影响,也即关注产业升级的相对成本而不是绝对成本。关于跨越式产业升级对不同规模经济体所带来的相对成本差异,这里再从两方面作一具体说明。(1)就跨越式产业调整潜在的失误成本而言,产业调整和升级失败往往会对小经济体带来巨大而深远的负效应,因为小经济体的产业结构具有高度的单一性,特定目标产业升级的成功与失败甚至会决定全体人民的福利和生活水平;相反,特定目标产业调整和升级的失败对大经济体的负面影响要轻微得多,因为大经济体的产业结构具有明显的多元性,特定目标产业升级的成功与失败只会影响少数人的福利和生活水平。(2)就跨越式产业调整带来的学习成本而言,跳跃式学习和引进技术的成本对小经济体来说往往是巨大的,需要投入非常漫长的时间和相当比例的全国资源,因为跳跃式发展的新产业对参与特定产业分工的小经济体往往是全新的;相反,跳跃式学习和引进技术的成本对大经济体来说却不算什么,所投入的时间和资源占比都要小得多,因为大经济体的产业本身就具有很强的多元性,不同产业之间无论在技术还是人员上本来就可以相互学习和流动,扶持新产业所需资源也只占全国资源的一小部分。同时,目标产业升级时所迈出的步伐越大,所需要的技术就越超前,所花费的时间也会越漫长;但是,经济体的规模越大或经济实力越强,时间等待能力也越强,风险承担能力也越大;更不要说,经济体的规模越大,产业分布就越多元,创新风险也就越趋于分散。

上述的分析都表明,产业升级不同方式所预含的相对成本与经济体的规模有关,大国比小国更有能力承担跨越式产业升级所潜在的风险和成本。一般来说,如果所有产业升级都基于比较优势的自然转换而采用连续性微调,它带来的相对成本与经济规模没有明显相关性,因为规模越大(小),产业种类越多(少),加总的调整成本或沉淀成本也越大(小),但相对成本大致不变;相反,如果有少数特定产业采用跨越式升级,它失败带来的相对成本则与经济规模存在明显相关性,因为这些成本被稀释了;进一步地,如果部分产业采用跨越式升级,那么,另一些产业采用微调式升级时的相对成本也会下降。这样,特定目标产业采用不同升级方式时的相对成本与经济体规模之间的关系就可以大致表示为图8-2:其中RC_M代表微调式升级的相对成本,微调成本实质上也就是所有边际成本加总,与经济规模大体无关;RC_S代表跨越式升级的相对成本,随经济规模的增加而下降。显然,当经济体规模超越E点时,特定产业采用跨越式升级就比微调式调整更优。

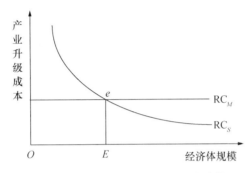

图 8-2　经济体规模与产业升级成本的关系

上面的分析也意味着,一个大国的产业升级也可以采用双轨制方式,就类似中国长期以来所实行的经济改革一样。林毅夫也说:"新结构经济学推荐了一种不同但更加有效的经济转型战略,即采用渐进的、务实的双轨制方法。这种方法考虑到了扭曲的内生性和优先部门的自生能力。它建议政府对优先部门中无自生能力的企业提供一些暂时性的保护措施,以保持转型中的稳定,但要放开和促进适应企业和外商直接投资对该国具有比较优势的部门的进入,以便改善资源配置,激发后发优势,实现动态增长。"[①]但林毅夫的双轨制思维似乎集中在不同类型企业的保护政策上,而没有将之进一步引入到目标产业和升级途径的选择中,而这里的分析则作了这一拓展。当然,我们还必须考虑到,就同一规模经济体而言,随着跨越式升级所涵盖产业的范围越大,它潜含的相对成本也将越高。因此,我们就需要在微调式产业升级与跨越式产业升级的范围之间寻求适度平衡。在图8-3中,m点是全部产业采用微调式升级的相对成本,s点是全部产业采用跨越式升级的相对成本;相应地,e点是采用双轨制产业升级的最低

---

① 林毅夫:《繁荣的求索:发展中经济如何崛起》,张建华译,北京大学出版社2012年版,第230页。

相对成本，k 点就是采用微调式产业升级与跨越式产业升级的最佳比例点。

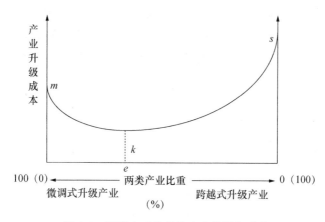

图 8-3 两类方式升级的产业比重与成本

事实上，林毅夫就将波特所列出的决定竞争优势的四个条件简化为两个互相独立的条件：比较优势和国内市场规模。不过，林毅夫在这两个条件中强调了比较优势所具有的更重要地位。其理由是：(1) 只要一个国家在发展战略中遵循自身的比较优势，它就会生产那些与现有要素禀赋结构相一致的优势产品和服务并出口至国际市场，同时进口那些不符合自身比较优势的产品和服务；(2) 深化的国际分工使得该经济体具有强烈的开放性，其贸易依存度内生于自身的比较优势中，并将会大于其他任何情况下的贸易依存度；(3) 比较优势也使得该经济体达到最有竞争力的状态，不仅就特定产业或产品拥有全球市场，而且其要素禀赋结构和产业结构也将以最快的速度升级；(4) 因而，世界上很多富有国家都很小。问题是，固然小国利用全球市场可以实现快速富裕，但这并不意味着，大国利用这个全球市场也可以实现同等的富裕程度，因为大国实现同样富裕所需要的资源和市场要大得多。事实上，全球化时代，特定产业或产品在世界市场和国际贸易中都可以获得巨大的分工收益，这种分工收益为小国占有往往可以极大地提升人均收入，但它对提升大国的国民收入和福利水平却往往只是杯水车薪。这是为什么没有一个大国能够依赖单一或少数产业实现经济起飞和社会富裕的原因，也是为什么大国的贸易依存度往往较低的原因。

通过对美国、欧共体以及日本等国的考察，克鲁格曼发现这些国家的生活水平增长率与国内生产的增长速度相差无几，并由此认定，一国的经济增长或社会繁荣主要取决于内部生产率而非国际上其他国家的竞争。克鲁格曼之所以由此论断,根本上在于他的分析对象是美国这样的大经济体:一方面,大国的国内市场往往已经足以实现传统产业的规模经济;另一方面,大国的国内产业分工已经达到较高的深度和广度。所以,克鲁格曼说,"一个经济大国能否在即将来临的战斗(全球化竞争)中获胜取决于自己的努力,而与其他国家的表现无关。"[①]即使如此,克鲁格曼的论断还是存在瑕疵。首先,这一论断在以商品输出为主的国际贸易时期是大体正确的,但在以资本输出为主的经济全球化时期就不尽合理了。究其原因,(1)资本输出本身就意味着生产的外流,导致输出国生产规模的下降,进而也会降低输出国的生产力水平;(2)即使经济全球化竞争的互补性使得输出国整体财富增加了,但这些财富的分配却越来越不平均了,从而必然会引发越来越大的社会矛盾,最终将发达国家引向"高收入陷阱"。其次,这一论断比较适用于传统产业,却很难适用于互联网时期的新产业。究其原因,传统产业的规模经济是有明显上限的,超过这个限度就会出现规模不经济,而大国的国内市场往往已经容纳了这个限度,但是,互联网与传统行业的结合大大扩展了规模经济的上限,甚至变得没有边界,而任何国家的国内市场都远远小于这个限度。

更重要的是,克鲁格曼给出这一论断,针对的是大经济体,而小经济体将面临完全不同的情境。克鲁格曼的贸易模型所做出的重要贡献就在于,它在传统的要素禀赋基础上引入规模经济和专业分工等因素,由此来确定各国的比较优势。但试问:离开了世界市场和国际分工,一个小国的产业又如何取得规模经济呢?如果不参与到世界市场之中,小国产业能够获得分工经济以及由此带来的高生产率水平吗?事实上,只有充分利用和立足世界市场,小国才能通过专业化生产而实现规模经济,进而避免"报酬递减的诅咒";相应地,芬兰的诺基亚才能与美国的摩托罗拉展开有力竞争,因为此时两者之间不再有规模经济上的优劣之别。进而,小国要在世界市场上取得专业化生产的优势,根本上在于技术不断进步和创新;否则,一旦技术被超越,诺基亚在世界市场的份额就逐渐下降,进而导致整个芬兰经济也跟着萎缩。有鉴于此,新加坡就深知其经济发展离不开世界市场,为此,

---

① 克鲁格曼:《流行的国际主义》,张兆杰等译,北京大学出版社/中国人民大学出版社 2000 年版,第 17 页。

它不仅与新西兰、智利和文莱这些小国发起亚太自由贸易区,还积极拉美国、加拿大以及日本等组建更大范围的 TPP。当 TPP 在美国受到质疑和反对时,新加坡总理李显龙还宣称,批准 TPP 是衡量美国信誉及其认真看待程度的试金石,也将影响美国重返亚太的战略。在力推 TPP 的同时,新加坡也积极参与中国主导的亚投行和 RECP 等经济组织或协议。同样,越南也是一个经济小国,因而也不顾政治形态的差异而积极加入美国主导的 TPP。另一个鲜明现象是,尽管现在的 TPP 谈判是美国和日本主导和推动的,但美国汽车业却极力反对最终达成的 TPP 协定,而日本汽车业却欢欣鼓舞。究其原因,美国国内市场原本就已经足够美国汽车业发展,而日本国内市场明显偏小,TPP 协定使得日本汽车及汽车零部件可以以低关税甚至零关税将汽车出口到整个 TPP 加盟国。事实上,在 TPP 断断续续的谈判过程中,丰田等日本汽车公司就为 TPP 谈判赞助了数额不菲的游说资金。

上面种种分析都表明,不同规模的经济体从国际贸易中所增进的比较优势以及获取的现实利益是不同的:一般地,小经济体更加依赖于世界市场,更需要参与国际分工,否则就无法获得足够的规模经济以及相应的技术水平;相反,大经济体的自给自足以及自力更生能力更强,它凭借庞大的国内市场往往就可以实现产业分工和规模经济。也就是说,对小国有效的产业升级措施对大国并非就一定有效,反之亦然。在某种意义上,正是由于集中关注美国的经济问题,克鲁格曼才会批判"美国经济增长依赖国际贸易中的竞争力"这一流行观点。进而,考虑到中国这样的大经济体所具有的丰富多样性和巨大差异性,考虑到不同劳动生产率导致的不同产业中资本—劳动比的不均等性,那么,在确定目标产业和升级途径时,显然就不能仅仅依据人均资本—收入比所决定的比较优势的自然变动,而是可以且需要引入更为积极的人类有意识行动以推动比较优势的提升和转换。关于这一点,余永定就提出,中国可以容纳两种以上的发展模式:一些省份和产业部门按要素禀赋结构的特点寻求发展,另一些省份和产业部门根据国家的产业政策寻求发展。① 鉴于技术和劳动生产率差异主要体现在产业之间而非地域之间,因而笔者的观点稍有不同:一些产业尤其是常规产业

---

① 余永定:"发展经济学的重构",载林毅夫:《新结构经济学:反思经济发展与政策的理论框架》,苏剑译,北京大学出版社 2014 年版,第 96 页。

可以走根基于要素禀赋变动的小步跑式的产业升级道路,而另一些产业尤其是关键性产业则可以走凭借周详规划和技术投入的大跨步式的产业升级道路。这就是双轨制的产业升级道路,尽管对每个经济体来说都存在微调式升级和跨越式升级之间的平衡,但这个最优度往往也只能依靠因地制宜的不断试错。

八、跨越式产业升级的关键在技术

上面的分析指出,大国的产业升级可以采用双轨制途径,有的产业可以实现跨越式升级。不过,实现跨越式升级的重点不是像以前计划经济时代那样集中发展资本密集型产业,而是要集中培育和发展新型产业的技术能力,毕竟技术才是推动比较优势变动和转换的根本原因。实际上,林毅夫也强调:"现代经济增长的本质是一种技术、产业、基础设施和社会经济体制的持续性结构变迁过程。"[①]不过,林毅夫的新结构经济学似乎过度关注了后三者而不是技术,为什么呢?林毅夫给出的理由是,新结构经济学关注的是产业升级,主要目的是把结构引进没有结构(或以发达国家的结构为唯一结构)的主流新古典经济理论,并以此来说明不同发展程度的国家产业结构不同的原因和产业结构升级的决定因素,但是,(1) 由于新结构经济学不是关注贸易,不是同一发展程度的国家间的竞争,因而在基本模型中就舍象掉了克鲁格曼模型中强调的分工和规模经济等;(2) 为了突出要素禀赋结构变动在发展中国家产业升级中的意义,新结构经济学也不关注技术的提升过程,反而将各种可能的产业知识设定为免费的公共知识,因而在基本模型中也舍象掉斯蒂格利茨模型中重视的学习过程。问题是,产业升级果真能够离开技术问题吗?

其实,技术能力本身就是现代社会的关键性要素禀赋,固然技术的开发和进步离不开资本的积累,但并不直接等于资本的积累;相反,技术要素的积累更主要是源自人类有意识活动的投入,如教育和研发活动。同时,先进技术也不能像资本那样自由流动,它被使用和发挥的程度往往要受制于使用主体——人;尤其是,科学技术的使用往往会受到劳动分工和经济

---

① 林毅夫:《繁荣的求索:发展中经济如何崛起》,张建华译,北京大学出版社2012年版,第283页。

规模的制约，反过来又会影响分工水平和规模经济。因此，技术能力和规模经济不仅会极大地影响企业的自主能力，而且在国际竞争和产业升级中也起到重要的乃至最为关键的作用。根本上，一些新兴市场国家后来之所以陷入"中等收入陷阱"，就是因为它们在国际贸易中的比较优势日益式微而被排挤出世界市场；同时，它们之所以无法借助原先在国际贸易中积累起的经济剩余和抽象资本而实现产业升级，就是因为它们缺乏新型产业所需要的具体的技术能力和劳动生产率。那么，这些陷入"中等收入陷阱"的国家能否像克鲁格曼所认定的那样，只要通过发展国内生产率就可以维持和促进社会繁荣和收入提升呢？显然也不能。其原因就在于，现代产业的技术水平和劳动生产率往往都是以一定的规模经济为基础和条件，越是专业化的产业或产品，越是经济规模小的国家，就越需要依赖世界市场所提供的规模。

林毅夫的新结构经济学之所以缺乏对技术的应有关注，还有两个更为重要的理由。

第一，它认为，技术具有明显的可流动性和转移性，从而发展中国家在产业升级中就具有明显的后发优势。林毅夫写道："像美国、日本、德国等这些目前世界上最发达的国家，人均收入世界最高，技术水平处于世界前沿，要想取得技术创新只能依靠自己的力量进行研发。而对于一个发展中国家来说，技术水平与发达国家有很大差距，在多数产业中都可以通过向行业内比自己领先的国家进行技术引进、模仿和购买专利来实现自己的技术创新"；尤其是，"对于中国这样的发展中国家，一般来说引进技术优于自主研发，在可以引进技术的时候，还是引进较为有利。一般新技术的专利保护最多 20 年，实际上因为当前技术变迁速度变化较快，在众多技术在十年以后引进就基本不需要任何花费了"。① 这里的问题是：(1) 技术尤其是核心技术必然会受到发达国家的严密保护，就正如当前中国汽车业所暴露出来的问题；(2) 任何技术的接受、推广和发展都需要相配套的人力资本，否则就会退化为纯粹的代工；(3) 现代工业的技术竞争是相对能力的竞争，如果只是接受他人转移或淘汰的技术，就必然会处于竞争劣势，由此必然只能获得很小一部分交换价值。中国工程院院士倪光南就指出，真正的核心技术是买不来的，是市场换不到的；尤其是，中国发展到现在这个阶

---

① 林毅夫：《中国经济专题》，北京大学出版社 2012 年版，第 13 页。

段,发达国家连比较重要的技术都会严密控制,更不要说核心技术了。

第二,它认为,资本由发达国家向发展中国家的流动本身就带来了技术、管理、设备并促使劳动生产率的提高,这是资本输出衍生出的生产力效应。林毅夫写道:"在发展中国家,FDI相对于其他资本流动而言是一种更有利的外资来源,因为它通常面向一国比较优势的产业……它带来的不仅是资本,还带来了发展中国家缺少的技术、管理、市场准入以及社会网络,而这些对产业升级是至关重要的",OECD"一个实证研究的综述就总结道,FDI有助于到过生产率提升和收入增长,超过了国内投资通常所能达到的水平"。① 这里也存在一些问题。一方面,任何跨国公司都会将高端研究和战略谋划等核心活动和技术留在母国,从事这方面的管理和研究人员几乎也都是母国公民,这是张夏准等关注的;从这个意义上说,资本并非是抽象的,而是具有强烈的国籍性,随着资本流动的技术往往是低端的。② 另一方面,如果发展中国家缺乏足够的基础设施和人力资本等其他生产条件,如果产业结构无法得到有效调整和升级,那么,大量涌入的投资组合资本很有可能投入投机性行业而不是生产部门,这也是林毅夫承认和指出的。从这个意义上说,FDI受让国本身的初始人力资本和劳动生产率依然是决定FDI规模以及方向的重要因素。有鉴于此,林毅夫也强调:"一个设计良好的人力资本发展政策应该是任何国家整体发展战略中不可或缺的组成部分。新结构经济学超越了新古典主义的教育处方,提出发展战略因包括人力资本投资措施,以促进产业升级和经济体资源的充分利用。"③

此外,还有一个林毅夫早就关注到的自然资源诅咒现象:丰富的石油、天然气以及矿产等自然资源的开采和出口往往会伴随着"荷兰病",从而提出对自然资源的有效管理策略。④ 同样,丰富的劳动力也可能会成为一种诅咒,导致增加劳动而非资本使用的技术、机器和制度被刻意地开发出来并得到推广,乃至劳动密集型产业就成为一种制约产业升级和工资提高的陷阱。在当前中国社会中,就存在一种逆进步的技术开发现象,它的研发

---

① 林毅夫:《繁荣的求索:发展中经济如何崛起》,张建华译,北京大学出版社2012年版,第161页。
② 张夏准:《资本主义的真相:自由市场经济学家的23个秘密》,孙建中译,新华出版社2011年版,第73页。
③ 林毅夫:《繁荣的求索:发展中经济如何崛起》,张建华译,北京大学出版社2012年版,第165页。
④ 同上书,第156页。

和应用不是为了促进产品质量提升或产业结构升级,而是获取低层次竞争中的优势;这种开发出来的产品和产业往往会给社会带来巨大负效应,但厂商却刻意利用市场信息的不完全和不对称而获得利益。举一个例子:北京全聚德烤鸭的价格一般在 200 元一只,但很多大街小巷的烤鸭只要 15 元一只。要知道,超市上一只光鸭也要卖 40—50 元呀,这些街头小贩们是如何做到的呢?原来这些 15 元一只的烤鸭来自于一种进货价为 7—8 元的激素鸭,它只吃不动,甚至一生都不曾站立过、下过水。这种激素鸭的饲养当然不是传统方式,而是渗入了现代技术的开发和运用。其他"避孕药养黄鳝""果糖蜂蜜""皮革牛奶""三聚氰胺奶粉""牛肉膏猪肉""甲醛啤酒""甲醛奶糖""增甜剂西瓜""激素染色草莓""墨汁芝麻""孔雀绿鱼虾""苏丹红鸭蛋""墨汁石蜡红薯粉""染色馒头""漂白大米""面粉增白剂"等,也都是如此。

那么,这些商家为何热衷于降低成本的多层次竞争而非提高品质的高层次竞争呢?根本原因在于产品定位。现代经济学往往假定,每个产品的质量信息以及所提供的功效(或消费者效用)是确定和公开的,因而每个购买者会按照自己的偏好和需求进行选择。但实际上,无论是产品的质量信息还是产品功效都是不清晰的,人们往往只能按照消费习惯或特定标签在产品之间进行选择。同时,一个社会的同类产品往往是基于某种规则而分成不同等级,等级之间实行了锦标赛的价格体系,而市场竞争主要就发生在同等级的产品之间;而且,产品的等级越低,产品数量和厂商就越多,它们就不得不展开残酷的价格竞争。显然,为了在这种竞争环境中获胜,被归为低档产品的商家就不得不引进、研发各种降低成本而非提高品质的技术。在这里,这些商家之所以甘愿接受自己的产品被定位在低等级,一个重要原因是产品等级的提升并不完全甚至不是主要取决于质量或技术,而是更大程度地取决于品牌及其社会的认可度,而品牌价值的形成及其认可度的提升本身就是一个需要巨大资本投入的漫长过程。

同时,这种逆进步的技术开发和竞争还会产生"劣币驱逐良币"现象,原来的高质量产品也被迫降价竞争,被迫使用逆进步的低层次技术,从而导致整个社会的伪劣产品盛行。事实上,我们可以思考这样一个问题:中国社会一定缺乏欧美以及日本、韩国那样的制造品技术吗?至少在直觉上,现在几乎已经没有什么工业品不可以在中国制造,但绝大多数产品都处于价值链的低端。譬如,一只售价数万元的布菲或雅马哈乌木双簧管,在中国河北等地只要数百元就可以生产出来。问题是,中国货往往成了山寨的代名词,这些中国企业生产的双簧管往往五音不全,根本不入乐器学习者尤其是专业者的法眼,音乐家大都戏称这些国产双簧管只能当小孩玩具。进一步的问题是,中国社会有如此多的能工巧匠,为何只能生产些玩具呢?事实上,这些低价产品都使用了现代技术,甚至为此投入了专门的研发,但问题是,人们在进行技术选择和研发时的根本目的是降低成本而非提高品质,从而是逆进步的,导致低层次的过度竞争,这反而会降低在国际贸易中的比较优势。很大程度上,当前中国社会的一些劣质而低价的恶性竞争,既与既有的技术能力有关,也与既有的监管制度有关;究其原因,毕竟提高品质的技术开发往往需要更高成本的投入,而危害身心的技术运用则是职能部门监管不力的结果。兰德斯在总结战后日本经济崛起时就说,这可以归功于"世界上最有效的质量监督"①,那么,当前中国社会的质量监管又在哪里呢?

总之,资本高度流动的经济全球化时代,制约发展中国家在国际贸易中比较优势的关键因素,与其说是资本的稀缺,不如说是技术水平和劳动能力的稀缺。相应地,一个与时俱进的发展经济学也应该致力于提升发展中国家的技术水平,通过促进技术进步和生产率提高来增进和转变国际贸易中的比较优势,从而更有效地推动产业升级。为此,发展经济学也需要关注技术变迁的过程和轨迹,关注影响技术选择和变迁的经济、社会、制度和政治因素。同时,伴随着资本流动对技术的传播,以技术引进取得技术进步和产业升级成为越来越重要的方式,这已经为林毅夫所关注和强调。在林毅夫看来,"如果发展中国家和发达国家基于它们各自的比较优势制定产业和技术政策,那么发展中国家的技术变迁率应该比发达国家高,因为它们主要依赖于技术进口,成本会远低于发达国家的研发成本"。② 但当前中国社会已经展示出,简单地基于比较优势原理而追求暂时的收益或交换价值,就会为追求低成本竞争优势而热衷于逆进步技术的开发和运用,就必然会降低产品的品质以及产业的层次;由此拓展到国际贸易中,比较优势和竞争能力也就无法得到提升,尽管中国社会已经有了开发更高端产品和产业的技术和能力。事实上,任何一个促进产业结构升级或产品质

---

① 兰德斯:《国富国穷》,门洪华等译,新华出版社2001年版,第674页。
② 林毅夫:《繁荣的求索:发展中经济如何崛起》,张建华译,北京大学出版社2012年版,第134页。

量提升的技术进步都是一个不断探索和改进的过程,这是一个长期的、执着的工作并依赖于持久的、巨大的投入;从这个意义上说,产业或产品的竞争优势很大程度上也是基于一个长期的内生过程而逐渐发展出来的,而对技术和品质的追求又有赖于国家政策的引导和制度的规制。即使像韩国这样的国家,充分利用了产品的差异化获得了竞争优势,但如果不能继续实现技术进步和产业升级,尤其是不能拥有自主技术开发和创新的真正能力,那么,它在国际贸易中的比较优势终将衰退,整个产业也会逐渐凋零。正因如此,作为一个有发展雄心的国家,要充分利用自身优势来实现跨越式产业升级的国家,技术的自主开发也同样重要,甚至是更根本性的,这样才可能有林毅夫所强调的"取法于上,仅得为中,取法于中,故为其下"的效果。

九、尾论:全面认识新结构经济学

林毅夫的新结构经济学试图突破现有的新古典经济学自由放任传统,同时又将政策根基于新古典经济学的比较优势原理,在收获赞誉的同时也引起了左右两方的争论或批判。例如,韦森就认为,尽管新结构经济学因强调市场在资源配置中的核心作用而遵循了古典经济学和新古典经济学传统,但新结构经济学主张政府在产业转型中的因势利导作用又背离了新古典经济学潜含着的自由放任传统。[①] 同样,张曙光批判说,林毅夫在产业升级中政府的因势利导作用往往会退化为政府主导,而政府主导又与让市场成为资源配置的根本机制相矛盾。[②] 与此不同,斯蒂格利茨从另一侧面指出,如果韩国让市场自己运行,它就不会走上成功发展之路了,因为静态的生产效率要求韩国生产大米;但是,如果韩国真这样做的话,它今天可能成为最高效的大米生产国之一,但是它仍然会是一个穷国。[③] 余永定则认为,比较优势理论证明了国际分工的好处,但不能作为产业升级的指导

---

① 韦森:"探索人类社会经济增长的内在机理和未来道路",载林毅夫:《新结构经济学:反思经济发展与政策的理论框架》,苏剑译,北京大学出版社 2014 年版,第 66 页。
② 张曙光:"市场主导与政府诱导",载林毅夫:《新结构经济学:反思经济发展与政策的理论框架》,苏剑译,北京大学出版社 2014 年版,第 99 页。
③ 林毅夫:《新结构经济学:反思经济发展与政策的理论框架》,苏剑译,北京大学出版社 2014 年版,斯蒂格利茨的书评,第 47 页。

理论。① 其实,同一著作引起正反不同的解读和论争都是可以理解和想见的,因为每位学者的知识结构和关注问题往往存在很大差异:有的关注理论逻辑的严密问题,有的关注现实困境的解决问题;有的认同和维护新古典经济学的主流分析框架,有的倾向于否定和反对固化的新古典经济学思维。我们的总体观点是,尽管新结构经济学在理论逻辑上还存在诸多不足,如本章的模型所剖析的,但它在实践上却具有显著的意义。这就如同凯恩斯经济学,它在逻辑上也存在严重缺陷,但确实为治疗经济萧条提供了一个有力工具。

很大程度上,林毅夫提出的诸多政策主张都是中肯的,甚至是不言而喻的。例如,林毅夫认为,由于发展中国家面临更大的市场失灵,从而需要政府在推动产业升级中发挥更为积极的增长甄别和因势利导的作用。林毅夫在举新加坡的例子时就借新加坡金融管理局局长孟文能的话说:在20世纪80年代,新加坡政府发现石油化工业的全球性繁荣即将来临,并决定对其石油产业进行升级;为了克服新加坡的成本劣势并培育一个具有自生能力的化工产业集群,就需要将企业的生产由"下游"转移到生产高附加值的特种化学品上来。然而整合发展需要大量的土地,政府又建造了一个综合性的"化工岛",并且准备了一份列有全球知名化工企业的清单,邀请这些企业进驻。② 再如,林毅夫认为,产业升级和发展不仅取决于要素禀赋结构的升级速度,也取决于相应基础设施的改善,因而政府在基础设施的建设方面应该发挥积极乃至主导型的作用。林毅夫就强调:"基础设施禀赋决定了企业的交易成本,当要素禀赋给定时,基础设施禀赋也决定了经济体距离它的生产可能性边界的远近。"③ 实际上,林毅夫通过大量的案例来证明,如果政府采取自由放任政策而不去解决市场失灵问题,即使有成功的数量也很少,相反,政府有效主导的国家取得快速增长的例子却很多。但同时,林毅夫又强调,政府也不能替代市场的作用,应作为助产士而不是永久性保姆。究其原因,像保姆一样照顾那些长期背离比较优势的幼稚产业,不仅会减缓最优技术—产业结构的升级,而且还会滋生出寻租文

---

① 余永定:"发展经济学的重构",载林毅夫:《新结构经济学:反思经济发展与政策的理论框架》,苏剑译,北京大学出版社2014年版,第93页。
② 林毅夫:《繁荣的求索:发展中经济如何崛起》,张建华译,北京大学出版社2012年版,第176—177页。
③ 同上书,第127页。

化。显然,至少相对于新古典经济学家们对构建内生均衡增长模型的热情以及对自发式斯密型增长的迷恋,林毅夫的新结构经济学以及因势利导的产业政策更有意义,也实实在在地推进了现代发展经济学的发展。

基于全文的逻辑梳理和分析,我们对林毅夫的新结构经济学及其政策主张的认识和评价也是双重的。

一方面,我们认为,新结构经济学提出的因势利导地根据要素禀赋和比较优势的变动而推进产业升级具有显著的政策意义。这至少表现为这样几方面:(1)每个国家在国际市场上的竞争力根本上都是取决于它的比较优势,一国的基本产业结构不能违背由要素禀赋结构决定的比较优势;(2)在任何以市场为资源配置根本机制的经济中,产业和技术的选择总体上都源于追求利润最大化的企业自主行为,而企业必然关注各种生产要素的相对价格,生产要素的相对价格根本上又不能背离一国的要素禀赋结构;(3)每个国家的要素禀赋结构不是固定不变而是动态发展的,这就决定了一国经济的整体比较优势,也就决定了一国产业结构的基本特征;(4)严格跟随比较优势变动的小步快跑式产业升级是基本途径,因为这符合社会发展的连续性原则,有助于避免"理性自负"引起的大失误或波动,从而总体上往往会优于大跨步方式;(5)以基于比较优势的产业来引领经济发展的效果往往要优于传统的"大推进"战略,因为这符合全球化中分工经济原则,况且任何起飞阶段的国家都缺乏足够的全面工业化资金。

另一方面,我们认为,新结构经济学的政策主张所依赖的理论逻辑还存在一些不足,还会遭受质疑。简要说明如下:(1)它仅仅或主要考虑资本积累对要素禀赋结构的提升,而忽视更为重要的技术要素,也忽视经济规模对技术引进、劳动分工、比较优势以及目标产业选择的影响,乃至根本上将比较优势和产业升级视为一个自动和持续的过程,而忽视了从一个产业到另一个产业的跳跃性及其更为积极的政府作为;(2)它没有充分考虑一国尤其是大国比较优势的多元性,没有考虑不同规模经济体对世界市场依赖程度的差异,结果,尽管将比较优势原理具体化为增长甄别与因势利导(GIFF)的两轨六步框架,但依然脱离不了抽象化和"一刀切"的束缚;(3)它没有进一步区分传统比较优势原理在不同时空下的适用性差异,它更适合新加坡之类的小国而非像中国这样的大国,因为小国需要充分利用国际市场才能获得规模经济,而大国本身就拥有培育新型产业的足够广泛的市场。很大程度上,也正是基于世界银行首席经济学家的身份,林毅夫关注的主要是众多小经济体的发展中国家,从而就更加凸显国际市场以及比较优势的灵活转换,却忽视了大经济体中技术的多层面性及其带来的多元化比较优势,忽视了不同规模经济体在产业目标确定和升级方式选择中的差异。尤其是,林毅夫的著作所直接面对的恰恰是中国大众,从而更需要能够对中国实践给出比其他理论更令人满意的解释,否则必然就会引起诸多争议。

因此,我们强调,新结构经济学还有待进一步的发展和完善,需要纳入技术进步、经济体规模等更多因素的考量。一般地,至少需要考虑这样几点:(1)要素禀赋结构和比较优势都不是静态的或自然发展的,我们需要进一步剖析要素禀赋结构和比较优势的形成动因和变动轨迹,尤其要认识到它们在现代工业社会中主要是人类有意识活动的产物,正是在这个意义上,才会有现代国家的政府以及国民在提升经济竞争力中更为积极的作用和空间;(2)人均资本量可以大致反映小国的要素禀赋结构,因为小国的产业结构比较单一,但对大国却并不适合,因为不同产业的资本—劳动比往往相差很大,正是在这个意义上,我们不能将比较优势与既定的要素禀赋结构简单地对应起来,大国尤其如此;(3)同一国家的多元性比较优势主要源于后天创造的技术水平和劳动生产率的差异,因为先天的自然禀赋对所有产业都是一样的,正是在这个意义上,通过教育和研发投入以培育和提升新型生产力对一个大国形成和确立多元化比较优势就是至关重要的;(4)同一国家要素禀赋结构所决定的比较优势往往也不是单一的而是多元的,而技术在比较优势提升和转换中起到关键性作用,正是在这个意义上,比较优势的培育和提升就不能采用"一刀切"方式,而应该因地制宜地发展多元化的产业结构;(5)考虑到比较优势的多元性往往与经济规模呈正相关性,大国就并不一定要在所有产业升级中都严格遵循既定的比较优势,而可以通过资源集中以及试点推广的方式培育出新的比较优势点,正是在这个意义上,大国的产业升级往往可以突破小步跑式的局限而实现某些产业的大跨步发展。很大程度上,我们并不能精确地知道具体的比较优势究竟是什么,因为一国的比较优势本身就是多元的,不同产业所需要的生产要素比也是不同的,但历史经验告诉我们,比较优势的提升和转换需要什么(如资本积累、技术进步、劳动生产率以及市场规模等);因此,更为可行的政策在于培育影响比较优势的要素,而不是根据不断变动的比较优势来确定产业结构,后者更体现为一个市场的过程。

最后需要指出,规模经济和分工水平对一国现有产业的竞争能力以及产业结构的目标定位都极其重要,这一点毋庸置疑,但在新古典经济学的基本模型中却很少得到反映。之所以如此,就在于很难用数学形式表达,或者说这些思想很难被模型化。克鲁格曼就指出:"相当肯定的一个基本原因是:无法使规模经济与完全竞争市场结构相容。"① 也就是说,现代主流经济学之所以不关注引发技术进步的规模经济、劳动分工等因素,而倾向于将它当成一个外生变量,并不是它们不重要或无意义,更不是包含它们的理论不对,而在于迄今还没有适当的工具将它们数学模型化。在现代经济学界,无论多么敏锐的洞察、深刻的见解以及精微的思想,只要没有套上数理模型的外衣,无法用非常精巧的模型表达出来,就难以引起很多经济学家的注意和青睐,反而会遭到主流经济学人的漠视和嘲笑,从而就无法保持长久的影响力。问题在于,这些问题都是现实存在的,也是与政策实践息息相关的,因此,即使那些追求逻辑完美型或者逻辑真理的现代主流经济学可以对这些因素视而不见,却应该是任何具有现实意识的理论需要关注的,更是"知行合一"的经济学说所必须纳入考虑的。实际上,林毅夫就充分表达了对倡导"知行合一"学说的王阳明之崇敬,并致力于"像王阳明一样,拥有独立思考和知行合一的能力,并且即使在逆境之中也要为人民的利益而努力奋斗"。② 正是基于这种使命感,林毅夫的新结构经济学就呈现出明显的现实性和实践性,而不是致力于理论逻辑的严密性。显然,任何一种致用的社会科学理论,都应该来自经验又高于经验,需要将理论和实践结合起来,从而构建出冯友兰倡导的"极高明而道中庸"的体系。基于这一考虑,新结构经济学要为更多学人所认同和接受,要在社会实践中取得更大成效,就必须在产业目标的确定和升级途径的选择中纳入技术、分工以及规模经济的考虑,必须进一步细分在不同情境下的产业升级方式,而这又需要对整个理论逻辑作更为严密的爬梳和完善。

---

① 克鲁格曼:《发展、地理学与经济理论》,蔡荣译,北京大学出版社/中国人民大学出版社2000年版,第27页。
② 林毅夫:《繁荣的求索:发展中经济如何崛起》,张建华译,北京大学出版社2012年版,第17页。

9

探索现代发展经济学的新发展

——评林毅夫的新结构经济学之五

本章导读：针对基于新古典经济学的"华盛顿共识"及其政策在发展中国家推行造成的困境，林毅夫提出了以"自生能力"概念为核心的新结构经济学。但是，林毅夫的新结构经济学实质上还是新古典主义的，因为"自生能力"本身就是以新古典经济学的比较优势原理来定义的，林毅夫对新古典经济学的批评也局限于它在当前中国社会的适用性而非本身思维逻辑和分析范式的问题。实际上，即使在贸易和产业政策方面，传统的比较优势原理也不再有效，其原因包括，内生的技术而非外生的资本成为最主要的生产要素，日益显著的规模经济根本上制约了后起企业的自生能力，取得正常利润率的自生能力本身只存在于逻辑化市场中，市场竞争根本上不能解决收入分配和内需不足问题，等等。通过对比较优势原理的剖析，本章不仅致力于全面审视新古典经济学的经济、产业和贸易政策，而且致力于反思经由新古典主义改造的现代发展经济学，从而更好地探索现代发展经济学的方向。

一、引言：发展经济学走向何方

经济发展史表明，在过去半个多世纪里，发展中国家的经济和产业政策发生了重大转变。首先,二战后初期,各国的经济政策主要基于生产力原理,实施由政府主导的进口替代、经济计划以及国有化等一系列政策。显然,这些政策取得了相当的成功,但同时,这些措施后来变得日渐固化和僵化,最终导致了明显的失败和严重的危机。其次,20世纪80年代后,发展中国家的产业政策开始受比较优势原理支配,倾向于实施由市场主导的一些自由经济和开放经济政策。显然,这些政策促进了资源的优化、出口的增长以及劳动力的培训,但同时,它带来的经济增长并不比过去更好,甚至使得一些国家陷入更为严重的经济危机。发展中国家的产业政策和政府定位之所以发生如此变动,又在于发展经济学的理论和思维发生了相应的重大转变:早期发展经济学主要承袭了凯恩斯经济学以及历史学派和美国制度学派的观点,其主要观点是,发展中国家因市场不完全而充斥了市场失灵,从而需要实施强有力的政府干预来促进经济的起飞以跳出贫困陷阱;现代发展经济学则已经经过新古典经济学思维的根本改造,其基本观点是,发展中国家的政府失灵比市场失灵更为严重,从而必须建立产权制度来减轻政府作用的负效应。

事实上,当前绝大多数发展中国家的经济和产业政策都在一定程度上受到国际货币基金组织、世界银行等国际金融机构的指导和影响,一个基本的因素就是,发展中国家的经济起飞所需要的资金往往依赖这些国际金融机构的贷款。同时,这些国际金融机构又受到欧美发达国家的控制,无论是成员组成还是政策制定都是如此,从而也就受现代西方社会中主流的"新自由主义"思潮以及与此相应的新古典经济学学说的影响。"新自由主义"勃兴正发生于首次大规模经济衰退的 20 世纪 70 年代中期,其大发展则在于苏东解体后的 20 世纪 90 年代。在"新自由主义者"看来,资本主义的胜利不仅宣示了"历史的终结",而且加速了世界经济日益一体化的发展;为此,他们积极在一些遇到经济困境的发展中国家以及转型经济国家推行新古典经济学政策,以定价市场化、企业私有化和贸易经济自由化为基础来构设全球政治经济秩序的基本原则,这就是"华盛顿共识"(Washington Consensus)。简单地,经由新古典经济学重塑的现代发展经济学就建立在两大理论基础上:(1) 在国内经济政策上以科斯中性定理为基础,主张价格自由化,取消阻止新企业进入或限制竞争的规制措施,对原先具有垄断地位的国有企业施行私有化,并建立完善的法律制度以保护私有产权;(2) 在国际经济交往上以李嘉图比较优势原理为基础,主张贸易自由化,取消外国公司的进入障碍,用关税取代数量限制并进一步降低关税,并实行统一的竞争性汇率。①

然而,在"华盛顿共识"获得广泛宣扬和推广的20世纪90年代,对绝大多数发展中国家来说,也是经济发展极度令人沮丧和失望的10年;尤其是,2008年金融经济危机的全球爆发,即使是欧美发达国家也暴露出自由放任主义政策的严重问题。与此形成鲜明对比的是中国的例子。中国直到1994年才统一了货币市场,直到2001年才加入世贸组织,同时,迄今没有向外国人全面开放金融市场,主要国企也没有私有化,却在全球经济衰退的年代取得经济的高速增长。在这种情势下,纯粹依靠自由市场的合理性就受到极大的质疑,以致越来越多的国家开始拒绝世界银行和国际货币基金组织开出的药方。因此,尽管现代经济学家都高度重视市场的力量和私人部门的主动性,但也有相当多的学者主张,发展中国家要把私人部门的主动性纳入到公共政策的框架之中,从而可以在充分发挥市场力量的同时,有效地推动整体经济的改造、多元化和技术升级;相应地,除了在产权保护、合同执行和宏观经济稳定调节之外,政府还必须对生产部门发挥着战略引导和协调的作用。② 甚至,在世界银行等国际金融机构内部,也有不少经济学家主张对"华盛顿共识"概念进行修正,典型人物如曾任世界银行首席经济学家的斯蒂格利茨、巴苏、林毅夫等,甚至撰写主流宏观经济学教材的保罗·罗默也开始对流行的宏观经济学进行猛烈的批判。

在中国经济学界,影响广泛的当属林毅夫,他提出的新结构经济学试图从一般理论上界定国家干预和市场机制之间的边界。不过,林毅夫的新结构经济学根本上还是新古典主义的,因为无论是产业选择还是自生能力根本上都是建立在比较优势原理之上,尽管如张夏准所说不是对新古典经济学的教条式坚持。③ 这就产生了问题:(1)新古典主义本身正面临着一系列理论与实践的困境,宏观经济学甚至遭到主流经济学人如斯蒂格利茨、克鲁格曼、罗默等人的批判;(2)正如张军所指出的,经济发展作为一

---

① Williamson, J., "In Search of a Manual for Technopols", in Williamson, J. (ed.), *The Political Economy of Policy Reform*, Washington, DC: Institute of International Economics, 1994.
② 参见罗德里克:《相同的经济学,不同的政策处方》,张军扩等译,中信出版社2009年版,第97—98页。
③ 林毅夫:《新结构经济学:反思经济发展与政策的理论框架》,苏剑译,北京大学出版社2014年版,第161页。

个特定的对象并不在新古典经济学的概念范畴之内。① 因此,既然林毅夫的新结构经济学根本上属于新古典主义范畴,那么,我们就需要思考:林毅夫所倡导的"比较优势战略"能否真正提高发展中国家的企业竞争力和促进社会经济发展? 进而,"比较优势原理"是否应该成为现代发展经济学的理论基础? 有鉴于此,本章致力于对"比较优势原理"以及现实应用的"比较优势战略"作一系统的逻辑剖析和现实检视,尤其是结合对"中等收入陷阱"现状及其成因剖析,对受新古典经济学思维支配和改造的现代发展经济学作一审视,进而探索现代发展经济学的发展方向。

二、林毅夫"比较优势战略"的逻辑

近年来,林毅夫对流行的新古典经济学提出了诸多批评,不过,他的批评主要局限在西方社会的新古典经济学在当前中国社会的适用性上,而不是针对新古典经济学本身的思维逻辑和分析范式所存在的问题。显然,相对于斯蒂格利茨致力于从市场的不完全性入手来主张全面的政府干预,林毅夫只是在有限范围内坚持国家的积极作用,主张国家必须根基于比较优势原理来推行有限的产业政策,培育和扶持那些具有潜在比较优势的私人部门。在林毅夫看来,新古典经济学极力推行的价格和贸易全面自由化政策之所以并没有取得预期的效果,重要原因就在于它以企业具有自生能力为理论前提,而在传统计划经济体制下的企业却缺乏这种市场竞争中必需的自生能力。林毅夫对"自生能力"所下的定义是:"在一个开放、竞争的市场中,只要有着正常的管理,就可以预期这个企业可以在没有政府或其他外力的扶持或保护的情况下,获得市场上可以接受的正常利润率。"②

转型经济和发展中国家的企业为什么不具有自生能力呢? 林毅夫认为,这根本上在于该企业所选择的产业、所生产的产品以及所用的技术没有体现该国的要素禀赋结构所决定的比较优势。林毅夫以日本为例:日本的土地稀缺且以小农为主,同时劳动力价格又非常高昂,因而在劳动力密集型的农产品上不具有比较优势;相应地,日本农场要生存下去,就只能依靠政府的财政补贴和关税保护,而不能开放农产品的自由进口。同理,经

---

① 张军:"'比较优势'的拓展与局限",载林毅夫:《新结构经济学:反思经济发展与政策的理论框架》,苏剑译,北京大学出版社 2014 年版,第 111 页。
② 林毅夫:《本体与常无》,北京大学出版社 2005 年版,第 218 页。

济转型的国家往往资金稀缺且外汇短缺,因而重工业不具有比较优势,相关企业也就没有自生能力。为此,原计划经济体制采取了一系列的扶持和保护措施:通过农工产品的价格剪刀差以将分散的剩余集中起来投资周期长和规模大的资本型项目,压低利率以降低这些项目生产和建设的融资成本,高估本币汇率以降低这些项目进口机器设备的外汇成本,赋予国有企业垄断权以有利于压低工资以及中间品价格而获得进一步扩大投资的高额利润。这样,林毅夫等人就为传统计划经济体制中的价格信号扭曲以及相应的资源配置低效率提供了一个自圆其说的逻辑解释。①

基于发展中国家企业的特定属性,林毅夫提出两个重要观点。第一,如果一个企业没有比较优势基础而依赖于政府的保护和补贴,那么,它就难以创造出真正的剩余,一旦置身于竞争性的开放市场中就会破产和倒闭。尽管如此,在一些企业普遍缺乏自生能力的转型经济国家,世界金融机构基于"华盛顿共识"所附加的援助条款和政策设计却很少关注如何提高企业的自生能力,反而要求取消对这些企业的保护和补贴,从而就必然会导致经济的长期停滞。第二,具有比较优势的产业、产品和技术结构往往内生于该国的要素禀赋结构,如果发展中国家偏离禀赋结构的现状而追求与发达国家相近的产业、产品和技术,就会导致该国企业缺乏自生能力,以致难以在开放的竞争市场中生存。正是基于自生能力的视角,林毅夫提出,一个国家的经济发展目标首先在于提升要素禀赋结构,而在自然资源的禀赋给定的情况下,要素禀赋结构的提升关键在于人均可支配资本量的增加,需要提高剩余的积累率。②

林毅夫着重强调,在全球一体化的开放市场中,只有当产品的价格反映了国际市场的价格,投入要素的价格反映了要素禀赋结构中投入要素的相对稀缺性,追求利润最大化的企业才会自发地按照该国的比较优势来选择产业、产品和技术。③ 问题是,企业如何才能选择由要素禀赋结构决定的优势产业呢?林毅夫认为,需要政府的积极作用来解决两大市场失灵:(1)由重要的信息外部性所造成的市场失灵,这主要是指经济创新成功或失败的信息,应该通过政府补贴的方式来建立鼓励创新和抵消先发劣势的

---

① 林毅夫、蔡昉、李周:《中国的奇迹:发展战略与经济改革》,上海人民出版社/上海三联书店 1994 年版。
② 林毅夫:《本体与常无》,北京大学出版社 2005 年版,第 235 页。
③ 同上。

机制;(2)由协调问题所造成的市场失灵,这主要是指一个新产业的规模生产所需要的人力资本、技术资金以及法律制度、基础设施,需要政府作为第三方加以供给或协调企业行为。相应地,针对不同的经济情势,林毅夫提出了两类产业政策:(1)针对具有自生能力的企业,提出了以提高要素禀赋结构为目标的发展政策,它需要的补贴是少量的;(2)针对不具有自生能力的企业,提出了以提高产业、产品和技术为直接目标的发展政策,它需要依靠政府大量、连续的优惠政策或支持。

首先,针对原来拥有自生能力的企业,林毅夫指出了这样几点:(1)为了持续维持其自生能力,产业、产品以及技术都应该随着要素禀赋结构的提升而相应升级,这就需要企业充分掌握新产业、产品和技术的相关信息,而这些信息往往并不是充分的,而且往往需要大量的成本投入;为此,政府就可以利用其优势收集这方面的信息,并以产业政策的形式免费提供给所有企业,以实现收益的最大化。(2)无论是技术还是产业的升级往往都有赖于不同企业和部门的协同配合,这包括新的人力资本供给以及新的金融制度、贸易安排、市场营销渠道等;为此,政府就可以使用产业政策协同不同产业和部门的企业实现产业和技术的升级。(3)产业和技术升级是一种创新活动,从而必然存在失败的高风险,但一个企业的失败却为其他企业提供了经验和教训;为此,政府对那些响应产业政策的企业提供税收激励或贷款担保等形式的补贴,从而弥补成本与收益间的不对称性。[①]

其次,针对原来没有自生能力的企业,林毅夫指出了这样几点:(1)资金和技术密集型的且有关国防安全的企业,它只能由国家财政直接拨款来扶持,并由政府直接监督其生产经营;(2)资金和技术密集型的且有庞大国内市场的非国防安全型企业,采用市场换资金的方式,利用海外资金来克服国内要素禀赋结构对企业自生能力的限制,其方法包括直接海外上市和企业合资;(3)资金和技术密集型的但无多大国内市场的企业,无法采用市场换资金的方式,从而只能利用传统大型国有企业在工程设计力量方面的人力资本优势,去生产那些符合国内经济比较优势而有相当国内市场的产品;(4)连人力资本也没有的企业,就只能让其破产。[②]

为此,林毅夫主张回归对发展的"结构性"理解,并据此强烈主张实行

[①] 林毅夫:《本体与常无》,北京大学出版社2005年版,第235—236页。
[②] 同上书,第239—240页。

有意识的产业政策,这就是他的新结构经济学。林毅夫认为,现代经济发展的本质就是一个技术、产业以及软硬基础设施不断创新、升级和完善的结构变迁过程,但过去的政策制定往往忽视发展中国家的现实而直接以发达国家为参照系。其中,发展经济学第一波思潮的旧结构主义,主张发展中国家应该致力于建立与发达国家相类似的产业体系,在政府保护下实行积极的进口替代战略,并以政府的直接干预来克服市场失灵,却忽视了发展中国家与发达国家在要素禀赋上的差异;发展经济学第二波思潮的新自由主义,将发展中国家的困境归咎为政府的干预,而力倡企业的私有化、贸易的自由化和交易的市场化,并积极引入发达国家中行之有效的制度安排,却忽视了发展中国家的企业本身不具有自生能力这一问题。相应地,林毅夫将他倡导的新结构经济学称为发展思潮的第三波,试图结合经济发展的本质和发展中国家的现实来探索政策安排和政府职能,其主旨思想在于:政府应该确保经济和产业建立在要素禀赋结构内生的升级过程,并发挥积极作用来帮助企业培育和提升其自生能力,从而增强企业在开放市场上的竞争力。在某种意义上,林毅夫的新结构经济学对传统发展经济学以及新古典经济学都作了较大的发展和突破,它强调政府可以根据要素禀赋的变动而因势利导地引导具有比较优势的产业发展。

同时,林毅夫的因势利导型政府承担了远比新古典经济学的最小政府大得多的经济职能,但这种职能的目的仅在于维持经济的开放和市场的充分竞争,从而使得要素禀赋结构最大限度地快速提升。林毅夫认为,只有服从比较优势的产业才能在国内和国际市场上展现强大竞争力,才能占有最大可能的市场份额,从而推动要素禀赋结构的快速提升。也就是说,林毅夫的新结构经济学根本上还是新古典主义的,没有关注市场根本上的不完全性问题。范因和瓦扬贝尔热就写道:"林毅夫的立场可见于两种相互冲突的视角。一方面,他绝不是一个新自由主义者,而且他还坚持国家的干预作用。……在另一方面,可以认为,与其说林毅夫积极倡导国家干预,不如说他是以此为手段,在新自由主义(在其中,产业政策是被深恶痛绝的)丧失了合理性的情况下,来抵制对更激进措施的要求。"林毅夫之所以不主张从市场的不完全性而是自创了"自生能力"概念来引入政府在经济增长和产业转型中的积极作用,基本原因就在于,"它只要求但不强求通过国家的支持而不是由国家来实现比较优势的目标"。① 事实上,林毅夫的理论和政策的整个分析大厦都建立在比较优势原理之上。林毅夫等人就归纳了新结构经济学的三大支柱:(1) 包含了对一国比较优势的理解,这种比较优势受制于要素禀赋结构的不断演化;(2) 在发展的任一阶段都把市场作为最优的资源配置机制;(3) 在产业升级过程中政府应该起到因势利导作用。② 同时,比较优势原理也是林毅夫历来的坚持。早在二十多年前的学术讲座上,笔者就曾听林毅夫讲过:如果后人来写林毅夫经济学说,那么核心思想就只有一个——比较优势原理。

当然,林毅夫的主张所依赖的比较优势战略与传统的李嘉图比较优势理论还是存在一定的差异。事实上,李嘉图比较优势原理内含了一个明显的前提条件:一国的资源优势是稳定不变的,差异在外生的技术水平上,而这种外生技术水平往往是由既定的要素禀赋决定的。而且,这个条件与工业革命时期的欧洲相适应:每个国家的优势主要体现在它所拥有的土地、原材料和劳动等自然资源及其决定的技术水平,它们不仅是主要生产要素,而且相对固定不变。但是,这个条件却越来越不适应当前的国际形势,一个明显的事实是另一生产要素——资本在现代经济增长中变得越来越重要,而资本是物化劳动的凝结并依赖于剩余的积累,从而是可变的。正因如此,现代世界各国的比较优势越来越取决于人为创造的资本要素,而不是取决于土地等天然资源。相应地,林毅夫也将资本量视为改变要素禀赋结构的根本因素,并由此来确定产业和产品结构的升级政策。进而,林毅夫等还提出了这样的逻辑论断:(1) 一个国家的收入水平与其产业和技术的选择有关,而产业结构和技术水平又取决于其要素禀赋结构,因此,要提高收入水平,就必须调整产业结构和要素禀赋结构;(2) 要素禀赋结构水平的提升主要与人均资本量有关,而资本积累主要取决于经济剩余的大小和积累率的高低;(3) 经济剩余的大小又主要取决于产业和技术结构的选择,符合要素禀赋结构的产业和技术最有竞争力,从而能创造最多的剩余;(4) 资本积累率的高低与资本积累回报率的高低有关,而资本回报率很大程度上又取决于技术创新;(5) 发展中国家按照比较优势可以引进国

---

① 本·范因、艾丽莎·范·瓦扬贝尔热:"不可能实现的范式转换?评林毅夫的新结构经济学",《社会科学战线》2015年第7期。
② 林毅夫、塞勒斯汀·孟加:"增长报告与新结构经济学",载林毅夫:《新结构经济学:反思经济发展与政策的理论框架》,苏剑译,北京大学出版社2014年版,第148页。

外现成的先进技术,从而以低成本获得远快于发达国家的技术创新和相应的资本回报率和积累率。因此,林毅夫强调,产业政策是随着资本—劳动比的变化而不断调整和升级的,这是对比较优势原理的重要推进。

三、"比较优势战略"的问题审视

基于比较优势原理这一基础,林毅夫强调:"以经济发展战略转变为目标的经济改革的核心,就是国内产品市场和要素市场的开放,一系列价格形成机制的市场化和贸易自由化。"[①]按照林毅夫的观点,似乎只要转型经济国家的宏观政策环境发生了改变,企业在市场化价格和自由化贸易环境中就会选择符合本国要素禀赋结构的产业和产品,进而就可以提升和维持自生能力。果真如此简单吗?在很大程度上,正是由于林毅夫将其理论建立在比较优势理论基础之上,从而就会受制于新古典经济学的完全竞争分析框架,而难以更深刻地考察现代市场的竞争依据以及真实市场的运行逻辑。相反,跳出新古典经济学的思维束缚,张夏准就指出,比较优势原理及其发展而来的 HOS 理论主要适用于关注短期效率的情形,而对关注中期调整和长期发展的情形来说却不是很适合。因此,尽管充分利用比较优势对短期的企业竞争力是重要的,但一个国家如果期望产业升级往往恰恰需要违背其比较优势。张夏准举例说,日本用近四十年之久的高关税来保护其汽车,期间不仅提供大量的直接和间接补贴,并几乎禁止该行业的外商直接投资,直到该产业在世界市场上变得有竞争力。[②] 为了更清晰地认识基于比较优势原理的产业政策以及更全面地利用和培育比较优势,这里从逻辑和实践两方面作一深层审视。

第一,技术而非资本才是现代社会中影响要素禀赋结构的根本性因素,而新结构经济学并没有深入探讨。林毅夫所致力提升的要素禀赋结构主要体现为资本—劳动比的提高,但在现代社会,全球资本量已经相当充足且在全球的流动性非常高,它可以快速地流动到任何急需资本的地方。问题在于,这些资本的使用效率如何?一个地方使用资本的效率更高,资

[①] 林毅夫、蔡昉、李周:《中国的奇迹:发展战略与经济改革》,上海人民出版社/上海三联书店1994年版,第87页。
[②] 林毅夫:《新结构经济学:反思经济发展与政策的理论框架》,苏剑译,北京大学出版社2014年版,第163页。

本的回报率也更高,资本也就更趋于流向那个地方。一般地,在资源极度匮乏的前工业社会或工业社会初期,主要根据生产要素的使用比例而将产业划分为劳动密集型产业和资本密集型产业;但在资源相对丰裕的现代工业社会,更为重要的是根据生产要素的使用效率而区分为粗放型产业和集约型产业,其中关键影响因素就是技术。林毅夫认为,技术的发展是要素禀赋结构不断演进的结果。但实际上,技术本身就是一种生产要素,它可以改变生产中的资本—劳动比。尤其是,技术这一生产要素在现代生产中的作用日益重要,各国对产业和产品的选择也越来越取决于它所拥有的技术水平,这是导致贸易条件和贸易模式在20世纪80年代后发生明显变化的根本原因。同时,技术水平的提高所依靠的不再是传统的自然要素禀赋,也不是物质资本的积累,而是教育的投入、知识的生产、科学的探索以及自主的创新等;进而,知识生产、科学进步以及技术创新又依赖于科学知识的过去积累,从而具有显著的正反馈效应。相应地,针对这些新现象,与其说适用于外生比较优势说的解释,不如说更适用于内生比较优势说的解释:一国的比较优势与其说是分工的原因,不如说是分工的后果。[1]

技术生产要素的重要性凸显意味着,决定现代产业比较优势的要素根本上是内生的,它依赖于知识的积累、教育的提升、科学的进步以及技术的创新;同时,科技的创新和运用往往有赖于良好的制度安排和深化的社会分工,而这往往又是人类有意识作为的结果。尤其是,随着以美国为首的内涵式积累体制在资源和环境问题上的碰壁,以工业革命时期机械技术与低薪劳动相结合的外延性的泰罗主义积累体制以及以高新技术与高薪劳动相结合的内涵性的福特主义积累体制,就逐渐为以知识分工和信息革命相结合的后福特主义积累体制所取代。此时,由熟练技术分解的不同职务以及由此形成的结构性分工可以在地理上分离,以致创意构想、开发研究和流程管理等都得以自立化。[2]那么,谁能够承接这些从发达国家转移出来的新兴行业呢?显然是那些原本已经具有相应知识积累和技术水平的国家或地区。这也就意味着,现代国家的比较优势就更主要体现为,对自身战略的选择以及为此所作的知识和创新投入,而不能局限于原有的自然

---

[1] 参见朱富强:"分工理论的社会基础及其演化逻辑:一个思想史的考察",《福建行政学院学报》2015年第3期。
[2] 参见朱富强:"替代还是互补:两类基本分工之间的内在关系",《学习与实践》2013年第3期。

要素禀赋结构。关于这一点,波特曾做过深入的说明:"生产要素的比较优势之所以能在18、19世纪间风行一时,与当时产业还很粗糙、生产形态是劳动力密集而非技术密集有关";不过,"今天会把生产要素列为重要考虑的产业,除了依赖天然资源的产业外,只剩下那些依靠初级劳动成本,或是基础单纯、容易取得的产业"。①

正是由于知识经济的发展和智力社会的来临,传统上李嘉图强调的基于自然资源的外生比较优势原理就重新遭到内生比较优势原理的挑战和取代,只不过,此时的优势不在于斯密意义上基于劳动分工的熟练劳动而是基于知识分工的技术创新。实际上,这也是林毅夫与杨小凯在20世纪90年代的争论:经济增长和产业发展究竟是依据内生比较优势还是外生比较优势。林毅夫强调,要最大限度地提升要素禀赋结构,但是,他的根本措施在于利用市场竞争机制的自然积累。不过,诸多地区或产业的内生优势往往是偶然因素的正反馈结果,而政府或其他机构对这个"偶然因素"可以起到更大的推动作用。譬如,世界各地的产业集群就表明,一些集群的壮大往往不在于它原有的要素禀赋优势,而是由于某些偶然原因,如美国道尔顿附近的地毯集群源于1895年当地一个女孩做了一个床罩作为婚礼礼物,普罗维登斯的珠宝业起源于1794年当地一个人发明的镀金技术。同样,中国一些工业园区、高新产业区的成功,也不在于先天的要素禀赋而是特定的优惠政策,如劳动密集型加工产业集中在东莞而非人口更密集的河南、四川等地就是如此。所以,张夏准说,比较优势原理恰好把决定一个国家是否为发达国家的最关键的因素给假设没了,这就是各国开发和利用技术的不同能力,或所谓的技术能力。② 当然,杨小凯所推崇的内生优势也是有问题的,因为它还是集中在斯密意义上无意识的"干中学"上,却忽视了现代社会更为重要的知识分工和产业分工的"规划"。

第二,影响企业在国际市场中竞争力的重要因素是规模经济,而新结构经济学也没有深入探讨。事实上,即使在一国中,一些企业都选择了具有比较优势的产业和产品,但资本回报率仍然相差很大,其中涉及规模经济等因素。然而,李嘉图的比较优势原理所基于的却是在生产过程中生产要素存在规模报酬递减的趋势,从而最终导向生产要素一价定理,根本原

---

① 波特:《国家竞争优势》,李明轩、邱如美译,华夏出版社2001年版,第12—15页。
② 林毅夫:《新结构经济学:反思经济发展与政策的理论框架》,苏剑译,北京大学出版社2014年版,第163页。

因在于,它所关注的主要是土地等自然资源。但是,这一观点在现代社会面临着如下的挑战。(1)当资本或劳动力成为主要生产要素时,就存在规模报酬递增的趋势。由此,马歇尔得出结论说:自然要素在生产中具有报酬递减倾向,而人类要素在生产中则具有报酬递增倾向。[①](2)无论是劳动密集型产业还是资本密集型产业,分工水平都会随规模的扩大而拓展,从而会产生规模报酬递增,这就是企业的内生优势。实际上,正是由于报酬递增所衍生的规模经济及其衍生的正反馈效应,在市场容量具有上限的环境中必然就会限制市场竞争,从而"导致实际的垄断趋势"。[②](3)在技术作为主要生产要素的现代社会,规模报酬递增将越来越凸显;因为技术的发明和使用已经成为规模的函数,不仅绝大多数技术只有在一定规模下才可以使用,而且现代技术所依赖的规模正变得越来越大。(4)即使在传统的成熟产业中,由于该行业的生产活动和管理活动等已成为例行的简单劳动,因而企业之间的竞争优势就更明显地取决于规模经济大小。

正是基于规模经济的差异,我们就可以理解,即使选对了具有比较优势的产业和产品,一个企业仍可能因规模太小而缺乏自生能力。这也意味着,所谓的自生能力本身就是相对的,它与所处的竞争环境有关:一个企业在某个特定环境中拥有获得一般利润的自生能力,并不代表它在更大范围内也具有获得一般利润的自生能力,因为它可能面临着来自拥有更高技术水平以及更大规模经济的企业的竞争。而且,如果规模经济是普遍的,那么,经过在国际市场上的长期竞争而生存下来的跨国公司往往也就已经拥有了巨大的技术创新和规模经济优势;此时,一个在封闭市场中拥有自生能力的企业,一旦进入开放市场也会失去其自生能力。相应地,如果一个国家无保留地实行市场开放,就很有可能会导致每个行业都被阻挡在国际市场之外,进而出现整体经济的萎缩或停滞。很大程度上,正是由于没有考虑到规模经济问题,即使在已经经受长期市场竞争的拉美国家,在按照新古典经济学所设计的政策而实现全面开放后,大部分企业也根本没有在全球环境下的自生能力。因此,要避免环境变换带来的自生能力丧失的问题,就必须对相关产业进行培育,尤其要为本国企业的成长和规模壮大留有一定的市场空间;相反,没有限制的市场开放,只会让本国市场迅速为跨

---

① 马歇尔:《经济学原理》(上卷),朱志泰译,商务印书馆1964年版,第328页。
② 阿林·杨格:"报酬递增与经济进步",贾根良译,《经济社会体制比较》1996年第2期。

国公司所占领,本国企业则根本无法成长到具有规模经济的程度,从而也就先天不具有自生能力。

第三,以上述两个理论为基础,就可以解释在现代社会中无法用比较优势加以解释的各类产业现象。首先,安布斯和瓦兹阿格发现一个重要规律:在一个国家由穷变富的过程中,各产业的产出和就业往往呈现出更少的集中和更多的分散,这个过程一直持续到经济发展的后期,其生产模式才重新变得越来越集中。显然,这一现象无法用比较优势原理加以解释,因为根据比较优势原理,一国的经济发展应该走专业化道路,是专业化提高了整个经济体的效率并在国际贸易中获得进一步的剩余。相反,更为合理的解释是,经济发展过程的驱动力主要源自大量参与的生产活动,而非仅仅专注于从事自己最擅长的部分,这关涉范围经济问题,也关涉技术的扩散效应等;同时,在经济发展早期,技术主要体现为个体劳动力能力的差异,但随着技术正反馈效应的出现,技术进步快的某些行业就具有明显的报酬递增效益。其次,一些具有相似资源和要素禀赋的国家,往往擅长不同类型的产品,这一现象显然也难以简单地运用比较优势加以解释。譬如,同样属于劳动密集型产品,孟加拉国出口数百万美元的帽子,而巴基斯坦则出口成吨的足球。那么,如何理解这种专业化模式呢?罗德里克认为,与其完全归因于比较优势,不如说它们更像随机的自主发现尝试、众多模仿者跟随进入的结果,这显然也体现了技术正反馈效应。事实上,现代各国家都发展了专业化的集群产业,如孟加拉国的服装业、哥伦比亚的鲜花业、智利的鲑鱼业、美国硅谷的高新产业和好莱坞的娱乐业、意大利马切拉塔的皮具业和普拉特的毛纺业、印度班加罗尔的软件业,等等。罗德里克认为,在这些案例中,我们需要致力于发现一个整体产业是如何从个别企业家的尝试努力中逐渐发展而来的,而相关管理人员以及劳动力的流动所引起的模仿进入是这个产业快速发展的关键机制。①

当然,企业的"自主发现"也可以说是基于比较优势的结果。这可以用弗里德曼的"as if"假说作类似说明,尽管企业并不确切地知道具有比较优势的产品或产业是哪些,但成功的企业恰恰都充分利用了比较优势。林毅夫就写道:"成功的发展中国家的政府有意无意地选取了一些特定国家的

---

① 罗德里克:《相同的经济学,不同的政策处方》,张军扩等译,中信出版社 2009 年版,第 101—104 页。

成熟行业。这些特定国家的要素禀赋结构与本国相似,发展水平也未超越本国太多。"①这里的问题是,企业的"自主发现"能否顺利展开,或者如何才能提高企业"自主发现"的成功概率。这就涉及由生产的信息特性和产业的关联效应所引起的市场失灵问题。首先,就生产的信息特性而言。一般地,生产结构的多样化需要"发现"一个经济体的成本构成:哪些新的生产活动成本较低而有利可图?为此,企业家往往对新的产品线进行各种尝试,并对现有国外生产技术加以改造使其适应本土的条件。但是,这些尝试往往遇到这样一些条件的制约:(1)既需要投入大量的成本又存在明显不充分的信息,因而就面临着很高的失败风险;(2)成本—收益的承担也存在明显的不对称性,尝试失败将独自承担所有风险,尝试成功则不得不与其他生产者分享收益。正因如此,在自由进入的情况下,单个企业往往就缺乏从事自主发现活动的足够动机,缺乏对新产业、新产品和新市场进行投资的足够激励。有鉴于此,为了降低单个企业"自主发现"的风险以及其中潜含的信息外部性,就需要新产业的投资进行某种形式的补贴、贸易保护或者提供风险投资等。这方面,林毅夫也有了重点分析。其次,就产业的关联效应而言。一般地,现代生产往往具有规模经济的特性,而且某些投入品也具有不可交易的特性;同时,现代产业还具有产业集群的特征,一个新产业的投资项目要获得成功,不仅需要该产业的大规模投资,也需要相关产业和基础设施的投资。为此,就需要对补贴企业家之间的投资和生产决策进行协调,这种工作往往很难由私人部门完成,而是应该由政府发挥积极作用。所以,罗德里克指出,大多数产业多样化成功的案例都是政府和私人部门协作的结果。②也就是说,一个社会中"自主发现"往往不是单个企业的行为,而是整个社会的行为,这就赋予了政府及相关部门更大的职能。显然,在这方面,林毅夫的分析却似乎存在不足。

第四,如何确定当前中国社会的比较优势并提出相应的发展战略,新结构经济学也没有深入探讨。长期以来,林毅夫一直将中国视为劳动力丰

---

① 林毅夫、塞勒斯汀·孟加:"增长甄别与因势利导:政府在结构变迁动态机制中的作用",载林毅夫:《新结构经济学:反思经济发展与政策的理论框架》,苏剑译,北京大学出版社2014年版,第178页。

② 罗德里克:《相同的经济学,不同的政策处方》,张军扩等译,中信出版社2009年版,第103页。

富而资金紧缺的国度,从而基本主张发展劳动密集型产业。① 但问题是,正如前面指出的,资金稀缺在经济全球化时代尤其是在当前中国社会是否还是制约经济发展的瓶颈?我们可以对林毅夫所描述的中国要素禀赋结构逐一进行审视:(1)当前中国的资金并不稀缺,体现为中国对外资本输出以及社会游资规模不断膨胀;(2)当前中国的原材料和生活必需品也并非供不应求,体现为当前社会中的生活必需品因供过于求而价格低下,原材料等也因供过于求而被浪费和粗放式投入;(3)当前中国也不存在利率和汇率的扭曲以降低重工业的成本,体现为利率几乎比所有的发达国家都高,汇率往往因其低估而非高估本币而受到其他国家抨击和制裁;(4)当前中国劳动力价格也不再是因为政府的压制而低廉,体现为近年来政府不断制定法律来提高工资等;(5)当前国有企业凭借其垄断权获取资金、外汇、原材料的能力已经大大降低,表现为国企不仅数量大幅减少且开始以现代企业范式进行运营,同时,越来越多的民间资本开始进入各类国企。显然,传统计划配置体系的经济条件在当前中国社会已经不再存在。相应地,中国企业的自生能力缺乏也就不应归咎于要素价格的扭曲和比较优势的失当,相反,更可能是技术创新的不足以及市场空间的丧失。

有鉴于此,当前中国经济发展面临的问题就在于,如何根据国家发展战略需要制定合理的产业政策,以及如何制定相应的制度安排以促进相关产业的技术创新。实际上,林毅夫也指出,经济增长主要取决于这样三大因素:(1)各生产要素尤其是资本的增长;(2)产业结构由低附加值到高附加值的升级;(3)技术进步。其中,最为根本的因素就是技术进步,因为资本积累和产业结构升级都受到技术进步速度的制约。问题是,如何促进技术进步?林毅夫认为,学习、模仿和购买先进技术比自己投资研究和开发要更有效,因为自己投资技术研发的成功率很低,商业化率更低;相反,技术模仿则具有后发优势,不仅购买专利的成本往往只有开发成本的三分之一左右,而且所购买的技术往往也是被证明成功的和有商业价值的技术。② 固然引进是当前中国社会提高技术水平的主要途径,但我们显然不能完全寄托在这一渠道上。事实上,除非一些成熟的技术或者准备淘汰的

---

① 林毅夫、蔡昉、李周:《中国的奇迹:发展战略与经济改革》,上海人民出版社/上海三联书店1994年版,第105、173、208页。

② 林毅夫:《本体与常无》,北京大学出版社2005年版,第283页。

技术,发达国家是不会出售多少具有垄断优势的领先技术给中国的;同样,学习和模仿也会受到西方保密制度以及专利制度的限制,那些具有竞争力的顶级技术更难获得。从这一点上看,像中国这样的大国,技术进步根本上还得依赖本国的创新投入以及相应的教育投资。事实上,"市场换技术"失败的一个重要案例就是中国汽车产业,经过十几年的学习、模仿和购买,曾经拥有雄厚国企优质资源的一汽、二汽、上汽等迄今依然没有掌握汽车的核心技术,依然没有搞出一款具有竞争力的国产品牌轿车,核心部件和关键工艺都由国外垄断;与此同时,中国本土的汽车市场却几乎已经完全丧失:自 2009 年以来,中国就已经成为世界第一的汽车产销大国,但几乎所有汽车企业都由外资主导。

第五,新结构经济学简单地认为,只要企业选对了具有比较优势的产业和产品并具有了自生能力,余下的就是企业治理、产权安排、竞争环境等问题,而这是新古典经济学理论可以处理的。但实际上,即使在欧美发达国家,市场也不是完全的。加尔布雷思就认为,现代社会不仅存在"生产者主权"对消费市场的操纵,而且存在计划体系对市场体系的盘剥。在某种意义上,广告不是促进了市场的完善而是加剧了市场的扭曲,因为大量的广告信息都是"噪音"。当然,新古典经济学人就说,既然广告中的噪音如此明显,人们就不会相信这些广告,那么就会导致广告的式微。这里就涉及理性问题,并至少包括两个方面:(1)人的认知力,现实市场的消费者本身就不是完全理性的,也不是完全明智的;(2)人的意志力,现实市场的消费往往是相互攀比的,人们往往受广告的诱惑和误导而消费。事实上,有多少人有能力鉴别那些肥皂剧有无价值并能够抵制观看呢?一方面,人们往往贬低这些低俗的肥皂剧和真人秀节目,另一方面这些节目又有很高的收视率。所以,斯蒂格利茨指出:"市场的局限性比林毅夫认为的更严重——即使运行良好的市场经济体本身都既不稳定也不有效。"[1]关于这一点,我们从两方面加以分析。

一方面,市场本身不是静态的,而是一个动态演化过程,因此,现实市场中就不会有林毅夫称的"只要有着正常的管理,就可以在市场上获得可以接受的正常利润率"。也就是说,林毅夫所谓的"自生能力"所依赖的是

---

[1] 林毅夫:《新结构经济学:反思经济发展与政策的理论框架》,苏剑译,北京大学出版社 2014 年版,第 44 页。

一个静态而有效的市场,而这种市场只能是逻辑化的或虚构的。事实上,各种证据也表明,欧美企业的平均寿命也不长。例如,美国企业中大约62%的寿命不超过5年,只有2%存活达到50年。其中,中小企业平均寿命不到7年,大企业平均寿命不到40年;同时,普通跨国公司平均寿命为10—12年,世界500强企业平均寿命为40—42年,1 000强企业平均寿命为30年。① 再如,贝塔斯曼(Bartelsman)对十个经合组织(OECD)国家的数据进行分析发现,20%—40%的企业在最初两年之内就会退出市场,40%—50%的企业可生存7年以上,而在1年之内离开市场的企业有5%—10%。② 正因为市场竞争是残酷的,一个企业的生存主要依赖于两个条件:(1)因偶然的运气而适应市场的环境变化,这是阿尔钦-弗里德曼-贝克尔的自然选择说;(2)因自觉的创新而引导市场的竞争环境,这是维塞尔-熊彼特的创新说。显然,一个国家社会经济的整体发展,更主要是依赖后者而非前者。但是,创新活动往往面临很大的风险,不是一般中小企业所能够承担的,这导致以中小企业为主的发展中国家的创新持续低迷,这就需要发挥政府的整合作用。

另一方面,收入分配不公并不仅仅源于政府管制的寻租行为,相反更大规模地体现在自由市场竞争中,这从资本主义的发展史中可以得到充分的证实。正因为市场本身不能解决收入分配问题,市场经济发达的国家必然存在内需不足问题;同时,相对于其他国家,发达国家的工资相对较高,高额的工资成本又必然会导致生产投资持续低迷不足。因此,在发达国家,除了一些新兴行业有新增雇佣量外,其他行业的雇佣量几乎都在不断减少,整个国家的失业率则不断攀升。为了避免出现这种局面,发达国家就必须致力于教育投资,一方面培养具有较高劳动技能的生产者,另一方面培养训练有序的科学家和工程师,从而提高国家整体创新能力,进而最大限度地占据新兴行业的全球市场;同时,教育投资又需要大量的财政收入和支出,这就涉及收入再分配问题,而这就不再是新古典经济学所关注和能够解决的了。事实上,正因为发达国家主要遵循新古典经济学的理论和政策,不仅认识不到市场经济中的分配不正义现象,而且也无力有效解决收入分配的两极化以及教育等公共品供给的短缺等问题,从而导致新兴

---

① 谭浩俊:"创造延长企业寿命的环境",《经济参考报》2013年2月5日。
② "调查显示近六成企业平均寿命为5年 专家称正常",http://www.chinanews.com/sh/2013/08-09/5143925.shtml。

产业的生产和研发也越来越转移到其他国家。结果,发达国家进入21世纪后就普遍出现了"高收入陷阱"现象:经济长期停滞,既因为制造成本的高昂而无法在中低端市场拥有竞争优势,又无法持续维系技术领先而占据高端市场,以致外贸入超持续扩大,高收入水平也就难以为继。①

最后,需要指出,经济转型国家和发展中国家的经济成功与发达国家持续的技术领先之间本身就存在矛盾。具体表现为:一方面,在技术和信息主导的现代社会,如果经济转型国家和发展中国家通过技术引进和模仿而取得比较优势(这包括与劳动力成本优势的叠加),那么,发达国家的技术领先扣去劳动力成本劣势就必然无法确保国内生产的优势地位,必然会导致研发和生产的外移,从而将会面临"高收入陷阱";另一方面,如果发达国家的技术领先扣去劳动力成本劣势还能确保国内生产的优势地位,那么,经济转型国家和发展中国家所引进和模仿的技术必然是低端的,以市场所换得的技术充其量只是获得短期的交换价值,而没有培育出真正的具有生命力的生产力。既然如此,经济转型国家和发展中国家如何确保技术水平和生产力的持续提升,从而跨越"中等收入陷阱"呢?这往往都需要借助国家的力量,其作用在于:一方面,有利于产业的整合,从而可以形成具有一定规模和国际竞争力的企业;另一方面,有助于提高在"以市场换核心技术"中的谈判势力,并集中进行技术的研发和创新。很大程度上,正是由于强有力的国家作用,中国目前依然在国家重点发展的重工业方面具有明显的国际竞争优势,在信息网络设备、新能源、高铁、造船、工具装备制造、港口设备、航空航天以及超大型基础设施建设等领域都取得了重大的技术突破,而那些市场化程度高的产业依然处于国际低端市场中获得生存利润。相反,被林毅夫赞扬为采取与自身要素禀赋结构相符而具有比较优势的东亚"四小龙",尽管曾因积极发展劳动密集型产业和外向型经济而取得巨大成功,但由于忽视了重化产业的发展,经济发展困境也正日益显现。

因此,基于比较优势原理所确定的贸易自由化原则究竟对发展中国家有多大好处?基于比较优势原理所确立的产业政策在当前社会环境下究竟有多大合理性?这些问题确实值得深思。事实上,罗德里克就指出:"贸易开放的好处现在被吹嘘过度了。我们不能依靠深入的贸易自由化来实现高速经济增长,因此它不值得在多边组织所推崇的战略中被赋予那么高

---

① 何自力:"发达经济体或将掉入'高收入陷阱'",《中国社会科学报》2015年6月8日。

的优先地位。"①这尤其值得大国的深思。同样,即使企业基于一国的比较优势选择产业和产品,也并不能在复杂的国际竞争市场中自动拥有自生能力;相反,现实世界中每个国家都会采取种种措施来保护本国市场,提升本国企业的竞争力。尤其是,由于技术进步的内生性以及现代生产中的规模经济,经济转型国家和发展中国家的企业只有具有一定的规模和拥有一定的技术,才拥有参与开放市场竞争的能力,而这种规模和技术往往需要依靠国家的力量。事实上,尽管新古典经济学以及新古典自由主义为经济转型国家和发展中国家开出了贸易自由化和价格市场化的处方,并且刻意地贬低和丑化政府的作用,似乎政府的行为一定会扭曲价格和资源配置,一定会削弱企业的自生能力,但是,一旦自由贸易和技术流动等触及了发达国家的核心利益,它就会抛开理论的说教而实行保护主义。例如,美国不仅通过行政手段禁止华为、中兴网络设备以及三一重工风电等进入美国市场,而且还通过立法的方式禁止这些企业对美国相关企业的参股和收购。所以,范因和瓦扬贝尔热指出:"对新结构经济学的认真考察却显示了其核心理论概念——比较优势的缺陷,同时也显示了他对一种不正确的、自相矛盾的应用新古典经济学的坚持。"②根本上,全球化下的经济竞争已经不完全体现为企业之间的竞争,而是其背后的国家经济实力之间的竞争,这需要制定国家整体发展的战略,而不局限于短期的交换价值。

四、现代发展经济学的反思

林毅夫的新结构经济学强调一个国家应该动态地发展由其要素禀赋结构所决定的优势产业,其中政府的政策就旨在抵消诱使企业做出背离比较优势的各种因素,同时通过解决外部性问题和协调问题而帮助企业进行产业升级。这样,林毅夫就赋予了政府介于新古典经济学和传统发展经济学之间的功能:以市场机制为主、政府政策为辅的产业诱导和发展政策。一般地,在一个良性的制度安排中,政府和市场两种机制之间应该具有互补性,同时,两者在经济活动中的角色和作用往往需要随着社会环境的变

---

① 罗德里克:《相同的经济学,不同的政策处方》,张军扩等译,中信出版社2009年版,第211页。
② 本·范因、艾丽莎·范·瓦扬贝尔热:"不可能实现的范式转换? 评林毅夫的新结构经济学",《社会科学战线》2015年第7期。

化而调整,而没有简单的主导关系。由格申克龙提出并经金泳镐修饰的格申克龙-金泳镐模式就指出,处于不同经济发展水平的地区,其主导地位的力量是不同的:在第一局面,先进地区的资本主要由民营企业自动调节,而在民营企业发展比较迟缓的地区,则由国家和银行发挥替代作用。确实,在日本经济的发展中,日本的政府对企业的发展起了重要的作用,甚至是先是国家办企业,然后再将之转移给私人,如三菱株式会社。可以说,那些成功起飞或转型国家的重化工业发展几乎都离不开政府的作用。罗德里克就指出:"如果没有有效的政府帮助,很难发生经济结构调整活动","东亚经济体和拉美国家的区别,不在于由政府还是市场驱动了产业升级,而是拉美国家的产业政策不如东亚经济体那样协调和连贯,其结果是拉美国家的产业升级就没有东亚经济体那样深刻和全面"。[①]

显然,正是根基于比较优势原理,新结构经济学所倡导的产业政策以及政府作用实际在视野上还是偏于狭隘了:它将政府在产业多样化和产业升级过程中的作用局限在为新产业提供信息、为不同企业的关联投资提供协调、为先驱企业补偿信息外部性、通过鼓励外商直接投资来培育新产业等少数几项,并且认定只有符合要素禀赋结构的产业和企业才有自生能力,甚至认定只要是具有要素禀赋优势的产业和企业就一定会有自生能力,从而对传统的进口替代战略持怀疑和否定态度。其实,斯蒂格利茨就说:"政府不仅只有一个限制性的功能,它也能起到建设性的和推动性的作用。政府可以鼓励企业家精神,提供物质和社会基础设施,保证教育机会和金融渠道,支持技术和创新。"[②]当然,林毅夫强调,他的政策主张都是建立在大量的实证和比较的基础上。不过,面对同样的历史和资料,不同学者的解读却具有明显差异。为了更好地认识林毅夫的学术价值和政策主张,这里对林毅夫的两个分析论断再次作一审视。

第一,林毅夫将拉美国家所陷入的"中等收入陷阱"归咎于进口替代政策。在林毅夫看来,这些进口替代战略以及贸易保护政策违背了由其自身要素禀赋结构所决定的比较优势,它不顾国内资本的稀缺而优先发展资本密集型的重工业。这种简单地将发展失败与进口替代政策联系起来的做

[①] 罗德里克:《相同的经济学,不同的政策处方》,张军扩等译,中信出版社 2009 年版,第108、109 页。
[②] 林毅夫:《新结构经济学:反思经济发展与政策的理论框架》,苏剑译,北京大学出版社 2014 年版,第 45 页。

法存在明显的问题:(1) 从历史看,几乎所有现在的发达国家在其经济快速增长时期都实行某种进口替代政策,拉美国家也曾凭借进口替代政策取得经济的快速发展;(2) 马来西亚等东南亚国家也曾和东亚"四小龙"一样实行出口替代政策,却也陷入了更为严重的"中等收入陷阱",甚至"四小龙"的经济在几次金融危机中也都受到重创。更不要说,新古典经济学所倡导的比较优势原理本身就依赖于一系列的假定前提:(1) 一个经济体中最多只能有两个部门,而且也只有两个国家;(2) 不存在所谓国际贸易中的要素逆转(其中,要素使用的构成或对产品的需求与收入或需求分配差异性的变动不成比例);(3) 充分就业;(4) 不存在规模或范围的收益递增;(5) 没有外部性;(6) 没有要素流动;(7) 完全竞争;(8) 在向更高的资本—劳动比率变化时不存在技术进步。所以,范因和瓦扬贝尔热指出:"林毅夫全部分析的大厦,核心却是比较优势概念,一个在完全竞争的世界中才会有的(也就是没有)任何合理性的概念。"①但在现实世界中,这些条件几乎都不存在。

第二,林毅夫将东亚"四小龙"成功跳出"中等收入陷阱"归因于出口替代政策。林毅夫认为,东亚"四小龙"遵循了由其要素禀赋结构所决定的比较优势,是外向型经济成功的案例。但这也受到不同学者的质疑。不可否认,无论是韩国、中国台湾地区还是领头的日本,在经济起飞时期所推行的政策与自由贸易和自由竞争的理念都不能说是完全相符合的。例如,它们曾广泛使用目前已经为世贸组织明文禁止的进口配额、国产化比例要求、专利侵权以及出口补贴等手段,并且严格限制资本自由流动。关于这一点,罗德里克也提出质疑:"林毅夫不希望政府采用'传统意义上的'进口替代战略去培育那些'背离国家比较优势'的资本密集型产业。但是培育那些背离比较优势的产业不就是日本和韩国在转型时期做过的事情吗?不就是中国一直在成功进行的吗?"②同时,通过对日本和东亚"四小龙"发展历程的剖析,李晓归纳了"东亚模式"的本质内涵:"在共同或相近的历史传统和文化背景下,形成了致力于经济发展的'强政府'。这种'强政府'不仅以较高乃至极高的'政府强度',实现了有利于发动经济增长和缓解随之产

---

① 本·范因、艾丽莎·范·瓦扬贝尔热:"不可能实现的范式转换?评林毅夫的新结构经济学",《社会科学战线》2015年第7期。
② 林毅夫:《新结构经济学:反思经济发展与政策的理论框架》,苏剑译,北京大学出版社2014年版,第93页。

生的各种社会、政治、经济压力的制度创新和制度供给,而且以较高的'政府质量'有效地确保了各种制度安排的顺利实施,从而有力地推动了经济增长和工业化进程。"①同样,通过比较越南和海地的改革历程和经济成效,罗德里克也得出如下两点结论:(1)一个致力于经济发展并捍卫其连贯一致的增长战略的领导层,比贸易自由化的作用更加重要,即使这种战略与"开明的标准观点"背道而驰;(2)融入世界经济是成功实施发展战略的一个结果,而不是必要前提。②

无论如何,历史经验并不能简单地将经济的成功起飞和持续增长与进口替代或出口替代简单地对应起来,至多可以说,成功实现现代化的后起国家往往成功地实现了从进口替代到出口替代的战略转换。究其原因,无论是发展中国家还是经济转型国家,大部分产业由于缺乏足够的技术和有效的管理而在经济开放初期都不具有国际竞争力,以致往往只是借助外资企业才获得生存能力。例如,就韩国而言,它最早就是实行进口替代战略,尽管拉尔等人认为韩国在20世纪60年代初期由进口替代转向介于进口替代和出口鼓励之间的中间方式是经济成功的主要原因,但无论如何都不能否定政府的干预。③ 拉尔将以干预主义的出口鼓励来抵消进口管制影响的措施都称为是自由贸易的,照这种理解,几乎所有参与世界交易的行为都可以被视为自由贸易的,差异只是在不同国家对出口鼓励的力度不同而已。当然,拉尔也强调最好是没有进口管制,因为出口鼓励政策包括了出口退税、补贴等,这明显也会导致产业偏离其比较优势。相应地,林毅夫则将日本、韩国的经济起飞追溯至更好发展劳动密集型和农产品出口时期,并主张其工业尤其是重工业是随着资本的积累而致使要素禀赋结构发生变动之后才因势利导地推动的。问题是,我们又是如何测算资本禀赋的丰裕程度与工业尤其是重工业的建设时期这两者之间的恰当联系呢?

事实上,无论是进口管制还是出口鼓励,日本、韩国以及中国台湾等都采取积极措施来促进相关产业的生产力提升。由此,难道我们不可以说,日本、韩国都遵循了李斯特所主张的"落后国家在不同产业和经济发展阶段采用不同政策"的生产力理论和保护主义学说吗?李斯特认为,落后国

---

① 李晓:《东亚奇迹与"强政府"》,经济科学出版社1996年版,第14页。
② 罗德里克:《相同的经济学,不同的政策处方》,张军扩等译,中信出版社2009年版,第207页。
③ 拉尔:《"发展经济学"的贫困》,葛伟明、朱菁等译,云南人民出版社1992年版,第74页。

家在农业时期应该实行自由贸易政策,从而充分利用和发展自然的比较优势而获得交换价值;而当资本和人口增加到足以发展一种或多种产业,就应该对这种产业实行关税保护,直到本国工业和外国工业能够在大致相当的发展水平上进行竞争。而且,制度变迁理论也告诉我们,经济发展的路径往往受历史政策的影响,任何产业政策在本质上都会增强或抵消现存的市场格局将会产生的资源配置效应①,从而可以改变一国或一地所取得的要素禀赋结构以及相应的比较优势。就此而言,经济起飞和增长并不是要不要产业政策的问题,也不是在进口替代或出口替代中二择一的问题,更不是取出口替代而弃进口替代的问题;相反,任何成功的经济和产业政策都必然与一系列的经济、社会和国际环境有关,经济发展的可持续性也与经济和产业政策伴随环境变化而转换有关。

经济史的实践已经充分表明,那些成功实现现代化以及拥有巨大比较优势的国家,都有政府在产业结构的选择和调整中所发挥的积极作用;同时,那些陷入"中等收入陷阱"的国家,很大程度上又与新古典经济学理论和政策的积极推行有关。由此,我们就有必要全面反思新古典自由主义的基本思维,重新审视由新古典主义支配的现代发展经济学,进而审视仍然根基于新古典主义思维的新结构经济学。

首先,我们有必要重新审视新古典经济学的经济、产业和贸易政策所根基的比较优势原理。李嘉图倡导的比较优势原理所追求的仅仅是短期的交换价值,却往往会抑制生产力的发展,从而最终逐渐丧失国际竞争力。关于这一点,我们可以回顾一下曾经引起经济学界广泛关注的"荷兰病"现象。20世纪70年代,荷兰在北海发现了丰富的天然气储量,新资源的开发改进了荷兰的贸易平衡,但荷兰的其他工业逐步萎缩,创新动力开始下降,乃至经济由此陷入了停滞,这就是"荷兰病"现象。这种现象不仅发生在荷兰,也出现在尼日利亚、墨西哥以及诸多阿拉伯国家。例如,作为一个主要的石油出口国,尼日利亚在两次石油危机期间因石油繁荣而获益颇丰,但是,随着1981年第二次石油繁荣的衰退,尼日利亚却陷入了低水平的均衡陷阱,城市里充满了失业工人,农村里田地荒芜。同样,这在中国一些地区也非常明显,一些资源丰富的地区几乎没有其他工业创新,进而整

---

① 罗德里克:《相同的经济学,不同的政策处方》,张军扩等译,中信出版社2009年版,第98页。

体经济也随着资源价格波动而震荡。如以"黑金资源"创造经济神话的鄂尔多斯因 2011 年年底的煤炭量价狂跌而陷进债务危机,曾经是中国六大产铜基地之一的云南东川已被列入资源枯竭城市名单,金矿保有储量占全省 88% 的湖北黄石也被列入第二批资源枯竭城市名单。为什么会出现这种现象呢? 主要原因在于:(1) 资源带来的高附加值使得国家将其资金由农业和制造业投向石油和矿业等部门,从而严重影响农业和制造业市场中固定设备、劳动和管理的投入,导致其生产力不升反降;(2) 资源出口带来的贸易剩余提升了本国货币的汇率,这反过来降低了农业和工业的国际竞争力;(3) 石油和矿物部门具有很强的资本密集型特征,因而矿业部门增长所提供的就业岗位远远不足以吸纳因农业和工业衰退而失业的工人;(4) 这些石油收入还会不恰当地被运用在政府开支和富人的奢侈消费上,这又会引发国内的通货膨胀,进而带来大规模的进口。[①] 所以,林毅夫也强调,经济发展必须伴随着技术创新和产业升级,而产业升级根本上也就体现从以资源为主的生产活动转向非资源为主的生产活动。

其次,我们需要进一步审视新古典经济学基于比较优势原理所倡导的自由贸易政策。自由贸易政策主要建立在静态和局部的分析之上,既没有考虑比较优势的动态变化,也没有考虑产业选择所带来的旁侧效应。相应地,经济学所宣扬的自由贸易政策往往与现实世界也存在明显脱节。琼·罗宾逊就指出:"没有任何一种经济学分支可与国际贸易理论相比——在它的传统教条与实际问题之间存在着如此宽阔的鸿沟。"[②]同时,历史经验也告诉我们,尽管古典经济学是自由放任的始作俑者,但实际上,当时英国对自由放任的解释是非常狭隘的,主要是指生产上免于管制的自由,而贸易并不包括在内;究其原因,尽管在生产领域免于管制的自由是所有工业的要求,但在贸易中的自由仍然被认为有危险。譬如,当时的棉纺织业已经发展成为英国最主要的外销工业,但印花布的进口在当时仍然受到法令的禁止。[③] 相应地,在整个古典主义时期,西欧各国政府都积极干预经济活动,采用进口替代政策来促进本国生产力的提升,从而才有西方社会经

---

① 参见速水佑次郎:《发展经济学:从贫困到富裕》,李周译,社会科学文献出版社 2003 年版,第 113—115 页。
② 转引自希尔、迈亚特:《你最应该知道的主流经济学教科书的荒谬》,夏瑜译,金城出版社 2011 年版,第 303 页。
③ 波兰尼:《巨变:当代政治与经济的起源》,黄树民译,社会科学文献出版社 2013 年版,第 245 页。

济高速发展的盛世。正因如此,尽管一些现代主流经济学者往往想当然地将古典经济学视为一种自由市场或者自由放任的学说,但阿巴拉斯特却指出:"从它与理论和实践的关系来看,这完全是一种误解……(实际上)古典经济学家对'自由放任持一种相对主义和视情况而定'的态度。实际当中的政策也是如此,自由放任是一种'从未盛行于大不列颠或任何其他现代国家'的'神话'。"①

再次,我们还应该对拉美诸国步入"中等收入陷阱"的真正原因进行全面剖析。从根本上说,拉美国家实行的关税保护以及进口替代政策只有"形"而无"实",因为它并非真正的生产力发展战略,而是致力于追求交换价值。很大程度上,20世纪拉美国家的进口替代工业化政策与18世纪的重商主义具有相似特征,贸易和外汇管制带来了猖獗的寻租活动,导致超额利润并没有真正投入到生产中,更没有对生产力进行投资。② 这样,一方面,由于缺乏技术创新能力而导致产业结构的畸形,进而使得竞争力不断下降;另一方面,由于权力结构的集中而使得收入差距急速拉大,富人们将大量财富用于进口奢侈品。在这种情形下,尽管拉美国家在经济起飞时集聚了一些财富,但富人大量消费高档进口品又造成外汇的重新流失,贫困者低下的消费能力则使得国内工业品的需求严重不足。因此,拉美国内的生产资金严重匮乏,也无法进行有效的技术创新和产业升级,这就导致经济发展后劲严重不足,并在20世纪70年代开始出现日益严重的经济衰退。正是在这一背景下,新古典经济学开始横空出世,它一方面大肆否定和批判贸易保护主义与进口替代政策,另一方面积极引入自由贸易和开放竞争的新古典主义政策。但是,如果对拉美经济作更长时段的考察,我们就很容易发现,新古典主义政策的效果并不好。譬如,在20世纪30年代之前的近百年中,拉丁美洲国家主要基于比较优势原理而实行出口导向的经济发展战略,但其经济发展速度却大大落后于依赖关税保护来发展进口替代产业的美国;20世纪70年代中期,在新古典经济学的指导下又重新转向出口导向的经济发展战略,但不仅没有出现经济发展的奇迹,反而陷入了全面的经济大崩溃。

最后,我们可以且应该基于更广泛的视野来审视林毅夫倡导的新结构

---

① 阿拉巴斯特:《西方自由主义的兴衰》,曹海军等译,吉林出版社2004年版,第315页。
② 速水佑次郎:《发展经济学:从贫困到富裕》,李周译,社会科学文献出版社2003年版,第247页。

经济学。广泛的"中等收入陷阱"以及 21 世纪的经济衰退表明,既有的发展经济学存在着严重的理论和实践缺陷,从而必须进行修正和发展。罗德里克强调:"有用的经济学是'研讨会'经济学,它拒绝做无条件的一般化,要求认真考察经济环境和政策建议之间的关系。曾经长期主导了增长政策思维的那种经验法则经济学,现在可以放心大胆地抛弃了。"①也正是基于这一背景,林毅夫对新古典经济学的一般性和普遍性进行了审视。不过,他提出的新结构经济学并没有真正解决导致"中等收入陷阱"的产业没有升级和技术缺乏革新问题,也没有真正解决现代发展经济学所面临的发展生产力问题;究其原因,它仍然局限于新古典经济学分析框架,集中关注了政府政策的合理性,却没有考虑市场的不完全性,如信息的不对称和结构的不均衡等。在政策上,新结构经济学所倡导的"比较优势战略"根本上是静态的分析,它并不能有效提升欠发达国家的竞争力,反而会将欠发达国家锁定在价值链的低端,这就是比较优势陷阱。② 尤其是,比较优势战略以报酬收益递减为基础,而这与现代社会的发展现实越来越相脱节。布莱恩·阿瑟就指出:"在一个经济中,那些以资源为生产基础的行业(农业、大宗产品的生产行业和矿业)仍然属于报酬递减行业,这些行业仍然是传统经济理论统治的天下。相反,那些以知识为生产基础的行业,却属于报酬递增的世界。象计算机、药品、导弹、飞机、软件、光导纤维和通讯器材这样的产品,设计和生产十分复杂,要求大量的初始投资以用于研究、开发和投产,但商业生产一旦开始,则产品就会相当便宜。"③因此,林毅夫的新结构经济学就无法为已被证明乏效的现代发展经济学提供一个替代的理论体系,如范因和瓦扬贝尔热所说的:"林毅夫的新结构经济学……将被证明是一种永不可能发生的范式转换。"④

五、尾论:发展经济学的走向

林毅夫的新结构经济学强调基于一国要素禀赋结构来发展比较优势

---

① 罗德里克:《相同的经济学,不同的政策处方》,张军扩等译,中信出版社 2009 年版,第 52 页。
② 贾根良等:《新李斯特经济学在中国》,中国人民大学出版社 2015 年版,第 167 页。
③ W. 布莱恩·阿瑟:"经济中的正反馈",《经济体制比较》1998 年第 6 期。
④ 本·范因、艾丽莎·范·瓦扬贝尔热:"不可能实现的范式转换? 评林毅夫的新结构经济学",《社会科学战线》2015 年第 7 期。

产业,这根本上是新古典主义思维。当然,林毅夫对新古典主义市场导向的基于要素禀赋的产业政策也做了发展。第一,他正确地指出,要素禀赋并不局限于传统的劳动力、土地和资本,而且也包括人类创造的基础设施,这种基础设施影响着交易成本以及投资的边际回报,从而对企业的竞争力至关重要;其中,有形的硬件基础设施包括高速公路、港口、机场、电信系统、电网和其他公共设施等,无形的软件基础设施包括制度、条例、社会资本、价值体系以及其他社会和经济安排等。第二,他也关注一国要素禀赋的动态变化对产业结构的影响,着重探究了资本—劳动比的动态变化,把它当作要素禀赋结构变化的主要表现并由此探究因势利导的产业政策。但同时,林毅夫的新结构经济学也忽视了一个重要问题:资本本身具有强烈的异质性,这不仅表现为物理上的异质性,更表现为用途上的异质性。① 资本异质性就意味着,我们不能简单地以平均的资本—劳动比来衡量一国的要素禀赋结构,资本总量的增加也并不一定带来产业升级。

事实上,张夏准就指出,一个国家并不能等到积累了足够的物质和人力资本时再进入更先进的、更密集使用物质和人力资本的行业,因为不存在具有普适性的"资本"或"劳动"这样的东西,能让一国积累并配置在任何需要的地方;相反,资本积累都是以一定的具体形式进行的,以纺织机器等形式积累的资本并不能进入汽车行业,尽管这个国家已经拥有了汽车行业所需要的资本—劳动比。② 同样,余永定则指出,尽管资本—劳动比的变化可以推导出资本和劳动边际成本和边际收入的变化,却无法解释技术转换和产业升级,因为经济增长理论中的资本是同质的,而产业升级涉及的是异质资本。③ 在现实中,这些异质性资本只有依赖一定的技术才能形成互补,才能促成产业结构的升级。显然,发展中国家尤其是处于"中等收入陷阱"国家所面临的产业升级和技术进步问题,也依赖异质性资本的积累,而林毅夫基于比较优势的产业政策恰恰忽视了这一点。

由此,我们就可以发现新结构经济学中的一个重要缺陷:它没有将注意力集中在技术这一现代关键生产要素上,没有深入探究技术这一要素禀

---

① 拉赫曼:《资本及其结构》,刘纽译,上海财经大学出版社2015年版,第3页。
② 林毅夫:《新结构经济学:反思经济发展与政策的理论框架》,苏剑译,北京大学出版社2014年版,第163页。
③ 余永定:"发展经济学的重构",载林毅夫:《新结构经济学:反思经济发展与政策的理论框架》,苏剑译,北京大学出版社2014年版,第94页。

赋的发展轨迹。一般地,技术具有不同于传统劳动和资本的异质性,技术要素的积累也与人类劳动的投入息息相关;同时,技术创新与规模经济之间也呈现出明显的正反馈效应,而报酬递增又对产业升级和经济竞争产生重要影响。正是由于对这些连带效应缺乏深入的剖析,而简单地将产业升级转型视为要素禀赋结构自发变动的无意识结果,林毅夫的新结构经济学就完全无视了产业政策本身对要素禀赋结构的反作用,忽视了产业政策对技术进步和产业升级的影响。进而,林毅夫的新结构经济学之所以不讨论技术进步和报酬递增等,根本上又在于受制于新古典经济学的分析框架:由于报酬递增与新古典经济学推崇的市场均衡和帕累托最优相冲突,因而马歇尔以降的主流经济学人就很少研究了。实际上,学术史上很多学者如斯密等都非常重视劳动分工和报酬递增问题,报酬递增现象在20世纪90年代之后尤其是新经济中也已经变得日益凸显。为此,现代发展经济学的变革就必须重新正视这一现实课题。相应地,我们就应该全面审视新古典经济学的经济、产业和贸易政策,反思经由新古典主义改造的现代发展经济学,从而更好地探索现代发展经济学的发展方向,构建更为合理而现实的发展经济学。

那么,现代发展经济学究竟应该如何发展呢?现代发展经济学的范式有何基本特征呢?林毅夫曾指出:"在研究发展和转型问题时要重回亚当·斯密,但不是回到斯密在《国富论》提出的观点,而是回到斯密的研究方法,也就是《国富论》的全书名《对国民财富的性质和原因的研究》所揭示的对所关心的问题、现象的'性质和原因'的研究上来。发展经济学所关心的问题是如何帮助一个国家实现快速的经济发展……这种快速经济发展的本质是劳动生产率和人均收入水平的不断提高,其原因则是技术的不断创新和产业的不断升级使得劳动的产出和价值不断增加。随着生产规模、市场范围、资本需求和风险的扩大,各种相应的硬件基础设施和软件制度环境也必须不断完善以降低交易费用,减少风险。"[①]林毅夫这一思维转向具有非常重要的意义,尽管他的著作实际上并没有真正做到。譬如,斯密等非常关注规模经济问题,非常重视分工问题,也关注市场竞争引发的不良行为和收入分配问题。当然,在古典经济学时期,各国政府主要关注的

---

① 林毅夫:《新结构经济学:反思经济发展与政策的理论框架》,苏剑译,北京大学出版社2014年版,序言,第7页。

还只是经济增长尤其是物质财富的创造问题,从而主要集中在资本积累和投向上;但是,随着基于经济快速增长的赶超战略选择而衍生出"中等收入陷阱"危机,发展中国家更关注经济全球化中的产业选择问题,更需要关注市场本身的不完全。考虑到这一切,现代发展经济学就应有不同的转向。

同时,林毅夫的新结构经济学所提出的政策主张还面临着严重的现实可操作性问题,这也是引起评论者广泛质疑的地方。

首先,它强调发展中国家的政府在经济和产业转型中要基于要素禀赋结构以及比较优势的动态变动而正确地选择、制定和实施产业政策,不仅要为产业升级提供相应的基础设施和商业环境,而且要着重解决产业转型或升级中的协调和外部性问题,从而推动产业和经济结构的持续调整。但是,政府在此方面的工作会遇到奥地利学派所关注的信息和激励问题:(1)如何才能保证政府精确地把握要素禀赋结构的变动以因势利导地选择、制定和实施相适应的产业政策?(2)如何才能保证政府有激励去正确地选择、制定和实施产业政策而不出现严重的代理问题?显然,前者需要充分利用市场信号,后者则有赖于社会制度的完善。韦森就提出这一问题:如何避免政府领导人在促进科技发明和创新、产业升级以及经济结构转型中运用自己手中所掌握的权力和掌控的资源进行个人和家庭的寻租问题,这个问题关乎新结构经济学政策框架是否能在各国得到真正实施和是否真正工作的根本性问题。[①] 同时,韦森、张曙光和黄少安都认为,新结构经济学中存在一个逻辑缺陷:一方面,林毅夫强调他按照新古典经济学范式思考和讨论问题,显然,新古典经济学的恶棍假说认为政府及其代理人追求的是自身利益最大化,而不会积极利用比较优势去推动产业升级;另一方面,林毅夫所称道的因势利导的产业政策依赖于一个好人政府,它一心一意为国民经济谋发展,努力促成经济繁荣和实现社会福利最大化。

其次,它强调政府在引导产业结构朝基于要素禀赋结构的比较优势方向发展,一个关键原因就在于,它认为发展中国家的市场是不完全的,已经失去了有效的价格信号。但是,这里又潜含了两个问题:(1)既然市场是不完全的,为何不是致力于完善市场而是引入政府作用呢?(2)不完全性实际上是一切市场的特征,那么发达国家的政府在产业定位中起什么作用

---

① 韦森:"探索人类社会经济增长的内在机理和未来道路",载林毅夫:《新结构经济学:反思经济发展与政策的理论框架》,苏剑译,北京大学出版社2014年版,第75页。

呢？显然，上述问题中(1)实际上暴露出了林毅夫理论体系中的一个矛盾：一方面，因势利导地根据要素禀赋结构选择优势产业时不仅需要有为政府，还依赖有效市场；另一方面，在新结构经济学的整个论述中，都以发展中国家缺乏有效市场为前提。田国强就曾指出这个矛盾。问题(2)则涉及发展经济学的适用性问题，它仅仅适用于发展中国家吗？其实，一个成熟的发展经济学不仅应该适用于发展中国家，也应该适用于发达国家，因为一切国家都面临着发展问题，都面临着经济增长的中断问题。遗憾的是，无论是传统发展经济学还是林毅夫的新结构经济学，根本上都是针对发展中国家的，并将发达国家的现状视为发展中国家的发展方向和应然状态，但殊不知，在新古典经济学的支配下，发达国家的社会经济和产业转型本身也面临着越来越大的困境。

上述种种分析都表明，重构现代发展经济学需要引入更广阔的视角，而不能囿于新古典经济学的思维范式，更不能根基于比较优势理论。张军就认为，如果基于新古典经济学的理论体系来思考和对待后进国家的经济发展现象，那么，政府可以选择经济发展政策和战略的自由和机会极其有限。① 张夏准则指出，比较优势的重要功能在于它提供了一个衡量保护其幼稚产业所做出牺牲大小的一个指南，但它不能成为发展新产业所应该遵循的原则，因为新产业中技术能力的积累时间根本是不确定的。② 事实上，基于传统比较优势参与国际竞争，所获得的根本只是暂时的交换价值，这是西欧新兴民族国家为了在扩张中取胜所着重关注的。但是，就现代国家而言，它所制定的发展战略根本上应该关注长期利益，要关注政策产生的后续效应，要关注发展的路径依赖效应，从而需要通盘考虑整个国力的提升。一个半世纪以前的李斯特就强调指出，为了获得文化、技术和协作生产的力量，国家对于物质资产势必有所牺牲或放弃；要使将来的利益获得保障，就必须牺牲些眼前的利益。③ 克鲁格曼甚至认为，一个国家的生活水平主要由国内因素，而不是由某种争夺世界的竞争决定。④ 这也意味

---

① 张军："'比较优势'的拓展与局限"，载林毅夫：《新结构经济学：反思经济发展与政策的理论框架》，苏剑译，北京大学出版社 2014 年版，第 122 页。
② 林毅夫：《新结构经济学：反思经济发展与政策的理论框架》，苏剑译，北京大学出版社 2014 年版，第 164 页。
③ 李斯特：《政治经济学的国民体系》，陈万煦译，商务印书馆 1961 年版，第 128 页。
④ 克鲁格曼：《流行的国际主义》，张兆杰等译，北京大学出版社/中国人民大学出版社 2000 年版，第 9 页。

着,所谓的国际竞争力和比较优势,只不过是一种"标",而本国的生产力状况才是决定经济发展水平的"本"。当然,我们也并不否定自由贸易以及发挥比较优势的作用,因为在经济全球一体化的今天,国际贸易和对外经济交流已经成为获取技术进而提升生产力的一个重要途径。所以,正如拉尔指出的,尽管自由贸易不是经济增长的充分条件,但在许多情况下是经济增长的必要条件;尽管自由贸易不是经济增长的发动机,但越来越成为经济增长的"侍女"。[1]

最后,回到经济增长治"本"的关注,现代发展经济学就应该关注两大基本问题:(1)要致力于解决和减轻市场的不完全问题,这涉及市场主体的异质性及其衍生的权力关系;(2)要致力于解决发展中国家的生产力低下问题,这涉及生产技术的落后及其导致的产业落后。这两方面都是基础设施层面的东西,前者涉及法律等基础设施的完善,后者涉及教育等基础设施的投入;而且,这两个层次的基础设施都关涉一国生产力的提高,分别主要涉及社会生产力和个体生产力。更为重要的是,哪些属于基础设施以及建设基础设施是否具有紧迫性等方面的认知比哪些属于具有比较优势的产业以及发展此类产业的重要性的认知,往往具有更大的社会共识;相应地,政府在建设基础设施上的积极作用应该比因势利导的产业政策更容易把握,也更容易受到外界的观察和监督。当然,新结构经济学认为,不同行业所要求的基础设施往往存在很大差异,因而政府就需要将这些有限资源配置到优先发展的产业中去,从而也就产生了对致力发展的目标产业进行选择的需要。不过,我们要强调的是,尽管不同行业发展所依赖的基础设施确实存在差异,但也存在各行业发展都需要的基础设施,这就是基础设施的基础。一般地,我们可以将基础设施进行分层:第一层次是所有(或绝大多数)行业共享的基础设施,第二层次是关涉必需品行业的基础设施,第三层次则是关注特定行业的基础设施等。同时,关注政府在基础设施方面的作用还需要进一步细化,因为基础设施的内涵和外延本身就是随着社会发展而在不断拓展的。相应地,现代发展经济学范式的构建或推进也应该从两方面入手:一方面,在分析思维上,要引入权力与结构而非抽象的思维,需要通过对收入分配状况及其发展趋势的结构分析来揭示内需不振的根本原因,并由此发掘由外需转向内需的基本途径;另一方面,在发展战略

---

[1] 拉尔:《"发展经济学"的贫困》,葛伟明、朱菁等译,云南人民出版社1992年版,第76页。

上,要重视生产力而非交换价值,需要比较分析不同时期的经济和技术特点来提升生产力,并由此促进技术创新和经济转型。基于这种分析,当前中国经济的发展模式也需要作重大转换:一方面通过调整收入分配以扩大内需而夯实经济发展的基石,另一方面则通过增加创新投入以促进产业升级而提升国际竞争力,这又回到了第一篇的分析。

第 3 篇　产业之争的思维审视

　　林毅夫的新结构经济学引发了激烈的产业政策和政府职能之争,但实际上,这些争论根本上源于不同的认知思维:新古典经济学高度肯定人类的认知理性,并导向了建构理性主义;奥地利学派则推崇自然的选择理性,并导向了演化理性主义。不过,无论是建构主义(唯理主义)还是演化主义(功能主义)都根基于西方社会根深蒂固的自然主义和肯定性理性传统,从而就造成了现代经济学的内在紧张,也是产业政策之争的思维根源。一方面,西方社会从认识和征服自然中开发出了强盛的工具理性,这种工具理性与先验主义相结合就形成了建构主义和唯理主义分析范式;另一方面,在物竞天择的自然达尔文主义支配下,西方学术界开始为社会实在进行辩护,从而逐渐确立了演化主义和功能主义分析范式。同时,具有强烈建构主义特性的新古典经济学成为现代西方经济学的主流,具体表现为:(1) 作为现代主流经济学基础的一般均衡就是建立在这种理性基础之上,以后的帕累托改进甚至科斯的产权界定都是建立在这种理性基础之上;(2) 现代经济学的功能主义分析与实用主义及实证主义结合在一起,而实证主义的兴起则与社会主义运动紧密结合在一起。有鉴于此,为了便于读者更深入地认知时下的产业政策和政府职能之争,本篇选择最为激烈反对林毅夫产业政策和有为政府主张的张维迎、田国强所持有的依据作一思辨逻辑的梳理和审视,进而剖析现代主流经济学及其他主要流派背后的哲学思维及其缺陷,进而比较社会发展的不同路径并揭示各自所潜在的问题。

10

现代社会为何需要产业政策

——张维迎和林毅夫之争的逻辑考辨

本章导读：无论从理论意识还是经验意识看，是否需要产业政策都是个伪问题。在理论必要性上，信息不完全性、负外部性效应、技术进步的正外部性和规模经济存在、次优和第三优理论以及生产力理论都为产业政策提供了基础。在现实可行性上，张维迎认定产业政策必然失败的理由也存在明显的逻辑缺陷，这包括人类认知能力的有限性、激励机制的扭曲性、政府官员比企业家更迟钝以及计划经济的前车之鉴等。此外，张维迎在批判林毅夫逻辑缺陷时所使用的论证逻辑也存在严重问题，这包括经济增长奇迹真正发生在英美而非中国、利用比较优势与产业政策之间存在矛盾、企业家精神与产业政策之间存在冲突以及发展战略与经济体制之间存在关系扭曲等。之所以如此就在于，张维迎机械地盲从奥地利学派的思维和主张，而没有深入甄别奥地利学派思想的精髓，也没有认真审视奥地利学派思想的内在缺陷。

一、引 言

前段时间媒体界和经济学界关注的一大热点就是林毅夫和张维迎之间爆发的产业政策之争。张维迎彻底否定由政府主导的产业政策，其理由是,产业政策给任何企业、任何行业以任何特殊的政策都不仅会滋生寻租土壤,而且会扼杀企业家精神,而实现创新的唯一途径是在自由市场中的经济试验,从而推崇"有限政府"乃至"最小政府"。林毅夫则主张积极的产业政策,其理由是,任何经济的超常发展都依赖特定的产业政策,其中"有为政府"必不可缺;而产业政策的失败则主要在于基于赶超目的而违背了比较优势原则,以致相关企业在开放竞争市场中缺乏自生能力。笔者的历来主张则是:产业政策是现代社会缓和市场失灵以及发展经济跨越式增长的重要措施,但不同的产业政策对社会发展确实可能带来截然相反的后果。根本上,要还是不要产业政策本身只是一个伪问题,尽管这本身也涉及对产业政策内涵和范围的理解;相反,现实实践中需要关注的真正问题是,何种产业政策才是有效的?

一般地,要真正理解产业政策及其争论,我们需要注意两点:(1)不能简单地以孤立案例来给出一般性断言,也不能以特定的形式逻辑来获得普遍性结论,而要致力于各种经验事实的萃取和综合,要致力于推理逻辑的思辨;(2)不能局限于狭隘的产业政策范畴来谈产业政策的合理性和必要性,不能简单地以市场失灵和政府失灵的存在来相互否定,而是要揭示市场机制与政府机制的运行特性,要通过剖析市场失灵和政府失灵的内在原因来界定市场和政府的作用强度和边界。在这些方面,笔者在长期的理论思索中曾撰下百万字的系统专著。不过,为了使论题集中,这里不再对基础性理论问题作过多的解释,而集中对张维迎与林毅夫之争中表露出来的一些观点作深层的逻辑剖析。这里集中阐述"为何需要产业政策"这一议题,从而偏重于对否定产业政策的张维迎所持有的主要观点和理由进行审视;至于"需要何种产业政策"这一议题,第7、第8章实际上已经作了较为系统的分析,这主要偏重于对林毅夫基于"比较优势战略"的产业政策进行审视。

二、为什么需要产业政策:基本理论依据

从世界各国的历史实践中,我们可以看到这样两点:(1)几乎所有国家尤其是发展中国家都制定了各种产业政策,通过采取出口补贴、税收优惠及信贷融资等手段重点扶持某些产业和企业,其中有失败的也有成功的;(2)正如林毅夫指出的,尽管许多国家的产业政策失败了,但是迄今还

没有不运用产业政策而成功追赶发达国家的发展中国家和保持持续发展的发达国家。因此,我们不能简单地以某些成功或失败的特殊案例来极端地赞成或反对所有产业政策,而应该致力于搞清楚产业政策成功或失败的原因或机理。很大程度上,要还是不要产业政策只是一个伪问题,何种产业政策有效才是真问题。一般地,任何国家尤其是处于经济转型期的发展中国家,产业政策之所以必要,其理论基础就在于市场失灵的存在,之所以可行则体现为特定制度安排能够保障特定措施可以缓和进而矫正市场失灵。很大程度上,林毅夫与张维迎有关产业政策的时下之争就主要源于对市场失灵和政府失灵的不同认知。为此,这里从理论上对产业政策的必要性作一说明。

(一)信息的不完全性

新古典经济学承认会出现市场失灵,因为现实市场并不能完全符合有效市场所依赖的基本假设,如市场存在信息的不完全性。但是,张维迎却将分析思维从新古典经济学转向了奥地利学派,并以非对称信息本身由市场制造而否定市场失灵问题。在奥地利学派看来,市场逐利行为将引导市场信息的发现和传播,能够使得个体信息向共同信息转化,从而有助于市场的协调和扩展。为此,张维迎强调:"没有非对称信息,就没有市场,没有市场的有效性,也不会给我们人类带来什么进步。"[①]问题是,奥地利学派的市场动态协调假说也面临着两大挑战:(1)任何市场主体都不是完全理性的,以致在社会互动中所采取的可理性化策略将导向一种具有内固力的纳什均衡,这正是有限理性的明显体现;(2)自由市场中的信息根本上是不完全的,以致现实市场中的交易费用必然是正的,这也是市场之所以会出现的重要原因。尤其是,基于人类的自利心和信息的不完全性,市场主体为了能够在市场竞争中取胜而必然不会主动披露自己的真实信息,反而会努力隐藏自身信息,甚至制造出误导对方的"噪音",这正是信息时代的市场信息越来越"杂乱无章"的原因。相应地,这就产生两种经济后果:(1)为隐藏自身信息和挖掘他人信息就必须投入大量费用,且这些费用往往因不断升级的过度竞争而不断增加,从而造成社会资源的巨大浪费;(2)相互隐藏信息的行为也就带来策略性行为,而相互的策略性行为必然

[①] 张维迎:"市场失灵理论的谬误",《信报财经月刊》2014年第12期。

会导致内生交易费用不断提升,进而导致社会资源的无效配置。

同时,信息不完全性和不对称性的存在对市场的发展也会产生这样两大影响:(1)它不会如张维迎所宣称的那样将导致市场的消失,而是会导致市场的扭曲,从而严重制约市场的效率,至少市场效率远没有新古典经济学教材中所宣扬的那样高;(2)它不会像奥地利学派所宣扬的那样促使自发秩序的持续扩展,而是会导致市场交易半径的萎缩,从而严重制约人类社会分工合作的顺利展开,这已经为大量的历史经验所证实。事实上,人类社会的分工合作和市场秩序的扩展并不是自然而然地实现的,而是极大地依赖于市场主体的亲社会性和自律性。波兰尼在《巨变》一书中就指出:"自律性市场的信念蕴涵着一个全然空想的社会体制。假如不放弃社会之人性的本质及自然的本质,像这样的一种制度将无法存在于任何时期,它会摧毁人类,并将其环境变成荒野";当然,"无可避免的,社会将采取手段来保护它自己",以致自律性市场概念从来没有被真正实行过。[①] 事实上,尽管现代主流经济学倾向于把个人的理性行为视为研究的基本对象,并基于帕累托效率概念来对公共政策进行评估,但显然,基于这种个体理性而展开的社会互动往往会导向集体的无理性,进而现代主流经济学往往又基于个人效率最大化的帕累托原则来评断公共政策的失败。很大程度上,市场失灵程度与市场完善度之间存在着正相关关系:市场越不完善,就越需要其他的纠正机制。显然,发展中国家的市场要比发达国家不完善得多,不仅价格信号的扭曲更为严重,而且人为"噪音"更不受到监管和制约;因此,发展中国家的市场失灵也要严重得多,这也正是林毅夫主张发展中国家尤其需要产业政策的原因。

(二) 负的外部性效应

新古典经济学同样承认市场行为的相互影响所产生外部性效应所带来的市场失灵,但张维迎却否定外部性的现实存在,其依据就是科斯中性定理:在交易成本为零时,就可以通过明确界定的产权之间的交易实现资源的最佳配置,此时外部效应自动消失了,因为任何外部性都可以通过契约而内部化。张维迎就写道:"外部性并不是政府干预市场的正当理由,没

---

① 波兰尼:《巨变:当代政治与经济的起源》,黄树民译,社会科学文献出版社 2013 年版,第 52 页。

有外部性就没有社会","假如我开一间饭馆,我比竞争对手做得好,我把他挤垮了,这是不是外部性?这也是外部性。那我应不应该赔偿他?经济学家不会认为要赔偿他。那么为什么前一种情形'指环境污染'要赔偿,后一种情形不用?外部性理论没有办法回答这个问题。"①但这里也存在明显的问题:(1)科斯中性定理无论是在实践应用上还是理论逻辑上都存在明显的缺陷,这包括没有考虑非线性效用函数和非完全信息的经济环境,没有考虑少数谈判引发的无休止争论,没有考虑多数谈判本身存在的外部性问题,没有考虑多人交易中存在的核配置困境,也没有考虑交易各方的交易能力而产生的交易可行性问题,更没有考虑当事者偏好的环境依赖性而产生的交易意愿性问题。(2)张维迎更是犯了偷换概念的错误,因为经济学所讲的外部性并不是有利于社会福利提升的正当竞争,而是指这样两类情况:一是追求自身利益而损害他人利益的非正当竞争行为,二是自身利益增加不足以补偿整个社会利益减少的行为。黄有光就指出,我们不会因为电灯的发明淘汰了原有的油灯,就批判电灯所带来的外部性;同样,在张维迎所举的例子中,尽管张维迎的饭馆对其竞争者造成损失,却给消费者带来利益,因而不必要求张维迎补偿其竞争者。②

同时,不仅生产中存在广泛的外部性,消费外部性也越来越凸显。消费外部性主要体现为:一个人对某种消费的评价往往取就决于其他人的消费状况。如果周边朋友都拥有私家车或者 iPhone 而自己没有,就会觉得有失面子;同时,如果自己先于朋友购买了 iPhone4 会觉得很有满足感,而当别人拥有 iPhone6 后则会觉得自己的商品极大地贬值了。消费外部性使得人们的需要超过了生理本能而进入心理层次,所追求的不再局限于真实需要(needs)的满足而是滋生出一种不断膨胀的欲求(wants);这样,整个社会都会孕育出一种炫耀和攀比效应,从而就会造成需求结构和产业结构的扭曲。正因为人们的消费往往不是出于对生活进程的考虑,不是为了满足他们的物质需要,甚至也不是为了满足他们的精神的、感观的和智力的需要,而是取决于其他人的消费方式;尤其是,那些富人的消费往往是由具有想象与荣耀性的审美习俗来决定,而这种审美观往往基于显示权势、地位、荣誉和成功的原则,从而属于一种炫耀性消费。正因为现代社会中

---

① 张维迎:"市场失灵理论的谬误",《信报财经月刊》2014年第12期。
② 黄有光:"环保理论的谬误?与张维迎商榷",http://huang-youguang.blog.sohu.com/307844905.html。

的商品消费往往不是服务于人类生活而是出于某种炫耀目的,因而价格就失去了对真实需求和经济发展的引导作用,市场需求也就不能成为引导资源配置的主要力量。① 在这种情况下,政府就有必要对产业发展作一定的引导,只有采取某种必要措施,才可以使得维塞尔意义上的交换价值与自然价值不至脱节太大,进而更有效地配置资源。

(三) 技术进步的正外部性

一般来说,技术具有强烈的外溢效应或正外部性,同时,技术开发又具有很大成本和很高风险;因此,如果仅仅从个人的成本—收益角度,企业家就没有积极性从事创新,因而政府就需要给予率先"吃螃蟹"的人以资助或补偿。不过,张维迎却指出,当政府试图补贴第一个吃"螃蟹"的人时,就会诱使许多人假装吃螃蟹,拿出吃螃蟹的姿势啃馒头,而从啃馒头中得到的经验对吃螃蟹没有什么意义;究其原因,政府往往连螃蟹长得什么样都不清楚,从而也就无法甄别谁在吃"螃蟹"。② 不可否认,装腔作势地吃"螃蟹"现象确实是非常突出的现实问题,但是,这恰恰反映出林毅夫强调的"甄别"在产业政策中的重要意义;同时,"甄别"也对政府机构的能力和效率提出要求,这是产业政策成功的必要条件。事实上,任何成功地推动产业转移和升级的政府都是一个积极有为的政府,这种政府本身也不是假设存在的,而是需要社会努力共同创建的。张军引用耶鲁大学古斯塔夫·拉尼斯教授的分析说,东亚的经验提醒我们,成功实现经济发展和保持发展阶段间的成功转换并不是给定的或自动完成的,经济发展过程对政府提出了非常苛刻的诉求,政府也因此始终面临严峻挑战。③

同时,张维迎将技术的正外部性补偿归咎为基于新古典范式的边际分析,并强调这与现实世界的技术创新不符:企业家的创新决策主要不是基于边际收益和边际成本的比较,而是基于对市场前景和技术前景的判断,基于竞争的压力和垄断利润的诱惑;而且,越是大的技术创新,越不可能是边际上的决策。张维迎举例说,如果一个创新给企业家带来 10 的预期回

---

① 朱富强:"纯粹市场经济体系能否满足社会大众的需求",《财经研究》2013 年第 5 期。
② 张维迎:"我为什么反对产业政策?",http://finance.sina.com.cn/meeting/2016-11-09/doc-ifxxnffr7227512.shtml。
③ 张军:"'比较优势'的拓展与局限",载林毅夫《新结构经济学:反思经济发展与政策的理论框架》,苏剑译,北京大学出版社 2014 年版,第 113 页。

报,给社会能够带来 100 的回报,但只要预期成本不超过 10,企业家就会从事这样的创新。① 这种分析也存在这样一些问题。(1) 张维迎说,博尔顿投资瓦特发明蒸汽机并不是要获得蒸汽机带来的全部正外部性,比尔·盖茨创办软件产业也不是要获得软件带来的所有好处,这些都是对的。但是,产业政策对技术创新的支持,也根本不是要使得创新者能够获得技术创新带来的所有收益,而是由于预期成本可能会超过 10 而导致没有人愿意去创新。(2) 张维迎说,企业家所承担风险本质上应该是出于信念和愿景而非计算,这也是对的。但是,这里指的应该只是工程师式企业家,它的创新动机主要源于工作本能、好奇心或技术价值,而根本无关于商业和经济价值。相反,只要风险承担是以商业为目的,这就成了商人式企业家,他就必然会考虑成本;并且,只要投入成本大于期望收益,他就不会去承担技术开发的风险。(3) 张维迎说,创新往往不是基于边际的决策,这是对的。但问题是,这恰恰是产业政策的依据和主张呀! 又如何以超边际分析来否定产业政策呢? 事实上,大凡只要通过边际调整就能够获得收益的场合,自由市场上就必然会有人采取积极行动以获取这些收益;进而,按照自由市场演化的连续性原则,企业家精神恰恰体现为针对市场中出现的利润不断作边际调整。相反,产业政策所针对的正是那些无法通过边际调整获得收益的场合,它关注不同于经济价值的技术价值,并为市场应用性技术开发提供基础性支持。

(四) 广泛存在的规模经济

一般地,分工深化往往会产生报酬递增现象,进而导致普遍的不完全竞争市场,这是斯密定理所面临的困境;尤其是,在全球经济一体化的现代社会中,企业只有达到一定的生产规模才具有参与国际市场竞争的自生能力,因而政府的产业政策就需要在此方面发挥积极作用。但是,奥地利学派却极力为市场中的垄断现象辩护,反对任何抑制垄断的政府措施。首先,奥地利学派认为,真正的市场竞争必然有超额利润的存在,因为没有超额利润就成了例行事务,就谈不上会有创新、冒险和竞争;同时,超额利润的存在也就意味着存在一定的垄断,而超额利润从一个产品、产业向另一

---

① 张维迎:"我为什么反对产业政策?",http://finance.sina.com.cn/meeting/2016-11-09/doc-ifxxnffr7227725.shtml。

个产品、产业的转换也就意味着因技术革新导致垄断地位的更替,进而体现了市场的动态演化。其次,奥地利学派还认为,真实世界中显示出的生产垄断大多是源自竞争的结果,是其他人也可以进入的情形;同时,只要生产者使用的资源对于所有人而言都是可及的,他们的活动就是企业家—竞争性的。正是通过对垄断的最终来源以及生产垄断特性的剖析,奥地利学热衷于为当前所有的垄断行为作辩护,以"历史功绩"为"现实行为"辩护,为市场中的权力集中现象辩护,也为大公司作为市场过程中的合理主体进行论证。① 受奥地利学派市场竞争观和企业家才能观的影响,张维迎也根本反对规模经济及其引起的垄断论述,甚至宣称"传统的反垄断理论是完全错误的,反垄断法反的是真正的竞争"。②

我们也从两方面作一审视。首先,就技术创新—垄断—超额利润而言,其问题在于:(1) 尽管真正的竞争必然以存在超额利润为基础,但超额利润的来源并非仅仅是技术创新,也可能来自收益转移,而且很多垄断者都诉诸后者;(2) 尽管技术创新可能会带来超额利润的转移和市场的动态演化,但这种可能性和力度往往取决于产业特征,那些拥有显著规模经济和范围经济的产业受新技术冲击的影响往往非常小;(3) 技术创新也往往并非来自于奥地利学派推崇的那些逐利的企业家,而是凡勃伦意义上的由工作本能和好奇心驱动的工程师和科学家。事实上,尽管奥地利学派极力推崇企业家的创新,但它所指的创新主要体现在技术的应用上而不是技术创新和科学发明上。其次,就垄断—竞争—市场演化而言,其问题是,(1) 现实市场中,不同市场主体所能运用的资源是不同的,因而竞争必然是不公平的;(2) 过去的竞争性行为并不代表取得垄断地位以后的行为也是竞争性的,相反,地位的改变往往也会导致行为方式的改变;(3) 在垄断者诞生之前可以自由进入的竞争领域并不意味着今后也会如此,相反,垄断者对产品生产的控制必然会损害竞争过程。试问:广泛存在的规模经济及其导向的垄断对经济发展的危害已经为大量现象所表征并且为各种理论所刻画,奥地利学派又如何以一句"生产性垄断者也是靠竞争起家的"来抹杀这个现实问题呢?

---

① 朱富强:"企业家精神能否带来有效市场:奥地利学派企业家才能观的考察",《社会科学研究》2017年第2期。
② 张维迎:"市场失灵理论的谬误",《信报财经月刊》2014年第12期。

(五) 次优和第三优理论

由于现实市场往往不能满足有效市场的种种条件,因而李普西和兰卡斯特就提出了次优理论:只要达致最优的某一个条件得不到满足,那么,即使其他条件都可以实现,也无法获得令人满意的结果,从而也就不值得去实现。① 也就是说,当实现最优的某个条件被破坏时,我们不应该尽可能地保留其他条件来追求理想的效率结果,相反,通过偏离所有这些效率条件往往能够达致更好的次优结果。显然,由于市场不完全性、消费外部性以及规模经济的存在,实现帕累托最优的完全市场竞争条件已经被破坏,那么,满足较多条件的市场未必优于满足较少条件的市场;相应地,市场机制非常不完善的发展中国家就不应该盲从自由市场竞争,而是要积极引入其他互补性机制,能够针对性地缓和引起市场失灵的各种因素。当然,次优理论也依赖于一系列的条件,如在具体的经济计划或产业规划中,我们必须要清楚地预测技术和产业的未来发展,必须有高效的行政机制,同时也必须有随之催生的企业家创新;显然,这些条件在现实中并不能满足,从而导致了大量产业政策的失败,这也是计划经济和产业政策受到责难和诟病之薮。为此,黄有光进一步提出了第三优理论,它强调按照拥有的信息量来决定采用何种原则:如果信息贫乏,应该采取最优准则行动;如果信息不足,应采取第三优准则行动;如果信息充分且成本可忽略,应采取次优准则行动。② 尽管第三优理论关注政府信息的不完全性,从而显示了向最优理论的回归,但是,它也表明,只要政府具有有效的信息处理能力和足够的运行效率,那么,相应的政府行为和产业政策也是有效的,这也正是那些产业政策成功的国家的基本特色。

张维迎批评林毅夫理论将政府官员视为无所不知、无所不能、毫不利己专门利人的人,却没有解释为什么政府官员比企业家更有能力和激励判断未来。问题是:合理的产业政策不是具体的企业投资和运营,从而并不需要最高水平或最接地气的敏锐性呀!相反,它主要是对发展总趋势做出判断,并且需要也会积极多方纳入现场企业家的判断和诉求。事实上,现代产业政策与早期经济计划存在明显差异:经济计划更具"刚性",广泛采

---

① Lipsey,R. G. & Lancaster,K., "The General Theory of Second Best", *Review of Economic Studies*, 1956, 24(1), pp.11—32.
② 黄有光:《社会福祉与经济政策》,唐翔译,北京大学出版社2005年版,第137—140页。

用指令性政策,并集中使用大比例的稀缺资源;相反,产业政策更具"软性",广泛采用指导性政策,所使用的稀缺资源只是很少一部分。正因如此,现代政府的产业政策并不一定要预定一个固定不变的路径和目标,而是可以根据时空环境的变动而随机调整,从而得以尽可能地缓和市场失灵,如双轨制就是一种加速试验的方式。而且,现代产业政策所引领的主要是产业的发展总趋势而非特定产品的生产和投资,进而也就涵盖了广泛的、不断升级的基础设施。譬如,产业政策希望引领信息产业的发展,但不会去规定发展 PC 而非互联网。从这个意义上说,制定政策的政府官员即使没有产业发展以及技术变革的具体信息和现场知识,甚至对具体产业或产品变动比现场企业家的认知还要迟钝,但这也并不否定产业政策有其积极作用的一面。一般地,对现代政府来说,只要产业政策能够体现产业发展的总体趋势,能够壮大关键性产业的规模经济,并且使得该产业发展带来积极的外部效应,那么,就应该通过创业基金、技术支出、出口补贴以及金融信贷等措施来支持该产业的发展,这些关键性产业的发展最终也有利于整体社会的经济增长和福利提高。

(六) 生产力发展理论

张维迎在一定程度上指出了林毅夫新结构经济学中的一个逻辑困境:它试图用李嘉图的自由贸易理论证明李斯特的国家主义。[①] 因为,李嘉图的比较优势原理所着眼的是交换价值,且关注的是短期或即期;而李斯特的保护主义目的在于提高生产力,或关注长期的交换价值。张维迎的问题在于,尽管他正确地指出了基于比较优势的贸易是个人或企业的事情而非国家的事情,却进而将基于比较优势的个体行为及其后果当作一个合理存在,并由此来否定国家的战略规划。实际上,在市场交易中,交易双方的谈判势力或贸易地位是不对等的,导致交易双方所获得的贸易剩余也不对等;同时,随着谈判势力或贸易条件的变动,就会带来不同的贸易剩余分配。不过,按照帕累托有效原则,新古典经济学将每种贸易结局都视为最优的,却无视其中分配上的显著差异;之所以如此又在于,新古典经济学的自然主义思维将丰富多样的异质市场主体都还原为抽象的同质原子个体,

---

① 张维迎:"我为什么反对产业政策?", http://finance.sina.com.cn/meeting/2016-11-09/doc-ifxxnffr7227725.shtml。

从而也就根本不关注人际相异性下的具体收益分配。但是，作为具体参与贸易和交换的个体，当然希望能够获得更大的贸易剩余份额，为此，他就致力于改善自己的谈判势力或贸易条件。譬如，尽管出身贫寒，但他并不愿意马上就进入社会寻找一份单凭体力就可胜任的工作，尽管这可能会在短期内改善他的生活状况；相反，他会继续忍受贫寒而寻求更高的教育，从而在几年之后可以得到更好的工作，在与他人的交易中也拥有更强的谈判实力。从这个角度上说，张维迎说"遵循比较优势是市场交易者的一个基本行为准则，任何人不按照比较优势选择生产和交易就一定会失败"就是错的，因为这显然将比较优势作静态化理解了。

同时，如果交换或贸易发生在一国的国民之间，即使贸易剩余存在明显的不对等，但对国家的总体经济实力却不会造成危害，因此，如果一个国家只关心社会总效率，而不关心分配正义等问题，它就可以放任比较优势原理在实践中的应用。但是，如果贸易发生在不同国家的国民之间，那么，贸易剩余分配的不均等就会拉大国际收入分配差距，从而危害那种处于劣势贸易地位的国家的总体经济实力。也就是说，当基于比较优势的贸易从一国内部的国民之间拓展到不同国家的国民之间时，贸易剩余的分配不平等就从国内拓展到国际，不利后果的承受者就从弱势者变为弱势国。在这种情况下，一个不甘遭受国际剥削和掠夺的落后国家，当然也就会像有抱负的个人一样致力于改变自身的贸易地位；为此，他也必须舍弃或牺牲一些暂时可得的交换价值，而致力于提高自身的生产力水平，进而改善贸易条件。正是由于传统比较优势原理没有考虑贸易剩余在个人之间以及国家之间的分配状况，而以利益和谐和社会大同为前提，因而李斯特将以英国学者为代表的古典经济学称为世界主义经济学。问题是，这种只关注全人类总体利益的世界主义经济学错误地将"将来才能实现"的世界联盟作为研究的出发点，不仅抹杀了各个国家不同的经济发展水平和历史特点，而且忽视了现实世界处于争斗而非和平的社会环境。显然，李斯特的生产力理论表明，基于比较优势的贸易结果往往有利于强势者和强势国，因而落后国首要的工作就是发展生产力以改善贸易条件和提高贸易地位。那么，一个国家究竟该如何做呢？这就涉及产业政策。很大程度上，一个国家的产业政策也就相当于一个家庭或个人的人生规划，尽管哈耶克等奥地利学派强调组织计划和个人计划之间所存在的巨大区别，这尤其集中在知识特性和信息传递方面。因此，我们在讨论产业政策时，并不应该否定它的内在必要性,而是要关注它的现实可行性,要关注产业政策的具体效果如何,这又包括产业政策制定的合理性和贯彻的有效性。

三、理解产业政策的现实可行性:张维迎的认知剖析

市场不完全、外部性以及垄断的存在往往会导向市场失灵,这是新古典经济学也承认的,但张维迎却转向奥地利学派而完全否认。张维迎认为,新古典经济学把市场理解为资源配置的工具,并为了证明市场的有效性而设定了非常强但不现实的假设,而当这些假设不满足时就出现了"市场失灵";正是以新古典经济学的市场失灵为基础,林毅夫引入政府在产业引导上的积极作用。相反,张维迎认为,新古典经济学家所谓的市场失灵,是市场理论的失灵而非市场本身的失灵;在这里,米塞斯和哈耶克发展的市场理论提供了一个更好的分析范式,不仅可以证明"传统经济学有关市场失灵的理论都是错误的",而且可以证明所有的产业政策都必然会失败。① 问题是,(1)真的不存在市场失灵吗? 实际上,我们只要引入市场主体的人际相异性尤其是权力不平等,就很容易推导出一系列不同于有效市场的结论。② 所以,林毅夫说,张维迎是在以理论来看世界,而不是以真实世界的现象来构建理论。(2)米塞斯和哈耶克发展的市场理论能否彻底否定产业政策的现实可行性? 实际上,笔者在一系列的文章中已经就奥地利学派的市场过程观、企业家才能观以及市场协调观等作了系统的梳理和剖析③,接下来集中就张维迎在反对产业政策时所使用的相关理据和论断作一审视,这实际上也是新古典经济学人反对政府干预市场的基本理据。

(一) 人类认知能力的有限性

张维迎认为,产业政策注定会失败的根本原因就在于人类认知能力是有限的。事实上,哈耶克就强调,每个人的知识都只占全部知识的很小一部分,乃至"无知"是市场主体的基本特征;正是为了减少"无知"和"不确

---

① 张维迎:"我为什么反对产业政策?",http://finance.sina.com.cn/meeting/2016-11-09/doc-ifxxnffr7227725.shtml.
② 朱富强:"市场的逻辑还是逻辑化的市场",《财经研究》2014 年第 5 期。
③ 朱富强:"企业家精神能否带来有效市场:奥地利学派企业家才能观的考察",《社会科学研究》2017 年第 2 期。

定"所带来的负面效应,人类社会创造出的制度性解决办法就是市场过程,而企业家则是承受这种不确定的行为主体。相应地,张维迎指出,产业政策存在一个隐含假设:技术进步和新产业是可以事先预见的,但是,这个假设是完全错误的,因为新产业来自创新,而创新和新产业都是不可预见的。同时,新技术和新产业之所以难以预见又在于,创新过程会面临一系列的不确定性:(1)任何创新过程本身就具有不确定性;(2)创新能否成功还取决于后续的其他创新是否出现。显然,正是由于创新的不确定性,人类就难以制定一个确切的目标,并以此目标寻找一个明确的路径,相反,只能在不断的试错之中行进。很大程度上,信息的分散性、个体的无知性以及社会变动的不确定性是奥地利学派的核心术语,这拓延到产业政策的认识中的关键问题在于:如何理解人类认知能力的"有限性"和技术创新的"不确定性"?

一方面,就人类认知能力的有限性而言。张维迎诉诸奥地利学派,试图利用哈耶克的信息成本和个人知识来反对信息集中和经济计划,强调市场机制在信息方面相对于中央计划体制的优越性。不过,奥地利学派的"个人知识"观也一直遭到多方面的质疑。(1)个人知识的"无知性"和认知能力的有限性导致不可能存在最优决策,问题是,决策固然没有绝对最优,但也有好坏优劣之分,而这往往决定于决策者的相对"知识"量。显然,作为知识精英的经济计划者,他们对经济总体趋势的判断往往要比普罗大众更合理些。(2)社会互动下经济决策最为重要的不是涉及人与物关系的孤立性知识,而是涉及人与人关系的协同性知识,因为知识本身显然就具有互补性和协同要求。显然,纯粹市场中价格信号并非是对此类知识进行协调的最优机制,因为价格信号往往也潜含了信息的不完全性、不对称性和不确定性。(3)现代社会中不仅有公地悲剧、集体行动困境现象,也存在大量的囚徒困境和反公地悲剧现象,因为市场行为往往是有限理性或非理性的。显然,这些都需要借助传统习俗、相关机制设计以及特定产业政策等"看得见的手"的引导。也就是说,奥地利学派也明显地夸大了个人知识在社会决策中的地位,进而还忽视了个人行为的非理性,从而看不到他们不愿意或不能够看到的自发市场中的内卷困境。

另一方面,就技术和产业创新的不确定而言。张维迎实际上将不确定性等同于完全随机的无序性,等同于物理世界的布朗运动;相反,经济世界的不确定主要是指我们无法预计到具体结果,但并不意味着对总体发展方向一无所知。譬如,张维迎说,30 年前甚至 20 年前也没人预料到今天的新兴产业,因而今天也没有办法预见 20 年、30 年之后哪些产业、哪些技术是最为重要的。① 但事实是,我们至少在 20 世纪末就已经预见到了信息时代的来临,很多国家都为此做了扎实而充足的准备,这成为它们在当今国际竞争中居于领先地位的重要原因。一般来说,就产业政策而言,即使我们看不到具体的产品,但至少有两方面的工作是大致可以做的:(1)新兴产业所需要的基础设施;(2)传统产业所需要的生产技术。究其原因,新兴行业处于快速变动之中,无论产品还是技术都没有形成较为稳定的发展规律,单个企业的生产投资和技术开发都会面临巨大的风险;在这种情况下,政府不应该规划具体产品或技术的开发,而应该为这些开发夯实基础,包括人力资本的培育、创新体系的建设以及创业基金的设置等。与此不同,传统行业是很长一段时间每个社会都需要的,而且已经呈现出了较为稳定的产业发展和转移规律,只是国内技术和相应的配套设施还没有跟上;在这种情况下,政府可以集中资源进行某些关键技术的攻关,也可以对孤立的企业行为加以协调。

有鉴于此,林毅夫强调,即使信息不完善,政府也不能因噎废食而不对技术创新和产业升级提供必要的支持,或者将有限的资源用在随机挑选的技术或产业项目上。其理由有二:(1)企业按照比较优势原理来选择技术和产业时,不仅依赖于一个能够反映禀赋结构中生产要素相对稀缺性的相对价格体系,而且需要获得有关生产技术和产品市场的信息,而发展中国家往往不存在新古典经济学所设定的竞争性的有效市场,因而政府在市场制度完善、信息传播以及行动协调上就有很多工作要做;(2)即使政府不能不对技术创新的方向和所要升级的产业做出正确判断,但它的判断也不一定比企业的判断差,因为政府比企业有能力去聘请更多、更好的专家,收集更多、更全面的信息。更进一步地,西蒙指出,正是由于世界是复杂和不确定的,而人类理性是有限的,因此,为有效应对这个复杂的世界,一个重要的路径就是限制我们的选择自由,以便缩小我们不得不应对的问题范围,进而减少决策的复杂性。有鉴于此,针对有关政府信息和能力有限的质疑,张夏准就认为:"不少政府调节措施之所以发挥作用并不是因为政府

---

① 张维迎:"为什么产业政策注定会失败?",http://business.sohu.com/20160916/n468535137.shtml。

比被调节的对象知道得更清楚(尽管有时候政府的确会比调节对象知道得更清楚),而是因为政府限制了被调节的对象的活动的复杂性,而正是限制的复杂性才使得被调节者能够做出更好的决策。"①

(二) 政府官员的激励机制扭曲

张维迎认为,产业政策注定会失败的另一重要原因就在于,不存在完美的激励机制来保障政府官员会制定出合理的产业政策并有效执行它。事实上,在 20 世纪 30 年代的市场与计划大论战中,兰格等试图通过模拟市场和试错来解决计划者的不完全信息问题,但承认经济生活的官僚化将构成社会主义计划的真正危险,哈耶克等则集中以激励问题来否定社会主义计划的现实可行性。相应地,张维迎从两方面做了分析:(1) 产业政策给予不同产业和企业在市场准入、税收和补贴、融资和信贷、土地优惠、进出口许可等方面的区别政策而创造出权力租金,就会诱发企业家和政府官员的寻租行为,使得产业政策的制定和执行过程中都充满寻租活动,以致一项特定产业政策的出台往往不是科学认知的结果而是利益博弈的结果,得到政策扶植的通常并不是真正的创新企业家而是套利者和寻租者。(2) 政府官员存在不同于企业家的激励:企业家自身承担试错成败的收益和损失,政府官员则会努力回避个人责任。当前官员回避个人责任的办法主要有两种:一是听取专家的意见,以事先征求过专家的意见来推卸政策失败时的责任;二是忠实执行上级政府的政策,以"随大流"或"跟风"来推卸政策失败时的责任。② 不可否认,众多的产业政策和官员行为确实都很不理想,众多现实案例也为张维迎的论断提供了支撑。例如,为了掩盖 TD 的决策错误而加快上马的 4G,就因为过早淘汰 3G 而浪费了上万亿元的资金。问题在于,张维迎却由此来否定一切产业政策,这就缺乏了严格的逻辑依据(犯了归纳谬误)。从理论上说,产业政策的制定是否合理以及能否成功至少关涉这样两大方面:(1) 政府官员的价值选择和考核升迁制度;(2) 产业政策的决策程序。

一方面,就政府官员的价值选择而言。张维迎强调,在发现产业政

---

① 张夏准:《资本主义的真相:自由市场经济学家的 23 个秘密》,孙建中译,新华出版社 2011 年版,第 167 页。

② 张维迎:"为什么产业政策注定会失败?",http://business.sohu.com/20160916/n468535137.shtml。

出了错时,政府官员往往不是终止而是会刻意掩盖这种错误,为此不惜进一步投入更多的资金,这就如协和飞机的经典案例所表明的;相反,自由市场上的企业家既没有权力也没有积极性掩盖错误,因为越掩盖自己承受的亏损越多,竞争对手存在也不允许他去掩盖。同时,张维迎还指出,产业政策还会滋生严重的寻租行为和腐败,因为只要在市场准入、税收和补贴、融资和信贷、土地优惠、进出口许可等方面存在区别对待,那么就会创造出权力租金,就会激发出官商勾结行为。问题是,这里也存在几个逻辑障碍:(1) 为以前的决策错误而追加投资绝不仅限于政府官员,大量的私人企业家也会这样做,因为没有多少人如此"理性"而甘愿将自己以前的错误投资当作沉淀成本,这也是众多企业最终走向破产的原因;(2) 合理的产业政策恰恰是资助那些暂时还不具有赢利性,从而私人不愿意投资的行业,政府通过补贴等吸引私人进入目的也只是减少这些企业的损失,通过市场准入限制目的只是培育它的自生能力而不是创造高额利润,这与重商主义时期以税收为目的的许可制度之间存在本质性差异;(3) 掩盖决策错误和寻租腐败行为的存在反映了制度安排和信息披露机制出了问题,但并不能由此否定产业政策,相反,这昭示我们去改进监督和奖惩机制,去构造公开透明的信息传递机制,从而促使政府官员倾向于将其价值体现主要定位在经济和产业政策的成功上。

另一方面,就产业政策的决策程序而言。张维迎认为,一项政策的后果需要很长时间才能展现出来,短期内看上去好的政策在长期看就可能是坏的。但是,政府官员频繁调动使得明确界定每个官员的个人责任变得不可能,每个官员都有充足的理由为自己的决策辩护,因为我们无法确定一个政策的失败是由于政策本身还是政策执行,是制定者还是执行者。显然,张维迎的批驳有助于我们反思那些将官员流动与经济增长挂钩起来的计量文章,这些基于回归分析的文章往往缺乏最基本的学理性逻辑,不过,这里的问题关键是:现实生活中的产业政策究竟是如何决策和产生的?一般地,奥地利学派往往以孤立的自然个体作为决策主体,乃至也就将经济计划或产业政策的制定者个人化;正是基于这种抽象化,哈耶克强调没有一个人可以拥有无数市场主体的知识,没有一个人的头脑能够比市场上无数人的头脑思考得更周全,只有被科学的傲慢所蒙蔽的自大狂才会相信这一点。这里的分析也有这样两个问题:(1) 任何国家的产业政策都不是某个人拍脑袋的产物,而是集中了大量精英的认知并基于一整套的严密程序,其至传统的中央计划经济也依赖兰格所称的一整套信息传送和模拟试错过程;(2) 现代社会中的政府产业决策与市场经济决策并没有本质性差异;现代市场经济的真正行为主体是公司等法人而非资本家、企业家或总经理个人,任何法人行动都是一套复杂的牵涉到许多人的实践、审视和决策程序的结果,因而法人决策也体现了知识的合成特征。① 这意味着,即使目前的产业政策还存在明显的长官意志,这也是改革和优化决策程序的问题,而不能当成废除产业政策的理由。

(三) 政府官员比企业家更迟钝

张维迎还认为,产业政策之所以注定会失败还在于,政府官员在创新方面比企业家要迟钝,从而根本无法引领产业的发展。事实上,米塞斯在论证社会主义必然会失败时就指出,作为委托人的计划当局首先要确定要代理人做什么,但委托人如何知道什么是应该做的,应该进行什么投资,扩大或收缩哪一条生产线。米塞斯认为,市场经济不是由"管理"来驱动的,而是由"企业家精神"来驱动的,因为要素价格只能在企业家对之的动态竞价过程中才能形成。② 相应地,张维迎强调,实现创新的唯一途径是经济试验的自由,它依赖于特定时空下拥有特定个人知识的"众人的独立努力",尤其是依赖于企业家的警觉、想象力、判断力,并且需要企业家在无数次竞争中的不断试错;其中,在市场竞争中取得成功的创新就会被其他人模仿,从而得以在市场上得到复制和扩散,进而推动了技术进步、产业升级和经济发展。在张维迎看来,凡是政府能看得清楚的,自由市场上的企业家早就看清了;凡是自由市场上企业家看不清楚的,政府更不可能看清。事实上,当迟钝的政府官员认识到某种技术的重要性时,这种技术基本上就已经过时了;相应地,当它把有限的资源(人力的、物质的)投在政府选定的优先目标上,这就成了一种"理性自负"的豪赌。③ 这里的问题是,即使企业家能够看清楚产业的走向,但也并不一定就能够采取有效行动;相反,诺思早就指出,国家在实行制度变迁方面具有规模优势,能够以比竞争性

---

① Cockshott W. P. & A. F. Cottrell., "Information and Economics: A Critique of Hayek", *Research in Political Economy*, 1997, 16, pp.177—202.
② 参见米塞斯:《人的行动:关于经济学的论文》,余晖译,上海世纪出版集团2013年版,第728页.
③ 张维迎:"为什么产业政策注定会失败?", http://business.sohu.com/20160916/n468535137.shtml.

组织低得多的费用提供同等的制度服务。①

为了说明企业家在利用和创造比较优势中的作用,张维迎举了相反两个案例:(1)思科和腾讯等鼎鼎大名的公司在创办之初,都找不到愿意投资的公司,这就反映出创新的不可预见性;(2)20世纪90年代,中国政府花数十亿美元进口了几十条彩色显像管生产线,但显像管生产线还没装配好技术就过时了,开始进入了数字时代。那么,这两个例子能够在多大程度上说明问题呢?首先,张维迎所举思科和腾讯的这两个例子恰恰反映了市场机制在激励创新上的不足。究其原因,创新不仅依赖企业家精神,也需要有相应的配套设施的支持,包括人力资本、法律制度、金融制度等;否则,企业家精神和创新都只能停留在潜在状态,而无法真正转化为实在。很大程度上,思科和腾讯的成功只是我们能够看到的孤立表象,而实际上可能有更多类似思科和腾讯的创新公司因为最终得不到投资而夭折了,只是我们从来都没有看到它们而已。显然,作为有雄心的国家和有责任的政府,当然希望能够降低产业和技术创新的夭折比率,通过降低创新所面临风险来吸引企业家的进入,主要的方式包括特定产业的引领、不确定产业的孵化、现有产业优势的追赶等。其次,张维迎等人认为,迟钝政府官员是无法预见技术和产业发展的。这里的问题在于:难道我们连一些基本产业或具有明显前途的产业都分辨不清吗?事实上,政府官员对产业和技术的判断能力往往与产业和技术的特性有关,如很多关系必需品的行业就是相对稳定的,即使处于快速变动中的行业,政府也可以从更宽角度上提供教育等基础设施。当然,张维迎等人又会说,如果能够确认某些产业具有发展前途,敏锐的企业家自然会去干。问题是,想干就一定能干得成吗?究其原因,这些产业很可能需要有规模经济和技术水平的特定要求,而这些不是一个后来才进入市场的初创企业凭借自身所能够做到的。

张维迎断言,自由市场下的技术进步是最快的,如瓦特和博尔顿发明蒸汽机、斯蒂文森父子发明火车、卡尔·本茨和戴姆勒发明汽车、莱特兄弟发明飞机、爱迪生发明电灯、亚历山大·贝尔发明电话、IBM发明计算机、比尔·盖茨生产视窗平台软件、马化腾提供免费的微信系统、马云提供淘宝交易平台,这些都没有政府的资助。问题是,这些可见的成功案例可以否定一切产业政策吗?我们可以反思一下,是否有更多的创造发明由于缺

---

① 参见诺思:《西方世界的兴起》,厉以平、蔡磊译,华夏出版社1999年版,第12页。

乏支持而没有继续下去,以致我们根本就不知道它们曾经存在过,也无法想象它们本来可以带来更为美好的世界呢?事实上,创新活动的周期非常长,而且越是基础性或突破性创新,周期也就越长。张维迎就指出,瓦特发明蒸汽机从草拟到真正投入市场花了11年,开始盈利又花了11年;莱特兄弟发明飞机从构想到第一次投入商业使用花了30年,宝洁公司的一次性尿布从投入研发到投入市场用了十多年;同样,IBM在1945年发明的计算机直到60年代初出现集成电路技术后才开始有了真正的商业价值。同时,张维迎也清楚地认识到,很多公司并不是死在发明过程中,而是死在将发明商业化的过程中。既然如此,在没有支持的情况下,人们就会对创新产生畏缩,从而也就会抑制创新冲动。一个明显的例子是,古代中国社会可以算得上是真正实行自由放任市场运行的国家,但中国社会后来的技术创新却逐渐式微。为什么呢?林毅夫在解释李约瑟之谜时就提出假说:在前现代时期,大多数技术发明基本上源于工匠和农夫的经验,科学发现则是由少数天生敏锐的天才在观察自然时自发做出的;到了现代,技术发明主要是在知识的指导下通过实验获得的,科学发现主要通过以数学化的假设来描述自然现象以及可控实验方法而得到,而且这样的工作只有受过特殊训练的科学家才能完成。相应地,在前现代时期的科学发现和技术发明模式中,中国社会因人口众多而在技术发明上取胜;而到了近现代,欧洲因大量的科学实验室而在技术发明上取胜。[①] 同时,相对于基于工作实践,基于实验室试验的技术发明很大程度上也是一种产业"规划",因为它不再依靠传统的无意识方式。同样,当前发展中国家的创新精神并不比发达国家低,但缺乏生产技术和发达的社会组织,导致个体创业动力无法成功转变为集体创业动力。显然,要建立激发创新的基础设施和社会组织,就需要发挥政府的积极作用。

(四)计划经济的前车之鉴

张维迎之所以从信息和激励两方面来否定产业政策,根本上还在于他将产业政策与计划经济等同起来。事实上,在20世纪30年代的市场和计划大论战中,哈耶克和罗宾斯等最后被迫接受了社会主义计划理论上的可

[①] 林毅夫:"李约瑟之谜:工业革命为什么没有发源于中国",载林毅夫《制度、技术与中国农业发展》,上海三联书店/上海人民出版社1994年版,第271页。

计算性,但强调在实践上的不可行,其原因就在于:(1)信息的不完全,个人知识转移给决策者将会出现严重的遗漏和失真,也需要高昂的传递成本;(2)激励问题,无法保证追求私利的个体有积极性自觉地去完成计划。正是考虑到信息的传递成本以及激励中的机会主义行为,奥地利学派断言,市场机制必然优于中央计划,计划经济必然行不通。在产业政策之争中,张维迎则将产业政策视为穿着马甲的计划经济,并以计划经济在全球的失败来断言产业政策必将失败。① 不过,这一类比式论断也显得过于简单化和极端化了:(1)并没有充足的证据表明所有的产业政策都必然会失败,而且计划经济在二战后全球各国都发挥了重要作用;(2)产业政策也并不等同于计划经济,产业政策重在引导产业的发展方向,计划经济则重在对资源的配置和组织的管理上。

就前者而言,仅仅从经验事实上说,产业政策和计划经济的支持者已经列举了大量的经验事实。事实上,二战后的法国、德国、芬兰、挪威以及奥地利等都成功地使用指导性计划来提升国家经济实力,法国还迅速超越英国成为欧洲第二大工业强国;随后的日本和东亚"四小龙"也通过指导性计划来发展经济,如日本政府在1955年到1973年的18年间,公布了七个中期或长期的国民经济计划。小宫隆太郎说,尽管近年来国民经济计划同实际的经济政策之间的联系越来越少,但"这并不意味着日本经济是不大受政府计划干预的。日本政府广泛地干预个体的部门、工业和地区,而且对地区的基地以及工业都是很有计划的"。② 同样,落后贫穷之地诞生的社会主义国家的经济之所以能够得到迅猛发展,很大程度上也依赖于理性的经济计划。即使在市场主导的现代西方国家中,也存在着大量的经济计划,张夏准写道:"所有资本主义国家都为技术研发活动和基础设施建设进行了大量投资,通过为国营企业的活动制订计划,大多数国家实际上发挥着对本国大部分经济活动进行计划的功能。"③因此,尽管计划经济学逐渐暴露出了问题,但我们并不能否认它的成就,值得反思的主要在于计划的内容和实行的机制如何随着社会环境变化而作相机调整。就当前中国社

---

① 张维迎:"为什么产业政策注定会失败?",http://business.sohu.com/20160916/n468535137.shtml。
② 小宫隆太郎:"日本的计划工作",载博恩斯坦编:《东西方的经济计划》,朱泱等译,商务印书馆1980年版,第231页。
③ 张夏准:《资本主义的真相:自由市场经济学家的23个秘密》,孙建中译,新华出版社2011年版,第191页。

会而言,谁也不能否定中国这20年来的经济增长总体上要快于绝大多数国家这一事实,而期间中国政府的产业政策从来没有中断过。当然,我们也会承认,即使那些起到很大积极作用的产业政策很多也可能不是最优的,这是迄今在经济结构、运行机制以及制度安排上还存在严重问题的原因。但是,如果产业政策的否定者据此提出驳斥说:没有这些产业政策,中国的经济增长速度应该更快,这才恰恰是事后诸葛亮式的宣言,也仅仅是一种自我臆想的假设;而现实是,比这种速度更快的经济增长几乎是罕见的,甚至可以说迄今还没有真正出现过。

就后者而言,这就涉及对产业政策和计划经济含义的理解。很大程度上,张维迎所理解的产业政策定义是非常狭隘的,集中在政府以补贴或行政干预的形式帮助某些特定产业优先发展上,其手段包括市场准入限制、投资规模控制、信贷资金配给、税收优惠和财政补贴、进出口关税和非关税壁垒、土地价格优惠等,而且强调政府出于特定目的对私人产品生产领域进行的选择性干预和歧视性对待;相反,政府在公共产品上的投资不属于产业政策,地区政策也不属于产业政策。问题是,究竟什么是公共产品?对新型产业的技术研究支持是否算公共品呢?譬如,林毅夫所理解的产业政策不仅包括政府对企业的补贴等,而且也包括依据可能的回报来配置有限的科研资源,这显然是更为广义的产业政策理解。不仅如此,张维迎对计划经济的理解也是非常狭隘的,几乎所有国家都有过不同范围的经济计划,在二战后的二三十年间尤其如此。博恩斯坦在1973年出版的《东西方的经济计划》一书中就指出:"国民经济计划是一种范围广阔、复杂而又多样化的现象,这个现象不仅反映了有关国家的社会政治制度,而且反映了这个国家经济发展的规模、结构和水平";"'计划'可能指的是集中控制或笼统意义上的干预,或者指的是公共开支方案,或者指的是为某些或许多国营企业制定的详细指标,或者指的是'指示性'计划所特有的目标或规则。此外,……在某些人看来,'计划'意味着条理性、逻辑性、合理性;而在另一些人看来,它意味着限制、控制和失去自由"。[①] 更进一步地,尽管经济计划或产业政策都是规划未来新的方案,但两者还是存在根本性差异:产业政策并不是一个有严格约束力的且必须严格执行的数字计划,而更主

[①] 博恩斯坦:"前言",载博恩斯坦编:《东西方的经济计划》,朱泱等译,商务印书馆1980年版,第3—4页。

要的是一种引导或预报;同时,它更多地要借助于市场机制的积极作用,与市场机制之间是补充而非替代关系。正因如此,计划经济和产业政策的成败对整体经济的影响程度存在明显不同。

四、理解林毅夫的新结构经济学:张维迎的批判逻辑审视

在与林毅夫的争论中,张维迎还对林毅夫的论证逻辑进行了驳斥,指出了其中存在的一些缺陷。然而,张维迎自己所使用的论证逻辑同样存在严重问题,甚至逻辑缺陷更大。这里举两个例子。譬如,林毅夫说:"至今还没有看见一个成功追赶的发展中国家,或者持续发展的发达国家,不用产业政策的。"并由此得出结论说:"没有产业政策,经济就不可能成功。"张维迎承认林毅夫的前一个"命题或许为真",却将后一个引申结论视为"伪命题",其理由是,有大量失败的产业政策。但稍有逻辑头脑的人都可以审视:由前一个假设推演出后一结论存在任何逻辑问题吗?为了驳斥林毅夫的观点,张维迎举例说,按照同样的论证逻辑,由"没有一个长寿的人不曾得过病"得出"得病是长寿的原因"这一结论。张维迎认为,前一假设是合理的,但得出的结论却是荒诞不经的,因为有很多病死的人。但稍有逻辑头脑的人都可以审视,由"没有一个长寿的人不曾得过病"所得出的结论应该是"没有得过病,就不可能长寿"。在这里,"没有得过病,就不可能长寿"是否定式论断,它与"得过病也不一定会长寿"是相容的,又怎么会得出张维迎的论断:"得病是长寿的原因"呢! 再如,林毅夫说:"作为经济学家的责任不是因为怕产业政策失败而凡产业政策都一概反对,而是要研究清楚产业政策成功和失败的道理。"但张维迎说:"我按照林毅夫的建议研究了产业政策,得出产业政策必然失败的结论,但林毅夫没有能告诉我们为什么产业政策不会失败。"①问题是,林毅夫何尝说过"产业政策不会失败"了呢? 同时,张维迎又是如何得出"产业政策必然失败的结论"呢? 尤其是,张维迎批判林毅夫新结构经济学核心及其产业政策理论基础的"比较优势战略"在逻辑上无法自洽,因为其中内含了四大错误。那么,张维迎所指的这"四大错误"是否击中了新结构经济学的要害呢? 这里再作一剖析。

---

① 张维迎:"我为什么反对产业政策?",http://finance.sina.com.cn/meeting/2016-11-09/doc-ifxxnffr7227725.shtml。

(一) 经济增长奇迹真正发生在英美而非中国

张维迎认为,中国等后发国家的长期持续增长不能称为奇迹,人类历史上真正的经济增长奇迹发生地在英国和美国;其理由是:工业革命使英国从一个边陲岛国成为人类现代文明的引领者,美国在南北战争后的 30 年内从一个农业国家成为世界第一大工业国。① 问题是,英国和美国所取得的经济增长都不是实行自由放任主义市场政策的结果,而与政府的高强度政策扶持和关税保护分不开。(1)英国崛起于工业革命之前的一个世纪,16 世纪下半叶的伊丽莎白一世时期就已经确立了在欧洲乃至世界的霸主地位。在军事上,英国先是援助荷兰等小国反抗西班牙的统治,接着又直接打败了世界上最强大的西班牙无敌舰队,进而夺取了印度、加勒比、北美洲以及大洋洲等殖民地;在经济上,英国积极推行重商主义政策,不仅致力于保护和发展本国毛纺织业及其他新兴工场手工业,而且还致力于造船和航海业为产业扩展提供相应的基础设施,通过北美殖民地的开拓和海外贸易公司的建立来拓展海外市场。(2)美国内战后的经济迅速崛起也是源于林肯以后的美国政府贯彻了第一任财政部部长汉密尔顿所构建的重商主义政策,这包括要构建完整的工业体系和强有力的中央政府,并为此要设立一系列的保护主义措施以及发展金融和交通基础设施。实际上,南部种植园主、农产品出口商、新英格兰船运利益集团以及纽约、费城的银行家们出于自身利益而极力维护自由贸易,但 1812—1815 年的英美战争中断了对英贸易往来,北方资本才从航运业转向制成品从而建立起颇具规模的工业,战争结束后北方工业马上又受到抑制,这促使北方资本家呼吁保护政策,最终于亲英的南方种植园主之间爆发了内战,保护主义在内战之后则成为主导美国时代精神的成熟学说。② 尤其是,正如林毅夫指出的,工业革命的产生不仅与企业家精神有关,而且还有赖于基础科学的革命和产权制度的建立,而政府部门在后者中发挥了相当大的作用。

进一步地,我们还可以审视张维迎的另外两个观点。(1)中国过去 30 年之所以取得这么好的成就,就在于总体上政府管得越来越少。确实,过度的管制会窒息人的积极性,从而会制约经济的增长;但是,过度的放任同

---

① 张维迎:"林毅夫的四点错误",http://finance.ifeng.com/a/20160918/14884730_0.shtml。
② 赫德森:《保护主义:美国经济崛起的秘诀(1815—1914)》,贾根良等译,中国人民大学出版社 2010 年版,第 28—29 页。

样会造成秩序的无序,造成人们不愿从事生产而从事掠夺,造成工业与商业、生产与赚钱、创新者与套利者、企业家与商人、制造财货与营利动机以及机器利用和企业经营之间的分离,这已经为凡勃伦详尽刻画。事实上,一个好的产业政策应该努力在两者之间寻求平衡,尤其是在无序式经济增长结束或接近尾声之际,更需要有"精致"的产业政策。这里的"精致"不是严格的政策边界规定,恰恰是因地制宜和因势利导的能力。(2) 中国目前弥漫着一种过度自信的气氛:一方面反对普世价值,另一方面期望把中国的经验变成普遍的规律用来指导其他国家。我的看法恰恰相反,除了一些虚张声势的民粹之外,中国目前弥漫着一种极端自卑的气氛:一方面机械地照搬新古典经济学教材上的教条性原理,乃至过度崇尚在英文世界发表文章;另一方面迄今还没有形成可以被认为成功并值得研究和推广的中国模式,因而几乎没有任何本土性理论。事实上,马克斯·韦伯很好地将新教伦理与西方资本主义发展模式结合起来,后来的斯宾塞、泰勒等发展出了与西方个人主义相适应的管理模式;同样,日裔的威廉·大内、青木昌彦以及植草益等系统地总结了日本那些大公司的管理和运行实践,并将之与日本文化很好地结合起来而构造了独特的治理模式。但试问:有哪些中国学者将中国的文化心理与实践结合起来而提炼出有说服力的系统理论呢?这是汤一介老先生的临终之叹。实际上,笔者曾致力于此研究并撰写了数本专著,但当今中国经济学界罕有人诚心甚至是稍许地关注。

(二) 利用比较优势与产业政策之间存在矛盾

针对林毅夫的观点"中国过去 30 年的经济成功是因为中国从赶超战略转变为'比较优势战略'的结果"。张维迎认为,中国过去 30 年的发展确实与利用比较优势有关,但这是企业家自发行动的结果,与政府发展战略无关。其理由是:(1) 比较优势是动态变化的,而动态比较优势是市场中的企业家创造的;(2) 利用比较优势不需要国家战略,只需要自由市场加企业家就够。相反,如果要违反比较优势,则需要国家战略;而且,各国的历史实践也表明,政府制定的政策大部分都是违反比较优势的。例如,日本政府列入产业政策目标的主要是那些具有较高收入弹性的产业,如机械、电子和汽车,而不是具有相对优势的产业,如纺织业。由此,张维迎认为,林毅夫基于"比较优势战略"的产业政策本身就是内在矛盾的:林毅夫理解的比较优势由要素禀赋决定,而要素禀赋的相对稀缺性又体现为市场价格体系,而合理的价格体系又必须在竞争性市场中形成;比较优势只有在市场竞争中才得以显露出,那么,产业发展战略就应该跟随市场走,而不是由政府来引领市场,但新结构经济学却强调要政府因势利导地利用比较优势。所以,张维迎问道:既然竞争性市场决定的价格体系就能反映比较优势,为什么还要政府告诉企业家比较优势是什么?①

不可否认,如何认识并有意识地利用比较优势确实存在不少障碍,但张维迎这里将发挥比较优势与强调政府作用对立起来却是源于对比较优势的片面理解。究其原因,比较优势本身不是静态不变而是动态发展的,存在从"潜能"到"实在"的转化过程;同时,只有通过技术进步才能促使比较优势的动态演变,进而使得原来不具有比较优势的新型产业变得符合比较优势。我们从两点加以具体说明:(1)比较优势由劳动、土地等自然禀赋以及资本、技术和管理等创生禀赋所构成,尤其是技术越来越成为决定比较优势的关键要素,因此,只要有意识地积累和培育技术等创生禀赋,一国的要素禀赋结构就可以改变,从而也可以引导相应产业的变化。(2)政府不仅可以在技术等创生禀赋的培育和积累中发挥积极作用,而且还可以在充分利用比较优势的产业升级中起到关键作用,因为升级过程会面临很多外部性和协调问题,对基础设施、金融支持、法律服务的要求也不是企业家单独能够做的。显然,林毅夫的新结构经济学所强调的,正是利用政府独特的能力和信息将"潜在的"比较优势转换为现实,进而推动比较优势的更快转换。

同时,张维迎还强调,每一个人在市场中都会想尽一切办法利用比较优势,但计划经济却要求农民在没有水的地方种水稻。不可否认,这些现象在计划经济盛行时代确实曾经出现过,但是,如果将之拓展为计划经济乃至产业政策的一般特征,那么,这种理解就又走向片面化了。这里也从两方面加以说明:(1)尽管市场主体会尽可能利用比较优势,但也仅仅是在现有比较优势下选择产业,却无法跳出现有比较优势以获取更大的收益,而产业政策的作用则在于扩展这种比较优势;(2)产业政策不是要求农民在没有水的地方种水稻,而是试图通过开挖沟渠等方式在原来没有水的地方储蓄水源,从而引导人们开始种植有利可得的水稻,南泥湾就是这

---

① 张维迎:"我为什么反对产业政策?",http://finance.sina.com.cn/meeting/2016-11-09/doc-ifxxnffr7227725.shtml。

样一个典型例子。张维迎以斯密、李嘉图和杨小凯来为自己的理论辩护,但这些传统智慧都只是以比较优势既定为前提,是基于一种静态观,而真正的产业政策应该主要着眼于未来的发展。

(三) 企业家精神与产业政策之间存在冲突

张维迎认为,产业升级和技术进步都源自企业家的创新,企业家精神就体现在它对市场机会的警觉和敏锐,也体现在开拓新事物中的创新;相反,产业政策只会阻碍创新和误导企业家,使有限的资源投入到不该投入的领域和项目中,以致跟着政府产业政策走的企业家也不可能有真正的创新。在张维迎看来,广为人们津津乐道的日本早期产业政策之所以没有产生灾难性的后果,是因为错误的产业政策总会受到企业家的抵制。他举例说,如果没有本田宗一郎等人的抵制,也就没有日本汽车产业的今天。而且,即使如此,20世纪80年代之后,日本产业政策的失误比比皆是,包括第五代计算机的研发、模拟技术、移动通信等都被产业政策带入歧途,乃至通产省神话由此破灭。① 问题是,张维迎的论断也遇到两个明显的挑战:(1) 张维迎刻意地将产业政策与企业家对立起来,但好的产业政策恰恰在于能够与企业家行动形成互补关系。试问:谁能否定日本汽车业的崛起与有效的产业政策之间的关系呢?(2) 大量产业政策的失败并不能否定产业政策的必要性,而仅仅反映出产业政策本身需要优化和改进:应该从以具体技术和产品为目标转向更广的以基础技术和基础设施为目标。

张维迎坚持认为,因为劳动生产率的提高需要依靠技术创新和技术进步,技术创新和技术进步的来源是企业家和企业家精神。不错,企业家和企业家精神是技术创新和技术进步的根源,但是,我们也必须同时注意这样两点:(1) 企业家和企业家精神只是技术创新和技术进步的必要条件而不是充分条件,技术创新和技术进步的成功还有赖于良好的社会环境;(2) 企业家的创新主要是在产品层面或技术运用方面的创新,这些创新需要以基础科研和公用技术的突破为基础,而基础科研和公用技术的突破大多又依赖于政府的支持。就此,我们同样可以举出大量案例。例如,1976年推出的苹果I型计算机建立在20世纪60年代到70年代的计算技术上,

---

① 张维迎:"我为什么反对产业政策?",http://finance.sina.com.cn/meeting/2016-11-09/doc-ifxxnffr7227725.shtml。

2001年推出的iPod及其后的iPhone则是建立在卫星定位、声控和大规模储存等新技术上，而这些研发成果都受到美国政府的公共资金支持，乔布斯的贡献在于把这些新技术组合开发成消费者喜爱的新产品。同样，最初的网页和网页浏览器也不是私人部门设计的，而是由政府资助的欧洲量子物理实验室和伊利诺伊大学的国家计算机安全协会开发的。为此，克莱因就指出："如果没有施乐公司的帕洛阿尔托实验室的巨大贡献和苹果公司开发出的很有用的图形用户界面、轻便耐用的鼠标和以太网协议，就根本不会有今天的互联网。但是没有巨大的公共资金投资首先把网络构建起来，前面这些私人开发的东西也是没用的"；因此，我们"不要把互联网说成是一项'私人'技术，一种自发秩序，或者是一个资本主义创造性的光辉样板。它跟这些都无关"。[①] 正因如此，我们不能简单地将企业家精神与产业政策对立起来。

同时，按照米塞斯-罗斯巴德的企业家理论，只有拥有产权的资本家才可能是真正的企业家，因为只有预先拥有金融资本所有权才能去投资，才能承担投资的不确定性；这也就意味着，那些早期从事技术创新和发明的瓦特、盖茨以及乔布斯并不是企业家，因为他们没有承担投资失败的损失。进而，按照这种理论，只有那些风险投资者才是企业家。但问题是，这些风险投资者也在努力采用分散投资等措施来控制不确定性呀！其实，企业家精神的根本特质在于事业的创新和开拓而非财富的追逐和积累，真正的企业家从财富创造而非转移中获利。张维迎举例说，瓦特改进蒸汽机时，最初资助他的罗巴克被搞破产了，后来接手的博尔顿也经历了一次又一次的危机。这里，瓦特就是将发明作为事业的企业家，但不是纯粹为逐利的商人。正如张维迎所说，在当时还很难看到蒸汽机的赢利前景，因为相关技术和配套设备都没有出现，大规模使用蒸汽机的火车和轮船也没有出现。之所以有人从事创造发明等事业，就在于在当时新教革命唤起了一股以天职为志业的精神。但是，如果放在以逐利为目的的现代商业社会，根本就不可能有人专门从事这种耗资巨大、成效缓慢的项目；相反，这类研究开始只能发生在科研部门，而科研部门的资金则由政府来资助，这正是现代社会中控制创新不确定性的重要机制。

[①] 克莱因：《资本家与企业家》，古兴志译，上海财经大学出版社2015年版，第139、138页。

(四) 发展战略与经济体制之间存在关系扭曲

张维迎认为,重新思考发展战略与经济体制的关系:究竟是赶超战略导致了体制扭曲,还是扭曲的体制导致了错误的战略。其理由是,最初主张推行计划经济的人并非出于赶超目的,而是基于防止资本主义生产过剩的需要,只是后来出于执政合法性的需要才提出赶超战略;赶超战略一旦实行就会打压企业家精神,否定个人权利和市场的存在。① 对张维迎的论断,我们也可以从两方面加以审视。(1)张维迎的分析逻辑明显存在张冠李戴现象:通过生产资料公有及有计划生产来克服资本主义的生产过剩现象是早期马克思等理论家提出的,但其主张是以社会主义首先出现在高度发达的资本主义国家为前提;赶超战略则由苏联的社会主义实践者提出,其背景是社会主义首先出现在了经济落后地区并存在发达资本主义的对抗和竞赛。(2)张维迎认为,讨论体制与战略问题的实质是在讨论,究竟政府是个人实现幸福的工具,还是个人是政府实现某种战略的工具的问题,但是,这实际上又是一个"伪命题",因为现代政府积极寻求有效的产业政策的根本目的当然是实现人们的更大福利,否则就成了仅仅追求诺思意义上垄断租金的作为主权者的统治者了。

张维迎认为,如果政府是实现个人幸福的工具,就应该保证更多的个人自由,促进市场体系建设,让企业家精神发挥作用。但试问,只有自由放任的市场经济中才会有个人自由吗?马克思的所有学说不正是为追求个人的全面自由吗?林毅夫就指出,张维迎错误地将中国改革开放之前的落后归咎为缺乏自由,进而错误地将国家发展战略视为对个人自由的侵犯。理由是:(1)"日出而作,日没而息"的传统自然经济社会是相当自由的,但仍然发展不好;(2)如果政府不因势利导解决产业结构升级中的问题,不完善基础科研、基础设施、教育、金融等,那么,企业家精神也就无法发挥出来,个人自由也就会受到限制。② 实际上,涉及个人自由问题,我们往往需要作一连串的思考:(1)个人自由为何会受到侵害?一般地,个人自由就是一个人不受到其他人或群体的奴役、压迫和剥削。(2)一个人为何会受到其他人或群体的奴役、压迫和剥削?根本上,源自互动的双方之间存在

---

① 张维迎:"林毅夫的四点错误",http://finance.ifeng.com/a/20160918/14884730_0.shtml。
② 同上。

权力的不平等。(3)权力为何会存在不平等？明显地,这体现为政治领域的公权力和经济领域的私权力集中在少数人手中。(4)如何才能解决权力集中现象？显然,这就涉及政治民主主义和经济民生主义的改革。由此可见,张维迎的论断存在明显的误区:它先验地认定维护自由市场是实现个人幸福的最好工具,并且还以强烈的政治性和实用性词汇而非学术性和哲理性词汇来理解个人自由概念。

上述种种的分析都反映出,这场产业政策之争在很大程度上只不过源于对人类实践的不同理解,每个学者以及经济学流派都基于特定的视角来解释社会经济现象,乃至对同一事实往往都会得出不同的认识,进而产生不同的学术主张。由此,在林毅夫看来一些顺理成章的政策,张维迎却认为其中存在严重的逻辑矛盾；相应地,一些对人类社会产生积极作用的创新,被一类经济学家归功于企业家精神的自由发挥,却被另一类经济学家归功为政府的产业政策。事实上,奥地利学派学者克莱因就曾举例说:"自由主义者们经常引用互联网作为案例来指出自由是创新之母。而反对者马上会指出网络是一个政府项目,然后再一次证明市场必须有政府的有形之手来引导。从某种意义上说,这种批评是对的,但不是以他们的这种方式来理解。"在很大程度上,互联网之所以能够产生并得到广泛应用,应该归功于政府和市场的结合:一方面,"对于互联网的诞生,政府的作用是被低估了。互联网的诞生要归功于政府和政府基金","互联网一开始确实是一个典型的政府项目,称为远景研究计划局网络,是设计用来分享大型计算机能力和建立一个安全的军事通信网络";另一方面"设计者们一开始并没能预见它会变成(商业化的)互联网。不过这一事实的重要性是提示了我们互联网是怎样工作的,并且解释了为什么后来在线技术的不断发展过程中会有那么多障碍。我们必须感谢市场参与者,是他们让网络变得有意义,而不仅仅是一个典型的政府项目,因为政府项目代表着无效率、投资过度、非关联性"。[①] 推而广之,我们在设计一个产业政策时,就需要伴随社会条件的变动而调整；在评价一个产业政策的工作时,则需要从全局和长期的视角着眼。

[①] 克莱因:《资本家与企业家》,古兴志译,上海财经大学出版社2015年版,第76页。

五、尾论:囿于奥地利学派分析产业政策的局限

上面对张维迎彻底否定产业政策的主要观点、所持理由以及分析逻辑做了较为全面的审视,不过,并不能否认张维迎在论战中也提出了很多富有启迪的洞见,尤其是对产业政策极有裨益的告诫。譬如,张维迎正确指出,传统要素禀赋决定论假定资本和劳动力(包括人才)在国家之间是不流动的,而一旦资本和人才能够自由流动就大大降低了要素禀赋的重要性,乃至现代各国进出口结构中绝大部分具有比较优势的产业与要素禀赋并没有多大关系。究其原因,现实中的比较优势是动态的,是一个学习和实践的过程。张维迎还举了一系列的例子:(1) 英国原先并没有棉纺织业的资源禀赋优势,只是在凯伊的飞梭(1733 年)、怀亚特的纺纱机(1733 年)、哈格里夫斯的(珍妮)多钉纺织机(约 1766 年)、阿克莱特的水力纺纱机(1769 年)以及克朗普顿的走锭精纺机(1779 年)相继发明之后,才取得巨大的比较优势。(2) 在 1920 年之前汽车市场的领头羊是德国和法国,只是亨利·福特发明的自动化生产流水线才使得美国汽车业超越德国和法国。(3) 韩国的要素禀赋结构也不适合发展汽车产业,汽车修路工出身的郑周永却"创造"出了韩国汽车业的比较优势。① 正是鉴于技术进步在现代比较优势提升以及产业升级中的关键作用,本书第 8 章就强调指出,产业政策的重点应该放在促进技术进步和劳动生产率的提高方面,对那些跨越式产业升级的实现更是如此。

问题在于,尽管张维迎充分突出了比较优势的动态演变,但他却由此来彻底否定产业政策。究其原因,他简单地认为所有技术都是企业家个体发明创造的,动态比较优势也是由企业家无意识推动的,进而认定企业家才是最重要、最稀缺的资源。显然,这就很值得推敲和审视。(1) 尽管在前现代社会中大多数技术发明确实主要是一些从事实际工作的工匠、农夫、工程师以及企业家发明的,但现代社会的技术发明主要是在知识的指导下通过实验获得的,科学发现则主要通过以数学化的假设来描述自然现象以及可控实验方法而得到的,这样的工作只有受过特殊训练的科学家才

---

① 张维迎:"我为什么反对产业政策?", http://finance.sina.com.cn/meeting/2016-11-09/doc-ifxxnffr7227725.shtml。

能完成。① 既然如此,我们又如何将技术进步主要归功于市场主体的自发行为呢?显然,这需要进一步探讨技术进步的动因和轨迹。(2)奥地利学派正统的企业家才能理论是注重"警觉"和"套利"的米塞斯-柯兹纳路线,它将企业家视为在警觉引领下从事发现和利用市场机会的人;相应地,几乎所有追逐利润的市场主体都被视为企业家,几乎所有的市场行为都被视为企业家行为。既然如此,我们又如何认定企业家以及企业家精神是稀缺的呢?显然,这就需要对企业家以及企业家精神的内涵做出更清楚的界定。很大程度上,张维迎之所以如此推崇企业家精神和市场的自发作用,就在于他较为机械地接受了奥地利学派的观点和思维,却没有或者没有能力进一步去剖析奥地利学派用于分析产业政策时的内在局限。

实际上,奥地利学派的企业家才能和企业家精神理论至少也存在两种不同路向:(1)由维塞尔开创并为熊彼特发扬的路向,它将创新视为企业家精神的核心,突出具有创造性的特定活动及其在创造利润的过程中对经济发展的推动;(2)由米塞斯开创并为柯兹纳发扬的路向,它将警觉视为企业家精神的核心,突出具有警觉性的个体行为及其在发现和利用利润机会过程中对经济发展的推动。柯兹纳就写道:"熊彼特认为……企业家精神是属于那些聪明的、富有想象力的、勇敢和足智多谋的创新者。而我们则认为,只要市场参与者意识到做某事哪怕一点点不同于现存的做法,就可能更加准确地预期实际的可得利润,那么,这就是运用企业家精髓。"② "熊彼特用价格竞争来说明非企业家的普遍竞争,而用新产品和新技术来说明充满活力的企业家竞争。对我们来说,价格竞争过程,如由新产品、新技术和新组织形式表现出来一样是企业家的、动态的。"③但是,张维迎等国内一些经济学家却倾向于混用企业家理论两条路线中的警觉和创新来为现实市场机制及其后果辩护:一方面,他将企业家的警觉性扩展到所有市场主体身上,从而为市场行为的合理性以及市场机制的有效性辩护;另一方面,他们将企业家的创新精神运用在那些资本精英身上,从而为企业高管的高额报酬以及市场收入的巨大差距辩护。试问:所有人类行为或市场行为都是理性的吗?市场上所取得的收入都是合理的吗?很大程度上,

---

① 林毅夫:"李约瑟之谜:工业革命为什么没有发源于中国",载林毅夫:《制度、技术与中国农业发展》,上海三联书店/上海人民出版社1994年版,第136页。
② 柯兹纳:《竞争与企业家精神》,刘业进译,浙江大学出版社2013年版,第107页。
③ 同上书,第108页。

奥地利学派意义上的那种企业家已经蜕变成单一的"套利者"而非"创新者",而频繁的套利行为非但不会促进市场协调,反而会加剧市场波动。

综观张维迎有关产业政策的分析和论断,几乎都源于奥地利学派的思维和主张,以致很大程度上也曲解了企业家和企业家精神,混同了商人式企业家和工程师式企业家,进而将企业家与商人等同起来,将企业家精神与逐利动机等同起来。事实上,张维迎近来言必称哈耶克,言必称米塞斯,言必称奥地利学派范式,但试问:(1)他在多大程度上真正理解了哈耶克、米塞斯以及奥地利学派的思想?(2)又在多大程度上认真审视了哈耶克、米塞斯以及奥地利学派思想的合理性?就前者而言,奥地利学派迄今并没有形成一部广为接受的教材式著作,其理论和范式主要是由众多学者所撰写的一系列著作构成的,以致同一概念往往也存在不同理解。例如,鲍莫尔和何尔康等人就将企业家精神区分为:破坏性企业家精神和建设性企业家精神,并认为,企业家精神不仅会促进也可能会危害社会,因为它很可能采取一种寻租的方式去影响政府以特定的资源消费方式重新分配收入。就后者而言,奥地利学派基于特定的哲学思维和分析视角对事物进行诠释和理解,从而不可避免地带有主观性和片面性。例如,根基于自然主义和肯定性理性思维,奥地利学派将市场秩序等同于自然秩序和正义秩序,将市场价格等同于合理价格或正义价格,从而也就忽视了市场价格信号的扭曲性,忽视了市场收入的不合理性,乃至将所有的逐利行为都视为企业家行为,将所有的市场活动都视为信息发现过程,从而就失去了对现实世界的批判和现实问题的发现。

很大程度上,正是由于机械地盲从奥地利学派,张维迎等人否定市场协调存在失灵,反而将市场失灵视为市场不均衡的表现,而不均衡又意味着套利机会的存在,从而促使企业家采取行动。而且,张维迎仅仅以马云的阿里巴巴和史密斯的联邦快递公司以及全球代孕市场等少数几个例子就认定,市场竞争必然会导致市场协调;同时,仅仅以特定时期的计划经济下的商品短缺来断定,协调失灵严重的市场一定是企业家精神受到了体制和政策的抑制。但是,张维迎却根本没有剖析市场协调中的内在障碍,也没有探究计划经济中那些可以改进的因素。同样,简单地依据奥地利学派对人类能力的有限性和激励机制的不完美性这两大关注,张维迎就武断地认为,产业政策必然会失败,林毅夫等人所希望的"正确的产业政策",过去没有过,现在没有,今后也不会有。其实,张维迎本身也承认,如果能够获得所有行为后果的有关信息,就可以设计一个激励机制使得政府官员没有寻租的空间。只不过,张维迎又强调,无论在理论上还是实际上,获取这样的信息是不可能的,因为无法对政府官员的投入和产出进行有效的度量,从而也就无法对官员们进行有效的激励,而只能进行程序性的监督和控制。问题是,张维迎为何对私有企业的管理者具有如此信心,而对政府官员却如此没有信心呢?要知道,在所有权和经营权分离的今天,现代企业中的管理者与政府官员在行为动机和决策程序上并没有根本性差异。剑桥大学的张夏准就指出:"委托—代理问题和搭便车问题影响到了许多大型的私有企业","虽然一些大公司仍然由它们的(大)股东管理,但是大部分企业都是由雇佣的管理者进行管理,因为它们的股权非常分散"。①

最后需要指出,尽管相对于新古典经济学,奥地利学派对市场经济的分析向真实世界迈进了一大步,但是,依然没有摆脱自然主义和肯定性理性思维的束缚,从而对市场经济的认识依然存在严重不足。譬如,奥地利学派引入人的意向性而剖析了市场中的个人选择、行为互动以及由此产生的自发市场秩序,但是,(1)它没有意识到个人价值与社会价值之间的悖论,由私利追逐的东西并不一定符合社会的需要;(2)它没有区分不同市场主体的行为差异,市场结构性不仅体现在货币流动的资本市场,更体现在人员流动的劳动市场;(3)它没有深入剖析人际相异性带来的权力不平等,自由市场中同样因金钱权利的集中而存在剥削、奴役和压迫;(4)它没有关注有限理性的个体在互动中导向的囚徒困境,自由市场的秩序扩展不仅呈现出演进倾向,更多地凸显出内卷倾向;等等。同样,奥地利学派突破了新古典经济学的原子个体主义以及数量化的分析思维,进而致力于对社会结构的分析,包括资本结构、劳动结构、生产结构、市场结构以及利率结构等,但显然,这些结构分析几乎都囿于社会结构的自然性或物质性,而没有剖析社会结构的社会性,从而也就很难真正认识到"自发"市场的扭曲和非均衡性,很难真正认识到它的深层次问题。

譬如,奥地利学派承认人与人之间先天地存在各种各样的差异(能力、天赋、出身等),这导致现实世界中人与人之间的各种不平等;由此,奥地利学派将人们之间的不平等视为人类合作与发展的基础,进而主张法律面前

---

① 张夏准:《富国的伪善:自由贸易的迷思与资本主义秘史》,严荣译,社会科学文献出版社2009年版,第96页。

人人平等。确实,人的相异性是社会分工,进而也是社会合作与发展的基础。但是,人的相异性主要不是源自生理和偏好等自然条件,更主要源自资源占有等社会性条件,进而衍生出权力和地位的不平等。显然,后一类差异将导致形式平等下竞争的实质不平等,因为以平等对待不平等就是实质的不平等。正是由于奥地利学派局限于以自然性来解释人际差异,就仅仅看到分工合作的必然性和充分性,却看不到现实分工合作关系中潜含的不公平性,自然也就否定政府的社会政策,温和者哈耶克也只赞同最低社会保障制度,更不要说积极干预市场的经济—产业政策。正因如此,笔者长期以来对奥地利学派所持的态度也是双重的:一方面努力汲取奥地利学派思维和理论中极有助益的营养,如对个人知识和主动性的重视,对人类行为和社会经济的异质性和结构性分析等;另一方面则积极正视它在哲学思维、分析方法以及相关论断中的潜含缺陷,尤其关注它潜含的肯定性理性思维和社会达尔文主义谬误,进而更深入地审视真实市场的运行机制及其效果,从而也就有助于更好地引入并界定政府的作用范围。

总之,尽管奥地利学派思维和范式对市场运行具有强大的分析功能,它提出的理论和洞见也为我们认知市场现象提供了重要的启发;但是,我们又不能简单地盲从和固守它,而应该以开放而多元的学术态度来审视它。尤其是,在对待和处理具体的现实问题时,我们更是不能简单地信守一种理论、一种学说和一种分析思维。究其原因,(1)任何现实社会经济问题都是复杂的,而理论则具有一定的抽象性,从而无法直接应用;(2)每一种理论和学说都基于特定的角度和维度看待问题,从而也必然会内含了某种片面性;(3)社会科学理论本身随着人类社会的发展而不断成熟和演进,因而就难以出现完全成熟或者达到真理的社会科学理论。很大程度上,社会科学理论就像"分久必合、合久必分"的中国历史一样,它也遵循着革命—综合—再革命(分裂)—再综合的发展路径。就奥地利学派而言,迄今我们并不能说它在20世纪30年代与社会主义计划的大论战中取得了绝对的胜利,况且当时它针对的是全范围的中央经济计划,而现代产业政策则要灵活得多,从而也就更难以被一些抽象理论和孤立案例所驳倒。事实上,张夏准就指出说:"成功的事例并不能使我们相信政府在任何条件下都能够挑选出赢家;同样的道理,无论失败的例子有多少,也都不能否认政府在挑选赢家方面的功劳","问题不是政府能否挑选赢家,它们当然也可以挑选赢家,而是如何提高它们的平均成功率。如果政府有足够的政治意愿,那么它们的平均成功率可以大幅度提高","真实的情况下是,赢家实际上一直都是被政府或私营部门挑选出来的,但是最成功的事例通常都是两家共同挑选的结果……如果我们继续被自由市场的思想蒙蔽,认为只有私营部门挑选出来的赢家才能获得成功,那么我们到头来就会丧失通过公共领导或者公司合作共同推动经济发展的大量机会"。[①]

[①] 张夏准:《资本主义的真相:自由市场经济学家的23个秘密》,孙建中译,新华出版社2011年版,第127—128页。

11

现代社会为何需要有为政府

——田国强和林毅夫之争的逻辑考辨

本章导读：现实生活中的市场失灵远比新古典经济学所承认的要广泛，这就赋予了政府远比新古典经济学意义上的有限政府更为广泛的职能，从而也就为有为政府夯实了理论基础。有为政府说的"有为""无为"和"乱为"都是针对市场缺陷及其失灵而言的，因而有为政府的作用边界是清楚的，有为政府的概念也是逻辑自洽的；同时，基于市场缺陷的弥补为有为政府确立了一个理想目标，而现实政府要不断接近这一目标则需要一个过程，这又有赖于有为政府主导的一整套制度安排，因而有为政府体现了目标和过程的统一。此外，田国强论证有为政府无效和有为政府高效的逻辑和证据并不能经受思辨逻辑的拷问，集中在产业政策上也是如此，如市场机制和民营企业并不能有效避免和摆脱产能过剩问题。最后，市场化改革的推行也并不必然导向有限政府而非有为政府；相反，如果考虑真正的有效市场，有为政府反而是更佳的归宿。尽管如此，现代经济学人还是普遍反对有为政府而信奉有限政府，很大程度上与其说是出于真实科学的研究，不如说更主要是源自传统智慧所塑造的神话，而对神话的信仰往往会造成学术的对立。

一、引　　言

经济学是一门致用之学,经济学的学习和研究是要理解、分析和解决现实问题,从而为社会经济政策服务。其中,学好经济学的基本要求就是要能够认识市场和政府的功能及其作用范围,让两者都能够各司其职,从而为推动社会经济的健康发展发挥出最大积极作用。穆勒就曾写道:"在我们这个时代,无论是在政治科学中还是在实际政治中,争论最多的一个问题都是,政府的职能和作用的适当界限在哪里。在其他时代,人们争论的问题是,政府应该如何组成,政府应根据什么原则和规则行使权力;现在的问题则是,政府的权力应伸展到哪些人类事务领域。当潮流汹涌地转向变革政府和法律,以改善人类的境况时,人们讨论这个问题的兴趣很可能将增加,而不是减少。"①在笔者看来,市场机制和政府机制之间不仅可以而且需要形成良性的互补和共进关系,因为它们都是资源配置的基本机制,同时也都面临着失灵问题。

然而,围绕国家的角色形象以及政府的功能承担,学术界一直存在截然不同的观点,乃至衍生出了不同的经济学流派。根本说,当前发生在林毅夫和张维迎、田国强以及文贯中等人之间的争论,也是经济学界这一长期未竟论战的继续。不可否认,每位论战者的论述都有自身的逻辑和道理,但是,从思辨逻辑角度看,很多论点因根基于特定的逻辑而不免具有片面性,从而还有不少地方值得进一步的考辨和商榷。其中一个重要原因是,现代经济学人大多是出身于数理专业,非常注重形式逻辑的严密性,也善于构建基于各种假设的数理模型,但也正因如此,他们在面对生活世界并需要运用思辨逻辑时,所展开的分析和论断往往就显得不那么严谨,甚至暴露出很明显的漏洞。另一个重要原因则是,现代经济学受功能主义分析思维影响甚大,以致流行的认知和视角往往着眼于事物的表象,却很少深入到事物的内在本质和作用机理,而专注表象的研究往往倾向于用孤立的案例和局部的数据来得出或论证观点,从而往往会潜含严重的工具主义谬误。就市场和政府的关系而言,不少经济学人也就容易为特定分析思

---

① 穆勒:《政治经济学原理:及其在社会哲学上的若干应用》(下卷),赵荣潜等译,商务印书馆1991年版,第366页。

维、传统智慧及其内含的意识形态所左右;演化主义经济学人往往过于推崇市场机制的作用,建构主义经济学人则会忽视政府行为潜含的"自负",从而很少有人真正去关注、挖掘和构建市场与政府之间的互补共进关系。

正是基于上述原因,在看待政府和市场这两大机制的基本功能、作用范围以及相互关系上,现代经济学人以及不同经济学流派的学者往往趋向两个极端。迪克西特就写道:"当经济学家与公共事务的其他分析家在思考经济政策时,他们常常将市场与政府之间的对立视为基本问题。一方面主张市场易于失灵,政府的出现就是为了纠正市场失灵,并且从总体上讲政府能够胜任这一任务;另一方面则相信市场运转非常良好,政府不是解决市场失灵的良方,而是导致市场失灵出现的原因";但事实上,"通常现实要复杂得多,因此任何试图将现实硬套在上述单纯的二分法之中的努力都将受挫。市场有缺点,政府也有缺点,并且任何一方面的观察者和分析家都有各自的局限。在华盛顿特区的政界里,有50多年经济学研究经历的赫伯特·斯坦因总结道,他所学到的两个主要教训就是,'经济学家对经济并不知道多少,而其他人(包括制定经济政策的政治家)就知道得更少了'"。① 其中,受传统智慧的影响,现代经济学的主流观点更加关注政府失灵而非市场失灵,从而主张严格限制政府行为,这集中体现在田国强的论述和论断中。有鉴于此,笔者最近对广泛引起社会关注的田国强与林毅夫之争进行了梳理,并嵌入笔者一以贯之的经济学认识作一评述。

二、为何需要有为政府:基本理论依据

林毅夫的新结构经济学倡导有为政府,而田国强则持强烈的否定态度。那么,如何理解学者之间的这种认识差异呢?笔者以为,这根本上涉及了对市场失灵的不同认识。一般来说,只要存在市场失灵,就赋予了政府一定的积极作用和可为功能。问题在于,如何界定现代政府的作用边界和强度?很大程度上,这就与市场失灵的广度和深度有关,而且市场失灵的广度和深度本身是随时空转换而动态变化的。一般地,传统意义上的市场失灵主要针对早期市场机制,并且是狭义的,它主要是指规模经济、垄

---

① 迪克西特:《经济政策的制定:交易成本政治学的视角》,刘元春译,中国人民大学出版社2004年版,第1—2页。

断、信息不完全或不对称、外部性以及公共物品等的存在,导致市场无法实现资源配置效率的最大化。显然,如果确定了这类市场失灵的类型和范围,那么也就明确了政府进行经济调控的作用领域,很大程度上,这也就是田国强等强调的有限政府的边界。

然而,如果进一步拓展视域,我们就可以发现现代社会中存在着更为广泛的市场失灵。至少可以看到这样十类市场失灵:(1) 风险保障市场的不完全,导致人们因风险厌恶而失去创新和冒险意识;(2) 资源的不可分性,导致出现反公地悲剧现象;(3) 多重均衡问题,导致资源不能被充分利用,收入分配也不公平;(4) 市场不能解决社会效率和公平之间的矛盾,不能解决收入差距的持续扩大;(5) 个人价值与社会价值之间的冲突,导致市场堕落效应的扩展;(6) 市场主体的不完全理性或非理性,导致公共性资源得不到最优使用;(7) 市场不能保证社会秩序持续扩展而不会内卷,不能保证经济稳定而不出现经济危机;(8) 市场无法自行保证供给不断增长的社会性需求,从而导致私人产品与公共产品之间不配套的社会失衡问题;(9) 过度竞争引发的炫耀性消费,导致真实需求的扭曲;(10) 策略性行为引发的打埋伏机制,导致社会内生交易费用不断膨胀。显然,这些广义市场失灵的存在,也就赋予了政府更大的职能承担,进而极大地扩展了政府积极有为的作用空间,相应地,也就导向了林毅夫等提出的"有为政府"。

上文在评论张维迎观点时,已经就与产业政策密切相关的信息不完全性、负外部性效应、技术进步的正外部性、存在规模经济、次优和第三优理论以及生产力理论等作了阐述,而有为政府的概念承担和作用领域并不局限于产业政策一隅,同时也有更为广泛的理论基础作为支撑,因而这里择其要者而述之。

(一) 市场主体特征理论

传统狭义的市场失灵理论主要集中在市场客体(机制)的缺陷上,如不存在理性行为和完全竞争所需要的完全信息。基于这一视角,新古典经济学等认为,这些市场客体的缺陷可以随着社会发展和市场建设而得到改进和修复,以致市场失灵也将逐渐缓和乃至消逝,进而政府的经济功能也将逐渐式微,乃至退缩到扮演"守夜人角色"的最小政府。譬如,田国强就认为,针对由信息不对称等造成的市场失灵,通过改进信息机制以诱导经济人真实显示信息,就能够产生帕累托改进而提高效率。① 问题是,随着市场经济的拓展和推进,引起市场失灵的因素越来越转向了另一方面——市场主体,这导致了市场失灵不仅持续存在,还会不断扩大和加重。究其原因,市场客体往往可以在发展中得到逐渐建设和完善,但市场主体的特性则要稳定得多,很难在短期内得到改变,反而可能随着市场经济的推行而强化。哈耶克很早就曾指出,对社会秩序的阐释,最终必须依凭的乃是对人性和社会世界性质予以阐释的社会理论。② 相应地,我们在认知和理解市场秩序以及社会秩序时,在理解市场活动和政府行为的内在缺陷时,都必须从审视市场主体的人性特征以及其行为互动着手。一般地,对市场主体的行为考察主要包括两方面:(1) 个体的理性特质,这集中体现在理性的程度上,基于有限理性的互动产生了囚徒困境、公地悲剧以及集体行动困境等现象;(2) 个体间的相异性,这集中体现在资源的分配上,权力和地位不平等造成了市场交换和收益分配的不公正。

首先,就市场主体的理性特质而言。新古典经济学以及奥地利学派所推崇竞争市场下的"无形的手"预定协调机制、福利经济学定理、自发秩序扩展原理以及科斯中性定理等,这些都设定了完全理性的行为主体,但是,所谓的完全理性只不过是一种虚构,现实生活中的任何个体都只是有限理性或近似理性的。实际上,除了在基于建构理性主义思维而构建(长期)市场有效的模型外,现代主流经济学在对现实行为进行静态分析时基本上都是基于行为功利主义的短视理性,尤其是,经济人分析范式所内含的根本上就是基于一次性行为功利判断的极端有限理性;相应地,由此衍生出的行为互动往往导向一种具有内固力的市场纳什均衡,乃至得出了囚徒困境的一般性结论③,包括竞争失度、资源枯竭、环境破坏、金融泡沫等都是囚徒困境的表现,2016 年诺贝尔经济学奖得主霍姆斯特姆提出的激励不相容原理也是其中之一。显然,囚徒困境不仅反映了个体理性与集体理性之间的冲突,也揭示出现代主流经济学引以为傲的理性行为所潜含着的深深的"理性自负",以致森常常把"经济人"称为"理性的白痴"。事实上,个体理性的有限性不仅表现为只考虑近期利益而忽视长期利益,也表现为只考

---

① 田国强:"林毅夫维迎之争的对与错",《第一财经》2016 年 11 月 22 日。
② 邓正来:《自由与秩序:哈耶克社会理论的研究》,江西教育出版社 1998 年版,第 5 页。
③ 朱富强:"'经济人'分析范式内含的理性悖论:长远利益、为己利他与行为理性的理解",《上海财经大学学报》2012 年第 4 期。

虑个人的或局部的利益而忽视集体或全局利益,因而基于个体理性行动往往会导向集体无理性。这就意味着基于个人效率最大化的帕累托原则这一方法来评估公共政策的失败。布罗姆利就写道:"公共政策问题或集体行动问题的产生,正是由于原子式的个人最大化行为所产生的加总结果和社会拥有的结果是不一致的。如果将这种业已发现会产生不能接受的结果的方法视作集体行动借以纠正现有问题的真实法则,这不是很奇怪的吗?"①正因如此,对社会效率的评估,就需要寻找新的标准,进而又引出了政府的相关功能承担。

其次,就市场主体间的异质性而言。新古典经济学以及奥地利学派所推崇的自由市场观、市场公平分配观、科斯中性定理、福利经济学第一定理等都设定了同质的行为主体,或者至多在口味偏好、行为目的、个人知识以及警觉性等方面的人际差异性。但是,现实市场中的行为主体根本上是异质性的,而且主要体现在地位和权力的不平等上,从而根本无法将现实世界的消费者和企业等都还原为同质的原子体。相应地,只要回到异质性市场主体的现实世界,新古典经济学的市场信条就必然会面临质疑和挑战,如:(1)异质性市场主体因各种因素而面临不同的"选择集",从而绝对没有平等的自由,也绝对不会有实质性的公正交换;(2)商人往往只关心能带来最大收益的富人需要的商品,而对那些有助于社会大众的公共品则漠不关心,或者市场经济体系中拥有更大权力的生产者倾向于通过各种途径来诱导人们的消费而并不是根据消费者需求来激励供给,从而也就无法实现社会效用最大化。② 很大程度上,新古典经济学教材中所崇尚和宣扬的只是一种逻辑化市场,它在现实世界中根本就不存在,现实市场机制所导向的结果也迥异于所谓的有效市场。③ 赫什莱佛就强调:"主流经济学一直都着重传达虽然重要但又较为片面的一点,那就是自利可以带来善意,以至于几乎把其阴暗面都忘掉了。"④这也意味着,新古典经济学以及奥地利学派的市场化主张具有明显的简单化倾向,它将政府和市场在经济事务中的角色对立起来,而没有努力去沟通它们之间的互补性,而这是现代经

---

① 布罗姆利:《充分理由:能动的实用主义和经济制度的含义》,简练等译,上海人民出版社2008年版,第6页。
② 朱富强:"市场机制能否保障主体的自由和交换的公正",《上海财经大学学报》2010年第5期。
③ 朱富强:"市场的逻辑还是逻辑化的市场",《财经研究》2014年第5期。
④ 赫舒拉发:《力量的阴暗面》,刘海青译,华夏出版社2012年版,第2页。

济学应该且必然会关注的重要课题。

(二) 市场堕落效应理论

传统市场失灵集中关注效率方面,但是,市场失灵还有另一重要表现:社会价值的忽视和丧失。譬如,基于自由交换的帕累托改进原理,波斯纳、贝克尔等经济学帝国主义的倡导者提出了一系列政策主张:性交易乃至强奸权利合法化、建立婴儿买卖和人体器官买卖市场,甚至允许毒品买卖和奴隶交易,等等。问题是,尽管从经济学的分析思维来说,这些交易似乎是有效率的(尽管这种效率也是从短期和局部上而言的),但是,在社会文化和伦理道德层面上,这些"有效"的市场成果却违反了他人或社会的利益,因而长期以来都属于为社会道德所贬斥以及为法律所禁止的行为。这意味着,从经济学来说有效率的市场成果在社会文化和伦理道德层面上却难以为社会所接受。① 如何解释呢? 这正反映出被长期忽视的另一市场失灵类型:某些交易从市场运行来说似乎是有效率的,却衍生出对社会发展极度不利的后果;相应地,如果放任这种交易的推行,就必然造成社会伦理的式微和解体,进而使得整个社会陷入无序和失范状态。显然,这就带来了新的思考:究竟是以社会合理价值来审视和反思现代经济学的分析结论? 还是以现代经济学的分析来审视和重塑现代社会价值和法律道德规范? 康芒斯强调,社会"合理价值"是审视市场成果的可接受性以及市场运行的有效性的重要标准,如果市场交易所促进的东西不符合社会需要和社会价值,那么这种市场也就不是合理和有效的。一般地,即使按照现代主流经济学的效率原则,市场的设计和推行有助于社会总效用的提高,但只要它会对社会发展造成危害,这也就是明显的"市场失灵"。然而,现代主流经济学却不关注市场运行中出现的失灵现象,而仅仅关注市场"运行"中效率欠缺的失灵,反而以经济学的有效市场分析来重塑法律和道德,这充分表现在经济学帝国主义的分析之中。很大程度上,正是基于狭隘的市场效率,一个叫王福重的"主流经济学家"宣称要为号贩子辩护,不仅认为号贩子做的是正常生意,进而为其正名为看病中介,而且认为全社会都该感谢号贩子,因为他们的行为显示了专家号的稀缺程度(也即真实价格),从

---

① 参见朱富强:"制度研究范式之整体框架思维:主要内容和现实分析",《人文杂志》2015年第10期/《新华文摘》2016年第3期。

而优化了资源配置。① 实际上,我们的学者应该重温一下 K.波兰尼的告诫:"自由主义哲学最彻底的失败在于它对变迁问题的了解上。怀着对自发性之情绪性信仰。它不愿以一般常识的态度去面对变迁而以一种神秘的意愿随时准备接受经济进步的社会后果,不论这些后果是什么。"②

社会价值的忽视和丧失很大程度上体现了市场内含的堕落效应,还包括以效率牺牲公平、庸俗同质化、实用媚俗化等。究其原因,商人为了在商业主义社会中获取最大利益,就必须迎合大多数人的口味和偏好,从而滋生出了强烈的实用化、媚俗化和平庸化倾向。譬如,在当前中国社会,芙蓉姐姐、流氓燕以及凤姐们可以成为各电视节目的嘉宾,包含性暗示、人身攻击以及物欲主义导向的"低俗"节目不断推出,目的也就是尽可能地吸引受众眼球。美国学者波兹曼在《娱乐至死》一书中指出,后现代社会的文化是一个娱乐化的时代,电视和电脑正在代替印刷机,文化的严谨、思想性和深刻性正让位于娱乐和简单快感。类似地,由于商业主义的渗透,现代高等教育逐渐偏离了社会发展的目的,而逐渐沦为个人谋利的手段,甚至退化为一种工具主义的技能培训;相应地,现代学术就日益庸俗化、实用化和功利化了,短、平、快的实证论文获得了推崇和鼓励。事实上,托克维尔通过对早期美国社会的观察就发现,民主体制下的学术风气呈现出三大显著特征:(1)学术取向的实用化,如重实践而轻理论,重一般观念而轻具体观念;(2)学术精神的平庸化,如有追求而少大志,缺少革命创新精神;(3)学术控制的极权化,如信仰的从众取向,学术中的多数暴政。同样,马尔库塞在对二战后美国社会的考察中也指出,发达工业社会创造出了丰裕的物质条件,由此成功地容纳、化解了社会中一切可能存在的否定力量,社会文化为适应社会的需要而日益商业化、世俗化、物质化、标准化、大众化;进而,平庸的娱乐和无聊的消遣就吞噬了人们的心灵,它以文化的形式告诉人们,现存社会是最好的、最合理的,认同这个社会并接受它的观念就可以得到快乐和幸福,以致人们的自由意识和批判精神就在不知不觉之中被不断增长的"虚假需求"、不断更新的商品以及维护现实的"肯定文化"所窒息和消除了。结果,现代发达工业社会使得人成为单向度的人,成为缺乏批判

---

① "经济学家:号贩子善莫大焉 全社会都应感谢他们",http://mt.sohu.com/20160128/n436221095.shtml。
② 波兰尼:《巨变:当代政治与经济的起源》,黄树民译,社会科学文献出版社 2013 年版,第 95—96 页。

和反省的人,对自身和他人的未来漠不关心,对周遭现实毫无批判地接受。显然,市场堕落效应在当今社会的肆意呈现,也促使我们进一步思考政府所应承担的角色,拓宽新古典经济学教科书上所赋予的政府功能。

(三) 促进分配正义理论

上面引入了市场主体的相异性,尤其是权力和地位的不平等性,这也必然导致市场收入分配的不合理性。一般地,在现实世界中,市场交易中的供求关系根本上体现为权力之间的较量,交易剩余的分配结构也必然决定于当事人的权力对比;因此,分配结果总是有利于势力大的一方,强势者往往会占有更大的收入份额。进而,更大的收入份额又进一步增强了强势者的力量,从而使得它在今后的交易中拥有更大的优势,并获得更大的收入份额……如此循环往复,这就产生了市场经济中的马太效应:富者愈富、穷者愈穷,最终导向社会收入分配的两极化。当然,一些经济学人也许会基于库兹涅茨发现的倒 U 形收入分配规律而认为,市场经济中的收入差距在拉大到一定限度之后就会出现缩小的趋势,并以此来为现实收入差距辩护,并反对人为干预来缩小这种收入差距。如张维迎就认为:"市场越开放、政府干预越少的地方,收入差距越小。"①但实际上,这并没有认真区别"倒 U 形"收入曲线前后端的影响因素差异:(1) 收入差距变化曲线中前一段的扩大主要源于自发市场的马太效应,这种马太效应最终会导致社会收入分配两极化;(2) 收入差距变化曲线中后一段的缩小主要源于社会干预的转移效应,这种社会干预主要促使弱势者的力量联合和直接的立法来保障弱势者的基本诉求。也即,收入分配本身就是社会力量博弈的结果,而随着财产权利的集中,其所有者将在谈判中拥有越来越强大的权势,从而也会获得越来越有利的收入份额,这是一个自我强化的过程。尤其是,在一个权力分布极端不平衡的社会,完全基于力量决定的供求市场就必然具有强烈的掠夺性,必然缺乏对正义和公平的关怀。为此,一个良善的社会就体现为:存在一系列法律来限制那些附属于特定功能角色的财产权利的使用,使之不会因累积效应而膨胀,这也正是民生主义的经济干预政策之理论基础。同时,正是通过抗衡力量的引入以及对财产权利的"约束"壮大了弱势者在谈判中的力量和地位,从而最终使得收入分配差距拉大的趋势

---

① 张维迎:《市场的逻辑》,世纪出版集团/上海人民出版社 2010 年版,第 29 页。

出现缓和甚至转向缩小。

事实上,在一个良性发展的社会中,人们对社会正义往往具有基本共识,这就是个人的所得收入与其劳动贡献应该相对称;只有这样,才能真正体现每个人的应得权利,使每个人的福利与国民财富同比例增长。其中,就成熟而完善的市场而言,它应该维护每个市场主体的应得权利,致力于促进社会权利和国民财富之间的平衡发展;只有这样,市场才能被视为成熟的而非原始的,才能被视为合作性的而非掠夺性的,才能促进社会秩序持续扩展。就合理和合法性的政府而言,它应当是弱体群体的保护者,应该确保社会中不存在统治和剥削其他群体的权力;只有这样,政府才能担负起维护社会稳定的功能,才能担负起协调社会利益的功能,才可以保障社会协调合作的顺利进行。同样,作为一个关注社会现实的人本主义者,经济学人也应该致力于分配正义的深层研究,因为分配正义的实现不仅有助于社会效率的提高,而且分配正义本身就是值得推崇的社会价值。显然,在现实市场中,无论是资源的初始占有还是财富转移的程序制定都控制在少数权势者手中,由此带来的收入分配就具有显著的不合理性;而且,初始分配收入的不合理性不仅表现在工资收入没有体现其劳动贡献,而且表现在依据劳动贡献来获取收入的原则也忽视了人类个体的自然不平等。因此,从正义原则角度,这就要求通过收入再分配对初始分配收入中的不合理进行弥补:(1)对那些受到损害的主体进行补偿,从而实现补偿正义;(2)对那些处于自然弱势地位的主体提供援助,从而实现纠正正义。[①] 显然,这就赋予了政府在收入分配领域的积极作用。不幸的是,边际革命以降的现代主流经济学反对古典经济学从力量博弈将收入分配与规则制度联系起来,而是基于边际生产力原理将生产理论和收入理论统一起来,进而将市场收入与生产贡献等同起来;相应地,它将初始分配收入视为正义的,并由此主张私有财产神圣不可侵犯,而将基于收入再分配的征税视为对基本正义的违反。正是在现代主流经济学的鼓吹下,政府的纠正和补偿正义以及收入再分配功能被放弃了,而市场机制则得到了过分的推崇,中国社会的市场化改革也片面地强调收入分配由自由市场机制决定,以致任何以其力量所获得的利益都被合法化了。

[①] 朱富强:"收入再分配的理论基础:基于社会正义的原则",《天津社会科学》2016年第5期。

(四) 促进社会均衡理论

讨论政府所应承担的功能,不是先验的和固定不变的,而是与特定时空下的诉求有关。事实上,自 20 世纪初以来,甚至在 20 世纪 80 年代实行新古典经济学的自由市场政策之后,西方诸国的公共部门以及公共开支一直都呈现迅猛的增长趋势,包括政府对私人部门的管制以及公共部门公共所有权的扩大。而且,经济权利最为集中的不是由法定管制的方法或公共所有权带来的,而是发生在公共部门(也即政府)收入和支出的相对增长上。事实上,大规模的公共部门已经成为现代发达经济的特征:发达国家中公共部门占 GDP 的比重平均已达 40%—50%,尤其是在北欧那些福利国家,公共部门占 GDP 的比重已达 60%。那么,为什么会出现公共开支长期增长的现象呢?经济学界为解释此现象所提出的理论大致有这样几种:(1) 瓦格纳的"政府活动扩张法则",倾向于从社会经济发展要求政府履行越来越多的职能角度做出解释,随着政府职能的扩大而使得财政支出不断增加;(2) 皮考克和怀斯曼的公共选择理论,倾向于从公共收入随经济发展和社会动荡而增长,并导致公共支出相应增长的角度做出解释;(3) 马斯格雷夫和罗斯托的发展理论,倾向于从经济发展的不同阶段要求公共支出结构做出相应变化的角度做出解释;(4) 鲍莫尔的"鲍莫尔病",倾向于从公共部门劳动生产率偏低必然导致其规模偏大的角度做出解释;(5) 帕金森的帕金森法则,倾向于从等级制组织中的组织原则弊端中寻找原因,不称职的行政首长一旦占据领导岗位,庞杂的机构和过多的冗员便不可避免,行政人员会不断膨胀,但组织效率越来越低下;(6) 黄有光的追求福利说,倾向于从福祉和快乐角度探究广告品的增长,私人消费主要是私人间竞争,从整个社会来看并没有提高快乐,只有私人消费转移成为公共开支尤其是用在环保、基础研究、教育等方面,才可以在没有减少私人快乐的前提下提高人们的快乐和生活品质。[①]

加尔布雷思在《丰裕社会》中就将私人产品和服务与政府产品和服务供给之间令人满意的关系称为社会均衡,他强调,任何一个运行良好或管理有方的社会都应该使得公共服务跟得上私人生产。其基本思路是:一种

[①] 朱富强:《现代西方政治经济学:以公共选择学派为主的经济和政治理论》,清华大学出版社 2016 年版,第 194—197 页。

产品使用量的增加不可避免地创造了对其他产品的需求,相应地,随着社会的逐渐富足,私人消费品的增加将相应地增进公共品的需求。例如,随着更多汽车的消费,就必须有更多的汽车保险和更多使用汽车的空间。而且,随着人类社会的进步,社会性需求占人类需求的比例越来越大。例如,汽车消费的增加需要增加街道、高速公路、交通管制、停车空间,富裕社会越来越需要道路、学校、博物馆、低价住房等公共事业。然而,长期以来社会均衡状况却没有受到应有的重视,没有能够使公共服务与私人生产和商品消费保持起码的关系;相反,私人部门的富有不但与公共部门的贫乏形成了令人震惊的反差,而且私人产品的丰富性成为造成公共服务供给危机的重要原因,这也就是私人富裕与公共贫困的共存现象。尤其是,市场原教旨主义越是盛行的地方,私人产品与公共产品间的失衡情况也就越明显:一方面是华贵豪华的别墅花园、昂贵奢侈的私人飞机和琳琅满目的金银绸缎,另一方面则是破烂不堪的公路、充满臭味的河流、拥塞肮脏的公共交通。那么,对人类福利来说日益重要的公共目标为什么会被现代社会所忽视呢?加尔布雷思认为主要原因在于:(1)在现代垄断经济体系中,传统的完全竞争力量已被强大的组织力量所代替,如巨大的生产者、全国性零售公司和强大的工会,它们操纵了市场、操纵了消费者,从而操纵了经济;(2)现实生活中人们对经济增长的关心超过了对生活本身的关心,对"物"的注意超过了对人的注意,因而一个经济体系的目标常常并不是供应商品以满足人民的需要。正因如此,就要重新树立经济学对公共目标的关注,重新认识和确立政府的应有职能。

(五)复杂自由主义理论

当前经济学界围绕坚持和反对新自由主义的争论进而衍生出的有关政府职能界限的争论,还源于对自由主义内涵的认知差异。事实上,当前社会往往流行着简单化的贴标签取向,如一个学者不是自由主义者就是反对自由主义者。这种标签化区分明显忽视了这样几点:(1)"自由主义"一词本身经历了长期的演化,在不同时期被赋予了不同的内涵,如无支配的自由、无干涉的自由和自律的自由等;(2)自由主义的内涵呈现出日益复杂化的趋势,如经历了古典自由主义到改良自由主义再到现代自由主义等概念的演化;(3)20世纪70年代后兴起并在90年代形成全球思潮的"新古典"自由主义又开始向古典自由主义复归,从而又呈现出原始的、简单化特征。具体说明如下:"自由主义"起源于启蒙运动时期对封建社会中存在基于等级身份的支配关系之反对,而要彻底摆脱这种身份制的支配,就必须有基本财产的保障,因而早期自由主义强调"私有财产神圣不可侵犯"。但是,随着市场马太效应导致的财产权集中规律再次显现,金钱权力集中在少数人手中的危害也日益增长,因而19世纪70年代西斯蒙第、约翰·穆勒、托马斯·格林、霍布豪斯等人开始反思和质疑自由放任的市场有效性,并转而主张政府以立法手段来保障工人的基本社会权利和基本社会福利,这就是改良色彩的"新自由主义"(New Liberalism);接着,到了20世纪70年代,由于凯恩斯干预主义政策造成的经济困境和苏联等计划经济的解体,哈耶克等奥地利学派和弗里德曼等新古典经济学人将流行的改良式新自由主义称为伪自由主义,并创造了一个新词"Libertarianism"来承袭古典自由主义的内涵。至此,"Liberalism"就被指称为赞成社会福利的改良自由主义,而"Libertarianism"则被理解为追求自由放任的"自由至上主义"。不过,哈耶克、弗里德曼等又不愿意将"Liberalism"称号拱手相送其他流派,也常用"Liberalism"称呼自己的主张,随后的新古典经济学家又创造出了新词汇"Neo-liberalism"以与具有改良色彩的"New Liberalism"相区别,并把它称为真正的自由主义。一般地,"neo-"所说的"新"更多地具有"复制、模仿先前事物"之意味,而"new"更具有别于过去的"革新、变更"的味道;因此,笔者更倾向于将"Neo-liberalism"称为"新兴自由主义"或"新古典自由主义"。①

显然,正是由于不同群体基于不同立场和目的来界定和使用"自由主义"一词,从而就导致自由主义的内涵和特性具有明显的不确定性;尤其是,受肯定性理性主义思维的支配,占主流地位的新古典经济学倾向于将自由放任市场经济中一切(或绝大多数)现象都视为合理的,同时将质疑和反对者都称为自由主义的敌人。其实,真正的知识分子必然是自由主义者,因为它不能容忍自身思想受到约束和统治;但同时,任何具有强烈现实主义和人本主义精神的知识分子,也都必然会致力于挖掘自由放任的市场经济所内含的问题。从"自由"的根本含义上讲,它是指社会个体不受他人的干涉和支配,这包括政治上的压迫和经济上的剥削;而之所以会形成政

---

① 朱富强:"复杂自由主义的信念及其政策主张:现代主流经济学的简单化倾向及'新兴'自由主义之批判",《海派经济学》2011年第1期。

治上的压迫和经济上的剥削,就在于政治经济地位的不平等,在于政治经济权力集中在某些人手中。因此,自由主义就有两方面的内容:(1)政治上要不受支配,政治权利在人与人之间的分配就应该没有差异,都有同等的选择权、被选择权以及受教育的权利;(2)经济上要不受干涉,经济权利上不应该存在过度的不平等,需要采取一定的社会措施来防止所有权的集中。同时,从自由主义演化史也可以看到,随着财产权利的不断积累和集中,人们认识到不能简单地神化"私有财产神圣不可侵犯"这一信条,更不能静态和抽象地看待个人自由。因此,对纯粹市场提出批判并不意味着反自由主义,相反,正是这种批判促使了自由主义本身的发展。事实上,现代自由的一个重要内涵就是保障和扩大个人的基本社会权利,这不仅要提防社会权力集中带来的危险,也要提防金钱权力集中带来的危险;相应地,我们不能简单地将市场和政府对立起来,而是要寻求两者之间的互补性,寻求两者之间的平衡。将自由与平等正义结合起来,将市场经济与社会公平和人文关怀结合起来,这就是复杂自由主义的基本理念。相应地,复杂自由主义注重提防两类权力集中的危害:经济领域在坚持市场经济的主体地位的同时又主张通过不断完善市场机制来缓和市场机制对弱势者的不公和伤害,政治领域则主张建立和完善结合用手投票和用脚投票的呼吁—退出机制以防止寡头政治或庸俗民主所引发的政府失灵。

(六)资源配置机制理论

从市场化失灵来引出政府功能的承担,这主要是从必要性角度而言。政府能否承担这种功能,还需要进一步探究政府作用的本身机制。按照现代企业一般理论,所有的资源配置方式都可以归结为两种基本类型:价格机制和组织机制。其中,价格机制是通过市场来运行的,而组织机制在微观上则主要体现为企业内部的命令系统。也即,基于企业组织的资源配置方式具有不同于基于市场的资源配置方式的特点:在企业组织中,发生资源配置的主体之间存在地位和等级的不同,进而产生了命令和服从关系,这也就产生了生产的计划。因此,企业经济往往也被看成是一个小的统制经济,或计划经济。也即,非个人的计划起源于企业内部,计划机制往往也可以被视为企业机制,而国家计划配置方式只不过是企业配置方式在国民经济上的拓延。因此,如果说企业管理协调是在微观经济层次上对市场协调方式的替代,那么,政府的管理协调就可看成在宏观经济层次上取代市场协调的方式。这可从两方面加以理解:(1)正如企业组织的管理协调引入了企业管理人员一样,国家组织的宏观协调则引入了政府行政官员;(2)正如企业组织中也存在大量的隐性协调的活动,如企业文化建设、职工培训等一样,在一个国家组织中也存在大量的隐性协调需要政府来施行。正因如此,我们认为,国家计划实际上是属于两种基本资源配置方式之一的组织配置方式,政府显性协调本质上也是宏观的组织管理协调方式;相应地,计划和市场这两种基本资源配置方式本质上并没有优劣之分,区别只是在于各自与环境的相容程度:不同方式与什么环境相适应以及发生作用的"限度"如何。① 由此,当前中国社会经济体制改革也不应该受到先验意识形态的左右,不需要为"市场化而市场化",而应该正确认识国家的根本性质和政府的作用领域。

一般来说,政府的根本作用在于促进市场主体之间的行为协调,从而提高劳动有效性和增进社会合作。政府的这种协调功能表现在直接和间接两个方面:其中,直接的协调作用主要是指政府以产权代理者或控制者的身份对经济直接进行计划、管理和经营等活动;间接的协调作用则主要是指以裁判者的身份通过间接的方式——如设定游戏规则、提高国民整体认知水平、培育社会的合作精神等——为市场经济活动提供辅助性支持以提高社会协调性的活动。当然,政府的经济干预也会产生政府失灵。不过,政府失灵的产生原因不同于市场失灵:市场机制的失灵主要在于孤立个体在自发互动上的协调性之不足,政府机制的失灵则主要体现为集中的权力在使用上的制约性之不足。相应地,市场机制的失灵是集中于研究市场交换和个体行为的经济学家所应该关注的,其基本思维在于如何提高行为的协调性以促进社会合作和分工深化;政府机制的失灵则是集中于研究政治组织和群体行为的社会政治学家所重点关注的,其基本思维在于如何建立起一套有效的监督机制来保证政府及其代理人做它该做的事。不幸的是,现代学术的学科关注却似乎颠倒过来:经济学家努力为自生自发的自发秩序进行辩护,政治学家则在如何完善对政府及其代理人的监督机制上似乎也无大作为。结果,中国社会就盛行开两种极端观点:(1)针对市场失灵问题,不是寻求市场的完善之道而是试图取消了事,这是改革开放

---

① 朱富强:《协作系统观的企业理论:基于协调机制演化的分析》,社会科学文献出版社2016年版,第430页。

前的计划经济实践所展示的;(2) 针对政府失灵问题,也不是寻求政府监督体系的完善而是取消政府相关职能,这正是现代经济学界的流行观点。有鉴于此,良善社会就应该努力避免这两种极端倾向,而这也正是新时期下的有为政府建设所追求的。

三、有为政府的概念是否自洽:田国强的逻辑审视

上面从广泛存在的市场失灵对"为何需要有为政府"作了理论上的论证,这有助于我们清楚地理解有为政府的含义,进而也就可以对田国强等人的疑问或质疑进行释义和疏通。事实上,田国强就指出,国内学术界关于产业政策的争论根本上是政府角色和定位的关键性问题:"实现创新驱动的关键到底主要靠的是,通过市场化的改革来实现政府职能的转变,从发展、全能型政府转向维护、服务型有限政府,还是采用政府政策继续坚持有为政府? 也就是,是将政府职能导向定位于有限政府还是有为政府?"① 不过,在田国强看来,"有为政府"一词充满了语义含混和逻辑矛盾,从而强烈反对使用"有为政府"一词而主张使用"有限政府"一词。那么,我们究竟该如何理解"有为政府"一词呢? 本部分紧扣田国强的分析逻辑就"有为政府"概念的自洽性作一解析。

(一) 如何定义有为政府

林毅夫对有为政府的定义可以从正反两层面加以概括:(1) 从肯定角度,有为政府是指在经济发展结构转型过程中,当软硬基础设施的完善出现了市场不能做或不能为的市场失灵时,促使无效市场变成有效而采取因势利导的行动以推动经济结构按照要素禀赋结构和相应的比较优势变化而调整的政府;(2) 从否定角度,有为政府是与无为政府及乱为政府相对应的政府,只有一个行为主体所为的结果是好的,符合社会预期的,这样的行为才是"有为",因而"有为政府"必然是给国家发展社会进步做出贡献的政府。② 总体上,这两方面的界定本身没有明显缺陷,不过,正面定义主要从产业政策着手,似乎比较狭窄;反面定义则从词义着手,又似乎显得比较

---

① 田国强:"有限政府,有为政府?",《财经》2016 年 11 月 7 日。
② 林毅夫:"论有为政府和有限政府:答田国强教授", http://finance.sina.com.cn/roll/2016-11-07/doc-ifxxneua4271929.shtml。

宏大和含糊。

　　这里，笔者从市场失灵角度对有为政府的概念作一收缩和精炼：所谓有为政府，主要就是指承担积极功能以高效地弥补市场缺陷而维护社会分工合作并推动社会秩序扩展的政府。从否定层面讲，它针对的是另外两种政府行为：(1)无为政府，即无视市场缺陷，放任它自由运行而无所作为的卸责政府，这往往是由于对市场缺陷的认识不足或者政府本身缺乏足够能力；(2)乱为政府，即不仅没有采取积极行动以弥补市场缺陷反而采取恶意行动抑制市场积极作用的恶棍政府，这往往是由于对个人私利的追求或其他政治的、社会的或文化的因素。相应地，要建立成熟而有效的有为政府，至少需要做两方面的工作：(1)要对市场的内在缺陷以及政府的应有责任有清楚的认识，并以此形成良知；(2)要建立起相对完善的制度安排制约政府及其代理人的不合理行为，并以此促成良行。王阳明用"良知"来指称天理，这种天理又源于人心，并通过"诚意"促使人依良知而行，从而实现"知行合一"；这里的"良知"指称对事物内在本质和事物之间相互作用之因果关系的认识，而这种认识又在于不断地探究，并依据"尽其在我"的社会责任而将良知应用于实践，这就是良行。所谓"厚道泽众，良行至远"是也。为此，有关对有为政府的职能确定，就涉及这样两个方面内容：(1)明确政府所必须促进的目的；(2)研究什么样的政府形式最适合于实现这些目的。

　　其实，田国强也认为，要有效确立政府的作用界限，就"要分清楚哪些是市场机制本身会出现失灵所致，哪些是政府干预过多使得市场失灵所致，其背后的经济机理和应对机制，是不一样的。前者需要政府的'进'以弥补缺位，后者则需要政府的'退'以矫正越位、错位，不能一概而论"。[①]也就是说，田国强也是从市场失灵来引出政府功能。只不过，田国强所认定或承认的市场机制缺陷或市场失灵的范围相对比较狭窄，主要是新古典经济学所认定的那一部分，从而主张狭义的有限政府，并认为这种有限政府的边界是确定的。田国强将有限政府功能界定为："只要市场能做的，就应让市场发挥作用，只有市场不能做或失灵时，政府才应发挥作用，从而导致好的市场经济和有效市场。"[②]这种有限政府与有为政府在定义上似乎

---

① 田国强："再论有限政府和有为政府：与林毅夫教授再商榷"，《第一财经》2016年11月7日。
② 田国强："有限政府，有为政府？"，《财经》2016年11月7日。

并没有多大不同,只不过在"何为市场所能做的和不能做的",有限政府和有为政府的主张者存在不同的理解。一般地,从承担的功能来说,由于有为政府所关注的市场失灵范围要比新古典经济学所承认的市场失灵广泛得多,因而有为政府就要承担起比有限政府更为广泛的职能,而绝不限于田国强所强调的"聚焦于维护和公共服务"。实际上,即使就政府所承担的"维护和提供公共服务"这一职能而言,我们也可继续追问:何为公共服务?这显然会出现不同的答案。例如,医疗保险是否属于公共服务,在当前美国社会就引起了极大的争论。更不要说,公共服务的范围还随着社会发展而持续拓展,从而就有了加尔布雷思所提出的社会均衡理论。从这个意义上说,有为政府并不是对有限政府的替代,而是其延伸。有为政府意味着有所为有所不为,这本身就包含了有限政府之意,但同时又要比传统意义上的有限政府更为积极。很大程度上可以说,有为政府是一个积极性的概念,致力于推动应尽责任的承担;有限政府则是一个消极性概念,致力于对乱为政府的提防。

要理解有为政府与有限政府这对词汇在特性上的差异,可以借鉴伯林从消极的和积极的两个维度所理解的自由概念:消极自由强调主体不受别人的干涉,积极自由则体现为主体能够采取某种行为的能力。在现实世界中,任何一项自由和权利都必须受到一定程度的限制和约束,否则它也必然反受其害,退化到霍布斯的"野蛮丛林"之中。而且,在这种状态中,根本就不存在平等的自由和权利,而至多只有强者的自由和权利。为此,格雷就指出:"没有有效的福利制度所给予的'积极自由',市场的'消极自由'就只有有限的价值。"①很大程度上,只有依靠一定社会规范和公共制度的约束和保障,任何个人或群体才可以获得真正的自由保障,才会有安居乐业的安全空间。从这个角度上说,自由主义本身是与制度主义结合在一起的:没有制度就没有规范,也就不可有真正的自由。也即,制度保障了积极自由。同样,完善的制度安排保障了有为政府。田国强说:"有限政府论者强调的是政府……有限的有为,强调的是通过制度设计来间接诱导经济人去实现政府想要达到的目标或想做的事情,而不是直接干预经济活动。"②

---

① 约翰·格雷:《自由主义的两张面孔》,顾爱彬、李瑞华译,江苏人民出版社 2005 年版,第 23 页。
② 田国强:"再论有限政府和有为政府:与林毅夫教授再商榷",《第一财经》2016 年 11 月 7 日。

很大程度上，有为政府也是有限度的，必须要尽量避免事后乱为。只不过，基于有为政府的视角，如果有限政府无视并放任市场的堕落效应，这种"无为"实际上是卸责，甚至是"乱为"的另一种表现。事实上，崇尚个人主义的新古典经济学往往偏好于不受干涉的消极自由，极力推崇用脚投票的退出机制；关注现实组织运作的管理学和政治学等却更偏重于积极自由的拓展，热衷于用手投票的呼吁机制建设。当然，两种机制都存在缺陷：(1) 退出机制的有效性依赖于自由流动的有效市场，基于有限理性的退出也往往会导向集体行动困境而非有效合作，如在无限制的"华尔街用脚投票法则"中就造成了行为的短视化和股票市场的剧烈波动；(2) 呼吁机制尽管有助于维持合作，但执行成本却是高昂的，而且还可能因不断升级"以牙还牙"式报复而陷入最糟糕状态。有鉴于此，赫希曼将两者结合起来而形成了更全面的退出—呼吁治理模式。①

很大程度上，有限政府和有为政府也应该是相容的，究竟要建设何种政府，则要看具体的社会环境。譬如，有限政府将政府的主要职责界定为"维护和提供公共服务"，但林毅夫却指出，在发展中国家，基础设施普遍短缺，营商环境不良，法律、制度不健全，政府的资源和执行能力有限，无法使得全国的基础设施、营商环境、法律、制度达到理想的情况下，如何推动经济发展？同时，即使技术创新和产业升级主要由企业家来推动，但技术创新也要依赖投入大、周期长、风险高的基础研究，而这种基础科研往往只能靠政府来支持；进而，在可用来支持基础科研的经费有限的情况下，政府就只能有选择地支持，而这种选择也就决定了一个国家的产业技术发展方向。在林毅夫看来，这种选择性支持也就是一种产业政策，其范畴显然超过了"有限政府"之主张，而属于"有为政府"的范畴。为此，林毅夫将其新结构经济学中"有为政府"的"为"界定为：在经济发展结构转型过程中，软硬基础设施的完善出现了市场不能做或不能为的市场失灵时，为了使无效的市场变得有效而采取的因势利导的行动。林毅夫认为，"有限政府"论者倾向于以建立有效市场的目标代替建立有效市场的手段，依据的是稳态结构，却没有讨论在经济发展、结构转型的动态上，政府应该做的与稳态时做的究竟有什么不同，反而将试图在基础设施、营商环境、法律、制度等均不健全，政府的资源和执行能力有限的发展中和转型中国家以务实渐进的方

---

① 赫希曼：《退出、呼吁与忠诚》，卢昌崇译，经济科学出版社2001年版，第138页。

式来推动改革和发展的努力贴上"不改革"或"不重视改革"的标签。① 在这里,林毅夫着重从发展中国家中的产业结构失灵角度来界定有为政府的职能,要比固守新古典经济学的有限政府尤其是守夜人政府更广一些,但依然没有涵盖有为政府的所有职能。

(二) 边界能否界定清晰

田国强反对使用"有为政府"一词而坚持使用"有限政府"一词,其基本理由是"有为政府行为边界模糊导致歧义",因为"有为政府的行为边界是游离不定的,乃至是无限和无界的";相反,"有限政府的行为边界更为清晰,是有限和有界的"。② 果真如此吗?这里对两类政府的边界作一深层次的辨析。

首先,就有限政府的边界而言。田国强认为,与市场保持一臂之距的有限政府在行为边界上更为清晰。针对田国强这一论点,我们可以从词义上加以追问:何为有限政府?一般地,有限是相对于无限的。因此,对有限政府边界的质疑也就可以转换为:是否存在无限政府?毋庸置疑,没有政府可以包揽一切,既包括生产和消费,也包括工作和生活。因此,从实践上讲,任何政府都是有限的。这又从反面论证出,有限政府的边界至少在概念上不是明确的,至多可以在"有限"的"度"上再做出进一步区分,却根本没有一个确定的界限。例如,田国强就指出,经济学文献中有许多种政府类型,如最小政府、有限政府、战略型政府、强有力的有限政府、发展型政府、企业家政府等;而且,田国强将这些基本类型都视为属于有限政府范畴。既然如此,我们又如何认定有限政府的边界是清晰的呢?而且,这些类型的政府概念又有哪个是真正边界清晰的呢?很大程度上,正是由于有限政府的职能迄今还没有得到完全清楚的界定,因而也就存在不同经济学流派之间以及不同学者之间的激烈争论。同时,按照林毅夫的看法,发展型政府和企业家政府都已经超过有限政府,前者主张以政府主导来发展一些超过比较优势的先进产业,后者则主张政府对科研资金的配置来引导新技术、新产业的发展。进一步地,企业家政府其实也应该包含在新结构经济学的有为政府范畴之内。既然如此,又如何如此强烈地信守新古典经济

---

① 林毅夫:"论有为政府和有限政府:答田国强教授",http://finance.sina.com.cn/roll/2016-11-07/doc-ifxxneua4271929.shtml.
② 田国强:"有限政府,有为政府?",《财经》2016年11月7日。

学的有限政府概念而排斥新结构经济学的有为政府概念呢？

一般地，如果我们将"最小政府"明确界定为扮演"守夜人角色"，那么，有限政府所承担的功能就可以比"守夜人"更广一些。至于有限政府具体应该承担哪些功能，其界定往往因人、因时而异。事实上，不同学者甚至不同版本的新古典经济学教材对有限政府的界定往往都存在很大差异，只有那些自由至上主义者如罗斯巴德等所撰写的经济学教材才会将"守夜人角色"界定为有限政府的边界。田国强在《高级微观经济学》中将政府在现代市场经济中的基本作用界定为四个方面：提供公共产品和服务；维护并保障市场有效而公正地运作；弥补市场失灵；特定情境下作为经济人参与经济活动。显然，这也是田国强对有限政府的个人定义，也比狭义的"守夜人政府"承担了更多的职能。但是，这种界定的边界仍然不是清晰的：（1）如何才算是市场在有效而公正地运作了？（2）要弥补哪些类型的市场失灵？（3）参与经济活动的特定情景如何界定？即使田国强的有限政府主张将政府角色缩在公共品领域，这种边界的清晰性也面临着这样两大问题：（1）在新古典经济学视界里尤其是新制度经济学兴起以后，公共品的范围就变得越来越窄，几乎所有的物质性公共设施都被认为可由私人承担；（2）从公共领域的定义上看，公共领域是涉及人与人之间关系的领域，这几乎涵盖了人类社会的全部领域。前者意味着，有限政府所提供的公共品将会越来越狭窄；后者则意味着，公共品的外延是广泛的且在不断拓展。因此，有限政府的定义无论如何也是不确定的，有的人可以将之缩小为最小政府，有的人则可以将之扩大为福利政府。

其次，就有为政府的边界而言。田国强认为，如果对有为政府的职能没有一个基本的限定，那么就会带来很大误导性。其实，有为政府本身就是相对于政府的"无为"和"乱为"而言的，这里的"无为"并不是田国强在有限政府意义上的保障有效市场发挥其作用的"无为"，而是指政府应该做却没有做的卸责"无为"。也就说是，有为政府的"有为"本意就是要清楚界定政府的有效作用边界并通过制度安排等保证它做分内之事，这里的"有为""无为"和"乱为"都是相对于市场内在缺陷而言的。因此，有为政府的概念界定本身是清晰的，甚至比流行的有限政府还要明确，因为"有限"的"限度"本身往往有赖于不同学者作进一步的明确界定。田国强说："美国历史上最伟大的总统之一林肯对政府职能的界定概括得非常精辟：政府存在的合法目的，是为人民去做他们所需要做的事，去做人民根本做不到或者以其各自能力不能做好的事；而对于人民自己能够做得很好的事，政府不应当干涉。"①但实际上，林肯恰恰是美国历史上最为知名和伟大的大政府倡导和建设者，他的目的就在于构筑美国独立的产业体系进而壮大美国经济和提高人民福利，而这恰恰符合有为政府的定义。当然，这里还是有一个问题：如何理解有为政府的分内之事呢？要知道，不同时代往往有不同的经济发展特征和社会生活需要，不同时空环境和社会关系下的市场失灵无论在程度还是类型上也存在明显差异；因此，政府所应该承担的责任和作用范围也就应该随着社会发展而调整，从而就不能以固定不变的职能来限制和界定有为政府。很大程度上，有为政府只是一个理念，它启迪我们更深入地认知政府与市场之间的关系，提醒政府更好地承担它的应尽责任，也告诫我们在学术思考时应该更多地嵌入现实意识。譬如，长期以来，新古典自由主义者都只关注人们的公民权利和政治权利，但现实社会的发展使得托马斯·马歇尔将公民身份与福利资格等同起来而提出了基本社会权利，从而将就业机会、工作环境、医疗卫生、住房福利、社会保障等都逐渐纳入了公共品的范围。② K.波兰尼则指出，纯粹的市场经济会将人和自然环境都转变为商品，进而会造成两者的毁灭。有鉴于此，艾斯平-安德森提出，社会权利界是一种"去商品化"的容纳能力，其衡量标准应是人们不依赖于纯市场力量去制定他们生活标准的程度。③

同时，针对王勇等人对有为政府的界定，田国强也提出了这样几点质问：(1) 有为政府从定义上就将"不为"排除，又将"有为"和"不为"放在一起定义为"有为"，这就存在逻辑缺陷和定义含混；(2) 王勇等将"有为"定义为"在所有可为的选项集合中，除去'不作为'与'乱为'之后剩下的补集"，这就存在如何定义"可为"和"乱为"的问题，也存在"是事前、事中还是事后乱为"的问题；(3) 王勇认为"有为政府事前的选择也许在事后被证明是失败的、无效的，但从事先给定的信息的角度，有为政府所做的选择应该是正确的、理性的"，这就出现了有为政府既排除"事前乱为"又允许"事后乱为"的现象，从而存在自相矛盾。④ 在这里，我们也可以对有为政府做出

---

① 田国强："有限政府，有为政府？"，《财经》2016年11月7日。
② Marshall T. H., "Citizenship and Social Class", in *Sociology at the Crossroads and Other Essays*, London: Heinemann Educational Books Ltd., 1963, p.74.
③ 艾斯平-安德森：《福利资本主义的三个世界》，郑秉文译，法律出版社2003年版。
④ 田国强："有限政府，有为政府？"，《财经》2016年11月7日。

适当的解释或补充说明：(1) 有为政府的核心就在于探究政府的合理作用领域和强度，旨在形成与市场机制的互补和共进关系，因而排除性地从"无为"和"乱为"来界定"有为"在逻辑上并没有什么问题；(2) 至于"无为"和"乱为"的含义，主要是从如何对待市场机制的失灵角度而言的，主要体现为放任乃至强化由市场缺陷的肆意运行所带来的市场失灵，因而概念上的界定也是清楚的；(3) 当然，对市场缺陷以及市场失灵现象的认识是一个逐步深化的过程，纠正和缓和这种缺陷和失灵的手段、机制以及动力也往往存在不足，因而就有可能出现有为政府在实践中变成"无为政府"或"乱为政府"的现象，以致有为政府本身也存在有效性的问题；(4) 理想的有为政府当然希望尽可能少甚至不犯错误，但现实中往往不可能，免不了会出现"好心办错事"的时候，这就存在理想与现实间的矛盾，但理想的有为政府将成为现实政府改造的方向和参照系；(5) 为尽量避免有为政府退化为"无为"政府或"乱为"政府，尽可能减少"有为政府"犯错误的概率，就需要建立相应机制来规范和监督政府行为，因而制度建设与有为政府之间不是矛盾和冲突的，相反，有为政府恰恰需要相对完善的制度安排来保证。

最后，需要指出，田国强因为内涵和外延的可变性而否定有为政府的提法，并一再强调经济学的定义必须清楚和确定。但实际上，在经济学界，除了一些已经被抽象为符号的数学化概念外，几乎没有多少概念是完全清晰的。如理性、制度、产权、交易费用、市场、企业、企业家精神等概念都存在多种定义，不同学人往往根据自己特定需要而作"我注六经"式使用。例如，就理性概念而言，就有工具理性和价值理性、程序理性和目的理性、形式理性和实质理性、信念理性和责任理性、近视理性和长远理性、个体理性和集体理性等说法。即使作为现代经济学基石的"经济人"概念也经历了历时性的演变：古典时期实际上是"义以生利"的自利人，边际革命退化为相互冷淡的效用最大化者，新古典经济学抽象为理性的原子个体，激励理论中进一步将理性行为逻辑等于内在一致性，演化主义思潮又将行为选择转向自然选择。而且，现代经济学在使用"经济人"分析范式作具体分析时采用的理性内涵又不一致：基于行为功利主义的"经济人"定义及其展开的行为分析实质使用的是只关注眼前利益的有限理性，以致将将鸽子、猴子、老鼠等动物的行为也视为理性的；在构建一般均衡以及最优激励模型时所使用的往往又是考虑所有信息的完全理性，乃至认为自发市场必然会走上完全竞争和有效。① 再如,就企业界定而言,流行的认知有契约关系说、契约替代说、契约纽带说、委托—代理说、不完全合同说、产权清晰说以及组织管理说等,但迄今为止的企业组织似乎依然是个黑箱,因为资源配置问题和动力问题这两大经济学内容似乎还处于分裂状态。很大程度上,现代经济学中的理性、企业家精神等词汇都是经济学自身创立的,它将原本就有的普通词汇赋予了特殊含义而转化成专业词汇,而不同经济学人在使用过程中往往又倾向于根据需要而赋予这些词汇、术语以不同内涵。同时,正是由于不同学派和学者赋予某一概念以不同内涵,导致经济学中诸多概念都缺乏明确界定,进而经济学界才会形成如此富有争议的概念和理论,才会在经济理论和政策上如此缺乏共识。不过,也正是由于这种多元化理解的存在,才促进了经济学科的发展和成熟。有鉴于此,我们不能因为有为政府概念在某种程度上突破了新古典经济学的思维框架而刻意地否定、贬斥乃至打压它。

(三) 目标与过程能否统一

田国强反对使用"有为政府"一词而坚持使用"有限政府"一词,所持的另一基本理由是"有为政府将目标和过程混为一谈",其"结果必定会导致忽视市场化改革的必要性,从而为政府更多干预市场提供借口,且容易导致政府寻租和贪污腐败";相反,有限政府的"目标和过程清清楚楚,从而表明市场化改革的必要性,通过市场化的改革逐步不断地减少政府的干预,不断向有限政府逼近,这也从制度上不断减少政府寻租和贪污腐败的机会,从而有限政府与市场化制度改革的导向是相容、不可分割的"。② 果真如此吗? 这里对目标和过程的关系作一深层次的辨析。

首先,就有为政府而言。田国强认为,王勇等人将有为政府既看成是作为理想状态的终极目标,又看成随着发展阶段的不同发生变化的过程,这是矛盾的。那么,有为政府作为理想目标和发展过程的统一果真存在逻辑问题吗? 笔者的粗浅理解是:一方面,有为政府在不同时空下所承担的功能是不同的,因而有为政府的内涵本身就在演进;另一方面,现实政府所体现的"有为"性质或效率往往也不是最令人满意的,还有提升和改进的空

---

① 朱富强:"谁之理性? 何种合理性? 理性的内涵考辨及对经济理性的反思",《社会科学辑刊》2011年第5期。

② 田国强:"有限政府,有为政府?",《财经》2016年11月7日。

间,从而最终达到较为理想的状态。同时,只有确立一个可以实现的理想目标,我们才可以更清晰地认识到实在的问题,才能采取种种措施来推动实在向理想目标的迈进,这就是有为政府的建立和完善过程。从这个角度上说,有为政府也就是目标和过程的统一:其中,作为一个理想目标,政府要弥补市场机制的不足,这就需要探究市场机制不能为和做不好的领域;同时,作为一个发展过程,要促使政府承担这些功能,就需要完善政府组织机制以及相应的监督机制。因此,正如前面已经指出的,有为政府本身不是一个抽象概念,也不是先验之物,而是经受一个不断发展和成熟的过程,是一个有意识地培育和建设之物;任何有为政府在承担各种应尽职能的同时,也在不断地自我完善,而且完善过程依赖于制度安排的不断完善并需要大量民众的参与。很大程度上,有为政府正是在过程中才得以不断提升和完善,这就如我们说社会主义在建设和运动中不断提升和完善一样,也如奥地利学派说市场机制在市场运行中得以不断发展和成熟一样。

其次,就有限政府而言。田国强认为,有限政府的建立只是目标而不是过程,并且只是一个理想状态、基准点和参照系,从而一定是不变的。对此,我们可以思考这样一系列问题:(1)有限政府的目标如何确定?要知道,有限政府的内涵并不是不言自明的,不同学人的认知相差很大。(2)理想的有限政府如何实现?要知道,现实中的政府大多不是理想的有限政府,这就有赖于一系列的制度安排。(3)制度安排由谁来推动?要知道,在现实世界中绝大多数制度安排都是政府推动和设计的,因为政府在制度变迁中拥有规模经济和强制力优势,而这些工作本身也就是有为政府的职能体现。当然,田国强在后来的论述中也后退了一步,承认有限政府本身也是一个过程。田国强写道:"提倡有限政府并不是要以目标代替过程、代替手段,也不是只强调目标不强调过程、不强调手段,而是强调经济发展不能迷失市场化方向,强调要在市场导向的大前提下通过松绑放权改革,通过分阶段的经济自由化、市场化和民营化的渐进式改革、增量改革,做加法的改革,通过一系列过渡性制度安排来逼近有限政府的国家治理目标。"[①]只不过,他所认定的目标是有限政府,认定的过程是市场化。问题是,田国强的有限政府的定义本身就是要让市场充分发挥作用,而又强调

---

① 田国强:"再论有限政府和有为政府:与林毅夫教授再商榷",《第一财经》2016 年 11 月 7 日。

市场化改革,难道这不是目标和过程的统一吗?况且,市场化改革本身就是要一系列的制度安排和政策来保障和推进的,其中也有政府的积极作用,这已经为 K.波兰尼所强调。同时,田国强之所以坚持市场化改革,其理由是,"中国目前离有限政府的目标还差得很远……这样的差距才使得市场化改革成为必要,使得改革有了方向感"。① 但问题是:中国社会离真正的有为政府同样很远,存在大量"不为"和"乱为"现象,又为何不能将建设有为政府作为目标呢?尤其是,以单一的"三化"作为改革的目标,这种做法实际上混淆了目的和手段之间的关系,进而呈现出强烈的工具论倾向:不管白猫黑猫,能把产权"私有化"就是好猫,能把交易"市场化"就是好猫,能把企业"私有化"就是好猫,能推行贸易"自由化"就是好猫。

  显然,从动态发展和完善的角度来看,作为一个既是目标又是过程的统一,有为政府和有限政府具有实质上的一致性。如何认定目标和过程之间的这种统一性,实际上还涉及两种不同的研究路线:(1)将所揭示出的事物本质作为参照系,以此来与现实存在相对照,成为改进现实的目标或理想状态,从而就形成了目标和过程的统一;(2)以先验预设的抽象假设作为参照系,以此来与社会现象相对照,作为分析和解释现实的标尺,从而就出现了目标和过程的断裂。② 由此,我们也可以对有为政府和有限政府的提出思路作一审视。一般地,有为政府的提出就是运用第一条研究路线:它首先是建立在对国家本质的揭示和理解之基础上,其次也是建立在对市场机制内在缺陷的深入考察之基础上,最后则是建立在对现实政府形态和功能的系统剖析之基础上。相反,有限政府的提出则更凸显出第二条研究路线:它主要以先验的逻辑化市场作为一种参照系,由此来设定政府的"有限"职能,这种有限政府目标的实现又依赖于自发而持续的市场化发展。问题是,如果有限政府仅仅是一种抽象的设定,如何可以成为社会改进的方向?因为这种抽象假设本身不具有现实性和可实现性,就如完全竞争和交易成本为零一样,这些抽象假设主要是为衡量现实与理想状态的差距。事实上,新古典经济学所遵循的大致也是第二条研究路线,它所设定的目标往往也是先验的,从而也就难以看到目标和过程的统一。有限政府的提出很大程度也是新古典经济学的范畴,因而倡议者往往也会忽视理想

---

① 田国强:"有限政府,有为政府?",《财经》2016年11月7日。
② 朱富强:"约定主义、解释共同体以及两大流派的分析特质:马克思经济学和西方主流经济学的引导假定之比较",《清华政治经济学报》(第1卷)2013年7月。

目标和发展过程的统一。

最后,我们回到田国强的另一个问题:如果一个政府既做了事后有为的事也做了事后乱为的事,那么这个政府究竟该称为"有为政府"还是"乱为政府"? 如果不能称"有为政府",那么现实中是否存在接近林毅夫意义上的那种"有为政府"? 由此,田国强认定,林毅夫的有为政府定义将"有为"与"无为"对立起来并由此否定"无为"就存在大问题,并极具误导性。在这里,我们也可以从两方面加以解释:(1) 鉴于"有为政府"本身就是一个动态的发展和完善过程,从而必然存在不同层次或效率的有为政府,而这个层次或效率的度量所依据的就是它的总体功过。(当然,这种度量也无法精确把握,因为期限和范围就无法确定,但有哪个效率的度量可以达到理想的精确呢?)因此,即使一个政府既做了事后有为的事情,也做了事后乱为的错事,我们依然可以评判这个政府是"有为"的或是"无为"的抑或是"乱为"的。事实上,在现实世界中,人们在评价一个政府、一个企业家以及一个人的能力时也都是这么做的。(2) 有为政府所反对的"无为"不同于有限政府所推崇的"无为",它不是遵循自然秩序而让市场机制发挥作用所达致的"无为而治",而是政府本应该且能够弥补市场不能做的或者做不好的事情却卸责的行为。也就是说,有限政府所推崇的"无为"是针对自发市场的积极作用,有为政府所反对的"无为"是针对自发市场的消极作用,如市场堕落效应、初始收入分配不正义等。在产业政策领域,林毅夫就将那种能够发挥因势利导作用的政府视为可信赖和有能力的有为政府,将之作为经济发展过程中采取遵循比较优势战略并取得可持续增长的一个前提条件;在这里,林毅夫还引用刘易斯的话说,离开高明政府的正面激励,没有一个国家能获得经济进步,尽管政府对经济生活的干预也可能出现失误。

四、有为政府的政策是否有效:田国强的论断剖析

田国强之所以反对有为政府而主张有限政府,还集中体现在时下的产业政策之争上。在张维迎和林毅夫的产业政策之争中,田国强总体上支持张维迎,他写道:"张维迎教授在这次辩论中,无论是思想性、方向性、逻辑性、严谨性都大大好于林毅夫教授。关于改革的成功经验和未来方向,张维迎教授的方向感是很明确的,就是发挥经济自由化、市场化、民营化过程

中的企业家作用。"① 同时,针对林毅夫对基于"华盛顿共识"的"三化"批判,田国强提出了尖锐的反批评,并强调,"改革的方向性问题首先要明确,松绑放权的经济自由化、市场化和民营化的市场导向改革方向不可动摇"。② 我们承认,市场化的改革方向不可否定,但同时也提醒要关注两大问题:(1)市场化是否存在一个边界或度,这个边界和度又在哪儿?实际上,这里是在追问这样的问题:我们究竟应该如何理解市场经济?(2)中国过去的经济成功能否仅仅归功于"三化"改革?事实上,改革开放前的几十年在一穷二白的环境中为工业发展打下了坚实的基础,改革前后的国际环境也发生了巨大变化,这些对中国改革后的经济腾飞都起到了很大作用。但是,正是由于将中国的经济发展单一性地归功于市场化改革,田国强就逻辑性地强调要继续推进这种市场化改革方向,并由此得出政府职能应该定位于有限政府而不是有为政府的论断。既然如此,我们究竟该如何理解"有为政府"的功能及其相应的产业政策呢?本部分就田国强的有关论述作一慎思和明辨。

(一)有为政府的有效性

田国强对有为政府的有效性抱有非常强烈的怀疑和否定态度,认为有为政府的产业政策不仅无力解决现实经济问题,而且还会产生极大的误导作用。他的主要理由是:(1)政府政策具有内生性,一个政策的退出必然会引出一个反向行为,从而使得政府政策失败,这就是所谓的"上有政策下有对策",理性预期学派理论已经说明了这一点;(2)政府是由自利个体所组成的,在信息不对称性下就容易产生机会主义行为,从而需要诉诸制度安排来规避激励扭曲和政府失效,这是现代激励机制理论重点强调的。由此,田国强得出结论说:"政府统制或主导的经济制度在信息有效性、激励相容性及资源配置最优性这三个方面都有极其严重的问题。即使清官都难断一个小小家庭的家务事,政府怎么有可能统制好所有经济个体的事情呢?"③

在这里,我们可以对田国强的论断逻辑作这样的系列审视:(1)以理

---

① 田国强:"林毅夫维迎之争的对与错",《第一财经》2016年11月22日。
② 田国强:"对当前中国改革及平稳转型意义重大的三个问题:供给侧结构性改革的关键与有限政府的建立",《第一财经》2016年10月24日。
③ 同上。

性预期理论来论证政策的内生性和失败的必然性,试问:理性预期在多大程度上是现实的?要知道,理性预期本身就是一个既有启发又极端片面的抽象理论,也很少能够得到现实的确证。①(2)以信息的不对称性来预测政府的机会主义行为,试问,政府决策有多少是个人行为?要知道,绝大多数组织决策都有一个规范的程序,当前现实中的"一把手"独断行为也正是有为政府的制度安排所致力解决的。(3)以统制经济来否定有为政府的有效性,试问:有为政府在何种意义上可以等同于统制经济呢?要知道,有为政府和有限政府之争根本不同于传统的计划和市场之争,因为有为政府根本不会否定市场机制在现代经济中的基础性作用,而是关注建立一个怎样的有效市场问题。

首先,田国强之所以怀疑和否定有为政府的有效性,很大程度上在于他将有为政府的经济政策等同于向传统统制经济和计划经济的回归。田国强写道:"计划经济在各国实践的相继失败表明,兰格等经济学家的那套东西是行不通的,而米塞斯、哈耶克所揭示的集中计划经济核算的不可行性得到了证明。即使在计算机技术日新月异、云计算和大数据方兴未艾的今天,米塞斯和哈耶克所说的信息收集和信息计算的问题依然存在,因为信息不对称、不完全和个体通常逐利(从而弄不好会导致很大的激励扭曲问题)是政府在制定制度或政策时必须要考虑的两个最大的客观现实,从而直接干预经济活动往往导致资源的无效率配置,从而需要采用信息分散化,所需信息最少的市场机制在资源的配置和经济活动中发挥基础和决定性的作用,而这又靠不断接近和逼近有限政府的市场化改革才能实现。"②这一认知和论证逻辑与张维迎几乎一致,第10章已经从人类认知能力的有限性、激励机制的扭曲性、政府官员的迟钝性等方面做了系统的解释,这里不再赘述。更不要说,简单地将现代社会的有为政府和有限政府之争等同于计划与市场之争,就将复杂的社会问题简单化了,使得学术和论争更易趋向极端。事实上,正是简单地将有为政府和计划经济对应起来,田国强将计划经济制度下的政府行为都称为"有为",并以此来论证有为政府缺乏有效边界。但天哪,这根本就是两码事呀!同时,田国强又认为,计划当局往往都是出于好心,却又往往会出现好心办错事的结果;相应地,有为政

---

① 朱富强:"经济学说的两类特征及其价值:兼论分析和综合两种方法",《南大商学评论》2016年第4期。
② 田国强:"有限政府,有为政府?",《财经》2016年11月7日。

府强调通过政府干预经济活动、用政策手段尤其是产业政策手段来解决短期发展问题,这种着眼短期的行为同样会产生类似的恶果。实际上,田国强这里应该是完全树错了批判的靶子,因为,(1)有为政府的产业政策根本不同于统制政府下的计划经济,它需要充分利用市场机制的积极功能;(2)有为政府的产业政策与市场主体行为也存在一个重要特征差异,它主要是着眼长期而不是解决短期问题。

其次,田国强之所以怀疑和否定有为政府的有效性,还在于他从一个绝对性视角进行审查。田国强问道:"世界上有从来不会犯错误、天使般的有为政府存在吗?"[1]我们当然承认,永远不会有完美的有为政府,这也正是有为政府需要不断建设以及政府行为需要受到严格规制的原因。不过,以此来否定有为政府,我们就同样可以反问:"世界上有从来不会犯错误、天使般的有效市场存在吗?"如果没有,为何不是像有限政府主张者那样来提倡"有限市场"而不是"有效市场"或"自由市场"呢?如果要建立"有限市场",首要的工作当然就在于努力探究市场的作用广度和力度,并且维护和建设这种"有限市场"又需要一个有为政府。前面已经指出,"有为"本身就是一个相对概念,有为政府的建设本身就是一个实践中发展的过程,这与有限政府是一样的。在建设有为政府的过程之中,我们首先就需要在深刻的理论研究基础上确立一个理想状态,这也就是有为政府构建的最优目标;同时,也必须清楚认识到这一最优目标并不是现实的,但可以不断地向它接近。在此过程中,我们虽然希望政府的政策和行为不要犯错误,但这种理想往往因信息等的限制而不现实;为此,我们就转向尽可能少犯错误这一次优目标,或者构建一个制度安排使得政府具有自我纠错和修正的能力。在这里,实际上,我们就可以回应田国强的另一质疑:"以事前理性的有为政府来指导事中的经济实践,不能带来事后的有效市场,既不充分也不必要。"[2]其实,我们在建设和评判一个有为政府的程度时,根本上不是从抽象的理性计算和主观动机上而言的,这会犯哈耶克意义上的"理性自负"错误;相反,有为政府的功能承担更主要是从实践中考察和总结并不断调整,并要致力于将良知和良行结合起来,这也是韦伯强调的责任伦理与信念伦理的结合。所有这些,都需要我们学者对有为政府展开非常深入的

---

[1] 田国强:"再论有限政府和有为政府:与林毅夫教授再商榷",《第一财经》2016年11月7日。

[2] 田国强:"有限政府,有为政府?",《财经》2016年11月7日。

探索,而不是简单地搬用一个流行的现成学说。

最后,田国强之所以怀疑和否定有为政府的有效性,还在于他认为这个提法是源于对市场经济的误解。田国强说,有为政府的倡导者往往只是知道市场经济存在好坏之别,就"由此以偏概全地认为建立现代市场制度的市场化改革不重要,以为中国经济持续发展的问题不在于制度,从而反对或不重视中国进行市场化改革,更强调通过政策应对来促进经济发展"。[①] 但实际上,以此作为反对有为政府的理由也是非常牵强的。究其原因,有为政府从不否定制度建设的重要性,根本上也不反对市场化改革的总体路向;恰恰相反,有为政府的建设本身就有赖于构建一整套的制度体系,政策则仅仅是有为政府解决短期突出问题的一个辅助性手段。根本上,无论是有为政府还是有效市场,都不是先天的自然之物,而是人类基于其特定目的而构建的,这种目的的存在也就塑造出政府、市场等社会事物的内在本质,所以萨特强调"存在先于本质"。进而,为了社会的健康发展之目的,我们在形塑具有互补共进关系的政府机制与市场机制时,首先要确定需要何种市场,再进一步探究如何建设这种市场,进而在此过程中考虑政府的作用,最终确定需要何种有为政府。在这里,有为政府说不同于有限政府说的是,它不将特定的"市场化改革"当作先验目标,而是倾向于对市场化的结构进行辨析:哪些领域存在市场化不足而需要推进,哪些领域存在市场化过度而需要抑制。事实上,田国强也着重强调,"政策制定需要正确处理政府、市场与社会的关系,合理划分各自的治理边界"。[②] 显然,这主张不但与有为政府完全不矛盾,反而恰恰是有为政府所关注和强调的,因为有为政府完全不同于传统的全能型政府。只不过,有为政府稍微不同于有限政府的是,它并不像田国强主张的那样仅仅"在公共品、信息非对称、垄断和外部性等地方发挥作用"以解决市场失灵问题,而是着眼于更为广泛的市场失灵问题。

(二) 有限政府的有效性

田国强对有限政府的有效性则持有非常强烈的信任和肯定态度,认为有限政府是(事后)有效市场的必要条件。为了论证这一点,他诉诸哈特的

[①] 田国强:"对当前中国改革及平稳转型意义重大的三个问题:供给侧结构性改革的关键与有限政府的建立",《第一财经》2016 年 10 月 24 日。

[②] 同上。

不完全合约理论:(1) 当合约不完全时,将剩余控制权配置给投资决策相对重要的一方将会更有效率;(2) 政府相对于经济人的信息极度不对称,从而不应将剩余控制权牢牢控制在自己的手里。那么,我们如何看待田国强所持的这一理由呢?事实上,现实世界中任何问题的认识和解决都不能诉诸单一理论,因为,任何理论都是基于某一特定维度,从而必然存在很强的片面性。譬如,就哈特的不完全合同理论而言,它从激励机制的效率出发认定资产拥有方应该拥有企业的剩余索取权和经营控制权。哈特的理由是"只要不存在奴隶制,这些个人的人力资本无论是在收购前还是在收购后都属于他们自己",而"不具备若干重要的非人力资产的企业,知识脆弱的和不稳定的实体,时刻有终止或解体的可能性"。[1] 但实际上,人力资本同样具有很强的专用性和群体性,往往只形成于特定的组织环境或雇员团队之中,这已经为大量学者所认识和关注。[2]

一般来说,逻辑严密的理论可以开拓我们认知事物的视野,可以启发我们解决问题的思维,却很难直接应用于社会实践。究其原因,任何社会经济问题都与其他问题联系在一起,都是社会整体的一部分,从而必须基于整体和宏观的高度来看待和解决现实问题。很大程度上,社会实践本身是一个动态变动过程,在每一个阶段都首先要认识和解决主要矛盾,而这需要综合各视角的理论加以判断,进而又依赖于研究者的视野和阅历。所以,哈耶克强调,在社会研究中,专注于一个专业将会造成特别有害的后果:它不仅妨碍我们成为有吸引力的伙伴或良好的公民,并且可能有损于我们在自己领域中的能力。罗宾斯则说,经济学家若仅是经济学家,在自己的研究领域碰巧不是天才便是个可怜虫,而且谁要是认为自己是天才,那才是真正的愚蠢呢。这些话对无论信奉哪个流派的经济学者都是适用的。由此,我们进一步审视田国强推崇有限政府有效性的基本依据。

首先,田国强从激励相容性角度论证有限政府的有效性。田国强认为,市场制度的信息有效性、激励相容性和资源配置的最优性决定了,应该让市场制度在资源配置和经济活动中发挥决定性的作用,让政府发挥有限从而是好的作用,就必须建立有效市场和有限政府。针对这一句,我们可

---

[1] 哈特:《企业、合同与财务结构》,费方域译,上海三联书店/上海人民出版社1998年版,第35、71页。
[2] 参见朱富强:《协作系统观的企业理论:基于协调机制演化的分析》,社会科学文献出版社2016年版,第405—407页。

以作深入的逻辑分析。(1) 此话的前一段大体没有问题,市场机制在现代经济中应该是基础性。其原因在于,现代社会中从事经济活动的应该是自主的个体,自主个体(或组织)间的自由交换和行为互动就构成了现代社会经济的基础,因而决不能因为市场存在缺陷而否定整个市场机制和市场经济。(2) 在承认市场机制的基础性作用的同时,我们也应该清楚地认识到市场的内在缺陷,也应该清楚地看到现实市场的不成熟、不完善。因此,我们应该捍卫的就不是泛指一切存在选择自由的市场经济,而是能够促进分配正义和秩序扩展的市场经济,其中也有赖于有为政府的功能发挥。(3) 但是,田国强却几乎先验地认定"有限政府是(事后)有效市场的必要条件"①,这显然就带来了问题。一个直接的原因就是,它直接否定了广义市场失灵的存在!前面已经指出,市场失灵远比新古典经济学所承认的要广泛得多,如非社会效率的市场失灵:尽管这些交易从市场运行本身来说似乎是有效率的,但对社会发展却是极度不利的。(4) 进一步,我们还需要拷问:有限政府究竟是如何成为有效市场之必要条件的?这显然依赖于对市场失灵的原因和机制的深入剖解。然而,有限政府的倡导者却很少会在这方面下功夫,这也导致有限政府的主张和政策必然会潜伏很大的他们看不到或者不愿看的问题。

其次,田国强从否定林毅夫有为政府概念及其有效性中来强化对有限政府的信念。一方面,田国强认为,林毅夫给出的定义"一味地排除了政府的无为,从而无法让市场发挥决定性的作用,导致市场另外一种形式的失灵,而有限政府不是要政府不有为、不作为,而是排除有为政府在经济活动中过位、过度有为"。② 问题是,有为政府从定义上排除政府的无为,这有什么错吗?要知道,有为政府所排除政府的"无为"正是政府没有做它应做之事的卸责行为呀!另一方面,田国强强调,提倡有限政府"不是要政府不作为,而是政府做它该做的事情,特别是在维护和提供公共服务和公共品方面,也就是多做让经济人在合法从事经济活动时无后顾之忧的事情"。③ 问题是,这恰恰也正是有为政府的主张呀!只不过,有为政府与有限政府在理解"什么是政府该做的事情"上存在分歧。例如,林毅夫认为:"有限政

---

① 田国强:"有限政府,有为政府?",《财经》2016 年 11 月 7 日。
② 田国强:"对当前中国改革及平稳转型意义重大的三个问题:供给侧结构性改革的关键与有限政府的建立",《第一财经》2016 年 10 月 24 日。
③ 同上。

府依据的是现有的、没有结构的理论框架,强调在此框架中,市场和政府的功能和边界。有为政府的理论依据是在结构变迁中,除了包含有限政府在维护市场有效性的诸多功能和边界外,还包含如何克服结构变迁中必然存在的市场失灵,以因势利导结构变迁。"① 但是,田国强却认为:(1) 必须要将有市场化改革取向的建立有限政府的这一理性目标,和实现此目标的过渡性制度安排的现实过程的战略战术区分得清清楚楚,才可能明道优术;(2) 政府应该在有限政府界定的基本职能范畴内有为、补位以发挥因势利导的作用,而在政府职能之外的地方则让市场发挥作用,此方面不应有为,更不应乱为,而应该是无为。很大程度上,有为政府和有限政府之间的根本分歧也正在于如何界定政府的基本职能。但无论如何,有为政府当然不主张政府在竞争行业中的乱为,尽管它也可以为促进竞争而适当有为,如反垄断措施。

再次,田国强还从边界的清晰性来论证有限政府的有效性。田国强认为,由于有为政府排除"无为",从而就与有效市场之间存在内在不相容性;相反,有限政府并不是完全不要政府有为或不作为,而是认为政府的有为要有边界、有限度、合理。因此,有限政府就成为有为政府的一个子集,进而不仅使得有为政府的边界不仅是有界有限的,并且使得有限政府是导致有效市场的必要条件;尤其是,让经济人在经济活动中形成激励相容更需要的是政府的无为而治,而不是具有无限边界的有为政府。这里也面临着一连串的质疑:(1) 有为政府的根本目的在于弥补市场机制的不足,这又如何与有效市场之间存在矛盾?要知道,有为政府所否定的"无为"恰恰是无视和放任自发市场中的破坏力量。(2) 有为政府必须做它"应该"做的事,又如何认定有为政府没有边界呢?同时,有限政府的作用范围往往也因人而异,这又如何认为有限政府就是边界清晰的呢?(3) 有限政府当然也必须是有为政府,否则就变成了无政府主义或至多是最小政府,这就是有为政府努力贬斥的"无为"。有为政府与有限政府的一大区别就是承认市场失灵的范围:如违背社会价值的市场失灵;而且,有限政府很可能会滑入无政府主义或最小政府的旋涡,如张维迎等甚至连最常见的外部性都完全否认。(4) 现代社会的政府能够"无为而治"吗?在市场不发达时,需要

---

① 田国强:"对当前中国改革及平稳转型意义重大的三个问题:供给侧结构性改革的关键与有限政府的建立",《第一财经》2016 年 10 月 24 日。

建立起更多市场以支持和拓展日益增多的经济活动;当市场化过度,以致基本身份性的东西都被市场化而交易时,就需要加以管束。波兰尼从国家、市场和社会三维视角探讨了社会权利获取的合理性,由此指出,真正的市场社会需要国家在管理市场方面扮演积极功能,并且这种角色要求政治决策。

最后,田国强还从中国的现实来凸显建设有限政府的必要性。田国强写道:"提供维护市场秩序的法律制度环境和具有外部性的硬件基础设施,是政府的本职所在,政府在这方面确实需要有所作为,但在一个有误导性的概念之下,政府就很容易有意无意地将有为的边界扩展到其他方面去","特别在中国语境下,粗暴干预市场已经司空见惯,有为政府这个概念或许成为政府过度干预市场的注解"。① 这里也存在这样的系列问题:(1) 有为政府不同于有限政府的重要一点也在于这种边界扩展,但这种扩展并不是随意和肆意的,而主要是源于时空环境的变动,并且都以补充而非替代或挤压市场的积极作用为前提。(2) 有为政府确实可能蜕化为官僚的任意干预,因为官僚往往会善于使用口号而非注重实质;但是,有限政府也同样会成为政府推卸责任的借口,这在后面有更详细的说明。同时,这也恰恰对学者们提出了要求,我们必须持守道统的独立性而不能成为权贵的附庸,并时刻根据道统来审视和监督政府与官僚的行为。此外,田国强还从激励机制理论强调:"发展经济激励机制和约束机制缺一不可。但是,这个约束机制不是靠政府干预,更多应该是靠规则和制度让每个经济决策者对自己的决策后果负责来实现的。"②这句话大体是对的,不过,我们还必须认识到:(1) 现代社会规则本身主要是由政府主导规定的,原始意义上众人契约在大规模体中是难以行得通的;(2) 有为政府也主要是通过制度或长期规划来执行政策,而不是依靠即期命令。

(三) 产业政策的合理性

田国强与林毅夫有关有限政府和有为政府之争集中体现在对产业政策的不同态度上:林毅夫的新结构经济学主张因势利导的产业政策,但反对传统的由政府主导的违反比较优势的产业政策;田国强也不是反对所有

---

① 田国强:"再论有限政府和有为政府:与林毅夫教授再商榷",《第一财经》2016 年 11 月 7 日。

② 田国强:"有限政府,有为政府?",《财经》2016 年 11 月 7 日。

的产业政策,而只是反对政府主导的产业政策。不过,田国强在与林毅夫的争论中多次针对"政府主导"一词展开诘问,并把新结构经济学的因势利导产业政策也当作政府主导而反对。在田国强看来,有为政府所规划的产业政策就是政府主导的,从而也就必然是无效的。他所持的理由有:(1)由于政府官员缺乏足够高的市场敏感度,缺乏足够的必要信息和动力,从而难以做出明智的产业发展抉择;(2)由于政策内生性和信息不对称性,有为政府的产业政策往往只在短期或者在局部有用,而中长期的弊端大于短期好处;(3)基于非常有限的信息做出事先的产业政策规划和措施,即使平均期望可能还可以,但方差却可能会很大,以致产业政策的效果往往会走向两极。因此,田国强断言,在当前中国社会提倡有为政府往往带来系统风险性,产业政策最多也是治标不治本,而且一定会造成资源的极度无效率配置。不可否认,上述几方面很大程度上体现了产业政策的当前现实,也都建立在大量现实案例的基础之上。问题是,是否就可以由此断言产业政策的无效呢?第10章在评论张维迎观点时已经做了详细的分析,这里再集中于田国强的论点和论证作一审视。

首先,我们对田国强否定产业政策的上述论证逻辑作一审视。(1)政府是根据产业总体发展趋势以及国家整体基础设施的短板而制定相应产业政策,而主要不是对具体技术、产品乃至产业的研发进行规定乃至垄断运营;同时,这方面产业政策主要依赖科学知识和宏观经济信息,而不是依赖于如现场企业家那样的对短期利润和信息变动的市场敏感度。(2)尽管产业政策在一定程度上会衍生出逆向选择效应,但好的产业政策恰恰在于降低自发市场中的外部性和搭便车行为;同时,有为政府旨在建立一个促进政府和市场互补的制度安排,相应的产业政策也不是取决于某特定官员的意志,而需要有一整套的决策程序。(3)有为政府的产业政策根本上也是着眼长期并随着经济环境变化而调整,从这个角度上就很难断言它只在短期或者局部有用且中长期的弊端大于短期好处。即使我们可以举出不少产业政策长期失败的例子,我们也无法从根本上否定产业政策,否则,经济危机在西方社会爆发,是否就可以断言纯粹市场的中长期弊端大于短期好处了呢?(4)如果政府着眼于产业发展的长期趋势,那么,这些产业政策的成败方差就不会大于自发市场中的企业或产业。要知道,产业政策毕竟广泛收集各国经验并经历了反复的论证,而现场者的一个个行动往往更为盲目;同时,即使在当前政府机制很不健全的情况下,许多产业政策的论证往往流于形式,但这也正是有为政府需要加以完善的。(5)任何固化和僵化的政策都潜伏着系统性风险,不仅政府会如此,市场同样会如此,大规模的经济危机就是市场系统性风险的集中体现;相应地,有为政府的产业政策也致力于多元结构而不是"将所有鸡蛋放在一个篮子里",大国尤其如此,第8章提到了这一点。

其次,我们对产业政策所引发的现实问题作一考察。田国强指出,中国社会的产业政策往往会引发一拥而上的恶性竞争和产能过剩现象,当中央政府出台某个产业的发展规划之后,地方政府会依葫芦画瓢地竞相推出类似乃至基本一样的产业规划。田国强举例说,正是2008年推出的4万亿元经济刺激计划及其有关产业振兴规划,造成了严重产能过剩;部分行业管制下国有企业的大规模扩张和贪污腐败丛生。关于这一点,我们也可以作一逻辑审视。(1)有为政府的建立本身就包含了塑造中央和地方之间的互补协调的良性关系,有为政府的产业政策也要兼顾中央政府和地方政府平衡并且在各地方政府之间进行协调,因而避免一拥而上的重复建设本身就是产业政策的重要考虑。(2)固然2008年的4万亿元经济刺激有可议之处,也有相当大的改进空间,但我们也要思考:如果没有当时的4万亿元,我们现在的经济是否可能更糟糕?进而则可以思考,我们能否制定出比当时4万亿元经济刺激更优的产业政策?如何能够做到这一点,那么,当时又为何没有做到?只有坚持这样一连串的追问,我们提出的政策建议才是建设性的,才能更好地推进有为政府的建设。(3)田国强将产业政策定性为"治标"的,这也是误解。实际上,有为政府的构建根本目的就在于治本,构建合理有效的制度安排也是治本之策的基础。一般地,如果只是采用工具主义态度来解决短期问题,那么就只是治标;但是,如果试图寻找市场和政府之间的协调和平衡,那么就是为了治本。很大程度上,市场中的个体决策所面对的反而恰恰是短期问题,从这个角度上说它只是为了治标。当然,奥地利学派学者等认为,一个个短期问题的解决就可以产生自发扩展的秩序。问题是,自发秩序也可能出现内卷呀!

其三,我们对政府干预经济衍生的恶现象作一审查。田国强说:"政府干预经济活动过多,融规则制定者、裁判和最大的经济人于一体,带来的一个后果就是寻租空间巨大、贪污腐败盛行",相应地,这使得"政商关系难以真正做到'亲'和'清',利益纠缠不清,政府应有的中立性和公正性怎么可能得到保证"。为此,田国强认为:"经济粗放发展、贪腐猖獗、贫富差距过大、社会公平正义不足、政府公共服务不到位等问题……（的）一个重要原因就是政府角色越位、错位和缺位并存。"[①]就此而言，我们可以得出两点结论：(1) 迄今为止理想的有为政府并没有真正建立起来，这正是我们要致力解决的；(2) 迄今为止合理的商业伦理也没有切实塑造起来，这也是我们要重点关注的。事实上，任何政商关系都是两方面的，都是腐败的官僚和贪婪的商人之合谋。关于当前的现状，我们也要反问这样一个问题：既然官员如此为非作歹，社会大众为何还是如此欢迎和鼓动政府惩治商人而不是积极支持和联合商人去制约政府与官僚呢？根本上就在于，中国商人失去了其应有责任而变得唯利是图和为富不仁，成不了中国古代社会那种社会大众或民间的领袖。事实上，正是由于当今社会中的绝大多数商人已经全然失去了他应尽的社会责任，而蜕变为"为富不仁、唯利是图"的逐利者，从而也就必然得不到社会大众的拥护和追随，进而商人阶级也形成不了一股有效制衡政治权力的势力，这反过来又间接地促使政府权力的持续膨胀和坐大。有鉴于此，有为政府正是致力于通过制度变革和设计来规范自身行为，进而制约那些为官"不为"和"乱为"的恶劣行径。

其四，我们对制约政府行为的制度安排作一审视。针对政府官僚的恶劣行径，田国强等人往往会说，既然要制约政府行为，那么只要有限政府就行了，何必要凭空构想出一个有为政府呢？这又涉及"有为"和"无为"的含义界定。前面已经指出，"有限政府"说所认为非常重要的一些"无为"，在"有为政府"说看来恰恰是一种"卸责"。如果政府没有担负起它应尽的责任，就是不称职。在儒家看来，上位者不仅要"修己以敬""修己以安人""修己以安百姓"（《论语·宪问》），而且要"正德厚生"（《尚书·大禹谟》），也即正己之德，厚民之生。这实际上强调了上位者或政府应尽的责任和义务，否则政府也不会得到人们的尊重和拥护。事实上，中国文化根本上既不"仇官"也不"仇富"，因为中国社会民众对政府抱有一种强烈的信托与期待，那些"以义生利"的富人也成为乡约的领袖。然而，由于这种上位者和权势者在享尽权利的同时却无视其应尽的责任，甚至两种现象还相互勾结，这就导致"仇官""仇富"心理和行为在社会上的迅速蔓延。在某种意义上，有为政府也就是要重新捡起被遗弃和忽视的政府责任。尽管如此，田国强还是认为："如果什么都是由政府和国企兜着，中间没有隔离带和防火

[①] 田国强："有限政府，有为政府？"，《财经》2016年11月7日。

墙,一旦经济出事,责任自然就在政府、在国企,从而矛盾立刻就集中在政府身上,这将会对中国政治、经济和社会稳定造成很大的风险。"①问题实际上又在于,我们如何理解有为政府。本质意义上说,有为政府不会主张"什么都是由政府和国企兜着,中间没有隔离带和防火墙",而是非常主张政府与市场的作用范围,非常关注产业政策的方向定位。

最后,田国强还以"产业创新主要源自企业家"这一传统认知来否定有为政府。田国强说:"从各国来看,企业创新(非基础性科学研究)的主体都是民营企业。国内公认最具有创新性的阿里巴巴、腾讯、华为等企业,也都是民企。余额宝等互联网金融的出现是不让民营经济进入金融行业倒逼的结果,是死地而后生导致的结果",因此,"产业政策制定,其根本着眼点还是应该在于激励企业家精神,让市场在资源配置中充分发挥决定性作用"。②确实,市场经济中无时无刻不在进行创新,这些创新大多数都是个体自发完成的,因而产业创新、调整和升级也就需要激励和发挥企业家精神。但是,这里还是存在一些值得追问之处:(1)何为企业家精神?企业家精神是否一定是创新性的而没有破坏性?如果有,这也正体现了市场机制的缺陷,而有为政府则努力将这种破坏性行为扼杀在萌动阶段。(2)不同层次的创新动力是否存在差异?如那些周期长、投入大和风险高的创新是一般现场"企业家"所能承担的吗?如果不能,这正体现了社会协助机制的缺失,而有为政府也致力于培育这种企业家精神或推动企业家精神从潜能转化为现实。一般来说,逐利的市场主体主要从事应用性技术创新,而基础性科学创新往往有赖于政府的支持。不过,田国强也对此提出了质疑:(1)"基础科研是科技创新之本,政府的确要发挥重要甚至是主导的作用。但是产业技术发展的方向不是由政府的选择决定,而是由市场需求与企业家精神决定的"③;(2)"中国的基础研究投入不可谓不大,但真正具有国际影响力的原创性、引领性成果严重缺乏"④。有为政府说的解释则是:(1)即使当前中国的基础研究投入成效不理想,我们也不能说它不重要,而是要从中审查原先决策的问题进而加以改进,这是有为政府的基本要求

---

① 田国强:"供给侧结构性改革的重点和难点:关键是建立有效市场和维护服务型有限政府",《人民论坛·学术前沿》2016 年第 14 期。
② 田国强:"有限政府,有为政府?",《财经》2016 年 11 月 7 日。
③ 田国强:"再论有限政府和有为政府:与林毅夫教授再商榷",《第一财经》2016 年 11 月 7 日。
④ 田国强:"有限政府,有为政府?",《财经》2016 年 11 月 7 日。

也是完善途径;(2)孤立的案例无法说明政府在基础研究上投入的价值,因为很多价值的显现要滞后很长一段时间,而且社会上的很多创新本身就是相互启发和利用的,如卫星导向 GPS 就首先是用于军事用途。当然,田国强也补充说:"不是说完全不要产业政策,完全不要国有企业,但产业政策要慎用,要有一个度。"①这里的问题还在于,如何界定服务型有限政府?即使仅仅从提供公共品方面而言,这个范围也非常大了。显然,如果对市场失灵作更广泛的剖析,那么政府作用的"度"显然就会远远大于流行的有限政府,而进入有为政府范畴。

(四)何以避免产能过剩

田国强与林毅夫有关有限政府和有为政府之争还体现在如何避免和解决产能过剩的机制选择上。田国强认为,当前中国社会要摆脱经济下滑趋势,要解决产能过剩问题,要向效率驱动乃至创新驱动的转型发展,进而得以跨越中等收入陷阱,根本途径就在于沿着市场化、民营化方向进行制度化改革,让民营经济发挥主导作用。田国强的理由主要有:(1)"民企的风险由市场和个人承担,但国企的风险却由政府承担",因而民企比国企更重视市场需求及其变化;(2)"改革开放以前的实践已表明,计划经济条件下完全靠国有企业并没有很好地满足人民的需求,恰恰是改革开放后民营经济的大发展才使得人民的需求得到极大满足";(3)"以供给侧结构性改革五大任务中的去产能、去库存为例,其关键就是要与国有企业改革的深化相联动"。由此,田国强得出结论说:"供给侧结构性改革最根本的就是有效市场制度供给,从而应以深层次市场化制度改革为内涵……建立维护和服务型有限政府……收缩国有经济战线,促进民营经济大发展……这才是……应对当前经济困境的标本兼治的必要之策。"②那么,当前的市场化改革以及民营经济的发展果真能够摆脱产能过剩,甚至可以避免今后的产能过剩吗?

首先,我们继续对田国强的上述论证逻辑作一审视。(1)田国强以国企的经营自主性和软约束问题来否定有为政府,这并没有很强的说服力。事实上,尽管有为政府有时也会通过企业生产和投资以弥补民营企业的不

---

① 田国强:"有限政府,有为政府?",《财经》2016 年 11 月 7 日。
② 田国强:"对当前中国改革及平稳转型意义重大的三个问题:供给侧结构性改革的关键与有限政府的建立",《第一财经》2016 年 10 月 24 日。

足,尤其是对那些非竞争性领域的生产和投资,但是,有为政府的产业政策或工作重点不在于创办和壮大国有企业,更不是去承担那些本应由竞争性国企承担的风险,而是着力于降低整个市场的系统性风险,需要提防市场经济的塌陷。(2)田国强以改革开放前的商品短缺来反对和否定有为政府,这也没有很强的说服力。不可否认,在过去的计划经济中曾出现供给与需求的严重脱节,但是,林毅夫的分析已经指出,这种短缺是落后国家为进行战略赶超而集中稀缺性资源发展资本密集型重工业的必然结果;不仅中国等社会主义国家如此,日本、德国等经济崛起之时也采取了相类似的政策;东亚"四小龙"之所以没有采取这种发展战略,主要是缺乏这样可转移的大量资源而不是不想。(3)田国强以供给侧改革下的去产能、去库存来否定有为政府,理由也不充分。事实上,产能过剩不仅在乱为政府下会出现,在无为政府下也会出现;而且,就现实情形而言,很大一部分产能过剩并不是国企造成的,而是无数的小民企的重复投资和重复建设所造成的。(4)田国强将供给侧改革简单化为市场化改革,这种理解也不全面。实际上,供给侧管理根本上要通过促进分工深化来提升全要素生产率进而提高潜在产出水平,其理论基础是古典经济学(以及马克思经济学)而非新古典经济学(包括凯恩斯经济学),其政策主张也与供给学派的市场化存在很大差异,因为供给学派的政策主要是总量刺激而非结构改革。

其次,我们可以对流行的产能过剩理论作一审查。迄今为止,流行观点往往将产能过剩归咎为政府的经济行为和对市场的干预,这也以一系列的经济理论为基础。例如,萨伊定律就强调,供给自动创造需求,个别产品的过剩实际上是其他产品的不足,自由放任可以自动消除这种过剩与不足,因为自由竞争条件下的任何生产者都不会让自己的产品长久过剩。同时,萨伊由此定律演绎出四条重要结论:(1)在一切社会,生产者越多,产品越多样化,产品的行销便越快、越多和越广,而生产者获得的利润也越多,因为价格总是跟着需求增长;(2)每个市场主体都与全体的共同繁荣利害相关,一个企业的成功将有助于其他企业的成功,反过来自己也可以获利;(3)外国产品绝不会损害国内或本国的生产,因为购买外货总是用价值相同的本国产品为支付手段的;(4)激励生产的政策是贤明的,而鼓励消费的政策是拙劣的。① 问题是,萨伊定律历来就面临着诸多批评,如忽视商品和物物交换的区别,不变的现金余额,储蓄和投资相等,没有货币幻觉,忽视经济体制的不确定性、坎铁隆效应及真实余额效应。很大程度上,萨伊定律仅仅适用于处于简单商品生产阶段的早期资本主义时期,而当生产规模日益扩大以及资本主义生产方式和目的转变后其局限性就充分暴露了。由此,我们就可以审视这样的观点:市场化改革是否是化解过剩产能的灵丹妙药?新古典经济学人往往认为,只要将资源配置完全转向市场机制,就可以防止大规模的经济危机,也就可以彻底解决目前的产能过剩现象。果真如此吗?

再次,我们可以对产能过剩的现实表现作一考察。田国强认为,由于信息的极度不对称和经济人的激励问题,政府干预过多才是导致资金和资源盲目配置、制度无法臻于完善的关键因素。然而,现实情形却表明,生产扭曲和产能过剩并非是计划经济中的独有现象,也是现代市场经济中的常态。林毅夫就指出,快速发展的发展中国家经常会出现潮涌现象:当产业升级时,许多企业家往往会看好同一个具有比较优势的新产业,它们在市场决策分散的情况下也就容易出现相似投资,从而在多数投资建成后就会出现产能过剩。我们试想:哪一次经济危机不是伴随着生产能力的大量闲置和社会产品的巨大浪费?而且,这也可以从中国市场化改革过程中出现的"一放就乱""一放就热"现象中窥见一斑:在 1979—1981 年、1983—1985 年、1987—1989 年、1992—1994 年、2003—2008 年的五次经济波动中,早期经济过热主要与市场化改革中的消费需求迅速膨胀有关,而越到后期,经济波动与市场开放下的民间盲目投资的关系就越大。同样,我们也可以从市场经济发达的欧美国家的现实情形中窥见一斑。例如,作为市场经济标杆的美国,就存在非常严重的产能过剩现象。美联储的数据显示,美国钢铁设备的利用率在 40%—105% 之间大幅振荡,利用率的均值为 80%;而且,2008 年金融危机后的 8 年里,美国钢铁工业的设备利用率一直在均值水平之下,在 2009 年 4 月的低谷跌到 42%,2014 年 10 月金融危机复苏后的高峰也只有 79%,汽车设备利用率的谷底低到 36%。② 最为典型的就是美国汽车业:2013 年 7 月 18 日,底特律这座"汽车之城"因负

---

① 张旭昆:《西洋经济思想史新编——从汉穆拉比到凯恩斯》,浙江大学出版社 2015 年版,第 537 页。

② "中国经济怎么走?他们的声音值得倾听",http://toutiao.com/i6293394866495816193/。

债超过 185 亿美元而正式申请破产保护,从而成为美国历史上最大的破产城市。其原因就在于,市场机制误导了生产投资,大量资金被投放在豪华轿车上,一旦出现经济危机,这些专门性投资就成了闲置资产。

最后,我们可以对产能过剩的市场机制作一探索。一般地,生产的社会化程度越高、迂回程度越大以及产业链越长,就越可能出现产能过剩现象。究其原因,产能过剩本质上就是供求结构失衡,体现为供给的产品不适应社会需求;显然,经济规模越大,产业链越长,对中间产品的投资量就越大,越无法跟随市场需求和价格的变动而灵活转换。同时,这种现象不仅发生在计划经济中,也更典型地出现在市场经济中。究其原因,(1)市场机制根基于效益原则,从而会引导投资于富人需求的奢侈品生产;(2)市场机制又会产生消费外部性,从而又会引导相互攀比的炫耀性消费;(3)这样,奢侈品产生和炫耀性消费相互强化就会滋生出没有真实需要为基础的虚假需求,进而导致大量的社会资源被投资在这些领域,并由此产生大量的专门性资产,如大量的专用设备和专门人才培养等;(4)进一步地,当社会由于某种促发因素而导致这些虚假需求破灭时,这些专门性资产就变成为沉淀成本,并以产能过剩的形态表现出来。因此,造成产能过剩的原因,不仅在于生产要素价格的扭曲,而且在于产品价格的扭曲;同时,价格扭曲的原因,不仅在于政府机制的行政干预,而且在于市场机制的内在诱导。实际上,市场误导生产和投资的内在机制,已经为经济学说史上的很多经济学大家所发掘和剖析,这里举几个已经为当前主流经济学家完全忽视的主要理论加以说明:(1)维塞尔的市场生产原则。维塞尔认为,私人企业的生产所基于的是效益原则而非效用原则,它偏好于富人需要的奢侈品而非穷人需要的必需品,这就导致穷人的很多需求在市场经济中都得不到满足,因而需要"有选择的"政府干预来补充自由经济制度。(2)凡勃伦的炫耀性消费。凡勃伦认为,人们的消费往往不是出于对生活进程的考虑,不是为了满足他们的物质需要,甚至也不是为了满足他们的精神的、感观的和智力的需要,而是取决于其他人的消费方式,因而价格就失去了对消费和生产的引导作用。(3)加尔布雷思的虚假需求。加尔布雷思认为,现代市场经济中强大的垄断组织操纵了市场,操纵了消费者,以致大量私人需求并不是源自真实需要,而是被生产者通过各种工具"劝说"和"诱导"而来,当消费能力因某种偶然因素而削减时就会造成整个生产链的产能过剩。

五、如何推进市场化改革：深化现实市场机制的探究

田国强反对"有为政府"概念最为重要和根本的原因在于，他认为，由于迄今为止成熟的市场机制还没有建立起来，当前中国政府存在大量的事前和事后乱为，因而提倡"有为政府"往往就会强化政府的乱为而忽视市场化改革的紧迫性。田国强写道："在此政府在经济活动中已经出现大量过位、在维护市场秩序和提供公共服务方面缺位并存的情况下，仍强调这种通过政府干预经济活动、用政策手段尤其是产业政策手段来解决短期发展问题，仍然鼓吹积极参与经济活动和制定产业政策的有为政府，有可能会造成误导，将中国经济带入'重政府轻市场、重国富轻民富、重发展轻服务'的旧模式和无限边界的有为政府，甚至可能走向全能型政府。"①问题是，如果没有对市场机制缺陷的剖析，如果没有建立起真正的有为政府，能够推进合理的市场化改革吗？很大程度上，新古典经济学及其派生出的"华盛顿共识"都是在照搬书本上的抽象理论和西方社会的独特经验，但是，市场本身却是特定时空下的创设之物，并随社会发展而演变，这就产生了多样化的市场类型。因此，这就涉及我们究竟应该建设怎样的市场问题，关键是要与我们独特的社会环境相适应。相反，在缺乏对市场特性及其适应条件的足够认识下，却机械地模仿和搬用他国尤其是欧美国家的市场模式，那么，欧美社会已有的那种效果往往也难以达到。因此，本部分继续就如何有效推进市场化改革这一重大问题作一探究。

（一）富民强国是否必然导出有限政府

田国强认为，建立有限政府是富民强国的必然要求，其内在逻辑是：欲强国，必先富民；欲富民，必赋私权；保私权，必限公权。为了论证这一点，田国强结合国内外几千年的历史实践和现代经济学理论：(1) 在实践上，田国强说："遍览古今中外，我们找不到一个忽视富民却取得国家富强的成功例子，比如苏俄、东欧的计划经济体制实践，中国近代的洋务运动……一味追求国家的强大而忽视民富，最后无一不以失败告终"。(2) 在理论上，田国强认为："由于受到个体逐利的约束、资源的约束、信息非对称的约束，

---

① 田国强："有限政府，有为政府？"《财经》2016年11月7日。

一个经济社会要实现富民,首先要赋予公民基本的私权,最核心的是基本生存权、经济自由选择权、私有产权"。(3)进而,田国强指出,要保护私权,就要"建立有限政府,关键是要让公共权力的行使受到法律的约束和民众的监督"。(4)最后,田国强得出结论:"中国改革实践所取得的巨大成就,也正是源自遵循了这一基本内在逻辑,而发展过程中出现的种种问题恰恰是源自对内在逻辑的违背。"①那么,我们究竟该如何认识田国强的这一论证逻辑呢?不可否认,国家的强盛依赖于全体人民的努力,从而必须给予一定的物质刺激以激发人民的劳动投入或创新意识,进而也就必须对私权给予相当的保障。但是,如果由此将强国与富民对立起来,进而将强国与有为政府等同起来而将富民与有为政府对立起来,以致彻底否定有为政府,甚至否定有为政府在特定时空下的积极作用,这个逻辑就有点扯远了,也太说教化了。相反,只要在有效制度安排下不出现明显的官僚腐败,国强和民富就是相互促进的,因为国强有助于将更多资源用于民生建设,而且还会带来显著的公共品效应,从而促进民富。

首先,国家的繁荣和人们福祉的提高根本上体现在民富上,因而政府就应该积极推行富民之策,但问题是,富民和强国之间是否存在矛盾关系,甚至存在根本性的对立?要知道,斯密的《国富论》就同时关注这两大目标:"第一,给人民提供充足的收入或生计,或者更确切地说,使人民能给自己提供这样的收入和生计;其次,为国家和社会提供公共服务所需的充分收入,使公务得以进行。总之,其目的在于富国裕民。"②更不要说,在面临激烈的国家争斗时期,往往都是先强国再富民的,这已为大量的历史事件所证实。明显的例子是,近现代日本迅速崛起并在甲午战争中战胜中国,恰恰在于它当时的国强而非民富。同样,在崛起过程中,英国长期实行的都是军事工业主义,也是当时世界上最强大的军事国家:在 1688—1815 年期间英国至少有 52% 的时间是处于战争状态,1715—1815 年的国防费用几乎是 1850—1913 年期间的 300%,甚至也超过了 1914—1980 年期间的费用总和(包括两次世界大战),是 1850—1913 年期间所有公共开支的两

---

① 田国强:"对当前中国改革及平稳转型意义重大的三个问题:供给侧结构性改革的关键与有限政府的建立",《第一财经》2016 年 10 月 24 日。
② 斯密:《国民财富的性质和原因的研究》(下卷),郭大力、王亚南译,商务印书馆 1974 年版,第 1 页。

倍。① 有鉴于此,彭慕兰就指出,英国和其他欧洲国家的确有制度上的优势,"但是在 1800 年以前的世界中,它们似乎仅仅适用于战争、武装的远程贸易和殖民"。② 张夏准在"踢掉梯子:资本主义的经济和智力史如何被重写以合理化新古典自由主义的资本主义的"一文中也指出:"如今的发达国家在其早期的制度发展水平远低于如今的发展中国家。例如,收入水平测量表明,1820 年的英国处于比现在的印度更高的发展水平,但它甚至没有那些印度如今已经具有的诸多'基本'制度。"③ 讲这些,并不是要否定富民的最终意义,只是想表明,在发展过程中将强国和富民对立起来并没有什么严格的逻辑和依据。

其次,私有财产只有得到一定程度的保护,才能维持社会的稳定,才能促进展开生产投资等经济活动;但问题是,私权是否应该被绝对化和神圣化,乃至任何调整私权的制度和政策都可以被视为不正义?这涉及了两方面的问题:(1)私有财产的取得本身是否合理?(2)私有财产的调整对社会影响如何?第一,就前一问题而言,新古典经济学以及奥地利学派之所以坚持"私有财产神圣不可侵犯"信条,就在于它们基于边际生产力分配论而将市场收入与各生产要素及其主体的劳动贡献对应起来,从而是合理和正义的。问题是,市场收入果真体现人们的劳动贡献或应得权利了吗?显然,如果现实市场的收入与其贡献不相称,那么,从社会正义或分配正义角度讲,这种私有财产也就不是神圣不可侵犯的。为此,我们可以审视一下现实收入分配机制:基于边际生产力的生产要素分配净尽定理依赖于各种强条件,而这些强条件在现实市场中并不能得到满足;相反,考虑到市场主体的异质性和市场力量的不均等性,现实市场收入更主要由特定的分配规则和社会制度进而其背后的力量结构所决定。第二,就后一问题而言,田国强认为最核心的公民私权包括基本生存权、经济自由选择权、私有产权,但这三者往往并不相容,显然,在不相容时,天赋人权观要求首先保障第一项。同时,随着社会的发展,人们对社会权利和自由的关注逐渐从个人财

---

① 约翰·霍布森:《西方文明的东方起源》,孙建党译,山东画报出版社 2009 年版,第 227 页。

② Pomeranz K., *The Great Divergence*:*China*,*Europe*,*and the Marketing of Modern World Economy*,Princeton:Princeton University Press,2000,p.166.

③ Ha-Joon Chang, "Kicking Away the Ladder: How the Economic and Intellectual Histories of Capitalism Have Been Re-Written to Justify Neo-Liberal Capitalism", *Post-autistic Economics Review*,2002,15(September). http://www.btinternet.com/~pae_news/review/issue15.htm

产权转向了免于匮乏和保障安全的自由,因此,尽管财产权自启蒙运动始就被视为人类最基本的权利,但西方社会目前却逐渐转向了以致财产已不再属于绝对的私人领域,对财产所征收的税率却在不断提高。譬如,一个美国人死后留有遗产2 000万美元,但其中近1 000万美元要上交给政府,试问,又如何有"私有财产神圣不可侵犯"之说?这与部分没收有什么不同吗?讲这些,也不是说不需要保护私有财产,尤其是在当前社会,但确实要强调,私有财产的保护不是绝对的,富人对财产的使用在任何时期都会受到一定的限制,而且这种限制随着社会发展而加强,这也是复杂自由主义的基本理念。

再次,私权的保护有赖于健全而透明的制度安排,需要"以预先制定的规则来划分政府和个人的权利范围及政府与市场、政府与社会的治理边界"。但问题是,这是否就如田国强所宣称的,"要成为一个有效的政府,必须是一个定位恰当的有限政府"?[①] 事实上,一个有效的市场必须存在纠正市场失灵的机制,有为政府的主旨就在于此。例如,由于一些技术和产业创新领域的高度不确定性以及配套设施的不完善,导致民企没有能力或不敢进入,那么,好的有为政府就能够提供相关支持;再如,由于个人价值和社会价值的冲突,一些个人或企业在追求利益最大化时可能会损害一个社会的整体利益,那么,好的有为政府就要设定一些规范来制约相关行为。从这个意义上说,有效的政府也就是有为政府,如何又要规定为一个先验的有限政府呢?田国强强调:"政府要在维护和服务方面发挥好的作用,而不是在经济活动中发挥过多的作用。"[②]问题是,什么叫"过多"呢?要界定这一点,就首先必须搞清楚市场机制的缺陷和市场失灵的表现,从而确定政府的作用范围。同时,在政府的应有功能确定后,就要保障政府做它该做的事,这种制度安排也有赖于一个有为政府。所以,加尔布雷思指出:"政府扮演着一种双重角色。政府是问题产生的一个重要来源,它也是解决方案的重要组成部分。在不平衡的发展、不平衡的收入分配、不合理的公共资源分配,以及在环境破坏和有名无实的规章制度方面,政府都难辞其咎。因此,它自身就是问题的一部分。而且,要解决这些问题,还不得不

[①] 田国强:"有限政府,有为政府?",《财经》2016年11月7日。
[②] 田国强:"对当前中国改革及平稳转型意义重大的三个问题:供给侧结构性改革的关键与有限政府的建立",《第一财经》2016年10月24日。

依赖政府自身的努力。"①

通过上面的分析,我们至少可以得出如下几点:(1) 有为政府与强国富民并没有逻辑矛盾,如西方民族国家兴起之初首先注重的就是富国,并由此推动了经济大发展,并产生了相应的重商主义和历史主义思考和政策主张;(2) 私权和公权之间也并不存在截然对立关系,两者的集中都会危害个人自由和社会发展,从而良善社会需要在私权和公权之间取得平衡;(3) 不同时代对私权和公权的享有和限制存在差异,这与社会权利的拓展程度密切相关,这也是自由主义复杂化发展的基本趋势;(4) 有为政府并不意味着公权集中在少数人手中,而是要形成真正体现人们诉求的公意,这才是民主的真正本质。当然,不可否认,迄今为止还没有建立起成熟而高效的有为政府,尤其是发展中国家的政府常常乱为。即使如此,针对目前社会经济的混乱状况,我们也需要对原因仔细加以辨析:有多少是政府乱为造成的?又有多少是市场固有缺陷造成的失灵问题?有多少是因为特定时空下市场不完善而政府却无为造成的?同时,又有多少是源自政府"乱为"和市场缺陷这两者的恶恶相加?所有这些都有赖于在建设有为政府时详加探究,有为政府绝不是一个口号,也不是一蹴而就的工作,而是需要锲而不舍的探讨和努力;同时,有为政府也绝不等同于包含了"乱为"的全能型政府,而是非常强调有所为和有所不为,必然有作用边界。与此相反,流行的有限政府往往也是先验的和绝对的,甚至退化为相对于传统全能型政府的另一个极端;显然,从一个极端到另一个极端在实践中往往更容易也更经常发生,但潜含的问题可能同样的大,因为有限政府的"无为"往往会放任市场的破坏能量。

(二) 模仿式市场化改革是否有效可行

田国强认为,中国的大改革方向必须明确,这就是经济自由化、市场化和民营化的松绑放权。为了论证这一改革方向的极度重要性和必要性,田国强分别从理论内在逻辑分析、历史比较分析及量化实证分析三大视角切入:(1) 在理论基础上,田国强援用哈特的不完全合约理论而强调,"政府不要试图建立面向市场、社会的全面合约,将剩余控制权牢牢控制在自己的手里,这不能很好解决信息和激励的问题,从而其资源配置效率也是极

---

① 加尔布雷思:《经济学与公共目标》,于海生译,华夏出版社2010年版,第275页。

低的";(2)在历史实践上,田国强认为,"中国的松绑放权改革就是对不完全合约的确认和产权的再划分,把激励搞对","从计划经济到商品经济,随后到市场经济的跨越,是中国在市场化改革中的关键一跃……是依靠市场化改革和民营经济的大发展";(3)在计量分析上,田国强借用四位俄罗斯裔经济学家的工作论文证明,"改革与不改革,其对经济增长的影响差别巨大"。由此,田国强强调了"坚持还是不坚持市场化的改革方向,市场化的改革到位不到位"对经济发展的影响。①

不可否认,中国社会的市场化改革还有待进一步推进,但是,由此来否定有为政府却是有问题的。事实上,按笔者的理解,有为政府从来没有打算成为改革的绊脚石,反而积极推动改革;也从来不否定现实世界中还存在大量的政府乱为现象,反而积极推动相关领域的市场化。从历史上看,现实的市场经济根本上就是政府"设计"的,K.波兰尼就由此指出:"自由放任绝非自然产生的;如果让事物自然发展,绝不会产生自由市场。"②进而,K.波兰尼还基于历史事实而强调:"引进自由市场不但没有消除对控制、管制与干涉等方面的需要,反而扩大了它们的范围。政府官员必须随时保持着警觉,以确保这个制度的自由运转。因此即使是那些最强烈主张除掉政府所承担之不必要责任的人,也就是那些以限制政府活动为其哲学的人,也不得不将新的权力、机构与制度委诸政府,以求建立自由放任制。"③由此,我们可以有两点基本认识:(1)有为政府与有效市场根本不矛盾,相反,正如林毅夫指出的,有为政府和有效市场是互补关系,尽管有为政府与有限政府所理解的有效市场也存在内涵上的差异。(2)有为政府与有限政府在改革路向上也不存在本质性不同,两者的差别主要在于:如何理解市场化改革?"三化"本身是否应有个界定或限度?根本上,这又源于对现实市场机制缺陷的认识上存在差异。

首先,我们对田国强的上述论证逻辑作一辨析。(1)田国强以哈特的不完全合约理论来否定有为政府,但这种批判实际上树错了靶子,因为,它将有为政府等同于以前的统制政府,将有为政府的产业政策当成了统制政

---

① 田国强:"对当前中国改革及平稳转型意义重大的三个问题:供给侧结构性改革的关键与有限政府的建立",《第一财经》2016 年 10 月 24 日。
② 波兰尼:《巨变:当代政治与经济的起源》,黄树民译,社会科学文献出版社 2013 年版,第 250 页。
③ 同上书,第 252 页。

府下的经济计划。其实,有为政府从来不会寻求占有更不要说独占剩余控制权,也不是要扩建所谓的国有企业;相反,有为政府一直致力于建设和完善市场机制,希望建立一个有效的市场体制,或者说构建市场和政府两大机制互补的市场社会主义。(2) 田国强将中国改革成就归功于"三化"改革并以此来主张"三化"改革的维持和继续,但这显然无视了市场化改革中已经暴露出的严重问题。事实上,即使市场化改革带来了快速的经济增长,这种增长也呈现出明显的无序式,集中体现为:经济增长是粗放投入型的,收入分配是势力博弈型的。在很大程度上,社会制度的有序程度与经济增长速度之间的存在一种倒 U 形关系,并最终将难以维持这种高速增长态势。① 因此,有为政府从未否认过去几十年改革的总体成就,但强调目前也应该到了审视市场机制内在缺陷的时候了。(3) 田国强借计量分析而将现实社会问题从市场化改革中排除出去,但这种做法是缺乏说服力的。事实上,按照同样的计量逻辑,我们也可以将很多现实问题(如农业凋敝、农民困顿、收入差距拉大、贪污腐败、看病困难、社保解体、环境恶化)归咎于市场化改革问题。进一步地,针对市场化改革的总体路向,我们还可以进一步思考:是否存在一种不变的市场?如果市场是可变的,那么,就需要进一步审视现实市场是否合理的问题。

其次,我们对田国强的科学研究逻辑作一拷问。田国强在很多场合强调论断的得出应该以科学方法为基础。那么,何为科学的方法呢?现代经济学认为最为重要的方法就是计量分析,认为计量分析结论以大量数据为基础,从而是客观的,也就是科学的。但是,实证分析的客观性实际上只是一种虚构:无论从数据资料的选择还是从分析工具的选择上都充满了主观性。② 基于数据比较的计量分析也是如此,因为不同时空下的其他变量根本是无法得到控制而稳定不变的。试问:迄今有什么计量文章真正控制住了其他扰动因素?有多少计量文章真正满足了穆勒 170 年前提出的五大比较逻辑方法:一致方法、差异方法、剩余方法、伴随变化方法和契合差异并用法?我们回到田国强的研究逻辑:(1)"所谓科学,其核心就是通过控制实验,即将其他影响因子固定";(2) 分析中国改革成就的成因也"应该通过控制实验的科学方法,以辨析出哪些改革举措和政府政策是中国改革

---

① 朱富强:"中国经济增长何以告别制度无序性",《探索与争鸣》2017 年第 3 期。
② 朱富强:"实证经济学是否是一门客观性学科?实证分析中主观性和规范性探微",《经济社会体制比较》2009 年第 1 期。

取得巨大成就的差异因素,而不是拿其他国家的经验来作对比";(3) 中国改革前后,"除了固定的因素之外,新的因素是:较大程度的经济上的选择自由、松绑放权的改革、引入竞争机制(包括中央与地方政府、对内对外的竞争)、对外开放、民营经济大发展",由此可以得出"中国巨大成就是因为'三化'改革"这一结论;(4) 相反,"如不采用控制实验的方法来分析中国改革,只是认为固有的因素重要,又不恰当地拿他国进行比较",就会犯拿鸡和鸭比较的类比错误,因而林毅夫拿其他国家对比就得不出科学结论。① 也就是说,田国强认为只有通过控制实验才能得到因果关系的推断,并由此驳斥林毅夫从中国和苏东转型绩效的对比所获得的结论。问题是,田国强将中国转型成功归功于"三化"改革就通过控制实验了吗?实际上,诺贝尔经济学奖得主安格斯·迪顿以及罗德里克等人都指出,随机控制实验并不适用于全国性的政策和制度变革,因为不可能将全国的人随机分成有变革和没有变革两组来检验变革的作用。同时,比较分析本来就有横向比较和纵向比较,尤其是,如果纵向比较由于变量众多以及变动而无法控制,那么,横向比较也就是一个重要的替代手段。

其三,我们对市场化改革的当前方向作一探究。田国强强调,当前中国社会的问题根本上是由于市场化不到位所造成的,因而突破这一困境的根本途径也就在于进一步深化市场化制度改革。这里的问题是,何为市场化改革不到位?是指总量上的比例不足还是结构上的不合理?从现实表现来看,市场化改革不到位应该包括这两方面。但是,新古典经济和奥地利学派的学者往往只关注总量上的比例不足,从而一个劲地鼓吹"市场化",却不去认真辨析哪些方面的市场化有待加强,哪些方面的市场化则需要加以规范和遏制。很大程度上,这也正是源于新古典自由主义的抽象思维,以致在实践中它往往不再将"三化"仅仅当成手段,而是将之作为不变的目标;相应地,新古典自由主义者往往就不会正视迄今为止的市场化改革过程中所暴露出来的问题,反而以其他因素进行辩解。而且,在改革过程中,确实总是存在各种复杂的因素,因而新古典自由主义者往往总能找到辩解的理由和依据。也正因如此,田国强说:"长期以来中国改革所坚持的松绑放权经济自由化(经济主体自主化)和市场化的方向,被一些经济学

---

① 田国强:"林毅夫张维迎之争的对与错",《第一财经》2016 年 11 月 22 日。

家简单地贴上新自由主义、华盛顿共识或休克疗法的标签给予否定。"[1]显然,如果推进优化目前市场化结构的改革,那么就要防止和突破新古典自由主义的思想和政策禁锢,就需要对市场机制的优劣以及现实表现作更深入的剖析。然而,新古典自由主义者往往把欧美市场当成理想的存在,从而倾向于模仿和引进欧美的市场模式。问题是,欧美的市场机制就是我们所想建设的吗?难道欧美市场经济所暴露出的问题还不明显和严重吗?即使目前美国社会还有很强的经济活力,我们也需要清楚美国所具有的独特条件,而这些独特条件在当前中国往往并不存在,第3章已经做了初步说明。

其四,我们对模仿式"三化"改革的结果进行审视。基于"华盛顿共识"的"三化"政策主要来自新古典经济学的基本学说和欧美社会的现实制度,因而"三化"政策在发展中国家的引用在某种程度上可以看成是一种模仿或照搬。问题是,任何制度都隶属于与整个社会相容的一整套制度体系,如果直接照搬,那么往往就会出现与本国其他制度不相容的情形。尤其是,如果缺乏对市场内在缺陷的足够认识,基于"三化"所引进和发展的市场往往也会是彰显其恶,并与本国旧有制度的恶结合在一起而产生恶恶相加乱象。很大程度上,正是受到"华盛顿共识"的影响,很多原社会主义国家都将原本为提高效率而推进的市场化改革当成了目的本身,变成了"为改革而改革","为市场化而市场化"[2],乃至工具和手段蜕变成了改革的根本目的。同时,正如林毅夫指出的,一些学者将"三化"作为解决一切问题的灵丹妙药,把改革的目标当作改革的手段,不仅忽视了许多问题的内生性和发展的阶段性,也无视"三化"发挥作用的条件性,从而往往将现实问题简单化,而找不到真正的问题。譬如,在当前中国社会,传统的公权力滥用和新近的市场失灵就畸形地结合在一起,乃至出现了这样的怪现象:"今天的农民在无需找'市长'的场合,'市长'却非要找他们不可,而在需要'市长'之时,'市长'却往往拂袖不管,还振振有词地要人们'不找市长找市场'。"[3]正是基于这种现象,有为政府的建设也就需要提到改革日程上来:

---

[1] 田国强:"对当前中国改革及平稳转型意义重大的三个问题:供给侧结构性改革的关键与有限政府的建立",《第一财经》2016年10月24日。

[2] 科勒德克:《从休克到治疗:后社会主义转轨的政治经济》,刘晓勇等译,上海远东出版社2000年版,第158页。

[3] 秦晖:《问题与主义:秦晖文选》,长春出版社1999年版,第161页。

必须建立良好的制度安排以确保政府承担起应尽职责。然而,针对这些严重的失职或卸责行为,一些经济学人却乐于为之进行辩护,以致这些"无为"官员往往被吹捧为真正懂得经济规律的管理者,是自由主义和市场经济的捍卫者。事实上,我们应该思考这样一个问题:究竟应该捍卫何种市场经济? 究其原因,现实市场往往并非合理,因而我们不能简单地捍卫现实市场经济。

其五,我们对看待市场化改革的态度作一说明。缺乏对市场机制的深入理解而简单照搬欧美国家,往往会造成比欧美国家更为混乱的社会秩序。当然,田国强否认目前中国的问题是照搬式的"三化"改革造成的,他质问道:"世界上有照搬的例子吗,谁照搬了? 谁能做到照搬? 不是该不该照搬,而是根本就做不到照搬,因为所谓'照搬'就是原封不动地复制。"①关于这一点,笔者的看法是:(1) 不可否认,绝大多部分的市场化改革都在照搬,而且,很多经济学人也极力主张照搬。例如,文贯中就说:"对新自由主义来说,共识是其浓缩,'三化'是其提倡的部分内容……共识提炼出了决定发达市场经济的10条共同的规律性特征,因而对深化市场经济的本质属性的认识做出了自己独特的贡献。单独讨论其中的每一条,包括林毅夫在内的绝大部分经济学家都确认无误,认为是完全正确的和必要的。"②问题是,丰富复杂并在不断演化的市场经济果真可以简化为这10条"共识"吗? 将市场机制如此简单化究竟是对市场认知的贡献还是对市场改革的误导? 如果说"共识"的话,又是谁的共识呢? 为何还有如此多的人包括大量的经济学家反对呢? (2) 尽管"华盛顿共识"一直在鼓吹照搬,而且照搬已经成了风潮,但是,受各种条件所限,完全彻底的照搬往往又几乎不可能,从而"三化"的市场改革也带有强烈的选择性。正因如此,在逆向选择效应的驱动下,现实世界所呈现的往往是"画虎不成反类犬"式照搬,往往是舍弃精华取其糟粕的学习,从而必然会比被模仿的国家产生更大的困境。有鉴于此,文贯中又说,将这种问题归咎于照搬并以此宣称新(古典)自由主义的破产"令人十分不解。这犹如说,美声唱法学通的人固然达到余音袅绕,美不胜收的境界。但是,既然有那么多人学了很久,仍然五音不

---

① 田国强:"对当前中国改革及平稳转型意义重大的三个问题:供给侧结构性改革的关键与有限政府的建立",《第一财经》2016年10月24日。
② 文贯中:"如何看待作为新自由主义及其核心华盛顿共识——兼与林毅夫商榷",《第一财经》2016年10月26日。

全,鬼哭狼嚎,美声唱法显然破产了？常识要求我们问一声,是学的人自身方法和技巧有问题呢,还是美声唱法本身有问题?"①问题是,固然美声唱法的道理和价值不可抹杀,难道就因此要求每个人不管他的先天条件如何都来学习美声唱法？进而,我们从很多人学习美声唱法的失败中得出结论:要求每个人都学美声唱法这一共识破产了。试问,这种说法有什么逻辑问题吗？回到市场化改革这一议题,现实市场的混乱固然不能说市场破产了,但我们却可以说,要求所有国家都照搬西方市场模式的新(古典)自由主义共识破产了。

最后,"劣币驱逐良币"也是人类社会的一般学习规律。从人类历史经验看,在争斗中被打败的弱势者往往会采取激进方式来学习乃至模仿优胜者,但他们所学习和模仿的往往都是那些表面的且糟糕的东西。例如,当被美国强行打开国门的日本开始向欧美学习时,不是学习它的人道、宽容、博爱以及创新精神,而是学习和仿效它的扩张、掠夺和征服,不是引入基于宗教传统的精神文明,而是强化基于功利传统的物质文明,以至于日本很快就变得比欧美还具有侵略性和扩张性,中国以及其他亚洲国家都深受其害。罗素就说:"只要是欧洲人对中国所犯的罪行,日本人都犯过,并且有过之而无不及。"②再如,由于女性在男女性别较量中长期处于劣势,近现代的一些女权主义者就刻意地学习和模仿男性,但是,她们所学习和模仿的不是男性的坚强、刚毅的品质和承担责任的精神,也不是去改造男性所具有的侵略性和破坏性这些缺点,反而刻意地学习和模仿男人的功利和暴力性征以及抽烟酗酒和性生活放荡等恶习。结果,20世纪"20年代,一个抽烟、喝酒、泼辣和性感的女子往往被看作是富有吸引力"③,以致在当前西方社会中那些追求"平等"的女性在抽烟和酗酒上甚至比男性还要强烈。④

---

① 文贯中:"如何看待作为新自由主义及其核心华盛顿共识——兼与林毅夫商榷",《第一财经》2016年10月26日。
② 罗素:《中国问题》,秦悦译,经济科学出版社2013年版,第95页。
③ 弗洛姆:《爱的艺术》,赵正国译,国际文化出版公司2004年版,第6页。
④ 一般来说,超越自我而追求社会和谐发展、摆脱短期诱惑而追求长远利益的人类理性具有三大内容:(1)认知力,反映出行为者对自身最优目标本身的认知程度,主要有赖于识别长远利益的知识结构;(2)意志力,反映出人们为实现最大化目标而对短期诱惑的"克制"能力,主要有赖于实现长远利益的意志和毅力;(3)亲社会性,反映出人们为长远利益而寻求与他人和社会合作的行为方式,这有赖于愿意牺牲自我的社会性偏好。显然,从认知力和意志力上理解的理性主要是从个人行为角度而言的,并体现出强烈的工具理性特征,这方面往往男性比较明显;相反,从亲社会性上理解的理性主要是从社会交往角度而言的,并体现出强烈的价值理性特征,这方面往往女性比较明显。从这个角度上说,女性在向男性学习时,首先要明白自身秉性上的优劣,这一论点对种群、文化、学术和分析范式之间的沟通同样适用。

同样,在当前中国经济学界,中国经济学人往往不是诚心学习西方学者对学术的执着和求真精神,不是努力借鉴西方高校的学术风气和学术制度,而是极力照搬主流刊物中的形式规范,机械模仿展示智力的数理方法,这导致中国经济学界形式主义和功利主义盛行。相应地,在市场化改革中,社会主义原本是作为资本主义的对立物而出现的,目的就是要克服资本主义中竞争过度、收入分化等弊端,但是,传统社会主义一旦转向学习和借鉴资本主义的市场机制,市场机制反而变得更加不受节制,市场堕落效应更加严重。很大程度上,弱势者的学习和模仿往往具有高度的选择性,而且往往是逆进步的。究其原因在于:(1) 失去自信的人或群体往往机械地模仿优胜者的显性特征,而这些显性特征恰恰体现了优胜者的低层次的而非高层次的特质,往往不能代表它的精髓反而更可能是糟粕。(2) 精髓的东西根本上体现了社会文明以及社会合作的价值取向,这需要具有"克己"私欲或"节制"短视的理性,而主导这种模仿的社会大众往往不具有这种能力。(3) 由于失败者曾被拥有这些显性特征的优胜者所打败,这些显性特征在失败者眼里就潜含了野性的魅力,失败者也希望通过学习和仿效这些特性而有一天不再受欺侮,甚至可以成为优胜者而欺侮他人。由此观之,在当前中国的市场化改革以及有为政府的建设中,我们也必须充分考虑这种逆进步的学习规律或现象,必须对事物的糟粕和精华有清楚的剖析。

(三) 改革路向纷争背后的意识形态

上面的分析论断基本上都是建立在逻辑思辨的基础之上,逻辑思辨的特点是多元、开放和综合,因为它不会执着于特定的形式逻辑,也不固守一元主义的态度,因此,这也应该是一种科学的方法,有助于我们深化对有为政府和有限政府的深刻认知。当然,长期以来,受过严格训练的经济学人往往习惯于特定的分析框架和研究思维,沿着一元主义的封闭路径展开理论研究,并由此获得坚信不疑的结论。实际上,这反而是在创造一个教条和神话,费耶阿本德写道:"信仰神话的人们其心理态度可以概括为完全和毫无迟疑的接受态度,神话叙述着真理,并且不可能错误。假如将神话应用于现实或理解现实时出现问题,这并不表明神话自身有缺陷,而是应用神话的人们自身有缺陷,他们没有理解神话所传递的明显信息或者没有遵循神话的要求,神话自身是毫无错误的。"①同时,这个教条或神话往往也有大量的数据作为支撑,甚至也来自经验,但这个经验往往是残缺的。例如费耶阿本德写道:"神话并不是与现实世界明显对立的虚构想象,而是被无数直接和有力经验所支持的系统思想,并且,这种经验似乎比用于建立现代科学的精密实验结果还更有吸引力。"②很大程度上,这场政府功能和产业政策之争中也潜含了这种神话困境,这里继续作一说明。

林毅夫强调:"中国道路的成功秘诀,就在于打破新自由主义所谓自由化、私有化、市场化的神话。"③田国强却认为,林毅夫这种提法是在给主张市场改革的人贴政治标签,将使人不敢再谈市场改革。田国强写道:"这已经上升到政治高度、上升到新自由主义或华盛顿共识的高度了",从而泛意识形态了;同时,田国强又强调,"上纲上线是大家都害怕的事情,如果动不动就贴上一个标签,谁还敢或还能谈出自己的学术观点和改革建议。一旦用一种贴政治标签的意识形态化做法将其否定,很可能会招致颠覆性的错误"。④ 确实,学术争论应该局限在"道统"范围内,不应该上升到政治立场和意识形态层面,更不应该借助"政统"来压制学术争论,否则,失去独立性的"道统"必然会解体。实际上,维持"道统"相对于"政统"的独立性是笔者长期以来的坚持,坚信真正的学者绝不会故意地将学术与政治混为一谈,必然会谨遵韦伯有关学术与政治分业的教导。

事实上,笔者也相信,林毅夫和田国强等人都是有志于学的学者,因而他们之间的政策差异就主要源自不同的学说基础。譬如,林毅夫在同一篇文章中也强调:"中国经济发展之所以能取得举世瞩目的成绩,就在于中国从实际出发,找到了一条把社会主义基本制度与市场经济结合起来的道路,形成了充满活力的社会主义市场经济体制,并在持续深化改革中不断理顺政府与市场关系,实现了有效市场和有为政府的有机结合";并且还积极主张通过深化市场改革,将双轨制改革遗留下来的干预扭曲取消掉,从而完成从双轨制向市场单轨的过渡。从多元主义的学术视角来看,笔者认为,"打破新古典自由主义"这一提法与其说是一种政治宣誓,不如说是一

---

① 费耶阿本德:《知识、科学与相对主义》,陈健等译,江苏人民出版社2006年版,第48页。
② 同上书,第46页。
③ 林毅夫:"照搬西方主流经济理论是行不通的",《求是》2016年10月16日。
④ 田国强:"对当前中国改革及平稳转型意义重大的三个问题:供给侧结构性改革的关键与有限政府的建立",《第一财经》2016年10月24日。

种致力于摆脱传统思想禁锢的学术态度,它强调无论是对市场认知还是市场化改革都不能有唯"三化"是从的教条倾向,而更应该以开放多元的视角加以辨析。

同样,笔者相信,田国强也绝不乐于进行政治宣誓和意识形态论战,他所有的论断也都努力根基于逻辑的和数据的分析,这也是他强调的科学的方法。但是,从神话的一元主义特性看,强调坚持新古典自由主义和坚持"三化"不动摇,却带有很强的僵化性和保守性,也可以看作是在塑造一种神话;同时,这种神话通过学术共同体的建立而产生一种横向的自我强化效应,通过课堂上灌输式的传导而产生一种纵向的路径依赖效应。费耶阿本德写道:"要成为一名优秀的经验主义者,只有当你宁愿用多种可供选择的备选理论而不是用单一理论或'经验'进行工作。这种理论的多样性必须被认为是知识的最初阶段,这样的阶段在后来的某些时候会被一种真理所取代";"一名优秀的经验主义者并不会满足于人们关注的理论以及用一种直接的方式对理论进行检测。既然知道了最为基本的和一般的批判是借助于备选理论来完成的,那么他就会试着去发明这样一些备选理论……成为一名优秀的经验主义者也即意味着他是批判的。批判不仅在怀疑主义的抽象原则上,而且是在具体的各种学说之上进行的,这些学说表示在每一个案例中已被接受的思想怎样被进行进一步检测和研究,它因此而为我们只是发展的下一步做好了准备"。①

在某种程度上,基于特定逻辑形成的教条式论断往往更近似于一种政治性口号而非学理性探索,尽管提倡者本人并不一定会意识到。所以,当田国强说:"理论探索一定离不开一个开明、宽松的舆论氛围和社会环境。理论探索无禁区,思想解放要先行……理论探索必须要超前,对现有改革的不足之处进行理论剖析,通过内在逻辑的推演指明下一步改革的方向和可能结果。"这显然是对的。但是,当田国强又说:"有限政府和有为政府的本质差别在于,是着眼中长期发展还是着眼短期发展,是强调改革还是不强调改革,是落脚于国家治理还是不落脚于国家治理。"②在某种程度上,这就带有某种教条性,甚至上升到了某种政治立场和意识形态的层面,因

---

① 费耶阿本德:《知识、科学与相对主义》,陈健等译,江苏人民出版社 2006 年版,第 70、91—92 页。

② 田国强:"对当前中国改革及平稳转型意义重大的三个问题:供给侧结构性改革的关键与有限政府的建立",《第一财经》2016 年 10 月 24 日。

为它通过将有限政府和有为政府的差别定性为强调改革还是不强调而上升到了政治正确性问题,并通过未来方向确定性的判断而凸显己方主张的合乎时代性和他方立场的落伍性,乃至把市场化、有限政府等都神圣化了。进而,文贯中宣称:"正当中国成为自由贸易和全球化的最大获益者和最新旗手的时候,国内外出现一股反市场化、贸易自由化和全球化的逆流。一些人更无端猜测新自由主义和华盛顿共识的倡导者的动机,认为他们不怀好意,目的要搞垮发展中国家。这种思想混乱的逆流如果不及时阻止,不但有害中国自身改革的深化,以自由贸易和全球化为旗帜的中国要走出亚洲,走向世界,也将面临极大的意识形态阻力。"① 显然,其中所使用的诸如"旗手""逆流""旗帜""反市场化""无端猜测"等强化自己立场的措辞显示了强烈的意识形态因素。

当然,现代学术争论中意识形态和上纲上线的威胁往往不是来自政治权力的压制,而主要是来自那些被视为不言自明的信念,而这种信念往往体现为学术的主流趋势;正是依靠这种主流信念,一些经济学人往往倾向于漠视、压制和扼杀那些批判和反对传统智慧的声音,乃至就形成了一种基于"多数民主"的极权主义。相应地,意识形态在学术研究和讨论中的渗入往往就不再以命令或说教等传统形式呈现出来,反而越来越以科学和理性逻辑的面貌出现。事实上,正如麦克罗斯基所说,大多数貌似科学的方法实际上就是一种增加说服力的措辞。而且,这些论断还总是会以案例或经验事实作为依据,在很大程度上,数据和案例也成为增加说服力的一种措辞,因为这些东西往往显得客观,从而满足当前科学主义的要求。费耶阿本德就写道:"神话绝不是强加在同它们没有关系的事实上的梦想,相反,一个好的神话能够引用许多对它有利的事实,它有时甚至比今天受到高度赞誉的科学理论更坚定地根植于事实。"② 有鉴于此,我们在审视一个观点或论断时,就需要警惕陷入以特定案例或证据所构设的陷阱,而要展开充分的思辨式拷问。譬如,田国强说,科学的核心在于通过控制实验将其他影响因子固定后进行比较。但实际上,无论是计量经济学还是实验经济学根本上都没能满足这一条件。再如,田国强认为通过控制实验科学方

---

① 文贯中:"如何看待作为新自由主义及其核心华盛顿共识——兼与林毅夫商榷",《第一财经》2016年10月26日。
② 费耶阿本德:《知识、科学与相对主义》,陈健等译,江苏人民出版社2006年版,第44—45页。

法就可以得出中国的巨大成就归功于市场化改革。但实际上,当宏观环境很不稳定时,根本就无法通过控制实验得出所谓的"科学"结论。

六、尾论:有为政府说为何遭到普遍反对

识别和勘定政府和市场的作用边界是保障现代社会经济持续健康发展的根本,但学术界似乎迄今依然没有形成基本共识。穆勒当年就说:"支持政府干预的人,只是满足于坚持说,只要干预是有用的,政府就有权也有职责进行干预;而属于自由放任学派的人们,则力图明确限定政府的职权范围,往往把府政的职权范围限定为保护人身和财产的安全,使其免受暴力和欺诈的危害,但如果仔细想一想的话,无论他们自己还是其他人都不会同意这种限定,因为……它排除了某些必不可少的、为人们一致承认的政府职责。"[①]为何会出现这种状态呢?根本上就在于,我们还缺乏对政府和市场本质特性及其内在缺陷的认识;同时也在于,我们迄今还没有建立一套有效的制度安排来保障两者能够充分发展其效能并抑制其内在的"恶"。

(一) 现代经济学人的偏至性思维

在当前中国经济学界,学者们往往以政治性和实用性思维而非学术性和哲理性思维来理解政府和市场等术语,以致论战往往不是缩小而是加大对事物认知的原有分歧,乃至出现对立和两极的态度。譬如,田国强一再强调:"一个有效的市场的必要条件是有限政府而不是有为政府"[②],因为"有限政府和有为政府的本质差别就在于,是着眼中长期发展还是着眼短期发展,是强调改革还是不强调改革,是靠制度还是靠政策,是落脚于国家治理还是不落脚于国家治理"[③]。很大程度上,这就是源自田国强的个人理解,而且还是一种错误认知。究其原因,(1)有为政府根本不是不要改革,只不过是要认识和弥补市场的缺陷,而不是"唯市场化"的改革;(2)有

---

① 穆勒:《政治经济学原理:及其在社会哲学上的若干应用》(下卷),赵荣潜等译,商务印书馆1991年版,第529—530页。
② 田国强:"对当前中国改革及平稳转型意义重大的三个问题:供给侧结构性改革的关键与有限政府的建立",《第一财经》2016年10月24日。
③ 田国强:"有限政府,有为政府?",《财经》2016年11月7日。

为政府也不是只关注短期问题,相反恰恰是聚焦于中长期发展,尽管也会采用实用主义态度去关注和解决现实世界中的主要矛盾和主要问题;(3) 相应地,有为政府根本上就不仅仅是政策性的而更主要是制度性的,致力于探寻一个促进政府机制和市场机制间互补共进的制度安排。

事实上,仅仅由市场失灵就可以推论出政府功能的合理存在,现代经济学教材中也常常承认存在市场失灵问题。譬如,即使被新古典经济学、奥地利学派以及其他自由主义经济学派共同视为思想教父的哈耶克,也指出:"大凡在能够用市场为人们提供他们所需要的服务的场合,诉诸市场可以说是最为有效的方法;但是,这却并不意味着在市场无法提供这些服务的场合,我们就不可以诉诸其他方法了。"[①]更不要说,被现代主流经济学奉为自由主义先驱和市场学说缔造者的斯密,很大程度上甚至可以被视为有为政府的支持者,至少不是现代意义上的最小政府的鼓吹者;因为他主张政府应该举办和维护那些私营企业无利可图的公共福利事业和公共设施,也主张根据社会经济发展的需要对不同产品和行业征收不同的税收。

在斯密看来,政府承担的工作内容至少包括:(1) 管制纸币类的银行业务,包括在允许部分准备金制度的银行业务以后,禁止小面额银行券发行;(2) 举办公共交通企业,包括公路、桥梁和港口等公共工程,因为私人企业没有以适当方式从事这些活动的"动机";(3) 铸造货币和建立邮政局,因为这些是有利可图的;(4) 建立有限期的专利和版权制度;(5) 设立高利贷法,主张设立稍微高于对初始借贷者收取的利率的5%的利息率上限,使信贷能够达到朴素的初始接待人手里,而远离那些投资者和"铺张浪费的"消费者;(6) 对抵押贷款实行强制登记,竭力使经济转向有利于更多"生产劳动"的资本投资和更少的消费;(7) 对"谷物"出口实行某些限制,并允许某些暂时特许的垄断公司;(8) 建立公共教育,斯密特别强调公共教育的作用,认为这些作用虽然有限但也是非常重要的,它可以抵消劳动分工使人变愚蠢这一结果;(9) 通过差别性税收来引导产业发展、贸易竞争、消费取向、财富分配以及资源配置。[②]

然而,新古典经济学尤其是奥地利学派总体上还是反对政府主导的经

[①] 哈耶克:《法律、立法与自由》(第2、3卷),邓正来等译,中国大百科全书出版社2000年版,第332页。

[②] 参见罗斯巴德:《古典经济学:奥地利学派视角下的经济思想史(第二卷)》,张凤林译,商务印书馆2012年版,第731—732页。

济活动和产业政策,其直接的理由就是,政府同样存在失灵,甚至比市场失灵更严重。那么,承袭新古典经济学思维的经济学人为何极力反对政府在产业政策上的作用进而否定有为政府说呢?除了根基于个人主义的政治哲学和自然主义的分析思维外,另一个重要原因就在于他们的认知结构。很大程度上,认识和信念是比利益更深刻地左右学者的学术立场和政策主张的东西。哈耶克就曾写道:"凡是不抱这种偏见的人应当坦率面对的第一点是,决定着知识分子观点的,既不是自私的利益,更不是罪恶的动机,而是一些最为真诚的信念和良好的意图。"当然,哈耶克讲这句话主要是针对当时的社会主义者的,他说:"必须承认,大体而言,今天一个典型的知识分子越是受着良好的愿望和理智的引导,他就越有可能成为社会主义者。"[1]但是,这句话实际上适用于所有学者,尤其是适用于那种信守传统智慧并以此来驳斥他人的"经院主义学者"。

事实上,在大众学术时代,现代经济学人往往更倾向于接受而不是反思传统智慧。传统智慧的基本特点就是它具有可接受性,也即,需要为大多数人所认同,或者与流行的保持一致,或者可以得到更著名人物的支持。相反,那些对传统智慧构成挑战的思维往往很难被人所接受,往往会被批评为没有掌握传统智慧的复杂性,而这种精微之处只有那些始终如一、中规中矩、耐心细致的人才能理解,也即只有与传统智慧关系密切的人才能理解它。显然,自斯密奠立古典经济学体系以来,自由放任就逐渐成为传统智慧,那些坚持这种传统智慧的人就被视为主流经济学家,而对此进行挑战的则被视为非主流而受到漠视和贬斥。但是,所有这些主张都是根基于新古典经济学所构造的"科学神话",并嵌入在个人主义的政治哲学之中。张夏准写道:"当自由市场经济学家宣称某一项规定之所以不能采纳是因为它限制了相关市场的'自由'时,他们实际上是在表达一种政治观点,即他们拒绝所提出的法律议案的目的是为了捍卫自己的权利。他们身着的思想外衣表面上给人的感觉是其政见的确不带有任何政治色彩,只是一种客观的经济真理,同时诱导人们相信其他人的政见则是政治性的主张。但是,客观地讲,这些人与其对手一样都是被政治因素驱动的。"[2]

---

[1] 哈耶克:《经济、科学与政治:哈耶克思想精粹》,冯克利译,江苏人民出版社 2000 年版,第 303 页。

[2] 张夏准:《资本主义的真相:自由市场经济学家的 23 个秘密》,孙建中译,新华出版社 2011 年版,第 10 页。

(二)新古典经济学何以反对有为政府

就对国家性质和政府功能的认知而言,学术界至少提出过四种假设:(1)仙女模型,它认为,公共品供给者只解决市场不能和不愿解决的问题上,而不会与民争利,更不会损害任何个体的利益;(2)半仙女模型,它认为,公共品的供给者不是着眼于每个个体的利益决定公共品的供给,而是从总体上考虑整个公利的增长;(3)不确定世界模型,它认为,公共品供给者的行为也可能是没有效率或者造成更大损害的,但这并非供给者的本意,而是由于信息的不确定性和不完全性;(4)女巫模型,它认为,公共品的供给者是追求最大化功利的经济人,他们可能促成任何有助于保住或获得职位的活动。① 但是,自休谟的政治学将每个人都设想为一个无赖以来,西方主流学术就将国家和政府视为"恶棍"来提防,进而规定了"守夜人"角色。相应地,主流的经济模型大多都根基于理性选择框架,它将任何个休以及组织都视为"恶棍",会千方百计地追求其独自的利益和偏好;结果,政府失灵的危害就比市场失灵的危害得到更大程度的宣扬,经过这种反复的宣传就盛行开了否定政府基本作用的舆论。进而,无政府主义的思想传统在经济学中就得到继承和发扬,它将国家和政府视为统治阶级维护其统治的暴力机关,依靠"政治方式"而非"经济方式"为统治阶级谋取财富,从而最终取消政府。这里简要说明如下。

首先,新古典经济学静态地承袭了前现代政府功能。前现代政府很少承担经济功能,而主要执行一种统治功能,其税收主要是用于维护统治秩序而不是实现分配正义,转移支付的对象主要是统治阶级而不是弱势群体。19世纪早期美国著名政治家卡尔霍恩写道:"政府代理人和雇员构成了对税收利益的独占性接受者这样一个社会团体。以税收的名义从社会中得到的无论多少,如果不失去,就会以支出或支付的名义流入他们身上",相应地,"政府不公平的财政行为的必然结果是将社会划分为两个主要阶级:一方面是实际上支付税收从而当然地单独承担支持政府责任的这些人,另一方面是通过支付而成为税收利益的接受者的那些人,他们实际上是被政府支持的;或者简单地说,社会被分成了税收支付者和税收消费

---

① 朱富强:《现代西方政治经济学:以公共选择学派为主的经济和政治理论》,清华大学出版社2016年版,第184—185页。

者两个阶级",从而使得"这样的效果是,在政府的财政活动和所有与之相关的政策方面,他们成为了敌对的关系。因为税收和支付越多,一方的收入就越多而另外一方的损失也越多……那么,效果就是税收的每一增加都是使一方变得富裕和强大,而使得另一方变得贫穷和软弱"。① 事实上,斯密当初之所以宣扬自由放任主义,主要也是为了限制当时国王及其政府官僚的贪婪和掠夺。问题是,无论是现代政府的职能还是财政转移支付的对象都已经发生了根本的改变,从而也就需要重新理解财政税收的意义。

其次,新古典经济学构设了传统的"利维坦"国家形象。原始契约说认为,国家是统治者与被统治者之间基于契约而形成社会机构,或者人民通过契约而创造出一个合法的政治权威,这个国家或政治权威一经产生就不受个体的制约而拥有至高无上的主权,这就是"利维坦"国家。因此,即使政府确实可以且应该承担越来越广泛的经济职能以及实现市场经济中不尽如意的分配正义,但我们如何保障政府能够有效做到这一点呢?如何保证政府及其代理人不会通过财政收支而中饱私囊呢?事实上,即使在原始契约观已经为社会契约所取代的今天,人们普遍认为国家以及政府都源于个人之间的协议,每个人在国家中拥有平等的"发言权",甚至可以通过契约来更换国家组织以及政府机构,但问题是,我们如何确保政府及其代理人的权力受到制约呢?阿克顿就提出了广有影响的腐败定律:权力会产生腐败,绝对的权力产生绝对的腐败。② 确实,在权力分布极端不均衡的前现代社会,国家的存在或权威主要依靠军队和暴力;在商业经济普遍发展以及由此带来权力日益均等化的今天,依然存在相当程度的贪污和腐化现象。但是,我们也不能否认,在绝大多数民主法治比较健全的社会,腐化行为已经得到很大的遏制,日益广泛的人民参与已经建立起了越来越完善的规章制度以制约政府及其代理人的行为。布伦南和布坎南就说:"所有的立宪规则,都可以被解释为对潜在的权力的限制。"③

最后,新古典经济学承袭了传统的肯定性理性思维。肯定性理性思维的一个重要内容就是对现实世界的肯定,从而往往将真理和现实存在等同

---

① Calhoun J. C., *A Disquisition on Government*, New York: Liberal Arts Press, 1953, pp.16—18.
② 阿克顿:《自由与权力》,侯健译,商务印书馆 2001 年版,第 342 页。
③ 杰弗瑞·布伦南、詹姆斯·布坎南:《宪政经济学》第一部分,冯克利等译,中国社会科学出版社 2004 年版,第 10 页。

起来。在肯定性理性主义看来,现实存在中体现了人类的理性因素,尤其是没有人为干预的自然秩序体现上帝的意志和理性精神;相应地,竞争性市场中达致的就是一种"自然"价格,它体现了上帝意志的公正和正义价格。受此影响,新古典经济学就极力推崇自由市场,并将自由市场、自发秩序、自然规则和社会正义合为一体,从而也就看不到分配正义的缺失。与此不同,早期古典经济学者往往具有更强的批判理性思维,他们往往以理性的眼光审视现实存在与本质之间的脱节,从现实和真理间的差距中产生"是"与"应当"间的紧张;这样,他们就能够更深刻地剖析现实世界的问题,乃至将竞争性市场秩序视为只是体现了自由资本主义的正义要素。伊格尔顿就写道:"马克思总以阴郁的眼光看待人类大部分的历史,是因为历史不过是一种压迫和剥削替代另一种压迫和剥削。西奥多·阿多诺曾经说,悲观的思想家对人类解放做出的贡献比那些盲目乐观的思想家要大。这是因为他们见证了那些等待我们救赎的社会不公,而如果没有他们,这些不公早已被我们遗忘。他们向我们展示现实的残酷,并以此激励我们着手改变。"[①]相应地,针对自由市场交易中所显示出来的机会平等,马克思评论说:"资本主义交易的正义仅仅在于他们在本质上是资本主义的,在于资本主义的占有与分配符合资本主义制度本身服务的正义标准。"[②]

---

① 伊格尔顿:《马克思为什么是对的》,李杨等译,新星出版社 2011 年版,第 101 页。
② 卢克斯:《马克思主义与道德》,袁聚录译,高等教育出版社 2009 年版,第 61 页。

12

现代主流经济学中的逻辑吊诡

——政策市场主义和思维唯理主义

本章导读：时下产业政策和政府职能之争根本上源于现代经济学内在的思维悖论：作为现代主流经济学的两大重要分支，新古典经济学和奥地利学派都根基于西方社会的自然主义和肯定性理性传统。一方面，新古典经济学的思维具有强烈的建构理性主义特质，它不仅为计划经济提供了理论基础，而且还导向了数理化道路，不过，建构理性主义试图借助理性来设计和改造社会制度的同时，"理性自负"却引发了近代社会的动荡和混乱。另一方面，奥地利学派又转向自然主义的另一基本思维——先验的个人主义，把个人主义视为先验的、不可动摇的分析基石，从而为市场原教旨主义提供了更为坚实的理论支持，进而构成现代主流经济学的另一思维和学说来源。由此，现代主流经济学的理论逻辑与政策主张之间就呈现出了一种紧张和冲突关系：其理论是建立在唯理主义思维之上，而个人主义意识形态又提出市场至上的政策主张。

一、引　言

在这场产业政策和政府职能之争中，张维迎就批评林毅夫的产业政策根基于"新古典经济学范式"，并以奥地利学派的"米塞斯-哈耶克范式"加以反驳①；田国强则在认同张维迎的市场主义观点的同时，又批判了他对新古典经济学指导作用的完全否定，进而从新古典的基准理论来论证市场化改革的重要性。② 因此，我们可以看到这样一个显著现象：一些新古典经济学理论的传统支持者和鼓吹者在否定产业政策和反对政府干预时又借助于奥地利学派的市场理论，如许小年、张维迎等人原先都是学习和传授新古典经济学的，但近来极力鼓吹奥地利学派思想；同时，他们又将新古典经济学、奥地利学派乃至凯恩斯经济学等都称为主流经济学，并极力抨击和反对林毅夫等对所谓主流经济学的批判。譬如，田国强也是新古典经济学的信徒，但他在反对林毅夫的有为政府说时，又说："计划经济在各国实践的相继失败表明，兰格等经济学家的那套东西是行不通的，而米塞斯、哈耶克所揭示的集中计划经济核算的不可行性得到了证明。"③事实上，田国强、文贯中等都极端反感将政策和改革方向之争上升到反对新自由主义、"华盛顿共识"或照搬西方主流经济学的政治高度，并认为那些批评甚至否定主流经济学的人实际上都有意无意地用到了主流经济学的理论和方法。④ 那么，如何理解这些混乱呢？

实际上，这里就暴露出了现代主流经济学内在的逻辑背反：（1）在理论上，它根基于建构理性主义思维，致力于最优化的分析和制度，不仅由此推导出人类社会的完美均衡，而且还将这种社会存在合理化；（2）在实践上，它推崇演化理性主义，致力于对社会自发秩序的探索和宣扬，不仅强调市场根本上具有开放性和不确定性，而且甚至将对社会经济的任何干预都视为违背自然正义的。为什么会出现这种悖论呢？这就需要从西方社会的自然主义认知思维及其对经济学的演化影响以及西方主流社会的意识形态中去把握：一方面，现代经济学理论上的分析思维是唯理主义的；另一方面，个人主义是西方社会尤其是启蒙运动后的根本意识形态。同时，这两种认知和主张又都根植于由自然主义所派生的肯定性理性思维之中：前者是对人类理性能力的肯定，后者则是对现实世界的肯定。相应地，现代主流经济学的政策主张往往也就在两个极端之间来回转换：当自发社会秩

---

① 张维迎："我为什么反对产业政策？"，http://finance.sina.com.cn/meeting/2016-11-09/doc-ifxxnffr7227725.shtml。
② 田国强："林毅夫张维迎之争的对与错"，《第一财经日报》2016年11月22日。
③ 田国强："有限政府，有为政府？"，《财经》2016年11月7日。
④ 田国强："对当前中国改革及平稳转型意义重大的三个问题"，《第一财经日报》2016年10月24日；文贯中："中国的市场化不是过了，而是十分不足"，《第一财经日报》2016年10月25日。

序陷入内卷而导致市场经济出现问题时,建构主义理性就开始膨胀,进而导致制度设计和政府干预思潮的产生;当"理性的自负"充分暴露而市场经济运行平稳时,有效市场说又开始偏盛,进而出现对自然秩序和自由市场的盲从。

因此,为了更好地认识时下的产业政策和政府职能之争,理解不同经济学思潮的此起彼伏,进而洞悉现代主流经济学为何会同时嵌入两种相悖思维,本章从起源学角度对现代主流经济学的理论逻辑和政策主张的发展历程作一系统梳理和深度解析。

二、现代主流经济学的内在紧张概述

西方社会的认知思维源于古希腊的自然法哲学,这衍生出理性主义和个人主义思维。其中,理性主义不断朝肯定性理性方向发展,从而在理论构建上具有深刻的建构性和唯理性;个人主义经过资本主义意识形态的宣扬而在西方政治哲学占主导地位,它为个人自由、经济自由以及市场经济提供支持。这两者同时嵌入在现代主流经济学中,从而造成了内在的紧张。

首先,理性主义传统深深地左右了自边际革命以降主流经济学的理论思维和学说,进而塑造出了现代经济学的基本形态和面目。[①] 熊彼特曾指出:"哲学领域内几乎没有一种观念不是从希腊流传下来的,而许多这些观念虽然与经济分析没有直接关系,却和分析家的一般态度与精神有着较大关系。"[②]正是受这种思潮的影响,古典主义末期以降,主流经济学不仅将其研究对象转向了资源配置这一工程学内容,而且在研究思维上也快速走上了唯理主义的技术化道路,这在边际主义学者身上得到了充分的体现。正因为这种唯理主义的哲学背景以及经济学研究对象的物质性,古希腊的自然主义思维就逐渐渗透乃至全面支配了现代主流经济学,并深深地打上了建构理性主义特质。

其次,个人主义贯穿于西方文化的始终,并支配了现代西方政治哲学。事实上,西方文化有两大来源:古希腊的工具理性和希伯来文化中的价值

[①] 朱富强:"现代主流经济学为何热衷于数理建模? 兼析唯理主义在经济学中的渗透",《贵州社会科学》2013年第1期/《新华文摘》2013年第8期。

[②] 熊彼特:《经济分析史》(第1卷),朱泱等译,商务印书馆1991年版,第105页。

理性，两者的共同特征就在于强调个人主义，关注人类对自然的支配和控制，这就导向了根基于工具理性的经济人假设，进而产生由物性而入人性的自然主义分析思路。自然主义思维及其派生的科学主义方法论一个基本特点就是强调研究的客观性，为此倾向于将社会行为主体抽象为不受环境影响的原子主义个体，从而便于使用严谨的数学逻辑和工具进行分析。在这种思维的指导下，当经济学帝国主义者将经济学的研究对象重新从物质领域拓展到其他社会领域时，他们也同样遵循个体主义和工具理性的分析逻辑，这就导致了经济人假设以及理性分析框架的泛滥。

最后，建构理性主义思维与个人主义的分析路径相结合，造成了现代主流经济学的内在紧张。具体悖论体现为：它所根基的建构主义理性思维必然在理论上主张和维护经济计划，但同时，它所根基的个人主义政治哲学导致在政策主张上又会极力反对政府对自发市场的干涉。从两方面作一说明。

一方面，唯理主义思维使得现代主流经济学朝数理化方向发展，热衷于构建一个个最优化的数理模型；具有唯理色彩的个人主义也很容易地转化为集体主义，从而使得现代主流经济学可以为计划经济提供理论支持。正如米塞斯所说的："我们时代普遍接受的认识论学说并不承认，自然科学研究的事件领域和作为经济学与历史学研究对象的人类行动领域之间存在基本差别。人们充满了一些关于'统一科学'的混乱思想，这就是必须根据牛顿物理学研究质量与运动时所依据的方法来研究人类行为。根据这种所谓的研究人类问题的'实证'方法，他们计划建立'社会工程'，这种新技术可以使未来有计划社会的'经济沙皇'能以一种工程师利用技术处理无生命的物质的方式来处理活生生的人。"[1]很大程度上，正是基于为新古典经济学提供理论基础的一般均衡模型，一些经济学家从中逻辑地导出经济计划乃至共产主义可行的结论，这正如瓦尔拉斯后继者帕累托、巴龙等所做的。

另一方面，唯理主义导出的经济计划以及相应的共产主义政策又是现代主流经济学家在政治立场和社会价值上所不可接受的。这有两大原因：(1) 古典主义末期以降尤其是随着边际革命的兴起，主流经济学者逐渐接受了自然和谐的假设并把资本主义制度视为既定合理存在；(2) 20世纪以

---

[1] 米塞斯：《经济学的认识论问题》，梁小民译，经济科学出版社2001年版，英文版序言。

降一些中央计划经济国家的计划实践和集体主义运动造成了思想和自由的普遍丧失,这让西方经济学者对这种建构理性主义的后果产生了警觉。特别是,进入了以信息为要素主体的后现代社会后,人们更深刻地发现,依靠建构理性所构建的法律规章等根本上无法解决信息社会中不断膨胀的内生交易成本问题。在很大程度上,正是过分强调工具理性和建构思维,导致了西方社会发展的不断动荡以及秩序扩展的中断。

显然,现代主流经济学对计划经济的批判在很大程度上并不是基于学理性的逻辑,而是出于政治和意识形态的立场。波兰尼就指出:"政府能直接满足经济理论的所有需求。政府计划的确能超越市场,包括税收过程、考虑社会成本及纠正市场的其他不完善之处";奈特则指出,这个体系的反对意见"不是经济的而是政治的;它涉及到对自由整体上的压制"。[1] 这个观点也在哈耶克的《通往奴役之路》中得到了有力的论证,他指出:"从总体上说,该国(俄国)的历程只是使得马克思主义的社会主义名声扫地。对社会主义的根本方法的普遍失望情绪来源于更为直接的体验",这有三个基本因素,"首先,人们日益认识到,与私人企业制度相比,社会主义的生产组织方式不是具有更多的、而是具有更少的生产性;其次,人们还清楚地认识到,这一组织方式似乎并未带来一种人们所设想的更大的公正,而是意味着一种新的、专断的、比以往更不易摆脱的等级制度;再次,人们认识到,这一组织方式似乎意味着一种新的专制主义的出现,而不是所承诺的更大自由的出现"。[2] 正因如此,现代主流经济学又开始转向了个人主义意识形态,通过对理性的重新定义来为个体的自主行为辩护;相应地,现代主流经济学在实践上极力反对集体主义和国家干预而推崇自发的市场主义,从而形成了理论思维上和政策主张上的不一致性。

三、实用主义、唯理主义和社会主义之传承

一般地,西方社会根基于自然主义思维,由此产生了强烈的建构理性主义思维,这深深地嵌入在现代主流经济学中,既表现为热衷于理性模型的构建和最优激励的分析,也表现为基于成本—收益分析或效率原则来涉

---

[1] 波兰尼:《社会、经济和哲学:波兰尼文选》,彭锋等译,商务印书馆2006年版,第189页。
[2] 哈耶克:《通往奴役之路》,王明毅等译,中国社会科学出版社1997年版。

及社会制度。那么,如何理解现代主流经济学的建构理性主义特征?

(一) 从建构理性主义的形成看

首先,当自然主义思维及其衍生的达尔文进化论拓展到人类社会时就形成了社会达尔文主义,而社会达尔文主义在美国社会又发展出实用主义哲学,它强调人类社会存在不断进化的观点,强调人对不断变化的社会、政治和经济生活条件具有适应性。进一步地,在实用主义哲学以及实证主义方法论的指导下,西方主流经济学日益偏重功能主义的分析方法。功能主义的典型特征体现在其独特的预先假设和研究视角:从一个先验假设来分析可变量之间的关系,问题及其解决方法往往只有在其可能性框架中的特定位置才能获得其意义。① 这意味着,功能性分析体现的是基于特定视角对经济现象的解释,而不是对现象背后的实在和本质的揭示。显然,这种方法论导向了现代主流经济学的基本研究取向:它通过对事物之间功能联系的计量分析来推进经济学的应用性和预测性,并由此进一步发展了经济学中的各种应用工具和经济模型。实际上,现代经济学所嵌入的建构理性是如此强烈,乃至已经舍弃了行为者的意向性:行为主体的效用函数已经由求解效用函数最大值的前提而预先确定,从而也就不需要行为者去权衡这些不同的可选择目标。

其次,基于功能性分析的需要,现代主流经济学家热衷于以实证主义来促进自由思维的发展。问题在于,现代主流经济学的实证分析又是基于逻辑实证主义,而这具有明显的唯理性和建构性特征。例如,布坎南就承认,由于受经济学理论的分析性论证的影响,他在开始是反对市场组织的。② 在很大程度上,正是由于内含的实用主义、功能主义哲学观,导致了现代经济学具有强烈功用性和建构性,对人类社会的发展也充满了"设计性"诉求。很大程度上,中国的"五四"运动就是受了西方近代启蒙主义的影响,是建构理性主义思潮在中国社会的扩展;其建构理性主义的理论基础就是来自西方的实用主义、实证主义以及功利主义等。例如,当时的胡适阐扬杜威的实用主义哲学和赫胥黎的进化论思想,陈独秀推崇欧洲 19

---

① 朱富强:"现代经济学分析中的功能主义:形成逻辑及其形式化危害",《改革与战略》2009年第12期。

② 布坎南:"自由、市场与国家",载秋风编译:《知识分子为什么反对市场》,吉林人民出版社2003年版,第87—92页。

世纪的实证主义和功利主义,而高度的乐观理性主义使得李大钊相信俄罗斯的"十月革命"开创了人类"新纪元"。

最后,自然主义思维的一个重要特点就是赋予了人类个体以理性,这使个体行为变得有计划性,当计划从个人行为上升为政治行为时,就逐渐形成了一种集体理性主义和计划思潮,而功能主义则为这种集体计划提供理论基础。受此影响,一种集体主义的社会本体论开始得到建构理性主义的青睐,而这种集体主义在功能主义的引导下则直接派生出了社会主义,原先指导个体行为的实用主义哲学也就过渡到了社会主义,进而使得建构性的唯理主义色彩在西方社会的变革过程中愈益显著。事实上,从思想史的角度看,实证主义一开始也就是与社会主义联系在一起的,它试图通过对国家有机体中各部门的功能性分析来设计或完善国家组织。譬如,孔德曾任空想社会主义者圣西门的秘书,而圣西门则把实证主义宣布为其哲学的最终原则,并主张社会理论将运用"其他观察科学所运用的统一方法。换句话说,推理必须以观察和所探讨的事实为基础,而不是把那些事实归因于推理思维科学所采用的方法"。① 再如,马克思的理论根本上也是根基于自然主义,其博士论文《德谟克利特的自然哲学与伊壁鸠鲁的自然哲学的区别》就提出:"伊壁鸠鲁天才地猜测到了事物运动的原因在于事物的内部";而且,在毕生的研究中,马克思强调"哲学家只是用不同的方式解释世界,而问题在于改变世界",这一观点也显示了其内含的建构理性主义思维。也即,在很大程度上,根基于自然主义的建构理性本质上与社会主义的政治理论之间具有某种亲和力。

(二) 从与社会主义的相通性看

根基于建构理性主义思维以及采用功能主义分析路向,现代主流经济学也就必然可以得出有利于社会主义和计划经济的结论。霍奇逊写道:"新古典经济理论的很多先驱,包括莱昂·瓦尔拉斯、阿尔弗雷德·马歇尔和菲利浦·威克斯蒂德,都同情社会主义或社会民主思想。按照当今的标准,他们中的某些人会是左翼激进分子。瓦尔拉斯自称是一个'科学社会主义者'。他对经济学理论的研究是想要证明对包括土地在内的自然垄断

---

① 转引自马尔库塞:《理性和革命:黑格尔和社会理论的兴起》,程志明等译,重庆出版社1993年版,第299页。

品的公有制和价格管制的经济利益。马歇尔关注维多利亚时代英国的贫困问题,同情工人合作社,威克斯蒂德也提倡土地国有化,同情社会主义和激进运动,并与之保持个人联系";"甚至更晚,到了1945年以后,杰出的新古典一般均衡理论家肯尼思·阿罗和弗兰克·哈恩也表明了他们对各种干预主义的、社会民主主义的经济政策的同情"。[①]

更进一步地,很多学者之所以选择经济学或者后来从其他领域转入经济学领域,一个重要的因素就是对现实社会经济秩序的不满,而希望能够凭借经济学教给的基础理论改造社会经济秩序。正如哈耶克所说:"每个人当然都希望我们应当尽可能地合理地处理问题,并在这样做时,应该尽量运用我们所能获得的预见。"[②]正因如此,即使在主流经济学日益庸俗化的今天,一大批经济学者如科斯、哈耶克、森、黄有光、斯蒂格利茨等人都具有或多或少的社会主义倾向。哈耶克说,他和他同代的"多数自由派经济学家,最初都是因为年轻时怀有或强或弱的社会主义信念,或至少是不满于现实,才进入经济学领域的"。[③]

更为甚者,现在主流经济学的研究思维和分析范式本身也与法国的建构理性传统以及社会主义理念和社会实践密切相关。例如,里昂惕夫本身是在苏联接受教育,并在19岁时就发表了一篇讨论苏联国民经济平衡的文章,后来他到了美国之后所发展的投入—产出经济学构成了计量经济学的一个组成部分,这个投入—产出表则成为社会主义计划控制的基本工具。而且,里昂惕夫最初希望根据一种简化的、适合于经验研究的现实提出一般均衡理论的本质,因而投入—产出分析实际上是一般均衡分析的一种特殊形式。这意味着,里昂惕夫的投入—产出设计和分析具有高度的建构理性的特点,就其理论的渊源而言,则包括法国重农学派的经济表、马克思的两大部类再生产理论、瓦尔拉斯的一般均衡理论的市场相互依存原理等。实际上,瓦尔拉斯的一般均衡思想在欧洲也被用作计划的经济基础,譬如,帕累托的学生巴龙遵循帕累托的建议,描述了在最优条件下运行经济体系的理想图景,然后阐明社会主义生产管理部门下的任务:通过试错

[①] 霍奇逊:《演化与制度:论演化经济学和经济学的演化》,任荣华等译,中国人民大学出版社2007年版,第30页。
[②] 哈耶克:《通往奴役之路》,王明毅等译,中国社会科学出版社1997年版,第39页。
[③] 哈耶克:《经济、科学与政治:哈耶克思想精粹》,冯克利译,江苏人民出版社2000年版,第254页。

的方法(瓦尔拉斯的摸索过程)创造出最优条件下运行经济体系的条件。而兰格还用反馈原理把马克思、凯恩斯和里昂惕夫的经济增长理论统一起来,以反馈原理作为它们的基础,把几种不同学派的再生产模型连接在一起;他证明,不仅凯恩斯关于国民支出意义上的国民收入理论,而且马克思的再生产模式都可以用一般调控理论来进行分析,从而为将控制论运用于社会主义再生产过程奠定了理论依据。

(三) 从诺贝尔经济学奖的推动看

诺贝尔奖之所以在20世纪60年代末增设经济学一项,就是源于当时很多经济学者已经将经济学视为自然科学,这也是二战以后计划日益主导国民经济的结果。例如,在第一次为"经济科学"设立诺贝尔奖时,伦德伯格教授就代表诺贝尔基金会解释道:"经济科学已日益朝用数学表达经济内容和统计定量的方向发展……正是这条经济研究路线——数理经济学和经济计量学,表明了最近几十年这个学科的发展",而弗里希和丁伯根之所以获奖就是因为"他们的目标给予经济理论以数学的严密性,并且用一种允许经济定量和假设的统计检验的形式表示它"。

事实上,早期的诺贝尔经济学奖得主的成就都与经济计划有关,弗里希、丁伯根、萨缪尔森、库兹涅茨、里昂惕夫、康托罗维奇等人都受到计划经济的影响或者直接就是经济计划的领导者和推行者。例如,诺贝尔经济学奖第一位得主弗里希的获奖原因就是,提出一种详细的整个国民经济的国民会计制度的思想,以支持挪威经济政策的合理计划工作。诺贝尔奖共同得主丁伯根的获奖原因则是,在弗里希以前提出的理论的支持下,发展了一种简化的经济政策系统,已经应用于荷兰。而且,早期获诺贝尔奖的有好几位都是俄裔经济学家,因为当时苏联是计划经济的大本营,也是当时数理经济学的引导者。譬如,库兹涅茨就长期担任美国战时生产局计划统计局副局长和计划委员会研究主任、以色列经济研究计划主席等职务,他长期集中于计算国民收入的大小和变化的方法;再如,康托罗维奇则属于苏联经济学家中的"数理学派",并且是建议改革集中计划技术的著名成员,他着手发明了线性规划来解决如何把现有生产资源结合起来使生产最大化的问题,并用社会主义经济中最优计划理论来研究线性规划定理。此外,多马、乔治斯库-罗根、格申克龙、卡列茨基、莱宾斯坦、勒讷以及马夏克等都出生于俄罗斯。

进而,由于经济学诺贝尔奖的设立和颁奖取向对经济学的发展具有方向标的意义,诺贝尔奖得主的成就往往会因此而被放大,其研究的领域更成为青年学子关注的热点,其研究方法也为青年学子所效仿。正是由于诺贝尔经济学奖为其他学者以及青年学子设立了一个模仿的路标,因此,人们往往把对萨缪尔森的评价置于他的老师熊彼特之上,将弗里德曼置于他的竞争对手加尔布雷思之上;同时,正是由于诺贝尔经济学奖的这种指针性作用,经济学越来越走上了数理化的道路。事实上,作为现代主流经济学范式的构造者萨缪尔森,他本身就是作为当代对数理经济学、计量经济学最有贡献的经济学家而获奖的。由于从事数量分析的学者获得了诺贝尔经济学奖并逐渐控制了经济学界的重要岗位和杂志,因而在此后的很长一段时间内,甚至直到现在,经济学的走向都是由从事数量经济学研究的学者所控制,后来被授予诺贝尔经济学奖的也大都是这一领域中的学者,如阿罗、希克斯、库普曼斯、弗里德曼等都是如此。当然,后来随着计划经济问题的逐渐暴露,诺贝尔经济学奖所授予的领域有了一些扩大;尤其是,政治哲学开始对实践中的建构理性进行批判,一些市场至上主义者如哈耶克、布坎南、科斯等甚至还获得了诺贝尔奖。但是,这种变化在很大程度上只是源于政治格局的转向,而不是源于经济学思维的根本变革。事实上,由于诺贝尔经济学奖起初是把经济学当成自然科学来看待的,这使得经济学思维带有很强的建构理性色彩,这样,在正反馈效应的作用下,除非有社会环境的根本性变化,现代经济学的建构主义思维就无法根本改变,数理化发展道路也将更为巩固。

(四) 从新古典范式与苏联范式的相通性看

国内的一些主流经济学极力批判苏联范式而热烈拥抱新古典经济学范式,企图以新古典经济学的思维和理论来引导中国经济学的发展方向,进而对一切非当前西方主流经济学的思潮进行扼杀。但问题是,西方主流经济学和苏联范式的政治经济学果真存在本质区别吗?鲍尔斯就曾感叹地说,他在哈佛大学教授的研究生"微观经济学"课程简直就是1969年在哈瓦那教授的"计划经济"课程的翻版。① 究其原因,尽管源于苏联的政治

---

① 金迪斯、鲍尔斯:《走向统一的社会科学:来自桑塔费学派的看法》,浙江大学跨学科社会科学研究中心译,上海世纪出版集团2005年版,第116页。

经济学和现代西方主流经济学范式表面上存在巨大差异,但两者的基本思维实际上是相通的,都有共同的思想渊源。贾根良就写道:"西方主流经济学与苏联范式政治经济学在冷战时期所进行的乌托邦战争基本上属于牛顿主义经济学研究传统内部的战争,而这种战争则完全使达尔文主义的经济学研究传统被边缘化了,不仅马克思经济学中的达尔文主义经济学研究传统在前苏联和改革前的中国没有得到任何创造性的发展,而且自改革开放以来,除了中国改革理论的发展外,作为达尔文主义经济学研究传统的西方异端经济学诸流派在中国至今仍很少有人进行研究。"①

关于现代西方主流经济学和苏联范式政治经济学的相似性,我们可以从研究对象和研究思维两方面作一说明。(1)就研究对象而言,两者基本都继承了斯密把生产性劳动限制在物质生产领域的思想:马克思在此基础上给出了社会主义经济学的基本性质,并支配了社会主义国民收入概念和衡量;新古典经济学的研究对象也主要是物质领域,凯恩斯甚至由此宣称政府部门的活动是非生产性的。(2)就研究思维而言,两者都是典型的西方自然主义的思维:西方主流经济学继承和极端强化了李嘉图的抽象化路径,把经济学从其他社会科学中抽象出来,其生产理论在今天基本上仍然是李嘉图静态谷物理论的形式化;苏联范式的政治经济学在传统上起源于马克思,尽管马克思本身具有深厚的社会科学的底蕴,但其集中于商品的研究仍然具有强烈的自然主义特质,如马克思的劳动价值论来源于李嘉图。所以,熊彼特批评说,"李嘉图恶习"在这两大理论体系中都得到充分体现:在苏联范式政治经济学中是经院哲学,在西方主流经济学中则表现为演绎主义和数学形式主义;而贾根良则指出,它们"之间这种意识形态的斗争却是在两种不同版本的李嘉图经济学之间的战争,换言之,他们是在同一根藤上所结出的两个苦瓜"。②

总之,现代主流经济学内含着强烈的建构理性主义,这种思维源于西方社会的自然主义思维,并与社会主义思潮一脉相承。正是受这种建构理性主义思维的影响,我们就可以看到,中国绝大多数经济学人都乐于接受现代主流经济学教材中所宣传的市场有效信条,但同时又积极为各级政府出谋划策,热衷于搞投资规划等应用对策性课题的研究。显然,在理论和

---

① 贾根良:"中国经济学革命论",《社会科学战线》2006年第1期。
② 同上。

实践之间就呈现出一个明显的悖论,这反映了主流经济学热衷于模型建构的学术风气与它所崇尚的自由主义社会理念之间的矛盾,也体现了这些经济学人在学术认知和行为实践中的"知行不一"。很大程度上,这正反映出国内经济学界的迷茫:(1)绝大多数经济学理论都得出依靠市场进行资源配置的政策建议,这是演进性的;(2)诺贝尔经济学奖对经济学计量化的奖赏又鼓动了模型化的趋势,这本质上又是建构性的。而且,这也导致了经济学专业学生在学习中的盲动性以及方向的迷失:(1)他们努力紧跟着主流;(2)他们实在又不知道何谓真正的主流,而"主流"经济学又为何表现出这种取向。结果,学习了多年的经济学之后,依然不知所云,也不知所之。更严重的是,绝大多数经济学人对此却似乎毫不在乎,在物欲膨胀和功利隆盛的情形下,他们大多只关心自己的饭碗,而不去真正地思考学术的发展。

四、从唯理主义思维到市场至上主义政策的转变

在二战后的很长一段时间,基于建构理性主义的经济学理论对有效配置极度匮乏的物质资源发挥了积极的作用,但同时建构理性在实践中也开始不断膨胀,最终导致乌托邦的出现和理性的自负。事实上,乌托邦本身就是源于对人类控制自然能力的推崇,它有两大形态:(1)追溯过去的所谓的黄金时代,以塞涅卡和卢梭等为代表;(2)憧憬未来的理想社会,以空想社会主义者为代表。随着进化论思想的扩展和人类理性的提高,憧憬未来的乌托邦逐渐成为主流;同时,为了实现这一理想和满足人类发展的渴望,人们往往希望凭借人类理性来设计出更完美的社会制度。

(一) 唯理主义导向的计划经济困境

受唯理主义思潮的影响,二战后,伴随着越来越多社会精英对经济计划的支持,世界上大多数国家都开启了计划经济之路。但不幸的是,实践的结果却往往适得其反:不但破坏了经济学发展的连续性,而且也常常导致社会的大幅度衰退。究其原因,(1)基于建构理性主义思维所引导的革命,往往基于当时或者过去来预测未来,而没有考虑社会发展的不确定性;(2)基于自然主义思维而自以为发现了社会领域的规律,却没有真正明白在社会科学中是永远不能穷尽真理的,最多只能是在一定程度上越来越接

近事物的内在本质。也就是说,经济规律一般都只是在一个特定阶段才适用的规律,思想家对历史的认识也常常要受他所处的时代的影响。正因如此,随着社会的发展,理论就应进行不断修正和完善,但建构理性主义者往往基于对过去历史的认知来设计社会的未来,这就往往会对社会造成重大的灾难。相应地,源于自然哲学流派的个体主义思维,现代主流经济学又开始推崇市场的自发作用而反对政府的计划和管制。

譬如,马克思的经济理论是以对处于上升期的资本主义为考察基础并对那个时代的经济现象所作的归纳和总结。在那个时代,生产的基本要素还是物质资本,而物质资本本身具有集聚、集中、转移的特点,因而物质资本的规模可以越来越大,越来越集中;相应地,随着资本规模的越来越庞大,企业规模也就越来越大,企业组织的层级链也越来越长,层级关系也越来越复杂,以致形成一个行业乃至整个国家范围内的垄断组织。基于这种现状,马克思预言并夸大了社会发展的这种趋势,认为垄断将成为发展的必然趋势,甚至大到每个行业只有一个企业的地步。同时,马克思又认为,私有财产制度腐蚀了人的本性,这种私有权诱使资本主义社会中的垄断者去恶待他的员工和顾客,而从占有财产中被驱赶出来的人则一定会采用敌意的造反来反对压迫者。这样,资本主义社会中就会出现垄断者和无产者之间的对立:一方面,垄断者为了获取垄断收益而通过各种非人道的手段提高绝对或相对剩余价值以获取劳动剩余;另一方面,工人也不会主动投入劳动,甚至还会做一些破坏行为。基于这种情境,资本主义的垄断企业不是去增进协调而是加强监督,不是去改进生产技术而是加强垄断,从而必将造成整个社会的福利丧失、生产技术的停滞。基于这种分析视角,马克思有理由为私人垄断的后果感到担忧,从而产生了消除私人垄断潜在弊端的社会责任,并为之设想新的替代方案。

正是基于资本逐利和集中的特征以及当时社会所表现出的日益明显的资本集中化趋势,马克思认为,垄断的趋势是不可能扭转的,是社会发展的必然趋势。在这种认知下,基于社会福利的考虑,马克思设计了以国家垄断来取代私人垄断的社会变革方案。马克思认为,(1)这是最佳的也是唯一的选择,因为他设计的国家是代表全体人民的,敌意和仇恨就会消失;(2)这也是可行的,因为私人垄断已经为国家接管私人垄断后进行有组织的管理和生产提供了物质和技术基础。然而,这种设计真的可行吗?我们可以从两方面加以审视。(1)马克思基于西方的自然主义思维把人性看得静态化和同序化了。例如，弗洛伊德认为，从心理学的观点来看，这种体系是建立在一种站不住脚的幻想基础之上，因为私有财产的废除并没有改变个人在能力和影响上的差异，从而无法消除人类的攻击性。① （2）就生产组织的发展来看，由于历史的局限性，马克思也忽视了一个重要事实，即他看到的也可能仅只是一个特定时代所特有的现象。其实，生产资料是有多重的，而不同时代最主要的生产要素可能各不相同：在奴隶制社会，最重要的生产要素是劳力资本；在封建社会，最重要的生产要素转变为土地资本；在资本主义社会，最重要的生产要素则变成了物质资本。

事实上，过去半个多世纪的社会发展已经日益显示出，在未来社会最重要的生产要素将不再是物质资本，而是智力资本，其内容就是知识或信息。例如，贝尔就认为，信息和知识是后工业社会的主要结构特征。而且，作为最主要生产要素的知识具有不同于以往生产要素的性质：以往的生产要素，无论是奴隶的劳动、土地还是资本都具有可转移性、可积聚性和可积累性等几个特点。但是，知识却具有难转让性、难积累性、难积聚性，因而这种生产要素必将是越来越分散的。随着生产要素越来越分散，那么建立在它基础上的生产组织的规模也不可能越来越大，等级链也不可能越来越长，相反，却更可能朝扁平化、网络化和微观化方向发展。在这种情况下，垄断就变得越来越不可能。这意味着，国家垄断取代私人垄断也就失去了社会基础，建立在国家垄断基础之上的计划的效率当然也就会受到越来越大的限制。事实上，今后的经济效益主要来源将不再是规模经济，而是建立在分散基础上的专业化经济等，而经济计划根本上则以大规模生产组织为基础；因此，以知识为主的生产要素将给社会生产带来一个全新的面貌，而基于资力社会的状况并借助高度的建构理性而设计的计划经济将成为新的乌托邦。②

有鉴于此，20世纪最初几十年，在西方社会占主流的市场经济学与为社会主义辩护的计划经济学之间就展开了激烈的争论。同时，由于本身就内含了强烈的建构理性主义，崇尚思潮竞争的现代主流经济学在理论上并不能真正驳斥经济计划的可行性。事实上，既然社会中的个体具有充分理性并能达到社会的均衡和最优，那么，为什么具有更高知识水平的政府精

---

① 弗洛伊德：《一个幻觉的未来》，杨韶钢译，华夏出版社1999年版，第47页。
② 参见朱富强：《有效劳动价值论：以协调洞悉劳动配置》，经济科学出版社2004年版，第7章。

英就无法借助这种理性实现同样的目的呢？巴黎大学的伯纳德·格瑞恩就指出,正如苏联范式的政治经济学一样,主流经济学的微观经济学是一个没有价值的理论体系;因为经济学家们已经发现,阿罗-德布鲁一般均衡模型实际上与竞争和市场无关,它是一个"苏联式高度集中"的经济模型,有一个仁慈的拍卖人在做大量的工作,还有愚笨的价格接受群体。正是基于这一情形,为了更好地为市场辩护,越来越多的经济学人转向奥地利学派思维来论证经济计划和市场干预的不可行,其政策主张也逐渐为主流的新古典经济学所接受。既然如此,现代主流经济学又是如何从唯理主义的建构转向市场主义的政策的呢？这就关涉到20世纪30年代的这场大争论。

(二) 20世纪30年代的计划与市场论战

随着计划经济在苏联的建立以及向全世界范围的推行,在20世纪20至30年代就爆发了一场有关市场与计划的大争论。其背景是:一方面自由资本主义的缺陷在当时已经显而易见,另一方面苏联已经建立起了社会主义生产资料公有制的社会实践。当时争论的中心问题是:经济计划能否解决资源的有效配置和经济运行的效率问题,社会主义经济应该采取什么样的方式来运行？这构成不同哲学取向和研究思维的学者展开争论的中心问题。当时的争论双方是:以奥地利学派的米塞斯、哈耶克以及罗宾斯等为一方,否定社会主义经济的运行方式的有效性和合理性;以巴龙、泰勒、迪根森以及兰格等为另一方,对社会主义经济持赞同态度并从理论上提供支持。论战最后结果是暴露出门格尔开创的奥地利学派思维与新古典主义思维之间及其在现实问题上的深刻分歧:社会主义计划的最强烈支持者是那些新古典主义经济学家,他们所做的只是将新古典经济学理论应用于计划的制度背景下;社会主义计划的最激烈反对者几乎都是奥地利学派学者,他们最终退回到门格尔的思想传统中汲取营养。

论战的挑起者是奥地利学派的米塞斯,他在1920年发表了"社会主义社会中的经济核算"一文,首先对社会主义运行的有效性提出质疑,从而引发了对社会主义的福利争论;接着,1922年又出版了《社会主义》和《人类行为:关于经济学的一篇论文》,进一步扩展了他反对社会主义、支持自由放任的观点。米塞斯认为,社会主义社会的经济计划方式是不可行的,其理由是,这种计划方式不能解决价值的合理计算和资源的合理配置问题。

米塞斯的推理逻辑是：人们从事任何行为的目的都是实现自身利益的改善，这种欲望会转化为使效用最大化和利润最大化的行为，而这种行为又会把稀缺性资源引向效率最高的用途中；因此，米塞斯承继维塞尔的思想，即使用公有制代替私有制，也不能根除需求、稀缺以及相应的合理计算问题。在米塞斯看来，借助市场价格帮助是进行合理价值计算的唯一途径，因为市场价格就是人们以能够获得满足的方式进行财产贸易的结果；同时，只有市场定价方式不仅用于制成品而且也用于所有中间品和生产要素的条件下，经济合理地使用可获得的资源才成为可能。但在社会主义中，生产资料公有制使生产资料市场解体，以致生产资料的价值无法用货币表现出来，货币难以发挥显示生产资料稀缺程度的作用，进而无法确定生产决策和投资的经济效率问题，也就注定无法合理配置资源。米塞斯强调："哪儿不存在自由市场，哪儿就不存在价格机制；不存在价格机制，也就不存在经济核算。"[1]

显然，米塞斯的挑战使得价格体系对"理性的经济核算"的必要性被结合到了瓦尔拉斯模型中，而这一观点已经遭到了帕累托的弟子巴龙等的反驳。巴龙在1908年的"集体主义国家的生产部"一文中就提出，在生产资料公有制条件下，中央计划机构可以通过联立方程的途径推算出计算价格，从而实现社会资源的合理配置；也就是说，私有企业经济和社会主义经济在分配上都可以用瓦尔拉斯方程组来描述，都可以应用同样的最优资源分配原理，都可以实现帕累托最优意义上的效率。在米塞斯的论点发表后，泰勒在1929年发表了"社会主义国家中的生产指导"一文，也证明了社会主义经济可以靠试错法来解决这个问题；迪根森1933年发表的"社会主义共同体中的价格构成"则进一步认为，计划当局可以容易地获得生产技术以及个人偏好和禀赋，并通过一套瓦尔拉斯方程组获得求解。巴龙等人的回驳使得奥地利学派对社会主义的攻击退到"第二防线"，即不是否认计划经济条件下有合理配置资源的理论的可能性，而是否定其在现实经济生活中的实际可能性。例如，米塞斯又进一步指出，没有生产资料市场必然失去对企业领导人的刺激，失去对领导人的评价标准；同时，国家任命的企业经理都是有着不同目的和抱负的官僚，他们在对待国家财产和对待私人

---

[1] Mises L. V., *Economic Caculation in the Socialist Commonwealth*, Auburn: Ludwig von Mises Institute, 1920 (1990), pp.110—111.

财产的态度上是不同的。尤其是,官僚们往往需要服从命令,这根本不同于在企业投机中冒着个人资本和名誉危险的企业经理人员,因而社会主义无法担负资本配置的功能和在一个动态背景中有效引导资源所必需的企业家的精神。

接着,哈耶克、罗宾斯等人也加入到论战之中,他们支持米塞斯的观点,从而启动了第二回合的论战。尤其是,哈耶克在1935年之后陆续发表系列文章来对经济计划以及社会主义经济的运行方式进行批判和攻击。他们所持的一个基本理由是,计划经济运用巴龙方程来定价需要有收集和处理庞大信息的能力,但现实世界根本无法做到。譬如,哈耶克在1945年的"知识在社会中的运用"一文中就指出,如果我们拥有所有相关信息,掌握有关可资使用的手段和资源的全部知识,并且能够从一个给定的偏好系统出发,那么资源的最佳使用就纯粹是一个逻辑问题,其答案也就隐含在上述假设之中。但现实社会所面对的经济问题是:"我们必须运用的有关各种情势的知识,从来就不是以一种集中的且整合的形式存在的,而仅仅是作为所有彼此独立的个人所掌握的不完全的而且还常常是相互矛盾的分散知识而存在的。"有鉴于此,哈耶克提出:"社会经济问题就不只是一个如何配置'给定'资源的问题……社会经济问题毋宁是这样一个问题,即人们如何才能够确使那些为每个社会成员所知道的资源得到最佳使用的问题,也就是如何才能够以最优的方式把那些资源用以实现各种惟有这些个人才知道其相对重要性的目的的问题。"①

那么,如何有效运用这些分散的知识呢?哈耶克认为:"这必须由那些熟悉这些特定情势的人——亦即那些直接了解相关变化以及即刻可以被用来应对这些变化的资源的人——做出最终的决策",而"根本不能指望这个问题可以通过另一种方式得到解决:现把所有这样的知识都传递给某个中央机构,并在这个中央机构整合了所有这类知识以后再发布命令"。②为此,哈耶克认为,市场机制在信息方面优于中央计划体制:(1)在市场机制下,许多市场参与者同时进行数量较小的多次计算,而在中央计划机制下则需要进行庞大的中心计算;(2)市场机制所需要的信息量小,而中央计划所需要传播的信息量则极为庞大。也就是说,哈耶克和罗宾斯等人开

---

① 哈耶克:《个人主义与经济秩序》,邓正来译,生活·读书·新知三联书店2003年版,第116—117页。
② 同上书,第126页。

始从米塞斯所持的社会主义分配"不可能"命题中后退了,他们着重从实践而非理论对社会主义的经济计算能力进行了批驳。

不过,此时加入论战的兰格在1936—1937年连续两期发表了"社会主义经济理论"一文,对奥地利学派的观点尤其是哈耶克的社会主义计算能力问题进行了系统的反驳。兰格承认,社会主义经济体制要做出资源配置的合理决定,就需要某种计算相对价值的方法,为此,兰格超越苏联的高度集中的计划体制,提出了一种计划模拟市场的经济运行模式。主要特点是:(1)存在真正的消费品市场,消费品价格自由涨落,消费者有选择商品的自由;(2)劳动者可以自由选择职业和劳动岗位;(3)不存在生产资料市场,即生产资料的价格由中央计划部门规定,这种价格仅为会计价格,只具有计算作用。由此,兰格指出,社会主义经济中均衡价格决定过程就与竞争市场中的价格形成过程很相似,中央计划部门起市场的作用:它规定组合生产要素和选择一个工厂的生产规模的规则,确定一个产业产量的规则,分配资源的规则,以及在会计中将价格当作参数使用的规则。

同时,兰格认为,在决定价格过程中,中央计划部门不需要不同商品价格的任何可能组合下产生的不同商品数量的完整清单,中央计划部门不需要有可能供应的不同商品的价格的任何可能的组合下,会购买的一切商品的不同数量的完整清单,也不需要解几十万个(如哈耶克所预期的)和几百万个(如罗宾斯设想的)方程;唯一需要求解的方程只是消费者和生产经理的那些方程,而这些工作恰如目前竞争市场中一样。在兰格看来,只要国有企业的经理人被要求进行真正的市场竞争,并在中央委员会规定的价格基础上最大化地获取利润,那么,社会主义就可以以真正市场上可以完成的方式从市场信息中获得隐藏(影子)价格,并利用这些信息在集中控制的公司中进行资源分配;即使中央委员会选择了错误的价格,但经过简单的试错过程也可以很快揭示出正确的价格。事实上,在兰格的方案中,并不要求计划当局根据有关技术、偏好和禀赋的具体指示去求解数量巨大的分成,而只需要通过瓦尔拉斯拍卖机制就可以找到真实资本市场的市场出清价格。这样,兰格等人的反驳为社会主义计划经济提供了进一步的理论基础,而这种理论基础又是源自新古典经济学。沃恩就指出:"20世纪30年代社会主义经济学最强烈的支持者是那些新古典主义经济学家,他们做的也不过就是将那些传统经济学理论应用到另一个不同的制度背景下而已。"①

显然,经过两个回合的论战,仅仅从理论逻辑而言,社会主义者似乎取得了胜利。例如,德莱诺斯基说:"现在每个人都同意,米塞斯关于社会主义经济计算在理论上不可能的主要观点是错误的。"②甚至连熊彼特也认为:"社会主义的纯逻辑性并无错误。"③究其原因,如金蒂斯和鲍尔斯所说,尽管"瓦尔拉斯模型经常被用来为私有制企业的市场经济作正当辩护。但事实上……这些理论也完全能够为财产的社会所有制和中央计划经济作辩护",因为"价格并不一定要由市场作用或其他机制来制定……一个中央计划者可以担任瓦尔拉斯拍卖人角色,他可以制定出完全与经济效率兼容的价格"。④ 事实上,米塞斯认为,社会主义制度下存在委托—代理间的激励不相容问题,代理人往往不考虑委托人(计划当局)的利益,而私有产权则可以极大地环节这一委托—代理问题。⑤ 问题是,有什么理论能够证明市场可以解决委托—代理问题,而计划经济却不能吗?要知道委托—代理中的委托人和代理人都只是符号,既可以是市场主体也可以是计划当局。所以,当时的奈特攻击米塞斯说,他错误地用市场理论来否定中央计划的可能性。⑥

很大程度上,正是由于现代经济学中的建构理性为经济计划提供了理论基础,因此,马歇尔声称赞成社会主义的最终目标,瓦尔拉斯则被尊称为半社会主义者,庞巴维克被称为资产阶级的马克思,而维克塞尔则是资产阶级的激进分子。熊彼特甚至认为,"正是'资产阶级'经济学家,在那个时期提出了有关社会主义经济的合理理论;正是马歇尔、埃几沃斯和维克塞尔,把自由与完全竞争可以使所有的人获得最大满足这一学说降到了无关痛痒的泛泛之谈的水平",而且,"维塞尔、帕累托和巴龙这三位完全不赞同

---

① 沃恩:《奥地利学派经济学在美国——一个传统的迁入》,朱全红等译,浙江大学出版社 2008 年版,第 55 页。
② Lavioe D., *Rivalry and Central Planning*: *the Socialist Caculation Debate Reconsidered*, Cambridge: Cambridge University Press, 1985, p.4.
③ 熊彼特:《资本主义、社会主义与民主》,吴良健译,商务印书馆 1999 年版,第 265 页。
④ 金迪斯、鲍尔斯:《走向统一的社会科学:来自桑塔费学派的看法》,浙江大学跨学科社会科学研究中心译,上海世纪出版集团 2005 年版,第 116 页。
⑤ 福斯:《奥地利学派与现代经济学》,朱海就等译,中国社会科学出版社 2013 年版,第 102 页。
⑥ 波兰尼:《社会、经济和哲学:波兰尼文选》,彭锋等译,商务印书馆 2006 年版,第 189 页。

社会主义的领袖,创立了实质上是有关社会主义的经济理论,从而对社会主义学说作出了社会主义者自己也从未作出的贡献"。①

(三) 理性模型建构与市场经济主张的分裂

经过这场大辩论,哈耶克等人开始反思计划经济赖以为理论和思维基础的瓦尔拉斯模型,认为以瓦尔拉斯术语来进行辩论是明显错误的。哈耶克指出,社会主义者似乎认为,一旦资源的价格确定了,生产就可以找到资源的最佳投入组合;但实际上,生产更多地依赖主观判断而非客观的模仿,未来的价格也完全是对世界未来各种状态的判断而没有客观的现状可循。既然如此,公司经理人员又以什么作为根据来进行判断呢?中央计划者又如何模拟市场调节这门知识的能力呢?显然,经济计划的支持者忽视了个体经济决策的细节,市场经济中人们决策所使用的恰恰是那些具体时间和具体地点中的具体知识。为此,哈耶克开始关注这样一系列的主题:经济生活中无处不在的变化、详细具体的知识的重要性、市场过程规范秩序的概念。哈耶克强调并把市场视为一个动态的竞争过程,正是竞争使得分散性知识得以传播和运用,但是,社会主义者的论点却基于新古典经济学的均衡思维,从而把市场协调的知识问题抽象掉了。

一般地,瓦尔拉斯模型建立在完全竞争的基础上,完全竞争也成为新古典经济学判断现实市场有效性的基准。但是,哈耶克强调,"完全竞争理论所讨论的东西,根本就没有理由被称之为'竞争'",而且,"这种完全竞争理论多得出的结论在指导政策制定的方面也无甚作为"。② 究其原因,哈耶克认为:"在现代竞争理论所关注的那种竞争均衡的状态中,不同个人的基据被假设成彼此调试的,但是真正需要解释的问题却是这些基据彼此调试之过程的性质……(它)没有告诉我们那些条件据以产生的方式。"③ 相应地,自哈耶克之后,奥地利学派就开始反思瓦尔拉斯模型,并试图构造一个更为合理的奥地利学派分析基础来取代瓦尔拉斯模型。奥地利学派的反思集中在两个方面:(1) 区分了两类市场:一是被理解为完全静态的一

---

① 熊彼特:《经济分析史》(第3卷),朱泱等译,商务印书馆1994年版,第209、344页。
② 哈耶克:《个人主义与经济秩序》,邓正来译,生活·读书·新知三联书店2003年版,第138页。
③ 同上书,第140页。

般均衡市场模型,二是被理解为动态企业家发生过程①;(2) 开始强调激励问题,即使社会主义计划在理论上是可行的,但社会主义公有制使得利润归于国家而不是个人,从而无法保证追求私利的个体有积极性自觉地去完成计划,以最有效的方法来获得稀缺资源。

很大程度上,正是源于这次计划争论,门格尔的思维精髓被哈耶克等人重新挖掘出来并获得了进一步的发扬,从而促使了奥地利学派的复兴。事实上,由于门格尔的门徒主要发展了其思想中近似于正在成型的新古典经济学所讨论的观点,而知识、无知、时间、过程等门格尔的真正创见却遭到了忽视;尤其是,随着马歇尔新古典经济学的确立,奥地利学派的后继者们为了加入更大的学术圈,就不得不用更多的新古典术语来发展奥地利学观念。但经过这场大辩论,市场中分散知识在决策中的重要性获得了认识,奥地利学派与新古典经济学对市场理解的深刻差异也得到了暴露。柯兹纳就写道:"在米塞斯关于社会主义计算的论文发表以后的四分之一世纪里,发生的情况是原先作为大多数经济学家共识的单一而模糊的市场途径开始分解成两个分离的、截然不同而且聚焦明确的两个部分。一个组成部分被理解为完全静态的一般均衡市场模型;另一个组成部分被理解为动态企业家发现过程。"②为此,奥地利学派就对一般福利经济学提出了根本性批评:旨在论证政府干预之合理性的一般福利经济学所关注的是在假设所有有关偏好和生产技术之信息是已知和给定的条件下寻找可利用资源之最佳用途,经济问题在这里只是简单地运用正确的手段获取恰当的目标的数学问题,因而制定政策所要考虑的也就是如何更好地处理社会所面临的静态经济问题。

事实上,无论是新古典主义经济学还是社会主义经济学,都假定能够完全了解市场中的所有问题,但真正的问题却在于:人们如何知道我们首先想到的是什么?③ 市场上每个人都只有不完全的知识。哈耶克写道:"帕累托和巴龙这两位学者以及许多其他论者只是做了这样两项工作:第一,陈述了合理配置资源所必须满足的那些条件;第二,指出了哪些条件在本质上是与竞争市场的均衡相通的。他们的工作与那种试图阐明人们在

---

① 柯兹纳:《市场过程的含义》,冯兴元等译,中国社会科学出版社 2012 年版,第 109 页。
② 同上。
③ 沃恩:《奥地利学派经济学在美国——一个传统的迁入》,朱全红等译,浙江大学出版社 2008 年版,第 55 页。

实践中如何才能发现可以满足那些条件的资源配置方法的努力截然不同。帕累托本人(巴龙继承了他的全部学说)根本就没有声称他已经解决了这个实际问题,而是明确否认了人们能够在没有市场帮助的情况下解决这个实际问题的可能性。"① 为此,从 20 世纪 30 年代末到 40 年代,哈耶克都在致力于构造一个更为合理的奥地利学派分析基础来取代瓦尔拉斯模型。

在哈耶克看来,具有与主流经济学中建构理性相通的社会主义仅仅是一些较为活跃的知识分子的思想,而不是一般大众的思想,更为真实的是社会实践。他说:"社会主义……是理论家从某些抽象的思想取向中构想出来的,而在很长一段时间里只有知识分子熟悉这些思想倾向。"② 确实,社会主义思潮源于启蒙运动时期,而启蒙运动的对象就是受过教育的阶级而不是群众,绝大多数启蒙运动思想家都对群众表现出一种既蔑视又不信任的态度;而且,当社会危机发展到贵族、教会为一方与第三阶级为另一方之间的尖锐对峙时,后者就把权力移交给受启蒙运动思想影响最大的一群人:律师、医生、新闻记者等。③ 也就是说,尽管西方社会理论上是源于自然主义的先验理性和建构理性,但这往往仅仅停留在理论上,而在长期以来的实际生活中,人们还是以习俗为主。譬如,哈耶克就认为,古希腊人时期的斯多葛主义本质上反映的是个人自由理想,并通过罗马作家的作品而传到了近代。事实上,在哈耶克看来,整个罗马帝国时期和中世纪时期人们的日常生活都是基于习俗的,在查士丁尼下令编撰法典之前,整个欧洲大陆流行的是一套高度个人主义的私法,法律更多地被看作是对政府权力的限制,而不是这种权力的行使。正因如此,哈耶克将其后半生都用于追寻现实中的人们是如何行为的,他们的理性特质又如何?在哈耶克看来,理性在人类事务中只具有相当小的作用,个人的行为基本上都是受习俗引导的,从而试图把建构理性主义的理论传统拉回到演进理性主义的实际传统中去。

在某种意义上讲,建构理性主义的一个重要特点就是革命性,它试图借助人的理性而对社会制度进行设计和改造,但应用于实践的结果却导致

---

① 哈耶克:《个人主义与经济秩序》,邓正来译,生活·读书·新知三联书店 2003 年版,第 136 页。
② 哈耶克:《经济、科学与政治:哈耶克思想精粹》,冯克利译,江苏人民出版社 2000 年版,第 233 页。
③ 布洛克:《西方人文主义传统》,董乐山译,生活·读书·新知三联书店 1997 年版,第 124 页。

了近代社会的动荡和混乱。所以,韦伯说:"再也没有比起源于自然主义成见的理论与历史的混同更危险的了。这种混同所采取的形式,要么是相信那些理论的概念图像中记载下了历史现实的'真实'内容,即它的'本质';要么把它们当作普罗克拉斯提斯之床来使用,历史在此被削足适履;要么把'理念'实体化为一种处在现象之流背后的'真正'现实,实体化在历史中起作用的实在'力量'。"①这也正是哈耶克重建个人主义分析路径的根本原因。在哈耶克看来,真正的个人主义是反唯理主义的,其基本的认知思维是:"人类并不是一种具有极高理性和知性的存在,而是一种十分缺乏理性且极易犯错误的存在,而且人类所犯的具体错误也惟有在一种社会过程之中才能够纠正。"②而波普则认为,休谟的怀疑论已使这种证实的理性主义完全破产,即使逻辑实证主义的概率主义也不能挽救它,因而试图通过赋予"理性主义"以新的含义来拯救理性主义,这就是"批判的理性主义"。正是基于建构理性内在的认识论狂妄,很早之前就有一些学者陆续对理性主义进行批判,从而促进了非理性主义的崛起。特别是,进入20世纪后,由于科学发展的负面社会效应日益显露,物质主义和工具理性主义的弊端导致了西方社会的精神危机,贬低理性和逻辑的力量,否认真理性知识,鼓吹信仰、意志、直觉乃至本能的非理性主义思潮更是泛滥开来。在这种情况下,尼采、齐美尔、福柯、萨特、卢卡奇等现代哲学家都对此种理性主义展开了猛烈的批判,库恩和费耶阿本德的历史主义更是起到了"告别理性"的范式作用。③

正是基于对建构理性的不信任,以哈耶克为代表的奥地利学派经济学家就猛烈攻击兰格提出以计划模拟市场制定价格、调节运行的思想。奥地利学派的理由是:中央计划手段是有限的,而实际经济运行是复杂的,因而中央计划部门不可能代替市场的功能,不可能模仿出逼真的市场分配资源的机制。同时,兰格也清楚这一理论缺点:如果不能解决计划手段问题,而仅仅靠中央计划部门去对千百万种商品试错,那么他所提出的运行模式就会缺乏实际运用的价值。不过,20世纪开始出现了一系列新的科学技术

---

① 韦伯:《社会科学方法论》,李秋零等译,中国人民大学出版社1999年版,第30页。
② 哈耶克:《个人主义与经济秩序》,邓正来译,生活·读书·新知三联书店2003年版,第13页。
③ 参见程恩富、胡乐明等:《经济学方法论:马克思、西方主流与多学科视角》,上海财经大学出版社2002年版,第167页。

和有关理论:电子计算机、控制论、信息论、系统工程、运筹学、投入—产出平衡理论等,而西方经济学积极吸取了这些新的科学知识,并把它们运用到生产领域和大型组织管理当中,使得西方经济学进入了所谓的"精密科学阶段"。为此,兰格又转而积极吸收这些成果以为他的计划工作服务,他运用计量经济学在研究市场工程的政治经济学方面与经济统计学之间架起了桥梁,认为在社会主义计划经济的条件下,社会主义经济平衡计算、计量经济学、控制论和规划学这些学科的实际效果可以得到充分的发挥。在兰格看来,借助计算机的帮助,求解几千个方程是完全可能的,为所有的商品找出市场出清价格仅仅是几秒钟的事情,并且比市场本身需要的时间更少,从而经济周期可以通过迅速变动均衡价格而变得更短、更缓和。事实也确实如此,尽管社会主义的经济计划模式仍然遭到以哈耶克为代表的奥地利学派以及整个新古典宏观经济学诸学派的大力反对,但随着现代计算机技术的飞速发展和广泛运用,连自由主义的主将弗里德曼也不由得赞叹:"45 年前一名熟练操作员用台式计算器需 3 个月,用当时最先进的大规模计算机需 40 个小时才能完成的一项多重回归分析,现在用电脑不到 30 秒钟即可完成了。"正因如此,数理化取向在西方主流经济学的理论中愈加强烈,建构理性特质更为强烈,但在实践中却仍然强调秩序的自发性。

总之,对人类理性的认知,在西方社会也经历了一个不断演变的过程,在主流经济学中也开始逐渐引入了有限理性的概念,但是,以一般均衡为基础的主流经济学依旧是唯理主义的,它的模型主要都是建立在理性行为的假说之上。当然,经济学对人性的认知是有其文化背景的,在传统理论上西方社会将自然秩序和自然法视为先验的,人们不但可以通过自己的理性来认知它,而且还可以对各种因素的特点进行安排或制定其明确的功能而更好地设计它。事实上,也正是基于这种自然主义的理解,形成了主流经济学中的建构理性主义思维方式。然而,自建构理性应用社会实践而造成近代社会的动荡之后,一些学者开始重新审视人类对自然法和自然秩序的认知。他们认为,人本身是"无知"的,没有能力认识自然秩序的真谛,更没有能力设计出一个与自然秩序相符合的社会秩序。基于此,自然秩序和人为秩序就构成了西方古典主义对秩序认知的二分法,而对两者关系的认知则决定了不同学者的基本思维和政策主张:高估人类理性者认为人可以设计出符合自然秩序的理性,低估人类理性者则强调人只能顺应自然秩序。不过,哈耶克又进一步批评了这种秩序二元观,他认为,在自然秩序和人类秩序之外还存在着一种自发秩序;这种自发秩序是独立于任何有目的的意图之外而又是在人类共同作用下形成的,正是在人类的共同作用下,这种秩序具有自生自发地不断演化的特征。显然,尽管这种秩序是人类作用的结果,却不是人类有计划设计的结果,这种秩序实际上是把人类不断积累的知识凝结到人类的经验和习惯之中,因而遵循这种秩序的行为是基于演化理性的而不是建构理性的。这样,自发秩序开始被赋予了新的特质,开始与基于建构理性的人为秩序相区别。所以,哈耶克说:"人们会认为,自然界的秩序有一种令人赞赏和敬畏的含义,因此当把这个名称赋予一种我们往往并不喜欢的社会秩序时,我们可能有所顾虑。但是,拥有一个能够将这种秩序同人为的秩序区分开来的明确无误的概念,这一好处应当能够打消我们的顾虑。"①显然,以哈耶克为代表的奥地利学派的政策主张已经逐渐为主流经济学所接受,但是,为了追求自然科学那样的科学性,现代主流经济学依旧将其理论建筑在唯理主义之上,舍弃了奥地利学派将市场作为竞争性发现过程的理解,而依旧热衷构建静态的均衡市场,从而就造成了理论与实践之间的紧张和冲突。

五、尾论:现代主流经济学何以偏向市场

尽管现代主流经济学崇尚市场机制,但其思维却具有强烈的建构理性主义特质;这种建构理性的特质根源于西方社会的自然主义思维,并在20世纪下半叶普遍的国民经济计划化浪潮中得到急速的强化和巩固,即使在20世纪80年代以降主张国家干预主义的凯恩斯经济学已日益衰落后依然没有褪去。斯基德尔斯基就写道:"持理性预期假说的经济学家一直很在意为维护市场的自由找到依据,然而,理性预期假说还是中央政府计划极具面向的解决方案,回想一下20世纪60年代苏联数学家们设计出了庞大的线性规划,为的就是让他们的计划经济具有理性。理性预期假说的关键假设不是完全竞争,而是完全信息。如果当时苏联有能力集中现在在开放的市场随处可见的所有信息和计算力量,那么在技术上就没有理由指责苏联用理性预期假说推断的决策不具备理性。"②同时,很大程度上,正是

---

① 哈耶克:《经济、科学与政治:哈耶克思想精粹》,冯克利译,江苏人民出版社2000年版,第361页。
② 斯基德尔斯基:《重新发现凯恩斯》,秦一琼译,机械工业出版社2011年版,第35页。

基于对二战后经济计划和国家干预所引发的问题之反动,新古典经济学重新取得了主流地位,它将经济政策转到市场机制上来,但是,新古典经济学中内在的理性思维本身就是对社会主义的延续,因而就内含了理论思维和政策主张间的悖论。斯蒂格利茨就写道:"经济中的新古典模型在传播和延续市场社会主义思想方面起到了关键的作用……如果说新古典模型(或者其前身)对经济本身的描述是正确的,那么市场社会主义确实有机会获得成功。由此看来,市场社会主义的失败,不仅使市场社会主义者的理想化为泡影,同时也对标准新古典模型提出了质疑。"① 在某种意义上,正是由于理论与实践之间存在一定的脱节,最终导致现代经济学也退化为一种脱离实际的逻辑游戏。

问题是,现代主流经济学何以从充满建构性的一般均衡理论中推导出重视市场机制的结论?根本上就在于其潜在的意识形态倾向。斯基德尔斯基就指出:"理性预期假说的演变还和美国梦的民主特点相关,代表着谋求自利的美国万众之意见的市场对民心的把握远远胜于政府,在美国,消费者即上帝。理性假说的追随者愿意强调理性诉求的民主性。大数规律告诉我们,群体人数越多,它的平均数就越能代表最优选择,政府是不可能去改善大众智慧的。"② 同样,罗森伯格指出,社会的基本常识表明,大量个体的自发行动将会引导社会走上社会混乱,正因如此,历史上很多先驱者都在尝试建立计划经济以选择一个最大限度地协调各方面利益的生产方案,但是现代主流经济学还是费尽心力地构建一般均衡理论,关键就在于,一般均衡理论与西方的政治哲学——社会契约理论——是相通的。罗森伯格写道:"给定契约论政治哲学所作的假定,即人们是理性的,在偏好上不是利他主义的,而且在给出一些关于信息、激励和稀缺方面不容否认的事实后,建立作为一个整体的分散的市场机制的社会由于这样计划机制的社会的认识并不难";而且,"就公共商品而言,市场经济最引人注目之处似乎是在接受过剩或短缺的不可避免的事实之后,能在减轻过剩或短缺方面比否认这种不可避免性的计划经济要做得更好,即它不仅更经常地避免过剩和短缺,而且即使当它们出现时也会比较轻。市场经济尤其容易接受变革,它们能迅速引起市场变化。如果我们能证明:通过设计一种能最大限

---

① 斯蒂格利茨:《社会主义向何处去:经济体制转型的理论与证据》,周立群等译,吉林人民出版社1998年版,第2页。
② 斯基德尔斯基:《重新发现凯恩斯》,秦一琼译,机械工业出版社2011年版,第35页。

度地减轻过剩和短缺的方案,我们的简单的直接目标是利用这一方案,通过信息的集中搜集和理性计划来消除过剩和短缺,并且我们比过去做得更好,那么,我们将会给理性人采纳这一方案提供一个强有力的刺激。如果我们能表明,对于一个计划者,有太多消费者和生产者的信息要处理,也有太多消费者和生产者想隐瞒的信息,以至于过剩与短缺不可避免,而市场机制则利用了这两类关于信息的事实,那么,我们将不难使人们相信这种社会契约:市场是我们要走的路",由此,"我们能够理解为什么经济学家会继续对一般均衡理论给予关注了。不是因为他们相信一般均衡理论在关于经济活动的描述性和预见性的精确说明方面会有所提高,而是因为他们相信它已经把市场作为一种社会体制加以接受的最佳契约论理由的一部分"。①

尤其是,奥地利学派论证了嵌入在计划经济中的建构理性所潜含的灾难性的政治和经济后果,这种思维就被吸收进新古典主义占支配地位的现代主流经济学中。为了防止"理性的自负",现代主流经济学积极重新审视了自然主义思维:一方面,自然法是客观存在的,另一方面有限理性的人往往不能真正认知到自然法,从而也就无法设计出一个符合自然法的社会秩序。这样,现代主流经济学转向了自然主义的另一侧面——先验的个人主义,把个人主义视为先验的、不可动摇的分析基石。正是基于行为的个人主义的先验假设,现代主流经济学为其对市场机制的推崇提供了理论支持,并用普通的行为常识和历史演化来支持它的立场。在这种情况下,现代主流经济学所作的大胆假设就是"市场是有效率的",基于市场交换最终能够达到帕累托状态,而关键是如何促进市场的完善;积极寻求的"小心求证"则是借助各种资料来论证政府失灵的必然性,因而政府的作用根本上是要受到限制的。事实上,尽管新奥地利学派抛弃了新古典经济学中个人具有充分信息的假设,承认市场有很多缺陷,如垄断、不确定性和外部性等,但是,它依旧强烈支持自由市场和个人自由,捍卫市场在任一特定时点上有效配置资源的能力,强调市场作为发现和利用知识的机制。新奥地利学派甚至认为,政府干预几乎都是有害的,因为政府本身就是为特殊利益集团服务的,因此,奥地利学派除了继续说服其他经济学家、政治家和公众,使其相信自由放任是最好的政策外,已经无事可做了。显然,上述种种

---

① 罗森伯格:"经济学理论的认知地位如何",载巴克豪斯编:《经济学方法论的新趋势》,张大宝等译,经济科学出版社 2000 年版,第 285—310 页。

现象都反映出现代主流经济学存在理论和应用之间的悖论，进而也揭示出现代主流经济学本身内在着强烈的意识形态倾向。

当然，现代主流经济学已经不是从经济学的基本思维和原理来为这种主张提供支持，而是充分借助于政治法律和社会哲学的一些理论。实际上，正是基于这样的认识：基于建构理性思维的现代主流经济学无视人类认识能力的有限性，妄图在貌似科学的基础上调控社会的发展，从而对自由社会构成了威胁。所以，哈耶克提出了"知识的狂妄"和"理性的自负"，并最终完成了从经济学分析到专注于法律和社会哲学的研究，他说："理性最初被置于掌控一切的地位，但理性知识的增加必须被依靠一个过程，由于集体主义思想误解了这个过程，造成最后不得不以理性的灭亡为最终结局。"① 更进一步地，正是基于这种个人主义的意识形态，正统经济学又转向了另一极端，极端地推崇市场机制，把市场视为脱嵌于社会结构而自制和自律的存在；由此，现代经济学人就盲目地推崇所谓的"三化"改革，但市场的扩张反而带来了新的问题。在苏东巨变不久，罗默就写道："（20 世纪）30 年代期间，在兰格和哈耶克撰写有关市场社会主义著作的时候，苏联正在迅速思想工业化……哈耶克因此是从防御的立场去著述，而兰格也许已经深深感觉到，他的建议只是对一种必然的未来面貌的社会主义制度的微调。今天，胜负的格局已经翻转过来。然而 30 年代的社会主义赞成者和今天的资本主义赞成者所做的结论都过于匆促，因为我们只是在非常特殊的环境下才算充分理解市场的作用。"② 其实，K. 波兰尼强调，市场社会中必须包含两种对立的力量：一是自由放任的动向以促使市场不断扩张，二是反向而生的保护主义以将市场扩张局限在一定方向。有鉴于此，在本书最后，我们再次重温卡尔·波兰尼的告诫："一般而言，进步是必须以社会变动的代价来换取的。如果变动的速度太快，社会就会在变动中瓦解。"；"虽然世界性的商品市场、世界性的资本市场及世界性的货币市场等组织在金本位制的推动下，为市场机制取得空前的冲力，但却同时产生另一个更深入的运动以对抗市场经济的危害性影响。社会保护自己以对抗自律性市场所具有的危害——这就是当代历史的特色"。③

---

① 转引自帕普克："知识问题及其影响：序"，载 G. 帕普克主编：《知识、自由与秩序》，黄冰源等译，中国社会科学出版社 2001 年版。
② 罗默：《社会主义的未来》，余文烈等译，重庆出版社 1997 年版，第 2 页。
③ 波兰尼：《巨变：当代政治与经济的起源》，黄树民译，社会科学文献出版社 2013 年版，第 156、157 页。